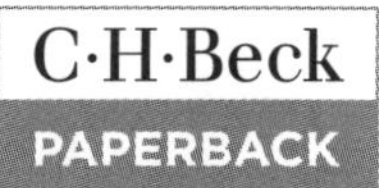
C·H·Beck
PAPERBACK

Heinrich VIII. mit seinen sechs Frauen, von denen er zwei aufs Schafott brachte, wird gern als Wüstling und blutrünstiger Gewaltherrscher porträtiert. Sabine Appel betrachtet ihn in ihrer Biographie in ungewohnterem Licht: als humanistisch gebildeten, vielfach talentierten, theologisch versierten und religiösen Mann, dessen Gewissensnöte, oftmals Zeichen eines erstaunlichen Selbstbetrugs, indessen zu weitreichenden Umstürzen mit beträchtlichen Kollateralschäden führten. Die charismatische, aber auch verhängnisvolle Figur dieses Monarchen wird vor dem Hintergrund seiner Zeit und der speziellen Geschichte der Tudor-Dynastie gezeichnet, deren größtes Problem der Selbsterhalt und die Nachfolge war. Die Lebenserzählung ist intensiv mit der Geistesgeschichte verwoben. Werk und Entwicklung von Thomas More, Erasmus oder dem frühen Luther kommen ebenso zur Sprache wie Heinrichs eigene theologische Ambitionen und Beiträge.

Sabine Appel ist promovierte Germanistin und freie Autorin. Von ihr erschienen unter anderem Biographien Goethes und Schopenhauers. Bei C.H.Beck sind lieferbar: *Friedrich Nietzsche. Wanderer und freier Geist* (2011); *Madame de Staël. Kaiserin des Geistes* (2011); *Caroline Schlegel-Schelling. Das Wagnis der Freiheit* (2013).

Sabine Appel

HEINRICH VIII.

Der König und sein Gewissen

Eine Biographie

C.H.Beck

1. Auflage. 2012
2. Auflage. 2017

Mit 26 Abbildungen im Text

3. Auflage. 2024
Originalausgabe

www.chbeck.de
Umschlaggestaltung: geviert.com, Michaela Kneißl
Umschlagabbildung: Hans Holbein, Heinrich VIII., 1536,
© akg-images/André Held
Satz: C.H.Beck.Media.Solutions, Nördlingen
Druck und Bindung: Druckerei C.H.Beck, Nördlingen
Printed in Germany
ISBN 978 3 406 81979 7

myclimate

verantwortungsbewusst produziert
www.chbeck.de/nachhaltig

INHALT

UTOPIA

Präludium zur Biographie eines Königs

Wenn er im vertrauten Gespräch mit ihm durch seinen Garten spazierte – die königlichen Gärten waren ein symmetrieverliebtes und zugleich die Mysterien zelebrierendes Abbild der kosmischen Ordnung –, dann legte der König seinem Gelehrten und Freund Thomas More schon einmal den Arm um die Schulter, um die Zusammenkünfte noch aufgeräumter zu machen und die weltlich-göttliche Hierarchie aufzuheben. Er liebte es informell, Englands vitaler König, wann immer ihm danach war. Und auf der breiten Spur eines Königs war dem dafür Empfänglichen auch der Geist ein verführerischer Begleiter, mitunter ein Widerpart (aber im sportlichen Sinn). Morus war ein Komet. Nichts glich der subtilen Geistigkeit dieses Mannes, die Henry kurzweilig fand und die zugleich seine eigene Herrscherweisheit verbriefte. Einen so tiefsinnigen, redlichen und unbestechlichen Mann unter seinen Beratern zu haben, musste schließlich auch seinem Staatswesen förderlich sein. Das war mehr als ein «jeu d'esprit»; das war Politik.

Thomas More, Humanist, Freund und Geistesgenosse des großen Erasmus, hatte bereits in sehr jungen Jahren die Flüchtigkeit und die Absurdität des menschlichen Daseins erkannt. Er wollte Mönch werden und schaffte es nicht. Er wurde Jurist, Unterhändler, Politiker, Schriftsteller nur noch in den abgerungenen, ganz frühen Stunden des Tages, Staatsmann am Ende – denn außerhalb des Machtzentrums konnte man auf säkulare Weise nicht wirken, das hatte er schon als Zwölfjähriger am Hofe des Lordkanzlers John Morton, Erzbischof von Canterbury, gelernt. Man musste den Großen schmeicheln und sich um sie verdient machen, um das Beste in ihnen zur Entfaltung zu bringen. Das und anderes war Morus' Kompromiss mit der Welt. Er hat einen Vernunftstaat erfunden, ein ideales Staatswesen namens «Utopia». In Utopia herrscht ewiger Friede, denn es gibt keine Herrscherwillkür und keine sozialen Abstufungen, keine Ruhmsucht und keine Kriege, kein Privateigentum und kein Geld. Aber es ist glücklicherweise ein «Nicht-Ort», ein «Nirgend-Land», Morus' vernunftgesteuerter Staat, geschrieben für Englands «*unbesiegbare[n] König*» Heinrich VIII.

Jahre später: Nachdem Heinrich VIII., Englands unbesiegbarer König, sich vom Papst losgesagt hat, weil dieser ihm sein Gesuch auf eine Scheidung von Katharina von Aragón nicht gewährte, verweigert ihm sein Lordkanzler Thomas More die Gefolgschaft, indem er den Suprematseid auf Heinrich verweigert. Nach einem Hochverratsprozess stirbt Thomas More am 9. Juli 1535 auf dem Schafott. Er hat im Tower noch schöne Schriften verfasst. Da ging es darum, seinem Glauben an die göttliche Providenz seine Treue zu wahren und sich zugleich von der Welt loszusagen, deren Flüchtigkeit und Absurdität er bereits in seiner Jugend erkannt hatte – vor seinem großen Kompromiss mit ihr, mit der Welt, und seinem Bündnis mit der bisweilen bestialisch kalten Vernunft.

Beinahe zeitgleich mit Morus' «Utopia» war Jahre zuvor Niccolò Machiavellis Hauptwerk entstanden: «Der Fürst», «Il principe». Das war kein «jeu d'esprit», das war Politik.

KLEINE VORGESCHICHTE

Die Tudors

In der Tudor-Geschichtsschreibung, die gewissermaßen mit Shakespeares Historiendramen ihren Höhepunkt feiert, begann alles mit einer eigentlich sträflichen Unterbrechung der gottgewollten dynastischen Serie englischer Könige, als Richard II., der letzte Monarch aus dem Hause Plantagenet, 1399 von Adelsrebellen abgesetzt wurde. Der König war friedliebend und kultiviert, benutzte beim Essen Messer und Gabel, besaß Badezimmer mit fließend warmem und kaltem Wasser, förderte die Kunst und die Literatur und führte in England das Taschentuch ein. In krisenhaften Zeiten erwies er sich aber als handlungsunfähig, jedenfalls als nicht stark genug, um die divergierenden Kräfte des Landes zu bündeln, sein Königtum zwischen den erstarkenden Magnaten, der Gentry, der Kirche und der religiösen Erneuerungsbewegung der Lollarden durchzulavieren. Er arrangierte sich nicht mit dem Adel, trieb eine Günstlingswirtschaft, erlitt militärische Niederlagen und schloss einen dazumal unpopulären Frieden mit Frankreich. Nach einem ersten Absetzungsverfahren durchs Parlament gab sich Richard, wieder zur Macht gelangt und autokratisch bei aller Führungsschwäche, zuletzt noch den Nimbus eines römischen Imperators – mit großen imperatorischen Gesten und einer besonderen Vorliebe für splendide Begräbnisse. Sein von ihm verbannter Cousin Henry Bolingbroke, Sohn des Herzogs von Lancaster, ließ ihn stürzen und bestieg als Henry IV. aus dem Haus Lancaster den englischen Thron. Richard II. starb im Jahr darauf unter ungeklärten Umständen; der neue Herrscher ließ ihn aller Wahrscheinlichkeit nach, um keine Spuren zu hinterlassen, verhungern.

Die Rechtmäßigkeit der Königswürde schien damit zur Disposition gestellt – nicht zum ersten Mal, aber mit stärkerem Nachhall im Bewusstsein der kommenden Generationen. Es war ein Tabubruch, ein Präzedenzfall. Erstmals seit der Eroberung durch die normannischen Invasoren 1066 war die Kontinuität der Erbfolge unterbrochen, in einem usurpatorischen Seitwärtsakt außer Kraft gesetzt. Demzufolge blieben gewichtige offene Fragen: Was zeichnete einen gottbegnadeten König aus? War es rechtens, einen unfähigen Herrscher abzusetzen, ihn gar zu eliminieren? Wie entfaltete sich der göttliche Richtspruch für eine Herrscherwürde? Als Henry V., der Sohn des ersten Lancaster-Königs und Führers der Adelsrebellion gegen Richard II., in der glorreichen Schlacht von Azincourt 1415 die Franzosen besiegte, schien der Makel getilgt, die Zweifel an seiner Königswürde über die Tat seines Vaters zum Verstummen gebracht, denn Gott hatte sein Urteil gesprochen, indem er den begnadeten Herrscher in der Entscheidungsschlacht am Ende zum Sieg führte. Henry Tudor, der Gründer der gleichnamigen Dynastie, sollte das später genauso sehen, und er hatte eigentlich auch keine andere Wahl, um seine Herrschaft zu legitimieren.

Schwache Könige waren in der Tat gemeinhin der Auftakt zu Adelsquerelen mit allen fatalen Folgen für die Geschicke des Landes. Der Fall Edwards II., ein ebenfalls abgesetzter und ermordeter König hundert Jahre vor Richard Plantagenet, hatte das bereits hinreichend dokumentiert. Im Falle Richards II. waren die Folgen jedoch noch verheerender, denn à la longue führte die Absetzung Richards und der Aufstieg der ersten Nebenlinie des Hauses Plantagenet zu dem blutigen Bürgerkrieg zweier rivalisierender Adelsgeschlechter, der im Rückblick beschaulich die «Rosenkriege» genannt wurde, weil das Haus Lancaster eine rote Rose in seinem Wappen trug und das Haus York eine weiße. Dieser Bürgerkrieg sollte die Engländer noch mehrere Generationen lang daran erinnern, wie wichtig ein starkes und unangefochtenes Königtum war. Die Tudors jedenfalls würden ganz fest darauf bauen. Shakespeares Historiendramen spielen sich vor diesem Hintergrund ab. Unter Beibehaltung der Tudor-Ideologie, die die Rosenkriege als Gottesstrafe für die Ursünde der Absetzung und Ermordung des gesalbten Monarchen betrachtet, die erst mit den Tudors ihre providentielle Erlösung und Auflösung findet, werden die aufgeworfenen Fragen mit großer Vielschichtigkeit diskutiert: Tyrannenmord (ein altes antikes Thema), der Umgang mit unfähigen Herr-

RICHARD III.
Unbekannter Künstler, spätes 16./frühes 17. Jh.

schern, die Legitimität politischer Macht, der Primat des geordneten Staatswesens, den ein Usurpator gegebenenfalls zumindest vorübergehend wiederherstellen kann, Volksgemeinschaft und Staatsordnung, Anspruch und Wirklichkeit. In Anlehnung an eine ganze Reihe von Repräsentanten der Tudor-Geschichtsschreibung, die ihre Chroniken im Laufe der Zeit immer stärker moralisch und theologisch akzentuierten, bis hin zur Vorstellung einer heilsgeschichtlichen Sendung der Dynastie, werden die dreißig Jahre währenden blutigen Bürgerkriegswirren um die Lancasters und die Yorks, Nebenlinien des Hauses Plantagenet, als Folge der Initialschuld von Henry Bolingbroke interpretiert. Shakespeare, der Dichter, zog die wichtigsten späten Vertreter heran: Polydore Vergil, der unter Heinrich VIII. und Edward Hall, der unter Elizabeth schrieb. Bei beiden Autoren wird die Geschichte Englands von Richards Absetzung bis zur Thronbesteigung des ersten Tudor quasi als Parallele zur Christus-Legende gedeutet: Nach dem Sündenfall folgt die Vertreibung aus dem Paradies der harmonischen Volksgemeinschaft, und auf die Gottesstrafe in Form der Bürgerkriegswirren folgt die Erlöserfigur Henry Tudor, die auf dem Schlachtfeld von Bosworth Field für einen Neuanfang steht, für den Zielpunkt, wenn man so will, der Geschichte des Landes nach der unseligen Epoche Lancaster/York. Die König Artus-Legende mit ebenfalls großer Nähe zur Christus-Legende spielt in dieses Deutungsmuster natürlich gleichfalls hinein.

Der Legende nach haben die Tudors die Rosenkriege beendet. Richtiger wäre, zu sagen: Henry Tudor, Graf Richmond, verdankte seine Chance, den englischen Thron zu besteigen, seinem berüchtigten Vorgänger Richard III., dessen vermeintliche und tatsächliche Untaten die politische Stabilität, die sein Bruder Edward IV. von York schließlich nach manchen Wirren, auch während der ersten Jahre seiner Regentschaft, in England erreicht hatte, im eigenen Hause zunichte machte, worauf der Konflikt neu entfacht wurde.

Juni 1483. König Edward ist überraschend gestorben und hinterlässt einen erst zwölfjährigen Nachfolger, vier Töchter sowie einen weiteren, zwei Jahre jüngeren Sohn. Seinen Bruder Richard, Herzog von Gloucester, hat er zum Protektor des Reiches und Vormund seines minderjährigen Erben bestimmt, doch gegen dieses Protektorat und den angeblichen letzten Willen des Königs (der nicht erhalten ist) gibt es im Adel eine starke Opposition, vor allem in Gestalt der Königswitwe Elizabeth Woodville und ihres Clans. Richard York, Herzog von Gloucester, hat nicht nur das Problem, seinen Einfluss unter den gegebenen Umständen möglicherweise nicht halten zu können. Sein Protektorat wird angefochten, die Woodville-Partei, die er ebenso hasst wie sie ihn, schiebt ihn beiseite, und im Augenblick der Krönung des jungen Königs, zu der die Woodvilles drängen, wäre sein Protektorat sowieso hinfällig. Die Situation einer Minderjährigkeitsregierung war zudem immer unbefriedigend und endete erfahrungsgemäß in den Zerreißproben ehrgeiziger Aristokraten. In all diesen Ungewissheiten und seiner eigenen angefochtenen Macht tut Richard eines: Er nimmt sich die Krone. Was auch immer er außerdem tat – und die Nachwelt, das heißt die Historienschreiber der Tudorzeit von John Rous über Bernard André, Philippe de Commynes, Thomas More, Polydore Vergil, Edward Hall, Richard Crafton und Raphael Holinshed bis hin zu Shakespeare im zeitlosen Dichtergewand, macht Richard III. zum Scheusal, zur Deformation alles Menschlichen, Sinnbild des Bösen schlechthin – sicher ist, dass er vor seiner Usurpation seinen verstorbenen Bruder, den König, und folglich auch dessen Kinder mit zweigleisigen Argumenten bastardisierte, wonach *er* ohnedies der einzige legitime Thronerbe wäre.

Der gängigen Lesart nach bestieg Richard den Thron, nachdem er sich vorher seiner sämtlichen thronberechtigten York-Verwandten entledigt hatte, unter anderem seiner beiden zehn- und zwölfjährigen Neffen, die unter seiner Obhut standen und auf sein Geheiß in den Tower gebracht wurden; damals aber unter anderem eine fürstliche Residenz und noch nicht das Symbol für Kerkerhaft und Hinrichtungen, das er dann wurde. Zweihundert Jahre später hat man zwei Kinderleichen auf dem Towergelände gefunden, die man für die verschwundenen Prinzen hielt, was aber auch nie endgültig geklärt werden konnte. Die Sache bleibt strittig und vieldiskutiert, aber einige angelsächsische Historiker unserer Tage[1] halten es nach wie vor für wahrscheinlich, dass Richard die Kinder, darunter den minderjährigen König, für den er die Vormundschaft hatte, aus dem Weg räumen ließ. Niemand außer ihm hätte einen so offenkundigen Vorteil davon gehabt, und bei anderen Tatverdächtigen passten auch zum Teil die Daten und Aufenthaltsorte nicht. Dieser Kindermord, den man ihm attestiert, macht ihn zum Unmenschen, denn das ging deutlich über alles hinaus, was in der Epoche zum Erhalt oder zum Erringen der Macht üblich war, eingeschlossen das Über-Leichen-Gehen, aber doch nicht über die Leichen von Kindern. Ob die zeitgenössische Opposition gegen Richard allerdings auf seinen tatsächlichen oder vermeintlichen Untaten aufgebaut war, bleibt wohl dahingestellt. Es ist einiges unstimmig am Überlieferungsbild des grässlichen Richard, einem letzten furchtbaren Höhepunkt, so soll es der Nachwelt vorgeführt werden, in den sündigen Abwegen dieser schuldhaften Volksgemeinschaft, so dass die Lichtgestalt Henry Tudor, der «weiße Ritter», den schwarzen ablösen musste. Beispielsweise war Richard demnach ein großartiger Soldat und Heerführer, aber gleichzeitig körperlich schwer behindert, ein Krüppel – undenkbar angesichts der Gefechtsarten seiner Zeit. Auf dem zeitgenössischen Porträt, das von Richard erhalten ist, wirkt der Berüchtigte entgegen seinem Nachruf weder hässlich noch missgebildet, doch nach der Auffassung der Epoche wohnten in gesunden Körpern gesunde Geister und umgekehrt. Am Tod anderer prominenter und/oder thronberechtigter Familienmitglieder, seines Bruders George, Herzog von Clarence, seiner Frau Anne, Tochter des Grafen von Warwick, seines Bruders Edward IV. sowie zwölf Jahre zuvor des siebzehnjährigen Lancaster-Prinzen Edward war Richard jedenfalls, entgegen anderweitigen Darstellungen, mit hoher Sicherheit nicht beteiligt. Möglicherweise hatte er 1471 den letzten Lancaster-König Henry VI. vor der Thronbesteigung Edwards zu Tode gebracht – was seiner Sippe zur Krone verhalf, aber nicht ihm.

Nach dem Verschwinden der beiden Knaben, das Schlimmstes befürchten ließ, wandte sich Elizabeth Woodville, die Mutter der Kinder, die im Kirchenasyl Zuflucht gefunden hatte, in ihrer Not an den seit zwölf Jahren im französischen Exil lebenden Henry Tudor, in dessen Adern einige Tropfen Lancaster-Blut flossen. Henrys Mutter, die einflussreiche und umtriebige Lady Margaret Beaufort, hatte ihn 1471 aus dem Land schaffen lassen, als der letzte direkte Lancaster-Erbe Prinz Edward bei den Adelskämpfen den Soldatentod starb und der Boden in England zu heiß wurde für einen noch so entfernten Lancaster-Spross. Auch jetzt setzte Lady Beaufort ihre Netzwerke ein und verständigte sich auch mit der Königswitwe – am Ende mit folgendem Ansinnen: Die York-Partei würde Henry als Thronnachfolger Richards nach einem erfolgreichen Coup unterstützen, sofern er bereit wäre, die York-Erbin Elizabeth, Tocher Edwards IV. und Schwester der beiden verschwundenen Knaben, zu heiraten. Lady Beaufort und ihre Leute, die bereits Streitkräfte eruierten sowie beträchtliche Geldmittel bereitstellen konnten, machten das alles innerhalb weniger Tage konkret, doch Henrys erster Versuch, im Oktober 1483 nach Englands Krone zu greifen, misslang: schlechtes Wetter, eine zu gut bewachte englische Küste und daraufhin möglicherweise die Entscheidung zum Rückzug, ein nicht rechtzeitig eingetroffener Nachschub an Schiffen … – jedenfalls landeten Henrys Truppen wieder unverrichteter Dinge an der Küste der Normandie. Aber er gab nicht auf und stärkte in den kommenden Monaten noch seine Anhängerschaft. Der Herzog der Bretagne, sein langjähriger Gastgeber, unterstützte das Unternehmen mit Truppen und Geld, doch er wurde von Richard III. unter Androhung einer englischen Invasion zur Auslieferung Henrys aufgefordert, so dass Tudor nach Frankreich, ins Königreich flüchtete. Von da aus, großzügig unterstützt vom französischen König, wagte es Henry Tudor im Sommer 1485 noch einmal.

Sein Thronanspruch war etwas dürftig fundiert. Mütterlicherseits ging er zurück auf die unehelichen Kinder John of Gaunts, Herzog von Lancaster, die eigentlich von der Thronfolge ausgeschlossen waren. Aber vonseiten des Vaters besaß Henry Tudor eine weitere, durchaus schillernde Vorgeschichte und Thronnähe, denn der walisische Soldat Owen Tudor, sein Großvater (walisisch: «Owain ap Maredudd ap Tudur» und «Tudur» = «Theodor»), der an den Hof des zweiten Lancaster-Königs Henry V. gekommen war, hatte nach dem frühen Tod Henrys die Königswitwe geheiratet. Das war Catherine de Valois; Henry hatte sie sich auf dem Schlachtfeld erworben, auf dem ruhmreichen Felde von Azincourt. Da die Staatsräte des minderjährigen Königs nichts von der Heirat und der Existenz von mindestens vier gemeinsamen Kindern gewusst hatten, und zwar bis kurz vor Catherines Tod 1437, bekam Owen Tudor noch gewisse Probleme, aber dass er später unter dem Henkersbeil starb, hatte damit nichts mehr zu tun und hing mit den Machtwechseln während der Rosenkriege zusammen. Interessant am Rande mag sein, dass Catherine de Valois mütterlicherseits eine Wittelsbach war – in den Tudors, die dann den Thron Englands bestiegen, floss also auch bayerisches Blut. Owen Tudor, Soldat aus Wales, machte sich einst am Hofe des jungen Königs verdient, stieg durch Felddienste auf und umwarb schließlich erfolgreich die junge Witwe des Königs. Wie es hieß, verfügte er über gewisse optische und intellektuelle Qualitäten und Anmutigkeiten («*Er war geschmückt mit wundervollen Gaben des Körpers wie auch des Geistes*»), und offenbar verfügte er über einen ebenso dezidierten Willen zum Aufstieg. Der alte englische Adel würde die Tudors immer als Parvenüs ansehen. Man habe es als anmaßend von Owen Tudor empfunden, befand ein Historiker drei Generationen danach, «*sein Blut mit der edlen Linie der Könige zu vermischen*». Sein Enkel fand das aber keineswegs anmaßend, und sein Urenkel wäre gar nicht auf den Gedanken gekommen. Jede Linie, die mit Gottes Hilfe und Segen nach oben gelangt, hat ihre Zeit.

Henry Tudor, Graf Richmond, landete am 7. August 1485 in Milford Haven in Wales, nur wenige Meilen von seinem Geburtsort Pembroke entfernt. Er führte eine kleine Truppe Verbündeter mit sich und eine deutlich größere Zahl teils hervorragend ausgebildeter französischer Söldner, doch das Hauptkontingent seiner Streitmacht fand er vor Ort über die Familienverbindungen seiner Mutter und unter den Vasallen des verblichenen Herzogs von Buckingham. Dieser hatte bereits seinen ersten Invasionsversuch unterstützt, worauf er von Richard exekutiert worden war. In Shrewsbury vereinigte Henry seine Truppen (Walliser, Franzosen und einige Engländer), und nach einem Marsch durch die Midlands traf er nahe Market Bosworth in Leicestershire auf Richards zahlenmäßig überlegenes Heer. Der englische Hochadel hatte seine Erfahrungen während der Rosenkriege gemacht, was es bedeuten konnte, sich auf eine der beiden einander bekämpfenden Seiten zu schlagen, und so weigerte er sich fast geschlossen, sich zu beteiligen. Aber zwei Heerführer aus Richards Reihen wechselten während der Kämpfe die Fronten – der eine war Lord Thomas Stanley, der dritte Ehemann von Lady Beaufort, also Henrys Stiefvater, der andere Henry Percy, Graf von Northumberland –, und das gab dem Ganzen die entscheidende Wende. Richard und seine Truppen wurden von hinten angegriffen, und zwar von seinen eigenen, abtrünnig gewordenen Leuten. Sein Ausruf: «*Verrat! Verrat!*» vor seinem Ende entspricht also ohne Zweifel in der Bedeutung den Tatsachen. Shakespeare führt die Entscheidungsschlacht in seinem Drama «Richard III.» zu der berühmten Szene, als Richard die vorgesehenen Reihen durchbricht und kopflos auf Tudor, seinen Rivalen, zureitet, mit dem er nur noch einen Kampf, Mann gegen Mann, führen will. Da man ihm dabei sein Pferd unterm Hintern wegschießt, irrt er schließlich per pedes durchs Dickicht und ruft verzweifelt: «*Ein Pferd! Ein Pferd! Mein ganzes Königreich für ein Pferd!*», bis er, von hinten niedergemacht, fällt. Man könnte seinen (historisch verbrieften) tollkühnen Kampfritt angesichts der Lage der Dinge auch als besonders mutig und ehrenhaft auffassen. Leichtsinnig war er bestimmt. Er kostete den Usurpator das Leben und machte den Thron frei für einen anderen Usurpator, der aber im großen Stil aufgefordert und unterstützt worden war bei seiner Usurpation. Denn eines ist klar: Ohne Richard und seine Kaltstellung der Linie York (er war selbst ein York, aber die Reihe war noch nicht an ihm) hätte Henry Tudor mit seinen drei Tropfen Lancaster-Blut und der halb-legalen Ehe seines Großvaters mit der Witwe des Königs diese einmalige Chance auf Englands Thron niemals bekommen. Er ergriff sie, er handelte – und hier war er: Henry Tudor, Graf Richmond, England kaum kennend, weil er seine Kindheit in Wales und die letzten zwölf Jahre in Frankreich verbracht hatte, mit achtundzwanzig Jahren ein junger Mann, aber durch seine Erfahrungen in konditioniertem Misstrauen mit der Welt lebend, immer ein wenig älter wirkend, als er in Wirklichkeit war, ein berechnender, kühler Typ; Charme und Warmherzigkeit oder auch fürstliche Großmut gingen von diesem neuen König nicht aus. Er war möglicherweise mittelblond, jedenfalls nach einigen Aussagen seiner Zeitgenossen sowie in der Dichtung, wo er in Kontrast gesetzt wurde zum schwarzhaarigen Richard. Auf dem Porträt von Michiel Sittow, das in späteren Jahren entstand, ist seine Haarfarbe dunkler, ungefähr haselnussbraun (offenbar eine Modefarbe der Maler), aber die übrigen Charakteristika seiner Physiognomie stimmen mit allem überein, was man über ihn weiß.

Das Bild ist ein Meisterwerk, so wie es die Individualität der Person übermittelt. Man sieht ein hageres Gesicht mit dünnen Lippen, die fest verschlossen sind, hellen Augenbrauen und einem misstrauischen Blick – eigentlich nur aus einem Augenwinkel heraus. Der verschlossene Mund deutet ein Lächeln an, aber es ist ein lauerndes Lächeln, so wie die grauen Augen des Porträtierten seinen möglichen Gegner fest im Visier haben. Die Physiognomie ist markant, wenn nicht beeindruckend. Für jemanden, der sich den Thron auf dem Schlachtfeld erkämpft hat, wirkt der Ausdruck jedoch deutlich zu reserviert. Henry war die verkörperte kalkulierende Vorsicht, und er regierte mit dem Bewusstsein – in späteren Jahren, kann man wohl sagen, der Angst –, dass er sich doppelt und dreifach absichern musste, um seinen Platz zu behalten. Schon seine ersten Amtshandlungen legen beredtes Zeugnis ab für diese Einstellung. Er zog nach London, berief das Parlament ein und datierte den Beginn seiner Herrschaft einen Tag vor der Schlacht von Bosworth zurück, so dass er mit einem darauf aufgebauten Gesetz, dem Act of Attainder, die Anhänger Richards zu Hochverrätern erklären und somit ausschalten konnte. Gleichzeitig konfiszierte er ihre Güter und ihren Besitz.

Das Versprechen, Elizabeth von York zu heiraten, löste er erst drei Monate nach seiner feierlichen Krönung am 30. Oktober sowie der Bestätigung seiner Herrschaft durchs Parlament ein. Um es deutlich zu sagen: Elizabeth York war die eigentlich rechtmäßige nächste Thronerbin. Aber es scheint für niemanden eine Option gewesen zu sein, dass die Tochter Edwards IV. als Regentin ihr Erbe antreten könnte. So heiratete sie Henry Tudor, der als Henry VII. (unabhängig vom Thronanspruch seiner Frau) gekrönt worden war, und erfüllte alsdann ihre Pflicht, die Dynastie abzusichern durch die Produktion tragfähiger und möglichst zahlreicher Nachkommenschaft. Der politische Akzent, auf den Henry mit seiner neugegründeten Dynastie nachhaltig und immer wieder verwies, war die Tatsache, dass durch diese Eheschließung die weiße Rose von York und die rote Rose von Lancaster – in der «Tudor Rose» symbolträchtig integriert – friedlich vereinigt waren. Der kriegerische Konflikt Lancaster/York war bereits seit vierzehn Jahren beigelegt, aber: Die Tudors haben die Rosenkriege beendet und sind Garanten des Friedens – das sollte die Botschaft sein.

HEINRICH VII.
Michiel Sittow, 1505

Die ersten Jahre seiner Regierung und auch noch weit darüber hinaus war Henry VII. allerdings reichlich damit beschäftigt, Rebellionen niederzuschlagen und Thronrivalen zu stoppen, die einerseits aus der thronberechtigten York-Linie stammten, deren Ansprüche kaum geringer waren als seine, andererseits im Zusammenhang diverser Komplotte den einen oder anderen Hochstapler hervorbrachten, der sich für einen der York-Erben ausgab und mit diesem Ansinnen mehr oder weniger erfolgreich an den ausländischen Höfen hausieren ging.

Den Earl of Warwick, Edward Plantagenet, hielt Henry schon prophylaktisch in strengem Gewahrsam, doch auch im Gefängnis ging eine unablässige Gefahr von ihm aus, und es dauerte viele Jahre, bis er zu Fall gebracht war, wahrscheinlich am Ende mit Hilfe von Agents Provocateurs. John de la Pole, Earl of Lincoln, der älteste Sohn einer Schwester Edwards IV. und des Herzogs von Suffolk, schloss sich 1487 einem Rebellen namens Lambert Simnel an, welcher wiederum behauptete, der Earl of Warwick zu sein (der im Tower saß). Der König ließ den echten Warwick ostentativ durch Londons Straßen marschieren, aber Lincoln und seine Marionette Simnel machten gemeinsame Sache mit Rebellen in Irland. Die Iren unterstützten prinzipiell Tudors Feinde, weil sie sich von den Yorks eine unabhängige Regierung versprachen. Simnel wurde in Dublin feierlich als Edward VI. gekrönt, dann führte Lincoln seine Streitmacht des Hauses York nach England, um sich in Stoke den Truppen des Königs zu stellen. Lincoln starb bei der Schlacht, die die königlichen Truppen für sich entschieden, und Lambert Simnel wurde von Henry begnadigt, mit der für einige Belustigung sorgenden Auflage, fortan in der königlichen Küche zu arbeiten – dieser eigentlich so verkniffene König hatte also doch reichlich Humor! Doch das Ganze war sehr prekär, Zeichen eines wankenden Thrones, und es hörte bis wenige Jahre vor Henrys Tod auch nicht auf. Solange das Schicksal der verschwundenen Prinzen unbekannt war, nahmen zudem die Spekulationen kein Ende, dass diese noch lebten und ihr unbestreitbares Thronrecht beanspruchten.

Ein weiterer Hochstapler hielt fast die gesamten neunziger Jahre hindurch den Geheimdienst und halb Europa in Atem. Der aus Flandern stammende «Perkin» Warbeck, der mit einem Textilkaufmann umherzog und seine Tuchwaren vorführte, wurde dank seines guten

Aussehens auf die Rolle des Prinzen Richard, des jüngeren der beiden Tower-Prinzen, getrimmt, und er erhielt nicht nur die Unterstützung der Iren, sondern zeitweise des französischen Königs, des Kaisers des Heiligen Römischen Reichs Maximilian, James' IV. von Schottland, vor allem aber der Herzogin von Burgund, einer Schwester Edwards IV., die ihn sogar als ihren Neffen erkannt haben will. Nach dem vergeblichen Versuch, im Juli 1495 mit seinen Truppen in Deal in Kent anzulanden, flüchtete Warbeck an den Hof des schottischen Königs, der ihn nicht nur mit allen Ehren empfing, sondern ihm schließlich noch die Eheschließung mit einer schottischen Aristokratin ermöglichte. Im Namen Warbecks startete James eine Invasion Englands. Auch seine Truppen wurden geschlagen und «Perkin» nach einer abenteuerlichen Dekade gefangengenommen. Der letzte Prätendent, Edmund de la Pole, Earl of Suffolk, stammte dagegen buchstäblich aus Henrys eigenen Reihen. Den Thron zu behalten, erwies sich alles in allem als deutlich schwieriger, als ihn zu erobern.

Der vorsichtig, klug und besonnen, vor allem aber nachhaltig kalkulierende König, über den sich auch der Ausdruck «Kingship of distance» eingeprägt hat, einschließlich einer unverkennbaren Vornehmheit in seinem Ausdruck auf allen überlieferten Bildern, verfolgte von Anfang an folgenden großen Gedanken zu seiner und seiner Linie Unsterblichkeit – und man kann ohne weiteres sagen, dass sein Vorgänger Richard III. ihm da schon einiges vorgelebt hatte: Das Königtum war am Boden. Die dynastischen Kämpfe, Rivalitäten und schnellen Machtwechsel der Vergangenheit hatten es nahezu ad absurdum geführt. In weniger als hundert Jahren waren drei Könige abgesetzt worden: Richard II. (denn der war führungsschwach), Henry VI. (denn der war geisteskrank) und zuletzt Richard III. (skrupellos in besonderem Maße, ein Usurpator). Die Idee des Gottesgnadentums der Monarchen, der Kontinuität, der natürlichen Erbfolge und der möglichen heilsgeschichtlichen Sendung musste mit dieser neuen Dynastie ein Revival erleben und wieder zu ihren Wurzeln zurückfinden. Henry VII. war fest davon überzeugt, die Erfüllung des Traumes des letzten Keltenkönigs Cadwallader vor beinahe achthundert Jahren zu sein. In diesem Traum hatte ein Engel dem König geweissagt, die Engländer würden einst ihre Macht verlieren, doch die Linie der frühen keltischen Briten, die in den Wallisern bewahrt sei, würde durch sie wieder zur Krone gelangen. Henry glaubte sogar, seine Linie führe auf direktem Wege zu König Arthur zurück. Seinen erstgeborenen Sohn, den Elizabeth, etwas zu früh, acht Monate nach der Eheschließung zur Welt brachte, und zwar in Winchester, der alten Hauptstadt aus angelsächsischer Zeit, nannte er – wie auch sonst?! – Arthur. Das sollte ein Zeichen sein. Aber die Unruhen im eigenen Hause nahmen kein Ende. Henry verdächtigte mit der Zeit sogar seine Schwiegermutter Elizabeth Woodville, mit deren Hilfe er schließlich seine erfolgreiche Invasion hatte starten können, an der York-Rebellion um Simnel beteiligt gewesen zu sein, und er schickte sie bis zu ihrem Tod in ein Kloster. Auch Stanley, der seinen Sieg in Bosworth möglich gemacht hatte, zog er umgehend aus dem Verkehr, als er Anlass hatte, einen Verrat zu vermuten. Seine eigene Mutter Margaret Beaufort, die ihm durch die Exilierung sein Leben gerettet und ihm am Ende die Krone gebracht hatte, spielte eine einflussreiche Rolle bei ihm am Hof – zum Leidwesen Elizabeths, seiner Frau. Henry hatte Elizabeth zwar im Jahr nach der Hochzeit zur Königin krönen lassen (vermutlich auch, um eventuell abtrünnigen Yorks den Wind aus den Segeln zu nehmen), doch ihre Rolle beschränkte sich weitgehend auf interfamiliäre Diplomatie. Sie war eine York, aber ihre Loyalität gehörte unter Umständen auch auf Kosten der Preisgabe ihrer Familie dem König. Die Eheverbindung mit Henry war für sie eine selbstverständliche Pflicht, denn sie wusste, sie war dafür geboren, dem Hause, also letztlich dem Land durch Heirat eine politische Union einzubringen. Sie hatte ein wenig Latein und Französisch gelernt, das Leben der Heiligen studiert, und sie spielte Laute und Chlavichord. Ihre Mutter hatte ihr die Geschichten Chaucers vorgelesen und die Chroniken von Froissart. Ihr angenehmes Wesen wurde von allen Zeitgenossen gerühmt. Sie war rothaarig und weißhäutig und, wie es heißt, eine wirkliche Schönheit. Henry hatte keine außerehelichen Geliebten, soweit man weiß, und diese Frau war vermutlich ein Segen, um den misstrauischen und zurückgenommenen, an Gefühlen und Ressourcen geizenden Mann durch ein Gegengewicht zu ergänzen.

Henry war tatsächlich ein Friedenskönig, sofern es in seiner Macht stand. Er verspürte überhaupt keine Lust, Englands Ressourcen zu vergeuden, indem er das Land in kostenträchtige Kriege stürzte – zum Beispiel, um die verlorengegangenen Gebiete in Frankreich zurückzuerobern, von denen nur noch Calais übrig war. Er hatte Unruhen genug vor der eigenen Haustür, die seine Handlungsspielräume vorgaben für seine auswärtige Politik. Außerdem hatte ihm Frankreich in der Zeit seines Exils gastfreundlich die Tore geöffnet, und diese durchaus berechnende Freundlichkeit durch die Gunst glücklicher Umstände wollte er nicht verraten. Seine Außenpolitik war auf Ausgleich bedacht, eine Mächtebalance im Sinne seiner eigenen Position, die erst noch dabei war, sich zu konsolidieren. König Henry war aber vor allem ein wahres Finanzgenie, wenn auch zum Teil mit fragwürdigen Mitteln. Der Monarch brauchte Geld – viel eigenes Geld, um eine stabile Zentralmacht zu haben, unabhängig vom Parlament, vor allem aber, um gegen Aufstände aller Art gewappnet zu sein, jeden Angriff aus eigener Kraft, wenn es sein musste, niederschlagen zu können.

Es spricht viel dafür, dass dies Henrys ursprüngliche Motivation für seine Geldanhäufungen war, die sich aber in seinen letzten Lebensjahren, als seine Raffgier ganz skrupellos wurde, verselbständigten. Seither wurde viel spekuliert, welche Geldsummen er in seinen geheimen Schatzkammern wohl angehäuft hatte. Eine zuletzt genannte Schätzung besagt: eine Million 250 000 Pfund, nach heutiger Währung etwa 375 Millionen.[2] Infolge der Rosenkriege war der Adel Englands erheblich ausgedünnt; viele hatten zum Beispiel ihre Titel verloren. Da Henry von diesem Umstand enorm profitierte, machte er keinerlei Anstalten, den Adel neu aufzubauen und wieder in die Nähe seiner früheren Dimensionen zu bringen. Er setzte nur wenige wieder in ihre verlorenen Rechte ein und schuf keine neuen Titel. Er traute dem Adel nicht und schon gar nicht dem Hochadel, sah sie alle als potentielle Rivalen an und kaum als Stütze seiner monarchischen Macht, wie es ursprünglich einmal die Idee war. Henry hatte seine Schlussfolgerungen aus dem hundertjährigen Chaos gezogen. Ein starkes Königtum, dachte sich Tudor, musste auf anderen Garantien aufgebaut sein als auf dem Blutrecht der Erbfolge, denn das war bei ihm ohnehin schlecht untermauert. Gott hatte gesprochen, indem er ihn in Bosworth Field siegen ließ. Aber das reichte nicht; es verbriefte noch keinen Erfolg. Das Zauberwort lautete: Effizienz, jedenfalls unter anderem.

Während er seiner Dynastie einen mythischen Überbau gab, den seine Nachfolger ausbauten bis zur Apotheose, trieb der König eine verblüffend ertragreiche Realpolitik. Er wollte den Adel klein halten und am liebsten komplett kontrollieren, damit dieser sich nicht gegen ihn auflehnen konnte. Da diese Haltung und die daraus hervorgehenden Maßnahmen seine Staatskasse füllten, und zwar auf wundersame Weise, wie sich herausstellen sollte, war sie ein volles Erfolgsrezept. Unter der Anwendung seiner königlichen Prärogative (Feudalabgaben etc.) legte der König den Adeligen und Großgrundbesitzern – anderen auch, aber da lohnte es sich nicht so sehr – einen Strafkatalog und damit verbundene Sanktionen in Form von Bußgeldern und Schuldverschreibungen auf, der äußerst erfindungsreich war. Offenbar ging es da auch um Vergehen, die, wenn nicht frei erfunden, doch die Tendenz hatten, unvermeidbar zu sein, wenn der strafende Monarch seinen Delinquenten nicht geradezu in die «Vergehen» hineintrieb. Vieles diente der Ausrottung von Korruption. Henry versuchte sein fiskalisches System effizient zu organisieren. Aber die Reichen wurden dabei reichlich schamlos geschröpft. Da der König der Meinung war, Reichtum mache seine Untertanen nur hochmütig, passte das gut. Vielleicht wurde mit Henry Tudor der berühmte englische Pragmatismus fundiert. Er begnadigte sogar seine Hochverräter, sofern sie von sich aus bereit waren, ihm ihr Vermögen zu übertragen. Er erhob Steuern für Kriege, die dann nicht zustande kamen, und die Friedensschlüsse, die er aushandelte, bereicherten ihn nicht nur durch die Zahlungsverpflichtungen seiner vorherigen Feinde, sondern er behielt auch die Kriegssteuern ein. Er verlieh Geld – über die Zinssätze wird man nur einschlägig spekulieren –, und er vermietete seine Schiffe an Kaufleute. In gewissem Sinne betrieb er sein Königtum wie die erfolgreiche Leitung eines Großunternehmens.

Henry hatte auch seine Zuarbeiter und karrierebewussten Berater um sich herum, die ihm dabei halfen, immer mehr Geld aus diversen Kanälen in die königliche Staatskasse zu leiten – darunter die berüchtigten Beamten Richard Empson und Edmund Dudley. Der Name Dudley wird bei den Tudors noch häufiger eine Rolle spielen und ihren rasanten Aufstieg mit Parallelbiographien, phönixhaften Aufstiegen, gefolgt von drastischen Abstürzen und einem Neuanfang unter dem neuen Herrscher, generationenübergreifend begleiten.

Die Krongüter wuchsen, die königlichen Ländereien – mehr und mehr Land wurde als direkte Lehen des Königs von findigen Gutachtern eingestuft –, die Zolleinnahmen und die Feudalabgaben. Auch die Steuern, die Henry erhob, überstiegen jedes vergleichbare Maß. Hinzu kamen die beträchtlichen Gewinne aus Bußgeldern. Der nachfolgende Herzog von Buckingham musste dem König 2000 Pfund zahlen (nach heutiger Währung etwa das Dreihundertfache), weil seine verwitwete Mutter versäumt hatte, vor ihrer Wiederverheiratung um die Erlaubnis des Königs zu bitten. Andere zahlten enorme Summen nach Verstößen gegen das Gesetz des «Retaining» (Indienstnahme von Beratern, Vollstreckern und Unterhändlern; bei Landadeligen, die ständig am Hof waren, mehr oder weniger eine Notwendigkeit). Außerdem behielt der König die Einkünfte minderjähriger Erben, für die er eine lukrative Vormundschaft übernahm, sowie unverheirateter und verwitweter Erbinnen, die er wohl auch nicht gerne schnell wieder unter der Haube sah. Den Klerus nahm Henry ebenfalls aus. Er versetzte gelegentlich Bischöfe von einer Diözese in eine andere, weil beim Amtsantritt eines Bischofs eine hohe Abgabe an die Krone gezahlt werden musste und vakante Bischofssitze jedesmal an die Krone zurückfielen.

Aber so gut er den königlichen Haushalt in die Gewinnzone brachte, so eifrig war Henry auch darum bemüht, die Wirtschaft in seinem Land insgesamt auf Erfolgskurs zu bringen. Er förderte die später enorm florierende Tuchindustrie und ermöglichte Absatzmärkte für den Wollhandel in den Niederlanden und in Italien. Auch versuchte er, die Monopole der Hanse zu brechen, zum Beispiel in den baltischen Ländern, aber das gelang erst unter Elizabeth, seiner Enkelin, die die Politik ihres Großvaters in mindestens dreierlei Hinsicht fortgesetzt hat. Auch hatte sie eine ähnliche, vorsichtig taktierende Mentalität. Auf ihre Weise übertraf sie ihn aber noch an Verstiegenheit, die angesichts knapper Ressourcen und gewaltiger Anfechtungen vor allem auch außenpolitisch in ihrer Zeit überaus notwendig wurde. Die Letzte der Tudors wurde zur ganz großen Staatsfrau, die auch von Gegnerseite (und deren gab's viele) Anerkennung erhielt. Aber der Dynastiegründer setzte die Maßstäbe, wenn er auch im historischen Rückblick ein wenig verblasst, vor allem neben seinem imposanten, gleichnamigen Sohn, der sich sehr viel stärker der Nachwelt eingeprägt hat.

Der große Gewinner der Tudor-Epoche wurde der Mittelstand, die Gentry, also der niedere Adel und das gehobene Bürgertum, die ihre Chance ergriffen und später zu Wohlstand gelangten, auch mehr und mehr politische Ämter besetzten. Auch das ist ein Zug, den schon Richard III. in Ermangelung ausreichender Unterstützung in seinem eigenen Haus und in den Reihen des Adels vorgeprägt hat. Henry VII. stellte den Adel weitgehend kalt. Der war moralisch und kräftemäßig am Boden und leistete wohl schon aufgrund seiner empfindlich gelichteten Reihen trotz all der Schröpfungen durch seinen König, mit Ausnahme der plottenden Thronprätendenten, keinen sichtbaren Widerstand. Auf die eine oder andere Art lief es bei allen Tudors darauf hinaus, die einstige Macht des alten Adels zu brechen und die mit ihnen aufstrebende Mittelschicht, die sie eigentlich trug, auf ihre Seite zu bringen. Unter Henry dem Jüngeren gelangten zumindest Einzelne von ganz unten nach oben, in seinen Dunstkreis, fielen aber dann seinem Despotismus zum Opfer. Da er da allerdings niemanden ausnahm, schon gar nicht die Aristokraten, herrschte in dieser Hinsicht bei ihm nahezu eine Gleichheit des Rechts. Die Tudors trafen eine gewisse Tabula rasa-Situation an, als sie nach all den Kriegen und Rebellionen die Umwandlung des mittelalterlichen Feudalstaates mit dem Zusammenspiel von Krone und Parlament, das ein angelsächsisches Erbe war und unter den Normannen und den mittelalterlichen Plantagenet-Königen ausgebaut wurde, dem Machtstreben des Adels schließlich, das einen wenig segensreichen Höhepunkt fand, vorantrieben in Richtung auf einen halb-absolutistischen Flächenstaat mit neuen Rollenverteilungen, in dem sich alles auf den Souverän konzentrierte. Diese Veränderungen, die in der Luft lagen, griffen sie auf, und sie haben damit das Land in die Moderne geführt.

Der englische Renaissancehumanismus fällt mit der Tudor-Herrschaft zusammen. Das mag eine Koinzidenz sein, aber es spielt produktiv ineinander und führte zu einer Blütezeit der Kultur. Heinrich VII. hat die erstarkte Monarchie aus der Taufe gehoben, unter Heinrich VIII. löste sich England von Rom, und unter Elizabeth wurde das Land wirkungsvoll gegen seine Feinde verteidigt, und es breitete sich ein Nationalgefühl aus, das nach der wechselvollen Geschichte der Insel vollkommen neuartig war und die insularische Identität initiierte. Noch heute steht die «Tudor Rose» in den Symbolen der Commonwealth-Länder des Königreichs Großbritannien für England. Die Tudors haben Epoche gemacht, gelten als Krisenmanager in einer Zeit, als die Monarchie nach einem neuen Selbstverständnis verlangte. Sie überlebten – was für die Zeit an sich schon bemerkenswert ist –, aber sie sicherten sich ihre Unsterblichkeit auf dem englischen Thron nicht zuletzt, weil ihre Selbstdarstellung, die PR-Maschinerie, die sie in Gang setzten, bis zum heutigen Tag funktioniert. Die späteren Tudors identifizierten sich mit dem englischen Volk. Auch das war neuartig. Sie kamen, wenn man so will, selbst aus der Mitte des britischen Volkes – in einem Land schließlich, das (A. F. Pollard, 1905) mit der Schlacht von Hastings scheinbar das Recht auf einheimische Könige eingebüßt hatte. Obwohl sie ein konservatives Welt-, Gesellschafts- und Geschichtsbild vermittelten, das später sogar, ungeachtet der kopernikanische Wende, gewissermaßen dem ptolemäischen Weltbild verhaftet blieb, war ihre Dynastie Garant für den Aufstieg und damit für ausgefallene Korrekturmöglichkeiten der «Kette des Seins». Ein Paradoxon, aber erstaunlich auch das.

Die Dynastie abzusichern und die Nachfolgefrage zu regeln – ein neuralgischer Punkt bei allen Tudors –, war nun auch Henrys nächste und dringlichste Sorge. Elizabeth of York brachte sieben Kinder zur Welt, von denen vier überlebten: Arthur, Prince of Wales, Margaret, Henry und Mary, und der König begann früh damit, gewinnbringende Heiraten seiner Kinder in die Wege zu leiten. Arthur, der Thronfolger, war für die spanische Königstochter Katharina von Aragón vorgesehen, Margaret wurde zu günstiger Stunde die Gattin des Königs von Schottland, um der traditionellen englisch-schottischen Feindschaft sowie weiteren Perkin Warbeck-Aktionen den Stachel zu nehmen, Henry wollte der König aus ähnlichen Gründen nach Frankreich verheiraten, und Mary, die Jüngste, wurde bereits als Kleinkind mit dem Enkel des österreichischen Kaisers verlobt. Henry visierte also die Verbindung mit den drei führenden Mächten Europas an: Spanien, Österreich-Habsburg und Frankreich. Durch ihre Heirat hatten Isabella von Kastilien und Ferdinand von Aragón, die «katholischen Könige», die beiden größten Königreiche der iberischen Halbinsel vereinigt. Spanien war aufgestiegen zur Großmacht. Zwischen den katholischen Königen und der neu gegründeten Dynastie Henry Tudors gab es durchaus Parallelen: Auch sie hatten sich nach einer tumultösen Epoche der Bürgerkriege und Machtwirren eine neue Zentralmacht gesichert, auch sie spürten in sich eine nationale Mission; neue Bündnispartner sollten dieses große nationale Unternehmen befestigen. Doch bevor dieses Königspaar seine Tochter Katharina an den ewig knausernden und zaudernden englischen König verkaufte, wollte es sichergehen, dass dieser auch fest im Sattel saß. Die ständigen Rebellionen und Ansprüche von Thronrivalen, mit denen der König zu kämpfen hatte, fanden sie besorgniserregend. Man verhandelte also noch einige Jahre hin und her. Das gab Henry auch Zeit, eine möglichst hohe Mitgift der spanischen Braut auszuhandeln – für den künftigen Schwiegervater wohl kaum eine Nebensache. Arthur wurde also auf die Thronfolge vorbereitet. Er war Henrys wertvollstes Pfand, das die Zukunft seiner jungen Dynastie garantierte. Henry hatte den roten Drachen von Wales auf seiner Standarte getragen, als er gen Bosworth zog, um auf dem Schlachtfeld die englische Krone zu erobern. Dann machte er sich daran, Cadwalladers Traum zu erfüllen, vielleicht sogar die Prophezeihungen Merlins, er und seine Nachfolger-Könige. Doch die Art und Weise, wie sie das taten, dürfte den Staatstheoretikern ihrer Tage mehr zum Vorbild gereichen als den Legendenerzählern.

DER ZWEITE SOHN

Henrys Jugend und die Spuren des Vaters

(1491–1509)

Henry Tudors Sohn Henry, geboren am 28. Juni 1491 in Greenwich, dem ursprünglich «Palace of Placentia» (= «Pleasure», «Vergnügen») genannten Palast an der Themse, war das dritte Kind seiner Eltern und der zweitgeborene Sohn. Mit drei Jahren wurde er Herzog von York, mit vier Jahren erhielt er den Hosenbandorden. Aber er war nur der zweite in der englischen Thronfolge, und sein Vater dachte wohl kaum daran, dass es Henrys Schicksal sein könnte, an Arthurs Stelle zu treten; wenigstens stellte er sich nicht darauf ein. Einer der Biographen Henrys des Jüngeren aus dem 17. Jahrhundert, Lord Herbert of Cherbury, der Zugang hatte zu heute verlorenen Quellen, behauptet, der König habe seinen Sohn Henry zu einer geistlichen Laufbahn bestimmt – eine Behauptung, die von seinen Nachfolger-Biographen ziemlich einvernehmlich bestritten wurde und bis heute wird, und zwar schon mit dem Argument, eine geistliche Laufbahn sei ganz ungewöhnlich für einen Königssohn, und noch dazu für den zweiten, der dem Thron also keineswegs fernstand. «*Seit der Eroberung durch die Normannen war kein englischer Prinz je zum Priester geweiht worden.*» (Richard Rex 2002) Für einen sparsamen König mit manchmal recht abwegigen Ideen aber doch eine sparsame Lösung, die, auch politisch gesehen, so abwegig gar nicht erscheint. Henry, der spätere Heinrich VIII., besaß eine beachtliche theologische Bildung sowie ein lebenslanges Interesse an theologischen Fragen – ein akademisches Interesse, aber durchsetzt von tiefen und ernsthaften Prüfungen seines Gewissens. Das war dann schließlich so eine Sache mit Henrys Gewissen, das sich als erstaunlich elastisch erwies. Die Affinität zur Theologie aber war da, in gewissem Sinn das Bewusstsein, da etwas einlösen zu müssen, Maßstäbe zu setzen, und zwar über den Horizont eines weltlichen Herrschers hinaus. Es ist nicht auszuschließen, dass Lord Herbert mit Henrys vorgesehener theologischer Laufbahn, die sich ihm einprägte in seinem Selbstverständnis, Recht haben könnte.

Henry erhielt eine ausgezeichnete humanistische Erziehung. Seine Tutoren waren Gelehrte aus Cambridge und Oxford: allen voran der Dichter John Skelton, eine illustre Figur, die später durch John Holt, einen Freund Thomas Mores, ersetzt wurde, William Hone, der Erasmus-Schüler Lord Mountjoy in seinen Jugendjahren und wahrscheinlich auch der die Studien des Kronprinzen leitende Dichter Bernard André, offizieller Biograph Heinrichs VII. und Mitinitiator des Tudor-Mythos in der Nachfolge der König Artus-Legende. Mit diesen las der Prinz Cicero, Vergil und Homer, Ovid, Livius, Tacitus und Thucidides. Das entsprach sämtlich dem Lernprogramm seines älteren Bruders und ist aller Wahrscheinlichkeit nach auf ihn übertragbar. Henry wuchs mit seinen Schwestern Mary und Margaret in dem von satten Jagdgründen umgebenen Eltham Palace auf, während Arthur, der Kronprinz, seinen eigenen Haushalt besaß und in den Spuren des Vaters ging. Henrys Großmutter Margaret Beaufort, von der er seine intellektuellen Neigungen geerbt haben dürfte, hatte vermutlich einen starken Einfluss auf Henrys Bildungsweg sowie den seiner Geschwister. Sie hatte das St. John's College sowie das Christ's College in Cambridge gegründet und den «englischen Gutenberg» William Caxton gefördert, Englands ersten Drucker, der zugleich Verleger, Übersetzer, Autor, Herausgeber war und die Artus-Erzählung von Thomas Malory herausbrachte. Außerdem war sie sehr fromm. Lady Margaret war die unbestrittene Patrona in der Familie und eine außergewöhnliche Frau. Sie hatte inzwischen vier Ehemänner überlebt und während der Rosenkriege hingebungsvoll Politik gemacht, indem sie die Fäden zog, wo es nur ging. Ihren Sohn Henry, den jetzigen König, hatte sie mit dreizehn Jahren bekommen. Nach dieser extrem frühen Mutterschaft bekam sie keine weiteren Kinder mehr – eine damals durchaus lebensverlängernde Tatsache angesichts häufiger Kindbett-Tode der Frauen. In seiner Großmutter hatte Henry eine wirklich imposante Frauenfigur vor Augen, bei all ihrer asketischen Frömmigkeit, was damals kein Widerspruch war. Der Renaissance-Humanismus brachte einen enormen Aufschwung an Bildungsmöglichkeiten für Frauen der oberen Schichten hervor. Erasmus von Rotterdam propagierte die Frauenbildung, die er für potentiell gleichwertig hielt mit der Bildung der Männer. Diese Entwicklung setzte sich hier in England bis ins Elisabethanische Zeitalter fort, in dem sie wohl eine historisch bis dato einmalige Blüte erlebte – umso mehr angesichts des drastischen Rückgangs der Frauenbildung in den nächsten Jahrhunderten.

Seine Lehrer und Hofmeister schildern Henry als ein begabtes und bildungshungriges Kind, aber auch als impulsiv und leicht aufbrausend. Wenn Henry seinen Willen nicht bekam, konnte er sehr wütend werden – das hat sich dann auch bis ins Erwachsenenalter erhalten. Henry war äußerst sprachbegabt. Als König unterhielt er sich fließend mit seinen Botschaftern in Latein und Französisch. Auf Latein schrieb er auch mühelos, in mittleren Jahren sogar einen Traktat, ein für einiges Aufsehen sorgendes Buch. Er verstand sehr gut Italienisch und lernte später auch Spanisch. Als junger Mann und sehr junger König, ehrgeizig darauf bedacht, von den Gelehrten einen auf seinen Fähigkeiten gründenden Respekt zu erwerben, hatte er dann das Gefühl, dass seine Bildung nicht ausreichend sei. Er vertiefte sich in die Schriften der Kirchenväter und der Scholastiker, begann dann noch (allerdings nicht sehr lange), Griechisch zu lernen, um die in der Gelehrtenwelt wieder zu neuem Ansehen gelangten klassischen Texte im Original lesen zu können. Das mag uns erstaunen, wenn wir uns diesen physisch agilen Vierschrot vor Augen halten, der in sämtlichen Sportarten den größten Teil seiner Gegner besiegte und bei einem Jagdausflug acht bis zehn Pferde verschliss (wenigstens besagt das eine zeitgenössische Quelle). Doch das Renaissance-Ideal des Mannes war das des «Uomo universale», in dem die geistigen und die physischen Vermögen harmonisch zusammenfließen. Henry entsprach dem vollkommen.

Im Augenblick war er jedoch noch ein Kind, dessen überschäumende Energie nur sehr notdürftig durch seine Erzieherinnen gebremst werden konnte. Er war extrovertiert, schwer zu bändigen, von cholerischem Temperament. Außerdem schien er sich immer sehr schnell zu langweilen. Er lernte gewissermaßen früher Reiten als Laufen. Das Reiten, das Jagen, die Falknerei, Ringen, Tennis, Turnier-

oben links:
ARTHUR, PRINZ VON WALES.
Henrys Bruder

oben rechts:
ELIZABETH VON YORK.
Henrys Mutter, spätes 16. Jh.

unten:
MUTMASSLICH HENRY
ALS KIND.
Terracotta-Büste von Guido
Mazzoni 1498

kämpfe – all das diente später als wichtiger Ausgleich für seinen Energieüberschuss. Er begeisterte sich auch für Mathematik und für die technischen Errungenschaften seiner Zeit – und für Musik: Tanz, Lieder, Komposition. Astronomie wurde sein Steckenpferd, eines von vielen, und sie würde es bleiben. Sein fünf Jahre älterer Bruder Arthur war feingliedrig und von zarter Gesundheit. Henry aber war ein großer und dicker Wonneproppen, pausbäckig, rotblond und von kräftiger Statur und Konstitution. Es gibt eine bemalte Terracotta-Büste des Künstlers Guido Mazzoni, ausgeführt um 1500, von der man annimmt, sie stelle den kleinen Prinzen dar.

Es ist eine wirklich plastische Arbeit. Der Kleine hat sichtlich den Schalk im Nacken und in den Augen und plant, wie es aussieht, den nächsten Streich – in einer Umgebung, die ihm wahrscheinlich in den ersten Jahren viele Freiheiten ließ. Da er in einem reinen Frauenhaushalt aufwuchs – er erlebte zwischendurch noch den Tod zweier Geschwister im Säuglings- und Kleinkindalter –, genoss der kleine Wildfang da wohl einige Privilegien. Dass er nur der zweite Sohn war, war offiziell klar, aber in seinem kindlichen Alltag vermutlich kaum spürbar, denn der Thronfolger bildete in seinem Leben schon durch die räumliche Trennung keine Konstante. Der König schien völlig auf Arthur fokusiert, der als Prince of Wales bereits mit kronprinzlichen Pflichten betraut wurde. Etwas scheint Vater Henry aber an diesem temperamentvollen zweiten Sohn, der ihm so denkbar unähnlich war, auch irritiert zu haben, so dass er ihn später regelrecht unter Verschluss hielt. Einem so misstrauischen Mann wie Henry Tudor VII. musste auch das vitale Potential eines Nachgeborenen suspekt werden, derzeit zwar noch ohne Konsequenzen und Anlass; dass diese kontrastreiche Vater/Sohn-Konstellation aber von Fremdheit geprägt war, lässt sich vermuten. Umso inniger war Henrys Beziehung zu seiner Mutter Elizabeth. Spätere Äußerungen legen das nahe. Als Henry acht Jahre alt ist, besucht Erasmus von Rotterdam, der gerade in England weilt, in Begleitung von Thomas More die Hofhaltung der jüngeren Kinder des Königs im idyllisch gelegenen Eltham Palace unter den großen Eichen. More erinnert sich an den Prinzen, den sein Gelehrtenkollege Lord Mountjoy bei seiner Thronbesteigung als «*neuen Octavian*» feiern wird: «*Inmitten seines Gefolges stand Prinz Henry, und er hatte schon etwas Königliches in seiner Haltung und seinem Auftreten.*» Zweifelsohne hatte also bereits das Kind Henry (wenn die schmeichelnden großen Geister hier nicht unmäßig übertreiben und ihre Erinnerungen frisieren) ein ungewöhnliches Charisma, eine physisch fundierte Anziehungskraft. Der Besuch der Gelehrten in der prinzlichen Kinderstube endete im übrigen damit, dass der achtjährige Henry einen lateinischen Briefwechsel mit Erasmus von Rotterdam initiierte. Vorher hatte er den Gelehrten frappiert und beschämt, indem er ihn keck fragte, ob er ihm nicht auch, so wie More, eine selbst verfasste Schrift zum Geschenk mitgebracht habe, worauf der arme Mann mehrere Tage und Nächte in Klausur ging, um dem Prinzen etwas Geeignetes zu entwerfen. Da dieses politisch korrekt sein musste, war es wohl schwieriger als ein gelehrter Traktat.

Sein Vater, der König, hatte inzwischen andere Sorgen. Mit Ferdinand II. von Aragón war er zwar endlich zu einer Einigung gekommen, was die Eheschließung Prinz Arthurs mit der spanischen Prinzessin betraf. Durch den Vertrag von Medina del Campo (bereits vor zehn Jahren geschlossen) sicherten ihm die spanischen Herrscher Unterstützung gegen seine Rebellen zu, der englische König verpflichtete sich aber zugleich zu einer aktiven Unterstützung seines spanischen Bündnispartners im Falle eines Krieges mit Frankreich. Das hat der Kriegen abholde und Frankreich, lebensgeschichtlich bedingt, eigentlich loyal gegenüberstehende König wahrscheinlich mit einigem Unwillen hingenommen, aber nichtsdestotrotz hatte er es bereits in die Tat umgesetzt – wobei er auch das, im Zusammenhang mit dem Herzogtum der Bretagne, das seine Unabhängigkeit gegenüber der französischen Krone verlor, zu einem genialen Coup umfunktionierte: Er tat so, als plane er eine Invasion Frankreichs, um dann dem französischen König eine dauerhafte Zahlung abzupressen, als Sicherheitsleistung dafür, dass er darauf verzichtete, bei ihm einzufallen. Gleichzeitig verzichtete Charles VIII. vertraglich auf jedwede Unterstützung der Rebellen des englischen Königs. Henry hatte also seine Bündnispflichten gegenüber Spanien erfüllt. Seiner Mitgiftforderung an den Brautvater kam Ferdinand dagegen nur teilweise nach: 200 000 Scudos, allerdings in zwei Raten zu zahlen, darauf bestand Ferdinand. Die Ankunft der Braut war für das Jahr 1500 vorgesehen, und die Tochter Isabellas von Kastilien und Ferdinands von Aragón sollte trotz ihrer Eheschließung mit dem englischen Kronprinzen nicht ihren Anspruch auf den Thron Kastiliens verlieren. Die junge «Catalina», wie sie in Spanien genannt wurde, hatte in ihrer Mutter Isabella, einer der bedeutendsten Herrscherfiguren ihrer Zeit, ein beeindruckendes Beispiel entschlossener, durchgreifender und zugleich visionärer weiblicher Regentschaft vor Augen, und das blieb nicht ohne Auswirkungen auf ihr Selbstverständnis und auf ihren Lebensweg. Isabella war Königin von Kastilien, «*senora natural*», wie sie betonte, und dieses Herzstück des alten und neuen Spanien, das verschiedene Königreiche umfasste, war etwa viermal so groß und hatte fast fünfmal so viele Einwohner wie das an Frankreich grenzende Königreich Aragón Ferdinands. Die beiden Könige regierten in einer historisch einzigartigen Personalunion mit dennoch fein gegliederter Verteilung der Kompetenzen. Ferdinand, König von Aragón, von Niccolo Machiavelli dank seiner opportunistischen Diplomatie mit Lobeshymnen bedacht, kümmerte sich um die Auseinandersetzungen mit dem Nachbarland Frankreich und war auch insgesamt für die spanische Außenpolitik zuständig, während Isabella ihre Vision von der kulturellen und nationalen Identität Spaniens realisierte. Mit der Eroberung von Granada, der letzten Bastion maurisch-muslimischer Herrschaft in Spanien, konnten die katholischen Könige 1492 die Reconquista beenden. Im selben Jahr brach der italienische Seefahrer Christoph Kolumbus, unterstützt von der spanischen Krone, von Barcelona aus auf, um den westlichen Seeweg nach Indien zu finden. Die Fundierung der Großmacht Spanien, Grundlage des späteren spanischen Weltreichs, ging allerdings auch mit einer bisher beispiellosen Verfolgung von Häretikern, Muslimen und Juden einher – es war der Anfang der berüchtigten spanischen Inquisition. Doch jede Einheit kostete ihren Preis. Einen Nationalstaat zu gründen war kaum ohne Kollateralschäden möglich. In ihrer wandernden Hofhaltung, die mehr oder weniger ein umherziehendes Feldlager war, sorgte die Königin von Kastilien jedenfalls für eine hervorragende geistige Erziehung ihrer sämtlichen Kinder, die Mädchen nicht ausgenommen. Unter anderem wurde «Catalina» von den italienischen Humanisten Antonio und Alessandro Geraldini unterrichtet. Sie las die römischen Historiker, Seneca und den heiligen Augustinus, wurde in Heraldik und dynastischer Genealogie unterwiesen. Sie lernte sogar die Grundlagen des zivilen und kanonischen Rechts, und was England betraf, so waren ihr die Legenden von König Arthur von früh an vertraut. Aber sie lernte erstaunlicherweise kein Englisch, was eigentlich nur damit erklärt werden kann, dass die spanischen Könige, vor allem Ferdinand, diese englische Heirat bis zum Schluss noch mit Vorbehalten betrachteten und sie keineswegs für garantiert hielten. Katharina von Aragón, die mit ihrem zukünftigen Gatten gemeinsame englische Vorfahren hatte – sie war eine Urenkelin von Catherine of Lancaster –, war kein dunkler Typ, wie es die Auswahl moderner Filmregisseure und unsere Phantasie nahelegen, sondern von heller Haut, mit grauen Augen und rötlichen Haaren. Sie war klein und sogar etwas rundlich. Ganz und gar spanisch war indessen die stolze Haltung der jungen Prinzessin. Sie war tief religiös wie ihre Mutter und trug das Büßerhemd der Trinitarier unter ihrem Gewand. Als sie später in England war, unter wenig glücklichen Umständen, verbrachte sie so viel Zeit beim Gebet, verbunden mit Fasten und häufiger Unterbrechung der Nachtruhe, dass der englische König sie über Papst Julius II. 1505 in einem Brief warnen ließ, eine derart asketische Lebensweise könne ihre Gesundheit gefährden, vor allem aber ihre Gebärfähigkeit herabsetzen. Dieser kriegsverliebte und äußerst weltliche Papst hatte für Übertreibungen in seiner eigenen geistlichen Sphäre wenig Verständnis. Wie ihre Mutter, Königin Isabella, hatte Katharina einen unbeugsamen, durch nichts zu erschütternden Willen. Das loderte unter der Oberfläche ihrer geraden Haltung, der Frömmigkeit, des tiefens Ernsts, den sie ausstrahlte. Es loderte auch unter ihrer zeitlebens bekundeten Unterwürfigkeit: unter Gott, die Kirche, den Vater, sogar ihren Beichtvater und ihren Ehemann – doktrinären Voraussetzungen, wenn man so will. Dass diese spanische Prinzessin nicht leicht zu erledigen war, würde man jedenfalls in England noch merken.

Am 2. Oktober 1501 betrat die noch nicht ganz Sechzehnjährige mit ihrem Gefolge englischen Boden. Die Reise hatte insgesamt fast fünf Monate gedauert, und die Überfahrt war entsetzlich gewesen. Die Gesellschaft, die die englische Delegation in Plymouth antraf, war mitgenommen von dieser Überfahrt, vielleicht noch zu Teilen ganz grün im Gesicht. Ein schlechtes Omen? Es gab noch mehr schlechte Anfänge,

DIE JUNGE KATHARINA VON ARAGÓN.
Michiel Sittow, 1504/05

und die kulturellen Unterschiede zwischen der alten und der neuen Heimat der jungen Prinzessin, die Spanien und ihre Eltern nicht wiedersehen würde, waren von ihr sozusagen über Nacht zu bewältigen. Es gibt keine Zeugnisse darüber, wie sie sich fühlte. Sie hatte die letzten Jahre mit der königlichen Familie in der Alhambra verbracht, dem märchenhaften Palast von Granadas maurischen Königen, den sich Ferdinand und Isabella gleich nach der fulminanten Eroberung und der Vertreibung der Mauren zum Lieblingspalast erkoren und mit großem baulichen Aufwand in ihre katholische Welt integrierten. Katharina übernahm den Granatapfel in ihr Wappen – eine kleine Reminiszenz an diese morgenländische Szenerie, letzte Erinnerung an ihre spanische Heimat. Nun allein schon der Klimaunterschied: von der andalusischen Sonne ins herbstliche England, immerhin, dank der langsamen Anreise, in allmählicher Annäherung. Immerwährende Feuchtigkeit, zugige Schlösser. Ihre künftige Schwiegermutter hatte ihr brieflich geraten, sich in Spanien schon einmal daran zu gewöhnen, Wein zu trinken, denn das Trinkwasser in England sei nicht empfehlenswert. Die Hygienestandards im von der arabischen Kultur geprägten Spanien waren insgesamt deutlich höher als in den anderen europäischen Ländern. Da gab es zum Beispiel schon Seife – im restlichen Europa noch weitgehend unbekannt. Ihr Schwiegervater in spe wünschte die junge Braut dann auch umgehend zu sehen, nachdem er ihr bis Dogmersfield entgegengeritten war, den Kronprinzen mit sich führend. Er war noch in Reitstiefeln und mit dem Schmutz der Straße behaftet, und er ließ sich von seinem Vorhaben keineswegs abbringen, auch nicht, als Dona Elvira, Katharinas oberste Hofdame, entrüstet anbrachte, das zieme sich nicht für eine spanische Infanta, sich unverschleiert zu zeigen, noch vor der Eheschließung. Henry donnerte, das hier sei England, und hier gälten die Gesetze des Landes. Katharina gab nach – ihre erste Begegnung mit ihrem Schwiegervater, dem offenbar immerhin gefiel, was er da unverschleiert zu sehen bekam (denn wer wollte schließlich die Katze im Sack kaufen). Katharina hatte mit ihrem fünfzehnjährigen Bräutigam bereits von Granada aus lateinische Liebesbriefe gewechselt. Sie selbst galt fortan in England als Vorbild weiblicher Gelehrsamkeit. Ihre lateinischen Liebesbriefe an Arthur müssen auch durchaus gewollt und zu Vorzeigezwecken in die Hände diverser englischer Humanisten gelangt sein, denn man ließ dort verlautbaren, sie seien eines Cicero würdig. Einen Monat nach ihrer Ankunft heiratete sie in der Londoner St. Pauls-Kathedrale den Prinzen von Wales. Das wurde ein prächtiges Fest, gefolgt von zehntägigen Volksbelustigungen für die Londoner Bevölkerung: Umzügen, Maskenspielen, Turnieren, Tanz und Musik. König Heinrich VII. war ausnahmsweise sehr generös und ließ sich die Hochzeit seines Thronerben mit einem politischen Bündnis, das er der Welt zeigen wollte, gern etwas kosten. Es war sicherlich eine sinnvolle Investition. Royale Hochzeiten wirken von jeher zumindest vorübergehend system- und dynastiestabilisierend, und König Heinrich, der seinen Untertanen das Geld aus der Tasche zog und der vor Thronrivalen zeitlebens nicht sicher war, hatte das nötig. Katharinas zehnjähriger Schwager Henry, ein für sein Alter sehr großer Junge, geleitete die Braut zum Altar. Gar nicht schüchtern, machte er ihr seine Honneurs. Bei den ausgedehnten Zeremonien, die er mit Bravour und reichlichem Liebesaustausch mit seinem Publikum absolvierte, schien er sogar eine einprägsamere Rolle zu spielen als der vornehme, aber zugleich etwas unscheinbare, leider auch, und zwar mehr, als allen bewusst war, kränkelnde Bräutigam. Das junge Paar zog dann nach Ludlow Castle in Wales. In der walisischen Grenzregion hatte der Kronprinz bereits dem Rat vorgestanden. Doch nach weniger als fünf Monaten Ehe starb Arthur – möglicherweise an Tuberkulose. Eine andere Quelle besagt, dass er am «Schweißfieber» starb, das um die Zeit seines Todes grassierte, aber die Krankheit des Kronprinzen hatte schon eine längere Vorlaufzeit.

Für den König war der Tod seines Thronerben die erste große Katastrophe seiner traurigen letzten Lebensjahre. Die zweite war der Tod seiner Frau zehn Monate später. Elizabeth war wieder schwanger gewesen – eine Nachricht, die zunächst geeignet schien, dem trauernden Königspaar neue Hoffnung zu geben. Nach der Geburt eines Mädchens, das nach der spanischen Schwiegertochter Katharina genannt wurde, starb die Mutter jedoch am 11. Februar 1503, ihrem 37. Geburtstag, am Kindbettfieber, und die kleine Katharina folgte ihr nach. Der König war untröstlich und der elfjährige Henry wohl auch. Einige Jahre später schrieb er Erasmus in lateinischer Sprache, die Nachricht vom Tod seiner geliebten Mutter sei entsetzlich gewesen. Wie alle Königskinder war er von weiblicher Fürsorge, Betreuerinnen zum Teil von Geburt an, umhegt; die Namen von dreizehn Frauen sind als fester Bestand seines prinzlichen Haushaltes aufgelistet. Die Beziehung zu seiner liebevollen und schönen Mutter, die ja auch zu Zeiten mit den Kindern in Eltham lebte, scheint aber dennoch von emotionaler Tragweite gewesen zu sein. Eingedenk der Fremdheit, die zwischen ihm und dem König herrschte, scheint dies umso bedeutsamer. Aufgerückt an die erste Stelle durch den Tod seines Bruders – bezeichnenderweise aber offiziell erst nach einer Übergangszeit von zwei Jahren, in der Henrys Thronfolge also offenbar keineswegs sicher war –, war Henry von 1504 an Thronfolger und Prince of Wales. Nun also holte der König ihn an den Hof, um ihn seiner direkten Aufsicht zu unterstellen. In gewissem Sinne versetzte der Wechsel den dreizehnjährigen Prinzen in eine Gefängnissituation. Wir wissen nicht, wie es ihm in der Zwischenzeit erging, aber vier Jahre später berichtet der spanische Botschafter Fuensalida, der über die Zukunft der jungen spanischen Witwe verhandelte, der Prinz verbringe einen Großteil seiner Zeit in einem Zimmer, das an des Königs Schlafgemach angrenze. Niemandem sei es erlaubt, sich ihm zu nähern oder mit ihm zu sprechen, und er selbst spreche in Gegenwart des Königs kein Wort, außer, um auf dessen Fragen zu antworten. Er dürfe den Palast nicht verlassen, außer durch eine private Tür, die in den Park führe, und auch dann nur in Begleitung speziell dafür ausgewählter Personen. Der König hatte vier seiner sieben Kinder und seine Frau verloren. Es mag einiges dafür sprechen, dass er aus purer Angst um seinen Sohn, auf dem nun seine ganzen Hoffnungen lagen, diesen regelrecht von der Außenwelt abschirmte und seiner permanenten Kontrolle unterwarf. Da Henry aber, anders als Arthur, offenbar keinerlei Einweisung in seine späteren Regentenpflichten erhielt, mag noch etwas anderes hinter der Isolationspolitik des Königs gestanden haben. Man kann da nur spekulieren: Angst um Henrys gesundheitliche Unversehrtheit (dagegen spricht: Henry war äußerst robust; der Schaden, den er durch die Eindämmung seines Bewegungsdrangs litt, dürfte größer gewesen sein als die Risiken außerhalb seiner hermetisch geschlossenen Räume), Angst vor vorzeitigen sexuellen Ausschweifungen seines wahrscheinlich ziemlich früh entwickelten Sohnes (es wurde vermutet, der König habe eine zu frühe sexuelle Betätigung seines Erstgeborenen für die Ursache seines frühen Todes gehalten) oder aber (viel wahrscheinlicher): Misstrauen vor dem unkalkulierbaren Potential dieses vollblütigen Exemplars, das nun sein direkter Nachfolger war. Misstrauen und Habgier scheinen die beiden Motive zu sein, die mit Abstand die meisten nennenswerten Aktionen Heinrichs VII. erklären.

Unmittelbar nach Arthurs Tod hatte er mit Ferdinand von Aragón über die Verheiratung Katharinas mit seinem zweiten Sohn zu verhandeln begonnen, zu gegebener Zeit, wie sich verstand, denn Henry war ja erst zehn. Das war für den englischen König schon deshalb eine natürliche Lösung, weil er selbstredend keineswegs daran dachte, den Spaniern die erste Rate ihrer Mitgift wieder zurückzuzahlen (die zweite stand leider immer noch aus). Niemals würde Henry Tudor eine wie auch immer erlangte Geldsumme, die einmal in seinen Händen war, wieder zurückgeben, eher würde noch die Themse austrocknen oder der Papst übers Wasser gehen. Außerdem wollten beide Könige zu der Zeit auch ihr Bündnis nicht preisgeben. Beide ergingen sich wie gewöhnlich im Feilschen, doch in diesem Fall war die Sache auch aus kirchlicher Sicht klärungsbedürftig, denn die Kirche verbot eine Eheschließung zwischen Schwager und Schwägerin, die auf einer spirituellen Ebene in den Stand von Geschwistern gelangt waren, sofern die frühere Ehe, wovon man normalerweise ja ausging, vollzogen worden war. Katharina behauptete immer, sie sei nach ihrer Heirat mit Arthur Jungfrau geblieben, was schon dann eine gewisse Glaubwürdigkeit besitzt, wenn man davon ausgeht, dass Arthur Tuberkulose im Endstadium hatte. Fünfundzwanzig und auch noch dreißig Jahre danach rankte sich um diese Frage herum Weltpolitik. 1503 wurde der Papst um eine Dispens ersucht, aber das zog sich hin, und ebenso verschleppten sich die Verhandlungen zwischen Henry und Ferdinand. Der Brautvater hätte beispielsweise im Laufe dieser zähen Verhandlungen, die immer auch die Option eines Rücktritts beider Parteien von dem Unternehmen einschlossen, seine Mitgiftzahlung zurückfordern können im Falle eines ehelichen Vollzugs zwischen Arthur und Katharina und angesichts eines so kurzlebigen Gatten, was er in dieser Zeit nicht tat und auch nicht als Möglichkeit offen ließ. Seinem vatikanischen Botschafter gegenüber äußerte er, die Prinzessin sei Jungfrau, und die

Engländer legten bei ihrem Dispensantrag närrischerweise Wert auf die Formulierung, dass die Ehe vollzogen sei – um eventuellen späteren Zweifeln zuvorzukommen, die die Legimität von Kindern betrafen, welche aus der Ehe zwischen dem jungen Henry und Katharina hervorgehen könnten. Das waren Unkenrufe, ein Blick in die Zukunft. Auch Dona Elvira, die eher herrische als liebevolle Ersatzmutter der Prinzessin in England, war von der Jungfräulichkeit Katharinas fest überzeugt. Einzig zweifelhaft ist eventuell in diesem Zusammenhang die umgehende Entlassung von Katharinas Beichtvater in dieser Zeit, ihres früheren Lehrers Alessandro Geraldini, nachdem man einen Brief unbekannten Inhalts von ihm abgefangen hatte. Am 23.6. wurde jedenfalls ein förmlicher Verlobungsvertrag abgefasst, den im Folgejahr eine Urkunde, welche die päpstliche Dispens verbriefte, besiegelte. Der Vatikan hatte schließlich die Formulierung gewählt, die Ehe sei «vielleicht» vollzogen worden, wodurch der Papst aus dem Schneider, die Sache aber mit einem ewigen Fragezeichen behaftet war.

Der englische König ging sehr bald nach dem Tod seiner Frau selbst wieder auf Brautschau, wahrscheinlich weniger aus persönlicher Neigung als aus der angstgetriebenen Umsicht und Vorsorge, diesen einen übriggebliebenen Erben, an dem alles hing, um weitere potentielle Thronerben ergänzen zu müssen. Er brauchte dringend eine Frau in gebärfähigem Alter, und da dies auf der Hand lag, hatte er kurzfristig darüber nachgedacht, seine Schwiegertochter Katharina zu heiraten, die ja immerhin schon im Lande war. Königin Isabella war entsetzt, als sie das hörte, und ließ verlautbaren, ihre Ohren seien bereits von der puren Bemerkung beleidigt. Nach dem Tode der Königin gebe es in England offenbar niemanden mehr, um die Ehre ihrer Prinzessin zu schützen. Katharina indessen wird nicht zum ersten und auch nicht zum letzten Mal Stoßgebete zum Himmel geschickt haben oder an alle möglichen Väter, ihren derzeitigen Beichtvater eingeschlossen, der eine dubiose Rolle spielte in ihrem an Nöten und Schwierigkeiten überfrachteten Leben, dass man sie doch wieder nach Spanien zurückreisen lasse. Davon war jedoch nicht mehr ernsthaft die Rede. Sie war nach Durham House umgezogen, einen ehemaligen Bischofspalast, aber ihr Schicksal hier in den kommenden Jahren war demütigend und voller Entbehrungen. Katharinas persönliche Situation und die politische, die unter anderem ihren Status in England bestimmte, änderten sich nämlich im November 1504 schlagartig, als ihre Mutter starb, worauf auch die Verbindung zwischen dem englischen Kronprinzen und Katharina wieder ganz neu zur Disposition stand. Nach dem Tode von Königin Isabella war Kastilien an ihre Tochter Joana übergegangen, und Ferdinand war nur noch König von Aragón. Ferdinand stritt sich darauf mit seinem Schwiegersohn Philipp dem Schönen von Habsburg um die kastilischen Thronrechte, wobei die Erbin, seine Tochter Joana, Philipps Gattin, die man just zu der Zeit als verrückt deklarierte (so ist sie als «Johanna die Wahnsinnige» im Gedächtnis geblieben), als sie ihren, direkt von der Mutter überkommenen Anspruch auf den Thron Kastiliens hätte geltend machen können, ganz außen vor blieb.

Katharina von Aragón, ihre Schwester, stand nun als Braut Henrys nicht mehr so hoch im Kurs. Der englische König hielt sie wie eine Art Geisel in ihrem Londoner Haus und entzog ihr auch mit der Zeit jeglichen Unterhalt, der ihr als Witwe Arthurs eigentlich zustand. Vater Ferdinand scheint das nicht weiter gekümmert zu haben. Nach und nach verkaufte Katharina einen Teil ihrer Aussteuer, um ihre immer bescheidenere Haushaltung bestreiten zu können, bis sie zum Schluss in abgetragenen Kleidern herumlief und sich gänzlich dem Wohlwollen des Königs überantworten musste, der ihr einige schäbige Zimmer in seiner jeweiligen Residenz zuteilen ließ. Aus dieser Zeit stammen auch Katharinas religiöse Exzesse. Sie suchte Zuflucht in der Religion, betete Tag und Nacht. Als im Juni 1505 der zweite Teil ihrer Mitgiftzahlung immer noch nicht beim englischen König eingegangen war, ließ dieser seinen Sohn am Vorabend seines vierzehnten Geburtstags öffentlich Protest gegen den Heiratsvertrag mit Katharina einlegen, da er zur Zeit der Abfassung noch nicht volljährig war. Der König erwog währenddessen andere Bräute für seinen Sohn: zum Beispiel Eleonore von Portugal, eine Tochter Joanas und Philipps des Schönen, oder Marguerite d'Angoulême, die Schwester des zukünftigen Königs von Frankreich; eine weitere Option war eine Tochter des Herzogs von Bayern. 1506 wandelte König Heinrich selbst, engagierter als bisher, auf Freiersfüßen, und das war ein etwas makabres Schauspiel, denn der König, wenngleich erst knapp fünfzig, alterte in diesen Jahren rapide und schien dem Grab näher zu sein als dem Brautbett. Er wurde mit jedem Tag magerer und hohlwangiger, wie er mit jedem Tag einsamer wurde. Da saß er auf seinen Schatztruhen in seinen Privatgemächern, mit ewig lauerndem Blick gegen den Adel, der ihn eigentlich nie akzeptiert hatte. Auf sein Leben und seine Regentschaft zurückschauend, die mit so viel Glück und offenkundiger Gunst des Schicksals begonnen hatte, so dass sie nur gottgewollt sein konnte, musste er feststellen, dass sie nicht auf Loyalität aufgebaut war, sondern auf Angst – beiderseits. Nie war er sicher gewesen auf seinem Thron, war es vermutlich bis zum letzten Atemzug nicht. Der Verrat Suffolks in jüngster Zeit hatte ihn stärker getroffen als alle Komplotte zuvor. Mit zunehmendem Bewusstsein der brüchigen Loyalität seiner unmittelbaren Umgebung verstärkte sich auch Henrys fiskalischer Terror (von «*finanziellem Terror*» spricht schon der Tudor-Historiker Polydore Vergil). Henry schlug auf die ihm gemäße und handhabbare Weise zurück. Aber er musste seine Dynastie absichern, das blieb das erste und letzte Ziel. Er brauchte eine Verbindung zum Heiligen Römischen Reich, und obwohl Mary, seine Jüngste, für eine solche Verbindung ausersehen war, meinte er noch einmal selbst in den Ring steigen zu müssen, um der jungen Dynastie seinen Tribut zu entrichten.

Er hatte noch zu Lebzeiten Isabellas die verwitwete Königin von Neapel ins Auge gefasst. Ausgiebig hatte er sich nach ihr erkundigt: Figur, Teint, Körpergröße, Gesichtsform, Haar- und Augenfarbe, ob sie Haare auf den Lippen habe (er fürchtete wohl einen Damenbart bei einer Südländerin), Atem (frisch, hoffte er) und – Vermögen. Alles bis auf das Letztere konnte ihm vorteilhaft, ja verheißungsvoll beantwortet werden. Aber Ferdinand hatte sich beim Tode des Königs von Neapel das Vermögen der Königswitwe gesichert, und so wäre Henry schon bei der Mitgift dessen Großzügigkeit ausgeliefert. Nein, muss Henry gedacht haben, das wollte er sicher nicht noch einmal auskosten. Ein schöner Teint, schöne Augen, runde Lippen und große Brüste, ein süßer Atem sogar – aber mittellos, kein Vermögen, das kam nicht in Frage für Henry Tudor. Also richtete er sein Augenmerk jetzt auf Habsburg, denn das war in jeder Hinsicht gewinnbringender. Mit Erzherzog Philipp hatte er sich schon vor Jahren politisch kurzgeschlossen, und er dachte jetzt daran, Philipps Schwester zu heiraten, die Erzherzogin Margarete von Österreich und Savoyen. Er wollte noch etwas anderes von Philipp dem Schönen, nämlich die Auslieferung Edmund de la Poles, Earl of Suffolk, der sich auf habsburgischem Territorium herumtrieb, unter der stetigen Gefahr neuer Machenschaften gegen den englischen König, mit Bündnispartnern vom Kontinent. Als Philipp dann, wie es der Zufall wollte, von einem Sturm an die englische Küste getrieben wurde, während er sich mit Joana auf dem Wege nach Spanien befand, um seine kastilischen Thronansprüche im Namen Joanas geltend zu machen, bereitete ihm der englische König einen splendiden Empfang, denn mit seiner französischen Weltläufigkeit konnte er äußerst galant sein, wenn er nur wollte. Er verlieh ihm den Hosenbandorden, schmeichelte seiner Eitelkeit nach allen Regeln der Kunst, und bei einem dieser festlichen Anlässe begründete Henry mit Schwüren und großen Gesten «*die ewige Freundschaft zwischen dem Heiligen Römischen Reich, dem Königreich Kastilien, Flandern, Brabant und dem Königreich England*». Ausgelassen hat er bei dieser Aufzählung nur Aragón. Ferdinand war wenig entzückt, und Katharina verblieb mit immer schlechteren Aussichten in ihrer Londoner Halb-Geiselhaft. Während des unfreiwilligen Besuchs Philipps des Schönen hatte der vierzehnjährige Kronprinz Henry gewissermaßen seine erste diplomatische Mission und seinen ersten ganz großen Auftritt, als er den Erzherzog beim ritterlichen Unterhaltungsprogramm für die englische Politik einnehmen half, während Katharina, Joanas Schwester, aus zweierlei Gründen mit weitgehender, unfreiwilliger Abwesenheit glänzte: um die Klagen über ihre eigene Situation nicht nach außen dringen zu lassen und um Joana, Erbkönigin von Kastilien, nicht durch Aufwiegelung vom geplanten Kurs abzubringen.

Leider schlug Margarete von Österreich Henrys Werbung kurzerhand aus, und leider hatte Philipp der Schöne nicht mehr viel von seiner kastilischen Krone, die er sich schließlich erwarb, denn er starb ein paar Monate später innerhalb weniger Tage an einem Fieber – einige munkelten, von seinem Schwiegervater vergiftet. «Joana la loca», deren Wahnsinn namentlich und vielleicht überhaupt in einer sexuellen Besessenheit von ihrem außerordentlich attraktiven Gatten bestand, inklusive dramatischer Eifersucht, die ihre Gründe hatte, nahm dieses Ereignis den Rest an Gefühlsmaß und Selbstbeherrschung, den sie noch haben mochte, aber Ferdinand von Aragón konnte nun wieder mit einem Angebot auf König Henry zugehen. Joana war wieder frei und zugegebenermaßen eine gute Partie. Die Idee kam nicht von Ferdinand, sondern vom spanischen Diplomaten de Puebla, der auf diese Weise auch wieder gute Chancen für Katharina gekommen sah. Puebla schrieb an den König von Aragón, der König von England wäre der vortrefflichste aller Ehemänner für Johanna die Wahnsinnige, und sie würde, mit so einem Gatten vermählt, auch gewiss wieder zu Verstand kommen. Aber selbst wenn sich herausstellen sollte, dass ihr Wahnsinn unheilbar sei, sei es doch ganz bequem, sie nach England zu schicken, wo man sich offenkundig an ihrem Wahnsinn nicht störe – zumal dieser sie nicht daran hindere, Kinder zur Welt zu bringen (das hatte man am Verlauf ihrer Ehe gesehen). Auf jeden Fall, so der Gesandte, könne er, Ferdinand, dann auch die Regentschaft über Kastilien behalten. Ferdinand gab zu bedenken, Johanna führe derzeit noch immer den einbalsamierten Leichnam ihres Gatten mit sich im Reisegepäck. Der also müsse vorher bestattet werden, sonst gehe es nicht mit dieser für alle Seiten tatsächlich praktischen Lösung. Henry Tudor war schon angesichts der kastilischen Besitztümer in-klusive ihrer kolonialen Eroberungen von der Idee eingenommen und hatte natürlich keineswegs vor, auf das Herrschaftsgebiet seiner zukünftigen Frau zu verzichten. Katharina wurde nun wieder kurzzeitig in Ehren gehalten, denn ihr fiel die Aufgabe zu, ihre Schwester Johanna von der Eheschließung zu überzeugen. Als diese jedoch entrüstet ablehnte und Ferdinand das Unternehmen nun auch nicht mehr weiterverfolgte, weil ihm letztendlich für seine eigenen Zwecke die Tochter, für geistig unzurechnungsfähig erklärt, ohne Ehemann dienlicher war, hielt der englische König sich, wie gehabt, mit der Verbindung Henrys und Katharinas zurück. Da sein Gesundheitszustand sich sukzessive verschlechterte, hatte sich aber auch bald die eigene Brautschau erübrigt. Immerhin verdanken wir diesen Werbungen das bereits erwähnte und so charakteristisch erscheinende Porträt Heinrichs VII. von Michiel Sittow, das zu diesem Behufe entstand.

Eigentlich musste sich der König um die Nachfolge gar keine Sorgen machen. Sein Sohn, der Thronfolger, war ein Prachtexemplar. Mit seinem lauernden Seitwärtsblick war ihm das kaum entgangen. Aber im Gegensatz zu Arthur, der nach der Lancaster-Linie schlug, also nach ihm (magere Gestalt, Hakennase, Adlerblick, eine zurückgenommene Natur, Intelligenz, die sich zum Scharfsinn entwickelt, aber nichts preisgibt), war Henry der Jüngere ein York durch und durch. Ob der Vater ihn deshalb so kritisch betrachtete? Henry hatte Charisma. Er zog Menschen an, konnte die Massen für sich begeistern. Seine physische Agilität, sein Charme und seine unverkennbare Lebenslust erinnerten an den charismatischen vorletzten York-König Edward IV. Ob Henry VII. Tudor der Meinung war, die Zeit fordere kühle Pragmatiker mit der Fähigkeit zur Reserve und zum Erhalt, bar aller Leidenschaften, und keine lebenslustigen Sympathieträger, deren größte Gefahr in der eigenen Maßlosigkeit lauerte? Man wird den Eindruck nicht los, dass König Henry Gefahren am Horizont auftauchen sah und dass er eine andere Lösung für die Thronfolge bevorzugt hätte, wäre sie denn gegeben gewesen. Suffolk, sein letzter Thronprätendent, der jetzt hinter Schloss und Riegel saß, war auch so ein romantischer Ritter gewesen, ein gefeierter Held bei den Turnierkämpfen an seinem Hof, und den jungen Henry hatte das fasziniert. Eine ähnlich blendende Erscheinung und Integrationsfigur war der junge Herzog von Buckingham. Die Menschen zog das an, zweifellos. Doch was das Volk wollte, davon war der ältere Henry sicherlich überzeugt, war nicht unbedingt das, was gut für es war, gut für das Land. Er überließ sich zeitweise einer tiefen Melancholie, die sogar zum Ende hin in eine eigenartige Religiosität mündete. Vielleicht bereute er seine radikale fiskalische Politik, die Suffolk zum Beispiel, der ihm eigentlich treu ergeben war, aller Wahrscheinlichkeit nach in den Verrat getrieben hatte. Wenigstens bei den Dienern der Kirche, die er ja auch ausgenommen hatte wie alle anderen, wollte er das wiedergutmachen. Er hatte Skrupel und offenkundige Angst um sein Seelenheil. Im Frühjahr 1507 erkrankte der König an einer schwerwiegenden Halsinfektion, von der er sich nur langsam erholte. Im Herbst war er wiederhergestellt, doch schon zu Beginn des folgenden Jahres kamen neue Krankheitsschübe – Gicht, fiebrige Infektionen. Er schaffte es noch einmal; im Sommer machte er sogar wieder Ausflüge zu Pferde.

Der junge Henry erprobte sich währenddessen mit seinen agilen Jungmännerfreunden auf dem Turnierfeld. Immerhin hatte er den König dazu bewegen können, an den weniger gefährlichen Kampfarten teilnehmen zu dürfen, wo er eine glänzende Figur abgab, Englands zukünftiger König, mittlerweile siebzehn Jahre alt. Er sah sich nicht nur als Ritter auf dem Turnierplatz, sondern auch als ritterlicher Beschützer der spanischen Prinzessin, die er dereinst als Braut seines Bruders zum Altar geführt hatte und die jetzt unter so beklagenswerten Umständen an Henrys Hof lebte, als seine, Jung-Henrys Angetraute oder auch nicht, je nachdem, wie der Wind von der iberischen Halbinsel oder in der internationalen Politik wehte. *Ein* Vermächtnis, das der König ihm mitgab, seinem gleichnamigen Sohn, und mit dem dieser noch seine eigenen speziellen Erfahrungen machte, lautete: Traue Ferdinand nicht! Für Henry senior war der Handel mit seinem bedeutendsten Partner, der kürzlich ein Heiratsbündnis mit Frankreich eingegangen war und in der Ehe mit der jungen Germaine de Foix Vaterfreuden entgegenfieberte, vorläufig beendet, ohne dass es jedoch noch eine Zeit danach für ihn gab. Henry und Ferdinand waren einander zu ähnlich, um dauerhaft nicht auf Konfrontationskurs zu gehen. Es scheint sonderbar, dass Machiavelli nur Ferdinand von Aragón ins Feld führt und nicht ihn, Henry Tudor, seinen kongenialen Partner in der rücksichtslosen Vertretung der Staatsraison. Aber vielleicht war es für einen Italiener eine Frage der Positionierung, hier den Blick nicht nach Norden zu richten. Nur eine halbe Insel sei England, äußerte zwei Generationen später Papst Sixtus V. mit noch immer unüberhörbarer Abschätzigkeit, aber er äußerte es im Zusammenhang unverhohlener Bewunderung bezüglich Englands begnadeter Ketzerkönigin, die den großen Mächten erfolgreich die Stirn bot.

Katharina, verlassen von allen möglichen Vätern, nahm inzwischen, soweit dies im Rahmen ihrer Lage denn überhaupt möglich war, ihr Schicksal selbst in die Hand. Sie hatte sich bereits mit dem König konfrontiert und ihm erklärt, ihre Bindung an den Thronfolger und Prinzen von Wales sei unauflöslich, und zwar schon durch den symbolischen Akt, den sie durchlaufen hatten vor einigen Jahren. Sie forderte sogar eine Kopie der Heiratsurkunde, Einzelheiten, Verfügungen, die bindend und rechtskräftig waren. Der König dagegen wies ungerührt darauf hin, ihr Vater schulde ihm noch eine Summe von einhunderttausend Scudos und uneingelöste Versprechen. Ferdinand hatte seiner Tochter auf deren Drängen einen neuen Botschafter nach England geschickt: Gutierre Goméz de Fuensalida, der die Habsburg-Politik Henrys im Auge behalten und gegebenenfalls abwenden sowie gleichzeitig die Heiratsverhandlungen mit dem Prinzen vorantreiben sollte. Der neue Mann merkte aber sehr bald, dass es wenig Sinn hatte, die spanisch-englische Heirat weiterhin zu verfolgen. Er war der Meinung, die Prinzessin solle nach Spanien zurückkehren, notfalls auch ohne das Geld, das in diesem Falle noch ausstehe, also die Rückzahlung der ersten Rate der Mitgift – auch wenn dies unehrenhaft für sie sei, wie er dem König erklärte. Der aber war davon wenig beeindruckt. Auf die Darlegungen des Diplomaten, er sei gebunden durch einen Vertrag, erklärte er kurz und bündig: «*Mein Sohn und ich sind frei.*»

Henry der Jüngere und Katharina waren in diesen Jahren, in denen sie sich zum Beispiel kleine Geschenke schickten und einander wohl auch gelegentlich einmal begegneten, gewissermaßen Leidensgenossen unter der Fuchtel des kalten Kalküls ihrer Väter. Ihre Väter hatten ihre Verbindung nur als Geschäft betrachtet. Henry, der jugendliche Romantiker, und Katharina, die glaubensfeste, durch die Widrigkeiten der letzten Jahre auch merklich gereifte junge Frau, wollten sie gerne als gottgegeben ansehen. Ihre eigentlich so unterschiedlichen Charaktere – der extrovertierte Henry und die prinzipienstarke, moralisch geprägte Natur Katharinas, die zudem fast sechs Jahre älter war – traten in dieser durch äußere Hindernisse angeheizten Romantik noch nicht so hervor. Schon aus purer Opposition zu seinem Vater, dessen Ende inzwischen absehbar war, dürfte Henry schon damals zu dem Entschluss gelangt sein, dass er Katharina heiraten würde, sobald Henry der Ältere sich von dieser Welt verabschiedet hatte. Man weiß es nicht, aber es ist zu vermuten, dass er ihr derartige Versprechungen machte.

Katharina dagegen hatte kaum eine Wahl. Die Rückkehr nach Spanien ohne ihren Besitz wäre in der Tat eine unehrenhafte Lösung gewesen, und sich erneut den Verfügungen ihres Vaters anheimzugeben, war angesichts der Lage der Dinge auch nicht verheißungsvoll. Der temperamentvolle, gutaussehende Henry gefiel ihr wohl auch. Ihr Schicksal lag hier, als Englands Königin; das hatte man sie gleichsam von Geburt an gelehrt. Als König Henry ihr aber dann noch bei weiteren Auseinandersetzungen bedeutete, sie empfange ihr Kostgeld und ihre Unterbringung an seinem Hof nur als ein Almosen, übermannte sie zum Ende hin wieder große Verzweiflung, so dass sie an Ferdinand schrieb: «*Es ist unmöglich für mich, das, was ich hier ertragen muss durch die Unfreundlichkeit des Königs und die Art und Weise, wie er mich behandelt, weiterhin auszuhalten. [...] Ich fürchte, mein Leben wird kurz werden infolge meiner Leiden.*» Fuensalida veranlasste währenddessen schon die Ausschiffung ihrer Habseligkeiten nach Brügge und dann Richtung Spanien. Doch Katharinas Leiden wurde auf natürliche Weise ein Ende gesetzt.

Das Jahr 1509 hatte begonnen, und der englische König, der seit Jahren an einer schleichenden Depression litt, hatte mit dem Beginn der Fastenzeit ein Reue- und Bußeerlebnis. Ein Jahr nach dem Tod seiner Frau hatte er dergleichen schon einmal gehabt. Es war aber jetzt viel dramatischer, denn er ließ seinen Beichtvater kommen, und bezeugt werden erschütternde Szenen. Henry bekam Panikanfälle bei dem Gedanken, jetzt oder in absehbarer Zeit so, wie er war, vor seinen Richter zu treten. Mit Weinen und Schluchzen, so heißt es, verbrachte er eine gute Dreiviertelstunde mit seinem Gottesmann, der ihm Absolution erteilte und ihm versicherte, es sei für Reue noch nicht zu spät, auf den Knien. Dann machte er drei Gelöbnisse, sofern ihm der Herr noch einige Lebenszeit schenkte. Erstens: eine wirkliche Rechtsreform zu beginnen, so dass Gerechtigkeit in seinem Reich herrschen möge. Zweitens: nur solchen Männern hohe Kirchenämter zu geben, die dessen auch würdig waren durch Frömmigkeit und Gelehrsamkeit (nicht, unausgesprochen, aus politischen Gründen oder im Sinne des Mammons). Und drittens: eine Generalamnestie zu verhängen, mit Ausnahme von Mördern und Schwerverbrechern, rechtskräftig im Augenblick seines Todes. Dann weinte er wieder, so heißt es, klammerte sich an die Monstranz, die er küsste, und warf sich seinem Beichtvater zu Füßen. Als er am späten Abend des 21. April nach 27-stündiger Agonie sein irdisches Dasein beendete, hinterließ er seinem Sohn solche Reichtümer, wie sie noch nie ein englischer König besessen hatte. Das und ein zweifelsfreies Thronrecht, so meinte er wohl, war das Beste, was er ihm mitgeben konnte.

Sir John Fortescue, Jurist und eine Art erster Systemanalytiker der Monarchie mit konstitutionellen Visionen, ein Mann mit einem wechselvollen Geschick während der Rosenkriege, hatte noch vor der Dynastiegründung Henry Tudors geschrieben: «*Kein Reich wird gedeihen oder der Verehrung würdig sein unter einem armen König.*» Das hat Henry Tudor wörtlich genommen. Francis Bacon, Henrys erster Biograph, äußerte: «*Er verwaltete die Ressourcen der Krone so sorgfältig wie ein Kaufmann.*» Das war kaum etwas, das man von einem König erwartete, und man hat es ihm eigentlich auch nicht gedankt. Die Ruhe und Stabilität, die er dem Land geschenkt hatte, waren allgemein schon wieder so weit vergessen, als hätte es die Rosenkriege und die Wirren zuvor nie gegeben. Das englische Volk war des alten Geizkragens müde. Es wollte Farbe, Sonne und Licht, und Henry, der Jüngere, der keine Mühe haben würde, die Reichtümer seines Vaters im Sinne der Lebenslust und des Glanzes, des Ruhmes auch, in den Kreislauf und damit zum Schmelzen zu bringen, garantierte all das: Sonne, Farbe und Licht. Er war tatsächlich ein Sonnenkönig in seinen sonnigen Anfängen.

«*PASTIME WITH GOOD COMPANY …*»

Die ersten Regierungsjahre

(1509–1513)

Nach dem Ableben des Königs wurde die Nachricht von seinem Tod noch zwei Tage geheimgehalten, um eine friedliche Thronfolge zu gewährleisten, Unruhen zuvorzukommen in dem gefährlichen luftleeren Raum zwischen dem Tod des einen und dem Einsetzen des neuen Souveräns, und einige erste Aufstellungen im Geheimen zu tätigen. Der Übergang von einer Regierung zur anderen, der sich rituell ausdrückte im Begräbnis des einen Königs sowie der Krönung und Salbung des nachfolgenden, hatte nach dem Verständnis des christlich-mittelalterlichen Königtums eine hohe Symbolkraft. Kaum auszudenken, wenn da etwas schiefging. Die neue Herrschaft konnte unter Umständen unter fatalen Vorzeichen stehen. Den unglücklichen Richard Plantagenet hatte man nicht standesgemäß zu Grabe getragen. Das, im Zusammenhang mit der Usurpation seines Nachfolgers, rächte sich, so jedenfalls glaubte man, in der Regierungszeit Henrys IV. Richards Geist schwebte über der neuen Regentschaft wie eine Heimsuchung, auf die eine und auf die andere Art. Der zu Lebzeiten nicht besonders beliebte, da nicht eben erfolgreiche König erhielt nach seinem Tode geradezu aktive politische Macht. Dass der glorreiche König Henry V. schließlich den Leichnam Richards II. nach Westminster überführen ließ, bedeutete einen rituellen Abschluss des unseligen Kapitels dieses Königsmords und der Usurpation. Henry V. knüpfte auf diese Weise in seinem Selbstverständnis nicht an seinen Vater an, sondern an dessen Vorgänger Richard, wodurch die gottgesegnete Kontinuität wiederhergestellt war. Das alles war jetzt dunkle Vergangenheit. Der erste Tudor war tot, sein Sohn und Thronerbe war das leibhaftige Produkt

Lancaster-York und der unbezweifelte Nachfolger. Kaum achtzehn Jahre alt, in Saft und Kraft stehend. Was wäre wohl aus ihm geworden als zweite Person im Staat neben Arthur, seinem Bruder, dem König? Erzbischof von Canterbury? Die barocke Gestalt hatte er sicher dazu. Ein so mächtiger Rivale wie Richard von York, der sich zu Richard III. erklärte? Ein kurzes Innehalten mochte angebracht sein. Aber jetzt liefen die Räder schneller, das Land, kaum in Trauer um seinen König, befand sich vor einer Zeitenwende, und es waren, so meinte man, glückliche Zeiten. Der alte König war zu Grabe getragen. Es gab keine Zwischenfälle und keine Heimsuchungen, und soweit man weiß, ist Heinrich VII. auch nie seinem Grabe entstiegen, auch nicht im übertragenen Sinn. Die Trauerpredigt hielt Bischof John Fisher. Er hat Henrys Weisheit im Regieren betont, dass er gefürchtet war, nicht nur im eigenen Land, sondern auch außerhalb – was sicher richtig ist –, aber auch Henrys Reue- und Bußebedürfnis im Angesicht seines nahenden Todes. Der König hatte testamentarisch 10 000 Messen für seine Seele gefordert – unmäßig, so wie alles bei ihm, was sich quantifizieren ließ, aber angesichts seiner Reue und Buße hatte er wohl auch den Eindruck gehabt, dass dies notwendig sein würde, sollte ihm noch ein Platz im Himmel beschieden sein. Sein größter weltlicher Kummer zum Ende hin war vielleicht, dass er seine Schatzkisten nicht mitnehmen konnte. Besser, er verwendete keinen Gedanken daran, was daraus wurde.

Am Morgen des 24. April war Henry in London zum König proklamiert worden, König Heinrich der Achte. Um die Mittagszeit hatte er Richmond verlassen und sich, wie es die Tradition forderte, in den Tower of London begeben. Es war aber auch, so wie stets, eine Sicherheitsmaßnahme. Henry war das vertraut, denn er war hineingewachsen in die Gefahren und Umsturzversuche, mit denen sein Vater zeitlebens zu kämpfen gehabt hatte. Als Sechsjähriger hatte er hier mit seiner Mutter Zuflucht gesucht, als die Armeen der Rebellen von Cornwall, deren Erhebung auch Perkin Warbeck für sich zu nutzen versuchte, 1497 die Stadt säumten. Gleichzeitig mit seiner Besitznahme des Tower ordnete Henry eine Überführung in den als Staatsgefängnis genutzten Teil seiner Festung an, die für Aufsehen sorgte. Es handelte sich um die Beamten Heinrichs VII., die für die unpopuläre Finanz-

DER JUNGE KÖNIG HENRY VIII.
Unbekannter Künstler, um 1520

politik des alten Königs in seinen letzten Lebensjahren verantwortlich gemacht wurden und so als Sündenböcke herhalten mussten: Richard Empson und Edmund Dudley. Henry hatte das vermutlich schon länger geplant. Er bestätigte die Generalamnestie seines Vaters, während er dafür sorgte, dass eine neue Rechtsprechung unter dem neuen König, für jedermann sichtbar, waltete und in Umlauf gebracht wurde. Kapitalverbrechen waren ausgenommen von der Generalamnestie, und so wurden Dudley und Empson des Hochverrats angeklagt. Sie hätten, so hieß es, versucht, die Regierung an sich zu reißen, und bewaffnete Truppen in ihren Häusern versammelt, als das Ende des alten Königs absehbar war. Es ist schwer zu sagen, ob die Anklage jeglichen Grunds entbehrt. Die beiden verlängerten Arme Heinrichs VII., die mit ihm zu Macht und Reichtum gelangt waren, boten nur eine allzu günstige und willkommene Angriffsfläche, um den Volkszorn zu kanalisieren, den König selbst posthum in seiner sakrosankten Majestät zu verschonen und dem neuen König zugleich die Chance zu geben, einen wirklichen Neuanfang zu markieren, indem er die maßgeblichen Organe des alten Regimes als pars pro toto zu Fall brachte. Empson und Dudley waren verhasst – bei den Kaufleuten, beim Klerus, beim Adel, beim Volk; man nannte sie nur «*die Blutegel*». Da der König in der zweiten Reihe nach Gott positioniert war, erfüllten sie gewissermaßen eine Katalysator-Funktion und trugen zugleich dazu bei, dass Heinrich VIII. seiner jungen Regierung eine altlastenfreie Grundlage gab. Das war alles nicht weit entfernt von einer gewaltigen Augenwischerei, bei der sich Heinrich VIII. als echter Tudor erwies. Auch nimmt es wunder, dass seine Untertanen in ihrer Euphorie über ihren herrlichen jungen König diesen Coup nicht bemerkten. Noch im Tower erließ Henry eine Proklamation des Inhalts, dass jeder, der sich seiner Güter, seiner Rechte und seines Besitzes beraubt fühle, dies anbringen solle; ihm werde Genüge getan. Daraufhin liefen die Petitionen gegen Empson und Dudley ein, und zwar massenweise. Den König selbst anzugreifen, selbst posthum, wäre Hochverrat gewesen, und das Ergehen seiner Ankläger dementsprechend. Aber niemandem wurde im Großen und Ganzen etwas zurückgegeben. Henry ließ dem Volkszorn seinen Lauf, aber Dudley und Empson waren zu wichtig, um sie im Schnellverfahren zu erledigen. Über ein Jahr saßen sie im

Tower ein – Zeit, in der sich der Zorn des Volkes zu einer gewaltigen Welle entwickelte und in der ihre endgültige Eliminierung eine Notwendigkeit, ja ein Fait Accompli wurde. Während er auf sein Urteil wartete, schrieb Edmund Dudley in der Haft ein dem neuen König gewidmetes Buch, mit dem Ziel, ihn von seiner Loyalität zu überzeugen: «Arbor rei publicae», auf Englisch: «The Tree of Commonwealth», was übersetzt werden kann mit: «Der Baum des Gemeinwesens». Das Manuskript ist erhalten geblieben und mehrfach gedruckt worden. In einer Art Steno-Kurzschrift und ohne Punkt und Komma, geschweige denn mit eingefügten Absätzen, schreibt da jemand offenbar um sein Leben. Die Schrift enthält zahlreiche Augustinus-Reminiszenzen, also Anklänge an dessen «Gottesstaat», doch sie ist auf ein modernes Staatswesen gerichtet, in dem alles seinen gebührenden Platz haben soll, ganz nach der üblichen hierarchischen Einteilung, aber auch im Sinne der guten Wirtschaftlichkeit, der Maßhaltung, der Gerechtigkeit, Ehre und Glaubwürdigkeit. Da geht es um Fürstentugenden, um die Weisheit des Königs David (ein Friedensfürst, welcher Salomo – eine schmeichelhafte Anspielung möglicherweise auf Heinrich VII. und Heinrich VIII. – zu seinem Nachfolger bestimmte), um Fürstenlaster in der Vergangenheit (die alle lange genug zurückliegen, um Parallelen zur jüngsten Vergangenheit gar nicht erst aufkommen zu lassen), um den Müßiggang im Adel und um Anmaßungen in der Mittelschicht, um unangemessene Freizeitgestaltung und um die allgegenwärtigen Schwächen des Fleisches. Fruchtbar soll der Baum sein, und so auch die Dynastie – denn war es nicht so, meint Dudley, dass erst die Kinderlosigkeit Richards II. das ganze folgende Unheil in Gang setzte? (Der in Ungnade geratene Staatsdiener ist also mit der einschlägigen Geschichtsschreibung und den entsprechenden Folgerungen durchaus vertraut.) Früchte tragen soll der Baum jedoch auch im Sinne eines funktionierenden Gemeinwesens. Er soll Wohlstand bringen (Wohlstand für alle?), wofür ein frommes Herz («*a pious core*» – nur des Fürsten, der Staatstragenden oder lediglich der langmütigen Untertanen in den unteren Reihen?) die erste Voraussetzung ist. Für all das braucht ein tugendhafter und großer Fürst freilich vertrauenswürdige und kompetente Berater, die ihm die lästigen Einzelheiten vom Hals halten und in der Lage sind, ein Staatswesen zu einem schlanken, gut funktionierenden und hochwirksamen Gebilde zu machen – wie ein Baum eben mit seinen Ästen und Zweigen, dessen Wurzeln in einem gemeinsamen Nährboden liegen. Am Ende macht der Autor noch eine kleine Anspielung auf Luzifer, den gefallenen Engel. Er kam, so Dudley, von höchsten Ehren zum tiefsten Fall, sprich: in den Höllenschlund. «Luzifer» fiel am 10. August 1510, ein Jahr nach der Thronbesteigung seines neuen Souveräns, zusammen mit Empson.

Sein Buch bekam Heinrich VIII. vermutlich nie zu Gesicht. Es ist fraglich, ob es ihm sein Leben gerettet hätte, nicht nur, weil es so schluderig geschrieben war und nicht einmal auf Latein, sondern weil Dudley und Empson eine so treffliche Gelegenheit boten, mit der Vorgängerregierung symbolträchtig Tabula rasa zu machen, Anklagepunkte hin oder her. Noch Francis Bacon, der seine Biographie Heinrichs VII. unter dem ersten Stuart-König James schrieb, vertritt diese kommode Lesart von den blutsaugenden Beamten Empson und Dudley, die sogar gegen den ausdrücklichen Willen des Königs ihre teuflischen Methoden angewandt hätten. Den König trifft keine Schuld. Als er infolge seiner Krankheiten in seinen letzten zwei Lebensjahren von großer gottesfürchtiger Reue erfüllt war, den Aufschrei des Volkes über die Unterdrückungen Dudleys und Empsons vernehmend, habe er alles wiedergutmachen wollen – aber vergebens, die «Blutsauger» fuhren unvermindert fort, «*Gesetz und Gerechtigkeit in tiefe Erniedrigung und Plünderung zu verwandeln*». Die Lösegelder und Sicherheitsleistungen für, wie es hier heißt, mehr oder weniger fiktive Verbrechen waren demnach geradezu ihre Erfindung, und so auch die Kunstgriffe dieser virtuosen Vertreter einer unrechtmäßigen Jurisdiktion und sämtliche Schritte und Kompetenzen in eins setzenden Exekutivgewalt, um die Delinquenten im Eilverfahren, ohne jedwede Untersuchung, gar nicht zu reden von der Möglichkeit einer Verteidigung, schleunigst und effizient zur Strecke zu bringen. In der Tat – wenn man davon ausgeht, dass es keinen Rauch ohne Feuer gibt, dann tragen diese Zeugnisse einiges zum manchmal fragwürdigen Ruf der Juristen bei, besonders in totalitären Regimen. In Thomas Mores utopischem Staat gibt es schließlich überhaupt keine Rechtsvertreter, denn diese sind nur ein Mittel zum Machterhalt der korrupten Obrigkeit, und sie haben sich überlebt. Den verwegenen Ruf der Dudleys im Laufe dreier

Tudor-Generationen hat also Edmund Dudley begründet. Sein Sohn John schmeichelte sich zum Sympathieonkel des minderjährigen Königs Edward empor, und nach dessen frühem Tod plottete Dudley gegen Königin Mary, verheiratete seinen Sohn Guildford mit Lady Jane Grey, machte Jane Grey zur Königin von neun Tagen und sich selbst zum Duke of Northumberland und wurde schließlich von Königin Mary, die sich die Regierungsgewalt zurückgeholt hatte, exekutiert. Dessen Sohn Robert war der optisch den ganzen Hof überstrahlende, aber umstrittene und verhasste «Günstling» Elizabeths, und nach seinem Tod kolportierte man: «*Er war der Sohn eines Herzogs [Northumberland], der Bruder eines Königs [Lord Guildford Dudley, der Gatte der Lady Jane Grey], der Enkel eines Esquire [Edmund Dudley] und der Urenkel eines Zimmermanns. Der Zimmermann war der einzige ehrbare Mann in der Familie und der einzige, der in seinem Bett starb.*» Neue Männer, die brauchte das Land, und die Tudors gaben ihnen eine erfolgversprechende Startposition, die reich war an Potential – für denjenigen, der etwas daraus zu machen verstand. Das barg Gefahren, aber das musste den Neuen Männern bewusst sein.

Die Humanisten setzten unendliche Hoffnungen in Henrys Regierungsantritt, war er doch der erste König mit einer humanistischen Bildung, ein Freund der Wissenschaften, schon aufgrund seiner Erziehung, die sie begleitet hatten, ein Liebhaber der Gerechtigkeit, da er die entsprechenden klassischen Texte gelesen hatte, also sicher auf bestem Wege, der ersehnte «gerechte König» zu werden. Ihre enthusiastischen Kommentare angesichts seiner Thronbesteigung sind kaum noch zu überbieten, und sie sind zugleich Ausdruck der Selbstüberschätzung des Humanismus, welcher glaubte, durch Bildung die Welt zu verändern, alles Triebhafte, Rohe, Chaotische damit überwinden zu können, was für den Einzelnen wie für die sozialen Gemeinschaften galt. Dass der Mensch milde würde und «menschlich», wenn er zur kulturellen Höchstentfaltung seiner Kräfte gelangt. «*Dem Schönen, Wahren* und *Guten*», so heißt es. Lord Mountjoy, Henrys Tutor in seinen Jugendjahren, schrieb an seinen eigenen ehemaligen Lehrer Erasmus – und er lud ihn mit dieser Eloge zugleich ein, nach England zu kommen, da hier ja offenbar ein neues Zeitalter anbrach: «*Die Himmel lächeln, die Erde jubelt, alles träuft von Milch, Honig, Nektar! Die*

Habgier ist aus dem Lande verbannt. Die Freigebigkeit streut Reichtum mit spendenden Händen aus. Unser König trägt keine Begier nach Gold, Juwelen oder kostbaren Metallen, sondern nach Tugend, Ruhm und Unsterblichkeit. […] Entschließet euch einzusehen, dass der letzte Tag Eures Elends angebrochen ist. Ihr werdet zu einem Fürsten kommen, der sagen wird: ‹Nehmt Unseren Reichtum an und werdet Unser größter Weiser.›» Erasmus kam daraufhin tatsächlich nach England. Er hasste das englische Klima und auch das Essen, das ihm gar nicht bekam. Beim letzten Besuch hatte man ihm vor der Ausreise in Dover sein ganzes Geld konfisziert, weil er vergessen hatte, für die Ausfuhr eine Lizenz zu beantragen. Ihn schauderte außerdem vor der Kanalüberquerung, und die Neigung der Engländer, wie er meinte, aufgrund ihres klammen Klimas ihre Häuser zu überheizen, war seinem empfindsamen Organismus auch wenig förderlich. Er wäre eigentlich lieber in Italien geblieben, aber er kam – angesichts solcher Verheißungen. Da ihm gar nicht nach Reichtum der Sinn stand und er wohl auch kaum erwartete, dass der König seinen Reichtum über ihn und seinesgleichen ausgießen würde, glaubte er wahrscheinlich eher daran, dass er im England Heinrichs VIII. einen günstigen Nährboden finde, um seinen Reichtum des Wissens ungehindert über die Menschheit zu gießen. «*Henricus Octavus*», so Mountjoy, sei in der Tat «*unser Octavian*». Also ein neuer Augustus. Das «Augusteische Zeitalter» war die große klassische Epoche der lateinischen Literatur, das Zeitalter von Horaz, Ovid, Livius, Tibull und Virgil, und ihre neuzeitlichen Erben wähnten sich offenbar am Beginn einer vergleichbaren Ära.

Thomas More fiel in die Lobpreisungen ein. In einem von einer ganzen Reihe von Gedichten anlässlich seiner Krönung preist er Henry als Ausdruck der Wiederkehr eines goldenen Zeitalters, ja, er huldigt ihm gar als dem neuen Messias, «*der die Tränen aus jedem Auge wischt und Freude anstelle der langen Betrübnis setzt*». Heinrich VIII. habe in der Kastalischen Quelle gebadet, die alle Weisheit der Musen enthalte. Endlich, so More, erhalte der Adel wieder seinen gebührenden Rang, dem Kaufmann werde sein Wohlstand sowie die Freiheit des Handels zurückgegeben, vor allem aber würden Recht und Gesetz, jüngst pervertiert zur Rechtlosigkeit, wieder in ihre von alters her bestehende Kraft und Würde gebracht. «*Der Adel*», erklärte er, «*der sich vormals dem Bodensatz der Gesellschaft und seiner Gnade ausgeliefert sah»* (damit meinte er Empson und Dudley), *der Adel, dessen Titel zu lange ohne Kraft und Gehalt waren, kann nun sein Haupt erheben und sich in den Freudentaumel begeben über so einen König, und er hat allen Grund zum Ausdruck der Freude.»* Das klingt, als werde ein geknechtetes Land von grausamen Herrschern wie Caligula, Nero, Herodes dem Großen oder dem Statthalter Pontius Pilatus erlöst, und zwar von niemand Geringerem als einem englischen Heiland. Solche Erwartungen kann eigentlich niemand erfüllen, und für einen noch nicht ganz achtzehnjährigen König mit ohnehin maßlosen Neigungen waren sie auch nicht ganz ungefährlich. Thomas More hingegen besaß nicht immer und in jedem Zusammenhang das berühmte humanistische Maß. Er konnte lästern wie ein Waschweib und unverhohlen seine parteiischen Vorlieben oder auch Antipathien kundtun; die Porträts und Darstellungen, die daraus entstanden sind, sind bemerkenswert unausgewogen oder schlichtweg polemisch. Selbst für die Textart der Streitschrift schießen sie mitunter noch übers Ziel hinaus. Und wenn er sich auch gerne den Anstrich des überweltlichen, nur vom Geist geleiteten Platonikers gab, den man in seine Hofkarriere förmlich hineingedrängt hatte, da ihm weltlicher Ruhm ja vollkommen fern liege, so sprechen all diese Elogen zu Henrys Thronbesteigung in ihrer teilweise nahezu gleitfähigen Beschaffenheit doch eine andere Sprache. Im Vorwort seiner «Übersetzungen des Lucian» von 1506 macht More allerdings die vielleicht aufschlussreiche Bemerkung, dass die Chronisten von Heiligen und Märtyrern selten ohne eingefügte Erfindungen auskommen, um dem Ganzen größere Konsistenz zu verleihen. Dass man ihn selbst einmal heilig sprechen würde, hat er da vielleicht noch nicht geahnt. Aber Legendenbildungen schon einmal im Vorfeld zu demontieren, um die Doppeldeutigkeit gleich mit einzubeziehen, auch gegebenenfalls für sich selbst, das war eines Humanisten der Spitzenklasse in der Tat würdig. Die Regeln der Fürstenerziehung waren indessen eigentlich einfach: Man musste dem Herrscher einen Spiegel vorhalten, in dem einerseits die abschreckenden, vielleicht überzeichneten Eigenschaften eines schlechten Herrschers vorgeführt werden – vor diesem Hintergrund ist auch Thomas Mores Schrift über Richard III. zu sehen –, und andererseits ein nahezu vollkommenes Bild eines Idealherrschers zeichnen, hoffend, dass dieser sich darauf bemühen werde, dem Bild möglichst nahezukommen. Da mochte More also nun hoffen im Falle Heinrichs VIII. Vor dem jungen König lag freies Feld und fruchtbares Saatgut. Sein Vater hätte ihm kaum ein besseres Terrain hinterlassen können, auch vor dem Hintergrund seiner eigenen, unpopulären Gestalt, denn sein Sohn wurde natürlich auch angetrieben von der Vorstellung, die sicher vielen Söhnen nicht fremd ist: alles, nur nicht zu werden wie sein Vater. Doch da bestand eigentlich keine Gefahr.

Was die groß angekündigte Freigebigkeit anbelangt, so waren Henrys Untertanen schon damit zufrieden, dass er die laufenden Obligationen der Bußgeld- und Sicherheitszahlungen aus der Regierungszeit seines Vaters einstellen ließ, so etwa beim vermögenden Adel die von Lord Abergavenny, die alles in allem um die 100 000 Pfund betrugen (wohlgemerkt: das Dreihundertfache in heutiger Währung), die von Lord Delaware, die von Lord Herbert oder die von Lord Mountjoy, die des Herzogs von Buckingham und die des Grafen von Northumberland. Das fiel alles unter die Generalamnestie. Außerdem entschädigte er seine York-Verwandten, die sein Vater seiner Meinung nach sehr schlecht behandelt hatte. Das waren die Verwandten seiner geliebten Mutter, und die hatten einen so glänzenden König wie Edward IV. hervorgebracht, eines seiner Vorbilder, so wie Henry V., der Sieger von Azincourt. Der Adel sollte zumindest glauben und darauf vertrauen, dass er unter Henry Tudor dem Jüngeren wieder zu Ehren und Ansehen kam, und Henry brauchte den Adel ja auch für den glänzenden Hof, den er zu schaffen gedachte. Henry warb um sein Wohlwollen, und er wollte, dass alle mit ihm gingen. Dazu gehörten auch gut fundierte Familienverbindungen. Sie würden ihn stärken, nicht schwächen oder bedrohen. Henry der Jüngere baute auf ganz anderem Grund als sein misstrauischer Vater, der seiner Krone nie sicher war.

Es war Mai. Auch die Natur beteiligte sich an den Frohlockungen einer neu angebrochenen Zeit. Gewiss tat sie das. Henry befand sich in Greenwich, dem ehemaligen «Palace of Placentia», der sein Lieblingspalast wurde, schaute von Zeit zu Zeit auf die Themse hinaus und unterschrieb: Bittschriften, Länderüberschreibungen, Titel- und Ämtervergaben. Es war herrlich, das alles zu unterschreiben und immer zu geben. «*Henricus Rex.*» Das schrieb sich so schön. Seine Großmutter Margaret von Beaufort begleitete noch, gebührenden Einfluss nehmend, die ersten Wochen seiner Regierung. Beispielsweise dürfte die weitgehende Übernahme des königlichen Staatsrats, vor allem ihrer klerikalen Vertreter, auf ihren Einfluss zurückzuführen sein: allen voran Richard Fox, Bischof von Winchester, der seine führende Rolle behielt, William Warham, Erzbischof von Canterbury, sowie ihres eigenen Lehrers und Beichtvaters John Fisher, Bischof von Rochester. Lady Beaufort beteiligte sich auch noch sehr lebhaft an den Vorbereitungen der Krönungsfeierlichkeiten, die am 24. Juni begangen wurden. Aber beim Krönungsbankett verspeiste sie eine Portion Schwan, und der bekam ihr nicht. Am 29. Juni, fünf Tage nach diesem Schwanenverzehr, gab ihr Bischof Fisher die Letzte Ölung, und Henry war als König und Familienoberhaupt auf sich allein gestellt, was aber doch auch bedeutete: frei, frank und frei. Das Gefühl mochte etwas Berauschendes haben im Anschluss an Henrys vergangene Jahre. Immerhin hatte Lady Beaufort noch die Krönung ihres prächtigen Enkels erlebt. Es war eine Krönung an der Seite einer Königin, denn Henry hatte, zum Erstaunen der europäischen Fürsten und seiner Ratgeber, des spanischen Diplomaten Fuensalida und nicht zuletzt Ferdinands von Aragón, der sich so schnell gar keine neuen Winkelzüge des diplomatischen Spiels überlegen konnte, seine Entscheidung, Katharina zu heiraten, bereits getroffen, und zwar ohne Wenn und Aber oder komplizierte Bedingungen. Die Frage nach der noch immer offenen Teilmitgift schien er sogar beinahe vergessen zu haben. Sie wurde verschoben. Henry war das nicht wichtig genug, und er wollte jetzt keine Verzögerungen, denn seine Königin sollte mit ihm gekrönt werden; sie waren Artus und Guinevere im modernen Gewand. Die Postwege von und nach Spanien eingerechnet, die bewältigt werden mussten, damit Ferdinand sein Einverständnis erklären konnte, war der Hochzeitstermin, rechtzeitig vor der Krönung, sicher der frühestmögliche Zeitpunkt, nämlich der 11. Juni. Verglichen mit Katharinas Hochzeit mit Arthur verlief diese verhältnismäßig bescheiden, beinahe sang- und klanglos und halb-privat in der Kapelle in Greenwich, aber das hatte sicher damit zu tun, dass der nur zwei Wochen darauf folgenden Krönungsfeier nicht aller Prunk und alle Aufmerksamkeit vorweggenommen werden sollte, und weniger, wie später gemunkelt wurde, weil der König Bedenken hatte, die Witwe seines Bruders zu heiraten und diese mit einer sang- und klanglosen Heirat ersticken wollte. Vielleicht hatte er Skrupel und schob sie weg, vielleicht dachte er aber auch überhaupt nicht daran. Seine späteren Gewissensanwandlungen, die so weitreichende Folgen hatten, standen vor einer völlig gewandelten Situation. Margarete von Savoyen hat er seine Entscheidung damit erklärt, dass er dem Wunsch seines Vaters, den dieser auf dem Sterbebett geäußert habe, damit entspreche. Das ist unwahrscheinlich und klingt eher nach einer bequemen Erklärung, denn die Heirat des Königs von England hätte auch noch die eine oder andere alternative Konstellation offeriert. Es war eine erste außenpolitische Positionierung. Der König heiratete gewissermaßen unter Ausschluss der Öffentlichkeit, aber er heiratete auch in seinem Lieblingspalast, wo er geboren war, und er heiratete, wie er im Gedicht sagen würde, aus Liebe. Henry heiratete gern. Deswegen tat er es ja auch so oft.

Am Tag vor der Krönung zog das Königspaar durch die City of London in Westminster ein, Henry zu Pferde in karmesinrotem Samt und im Hermelin, besetzt mit Gold, Diamanten, Rubinen, Smaragden und Perlen, Katharina, in einer Sänfte sitzend, in weißem Satin. Als Arthurs Braut war sie noch ganz nach spanischer Mode gekleidet gewesen, mit Schleier und einer Mantilla. Jetzt aber war ihre Aufmachung im englischen Stil, vielleicht abgesehen von der Zierkrone, die eingefasst war von orientalischen Edelsteinen – das stammte möglicherweise noch aus maurischen Zeiten in Spanien. Ihr langes rotbraunes Haar fiel lose den Rücken hinab. Katharina besaß königliche Würde und bewegte sich mit großer Sicherheit in ihrer Rolle. Sie war schließlich aufgewachsen als Infanta der legendären «katholischen Könige» am stolzesten, ganz sicher formellsten Hof von Europa. Mit ihrer tadellosen Haltung schuf sie auch einen günstigen Ausgleich zu Henrys Neigung zu informeller Spontaneität, die manchmal für Irritationen sorgte, auch wenn sie erfrischend war. Vom ersten Moment an hatte Katharina die Engländer für sich gewonnen. Sie war und blieb Englands Königin, solange sie lebte, ungeachtet der Eskapaden ihres königlichen Gatten und seines weiteren Ehelebens. Sie schien so makellos. Ihre Verheiligung, die sie auch in der Nachwelt nicht los wurde, die aber auch mit ihrer Opferrolle zusammenhängt als später betrogene und verstoßene Frau, nahm schon früh ihren Anfang. Gäbe es nicht das Gerücht, dass sie in den schlimmen Jahren als Arthurs Witwe ein – natürlich keusches – Techtelmechtel mit ihrem Beichtvater Diego hatte, wäre sie schon zu Lebzeiten zur Heiligen avanciert. Sie lernte mühelos Englisch, verlor aber nie ihren starken spanischen Akzent. Vielleicht hatte ihre große Popularität beim englischen Volk auch damit zu tun, dass sie so ein heller Typ war und Lancaster-Blut in ihren Adern hatte. Jedenfalls waren Katharina und Henry ein schönes, ein überzeugendes Paar. Im vollen Ornat stand er am Krönungstag neben ihr in der Westminster-Abbey und leistete Erzbischof Warham den heiligen Schwur nach dem Vorbild des Heiligen Edward. Er gelobte, die Gesetze zu achten und Gerechtigkeit walten zu lassen, Gott zu dienen, seine Kirche zu stärken und zu verteidigen, Frieden und Eintracht nach Macht und Möglichkeit zu erhalten. «*Ich gelobe es*», sagte er, und er meinte es ernst. Die Zeremonie beeindruckte ihn ganz enorm, vor allem die Salbung mit dem heiligen Öl, quasi ein achtes Sakrament, durch das der König gottähnlichen Status erhielt. Die Feierlichkeiten anlässlich der Krönung setzten sich noch einige Tage lang fort, und einer der Festtage fiel auch auf Henrys Geburtstag. Im Juli brach das Königspaar zu seiner ersten Sommerrundreise auf, und auch hier wurden die Tage nach Henrys Gusto gestaltet, bestehend aus Singen, Tanzen und Schießübungen, Tennis, Ringen, Turnierkämpfen, dem Komponieren von Liedern, Balladendichten, Flötespielen und Virginal und natürlich der Jagd – damit begann Henry üblicherweise den Tag. Katharina schrieb ihrem Vater nach Spanien: «*Unsere Tage vergehen hier mit kontinuierlichen Festen.*» Das ging auch im Wesentlichen nach der Sommerrundreise so weiter. Henry vertrat eine Art Philosophie des Vergnügens von Fürsten, und da entwickelte er eine bemerkenswerte politische Theorie: Der König muss Spaß haben, denn andernfalls würde er so freudlos, geizig und hartherzig werden, wie es die Untertanen unter ihrem früheren König erdulden mussten.

Sein Vergnügen also diente dem Staat. Henrys Staatsräte, die überwiegend noch aus der Zeit seines Vaters stammten und die sehr schnell realisierten, dass dieser junge Souverän sich vorläufig nicht darum riss, in die unerfreulichen und kraftraubenden Details des politischen Tagesgeschäfts einzutauchen, hatten ihm diese Haltung mit ernster Miene bestätigt, sie ihm vielleicht sogar nahegelegt, wie es die Aussage eines Zeitzeugen der ersten Regierungstage des jungen Königs bestätigt, gab diese doch ihren eigenen Ambitionen ein sehr viel größeres Wirkungsfeld, als sie jemals gewohnt waren. Das straffe Regiment Heinrichs VII., sein Kontrollzwang sowie sein Unwille, irgendetwas zu delegieren, hatten keinerlei Spielräume für nennenswerte Interventionen gelassen (Starkey: *«Henry war de facto nicht nur sein eigener Premierminister und Schatzmeister, sondern auch sein eigener Staatssekretär.»).* Es hatte aber auch keinen Spielraum gelassen für unförderliche Fraktionsbildungen. Es stellte sich indessen sehr bald heraus, dass der neue Tudor etwas grundsätzlich anderes wollte als die Staatsräte der ersten Tudor-Regierung. Krieg mit Frankreich zum Beispiel, das war er schon seinen Vorvätern schuldig. Aber das musste einstweilen warten, denn erst einmal war es die erste Königspflicht, einen Erben zu zeugen, denn mit einem Erben im Hintergrund hätte er auch für ausländische Unternehmungen eine wesentlich stärkere Startposition. Da ihm diese Pflicht im Rahmen seines sonstigen Feuerwerks der Vergnügungen durchaus auch Freude machte, verlief einstweilen alles beschwerdelos und zum Besten des Staates. Denn eines war sicher klar und auch unübersehbar: Der König *hatte* Spaß. Da musste sich das Land sicher nicht sorgen.

Vormittags ging er zur Jagd, mit großem Gefolge und Musikanten, Picknicks unter freiem Himmel und immer in aufgeräumter Gesellschaft. Zurückgekehrt, speiste er ausgiebig. Auch das war ein königliches Vergnügen, ein erstes und letztes vielleicht, hatte ihn doch schon sein Tutor John Skelton, der selbst weltweise genug war, um die hervorstechenden Schwächen seines royalen Zöglings zu sehen, vor allem anderen gemahnt, *«die Völlerei»* zu meiden. Die Mahnung war schön verpackt in lateinische Sprachübungen, aber sie war für den Wind; soviel lässt sich wohl sagen. Die Stunden nach dem Mittagsmahl gehörten dem Tanz, der Musik und der Komposition. Heinrich VIII. hat zahlreiche Lieder, mindestens fünf Instrumentalstücke, zwei Messen und eine Motette geschrieben. Das bekannteste Lied ist ein Ohrwurm mit dem bezeichnenden Titel: «Pastime with good company» und einem ebenso bezeichnenden Resttext. Es wird heute noch gerne gespielt, atmet Henrys Lebenslust und die mitreißende Atmosphäre am jungen Hof dieses Teenager-Königs, und es beginnt:

Pastime with good company
I love and shall until I die ...
Hunt, sing and dance, my heart is set
All goodly sport to my comfort, who shall me let?
(In guter Gesellschaft mir die Zeit zu vertreiben,
das liebe ich, und ich werde es lieben, solange ich lebe ...
Jagen, Singen und Tanzen, danach steht mit der Sinn.
Jedweder schöner Sport zu meiner Erquickung
Wer soll's mir verwehren?)[3]

In der Tat: Niemand verwehrte es ihm. Wenn er nachmittags nicht wieder zur Jagd ging, dann übte er auf dem Turnierplatz mit seinen bevorzugten Kampfkameraden und Freunden. Das waren junge Aristokraten, denen nach ähnlichen Dingen «der Sinn stand» wie ihm: Sir Thomas Knyvet und Sir Edward Howard, der Earl of Wiltshire und Sir Edward Neville, der Earl of Essex und Sir Henry Guildford, aber auch William Compton, ein ganz und gar «neuer Mann», der Henrys volles politisches Vertrauen gewann, oder Charles Brandon, Henrys spezieller Freund, den er später zum Herzog von Suffolk erhob. Der Nuncio schrieb einmal in diesen Tagen, der König und Brandon hätten wie Hektor und Achilles auf dem Turnierplatz gekämpft. Das war ein Schaukampf vor Zuschauern, wie es sie häufig gab. Prächtig geschmückt traten die Kämpfer und auch die Pferde an, untermalt von Pauken und Trompeten, und fast immer gewann offensichtlich der König. Ein Tabu durchbrechend, das ihm irgendwie doch in Fleisch und Blut übergegangen war, trat er allerdings erst einige Monate nach seiner Krönung und Eheschließung erstmals öffentlich als Turnierkämpfer auf. Fast jeden Abend gab es Bankette, Feste und Maskeraden. Auf Staatsgeschäfte hatte der König dann allerdings auch keine Lust mehr. Die unvermeidbare, aber lästige Korrespondenzlektüre erledigte Henry zwischendurch während der Abendmesse in seiner Kapelle, was Katharina sehr irritierte und was sie kaum billigen konnte, streng religiös, wie sie war. Er tat manchmal schon ziemlich verrückte Dinge, ihr jugendlicher Gemahl: Eines Morgens stürmte er mit seinen Kumpanen, verkleidet als Robin Hood und seine Räuberbande, in grünwollene Kapuzenmäntel gehüllt und mit Schwertern, Pfeilen und Bögen bewaffnet, in ihre Zimmer, wo sie mit ihren Damen saß. Die zwölf lärmenden Burschen aus Sherwood Forest, auf der Flucht vor dem Sheriff von Nottingham, trafen bei Katharina zunächst auf indigniertes Entsetzen, dann aber ließ sie sich doch mitreißen und beteiligte sich an einer improvisierten Party mit allerlei Tänzen und sonstigem Amüsement. Es war alles ein solcher Unterschied zu ihren vergangenen Jahren, und Henrys Frohsinn vermochte da immer noch auf sie überzuspringen.

An seinen Schwiegervater hatte Henry im Juli geschrieben, er würde sich, auch wenn er und Katharina noch frei wären, immer wieder für sie entscheiden, und Katharina schrieb an Ferdinand, an den Vater, der sie in der Vergangenheit schmählich im Stich gelassen hatte, dem sie jetzt aber doch dankte für ihren herrlichen Ehemann: «*Gut verheiratet zu sein, ist der größte Segen in der Welt und die Quelle aller anderen Glückseligkeiten.*» Im Oktober war Katharina schwanger. Henry unterrichtete Ferdinand Anfang November davon – «*mit großer Freude und zur Freude des ganzen Königreichs*». Doch die Schwangerschaft endete am letzten Januartag des folgenden Jahres mit einer Fehlgeburt. Der Umgang mit diesem offenkundigen Faktum ist etwas rätselhaft, und das nicht nur in medizinischer Hinsicht. Die Ärzte der Königin gingen nämlich aufgrund mehrerer Symptome davon aus, dass sie, ungeachtet dieses Abgangs, noch eine weitere Leibesfrucht in sich trage, und stellten sich zum vorgesehenen Zeitpunkt auf ihre Niederkunft ein. Von der Fehlgeburt war nichts öffentlich kundgetan worden. Abgesehen von dem aufholbedürftigen Wissensstand ihrer Leibärzte und der brisanten Informationspolitik des Hofes hatte Katharina offenbar ihre erste Scheinschwangerschaft. Der Druck, dem sie ausgesetzt war, da ja nun gleichsam ihre Existenzberechtigung darin bestand, einen gesunden männlichen Erben zur Welt zu bringen, wirkte sich schon so früh auf ihr gesamtes System aus. Auch ohne Leibesfrucht begann zum Beispiel ihr Leibesumfang gewaltig zu wachsen, aber das schwoll dann eben auch mit der Zeit wieder ab. Im Mai, also vier Monate nach dem Ereignis, machte Katharina ihrem Vater Meldung von ihrer Fehlgeburt, und zwar, als habe sie eben erst stattgefunden. Spätestens jetzt konnte sich niemand mehr etwas vormachen, und die Symptome, die sich Katharina mit Erfolg herbeigewünscht hatte, waren abgeklungen. Das Kuriose ist aber, dass sie zu dem Zeitpunkt wahrscheinlich wirklich wieder in Hoffnung war, und dieses Mal ging alles gut. Im Dezember zog sich die Königin mit ihren Geburtshelferinnen und dem restlichen weiblichen Stab in ihre Gemächer zurück, und am Neujahrstag 1511 hatte Henry, hatte das Land seinen Erben. Er wurde natürlich Henry genannt, und der überglückliche König machte eine Wallfahrt nach Walsingham zum Schrein der Heiligen Jungfrau, um Gott zu danken.

Einmal mehr wurde jetzt der Hof zu einem romantischen Artushof, und die ritterlichen Festivitäten nahmen kein Ende. Zu Ehren Katharinas veranstaltete Henry am 13. Februar ein Turnierfest, das legendär wurde. Der prunkverliebte König übertraf sich hier selbst – das Spektakel erreichte dann auch den dritten Posten in der Aufstellung seiner kostenträchtigsten Festivitäten im Laufe der Jahre. Ein goldenes Schloss wurde nachgebaut und üppige Landschaften mit Felsen, Hügeln und Tälern und einer fruchtbaren Vegetation, die ein gigantischer Umzugswagen beförderte, gezogen von einer silbernen Antilope und einem goldenen Löwen. Dann öffnete sich der Zugwagen, und heraus kamen die prächtig geschmückten Ritter des Tages, angeführt von König Henry, der sich «Treues Herz» nannte («Cure loial»). Der Buchstabe «K» für «Katharina» war allgegenwärtig in seinem Ritterschmuck. Die Satteldecke seines Pferdes zum Beispiel war mit «K»s und unzähligen goldenen Herzen bestückt. Außer ihm traten an: «Gute Hoffnung» («Belespoir»), «Guter Wille» («Bon voloire»), «Glückliche Gedanken» («Joyous panser») und «Kühnes Begehren» («Valiaunt desire») in Gestalt des Mitstreiters Thomas Knyvet, der seine Rüstung mit mehreren hundert Goldapplikationen bestückt hatte, auch seine empfindlichste Stelle, zur allgemeinen Erheiterung seines Publikums, denn «Kühnes Begehren» wollte ja sichtbare Zeichen setzen. Die Königin, die mit einer Girlande aus sechs Dutzend Seidenrosen in Empfang genommen worden war, die man dann überall hinstreute, wo sie ging, beobachtete die Darbietungen mit ihren Damen von einer Tribüne aus, und Henry, obwohl er nicht der Sieger des

Tages war, machte ihr zum Schluss seine speziellen Honneurs, indem er mit seinem Pferd akrobatische Kunststücke vorführte und schließlich mit einer galanten Geste der Unterwerfung vor seiner Dame zum Stehen kam. Anschließend küsste er sie, wie Anwesende berichten, «*auf überaus liebevolle Weise*». Aber das schöne Spektakel endete in einem Tumult, denn als der König in seinem Übermut das Gefolge der ausländischen Gesandten aufforderte, die goldenen Buchstaben von seiner Rüstung und von der Kleidung der Tänzer zu reißen, löste er einen Massensturm aus, weil die Zuschauer aus dem Volk dies als allgemeine Aufforderung begriffen und den Festplatz stürmten. «Kühnes Begehren», der Turniersieger, suchte Zuflucht auf einer Bühne und wurde nahezu bis auf die nackte Haut ausgezogen, und auch den König schnappte man sich, um ihn seiner Rüstung zu entledigen. Henry nahm auch das als gewaltigen Spaß und beendete keineswegs dieses herrliche Fest. Seine Garde hatte schließlich die Volksmenge zurückdrängen müssen, als sie sich sogar an den Damen vergriff. In erster Linie ging es dabei sicher um die wertvollen Goldapplikationen, die ein armer Untertan für viel Geld verkaufen konnte, sollte es ihm gelingen, einer habhaft zu werden. Aber das Geschehen hatte doch eine beträchtliche Eigendynamik. Ob die Königin es so spaßig fand wie ihr Gatte, ist fraglich. Auf ihrem englischen Schicksalsweg hatten sich in der Vergangenheit schon mehr böse Omen gezeigt.

Der Honeymoon des jungen Eheglücks und die Zukunftsverheißungen der Dynastie nahmen ebenfalls ein jähes Ende, als der kleine Prinz Henry nach nicht einmal neun Lebenswochen starb. Nichts war danach mehr wie vorher. Zwar konnten sich seine Eltern noch trösten; sie waren beide noch jung genug, um noch zahlreichen Nachwuchs zu haben. Aber das Unglück setzte sich fort: Fehl- und Totgeburten, plötzliche Kindstode nach wenigen Lebenswochen. Es hat die vielversprechende Ehe dieser Partner, die einander das Maß halten konnten und sich eigentlich auch schön ergänzten, über die Jahre unterminiert, sie gewissermaßen von innen ausgehöhlt. Dass Katharina sechs Jahre älter war, wirkte sich anfangs durchaus noch positiv aus. Der achtzehnjährige Henry hatte eine junge Frau und kein Mädchen geheiratet. Sie war mindestens so gebildet wie er, unterhielt sich mit Staatsgästen und Gelehrten in lateinischer Sprache. Er kommunizierte auf Augenhöhe mit ihr, bezog sie in alle seine Entscheidungen ein. Zwischen ihrem Gatten und dem spanischen König agierte Katharina in den ersten Jahren sogar federführend in diplomatischer Funktion. Henry hoffte, seinen Schwiegervater für einen gemeinsamen Krieg gegen Frankreich gewinnen zu können. Das war seine Absicht von Anfang an. Zwar war der französische König Louis XII. neben Erzherzogin Margarete von Österreich Pate des kleinen Henry gewesen, und im März 1510 hatte man auch einen Friedensvertrag zwischen England und Frankreich geschlossen. Das waren aber im Wesentlichen, was Henry betraf, diplomatische Täuschungsmanöver, darauf gegründet, dass er sich gegenüber seinen konservativen klerikalen Staatsräten, die der friedlichen Frankreichpolitik Heinrichs VII. verpflichtet waren, vorläufig nicht öffentlich positionierte. Als er gehört hatte, man habe in seinem Namen anlässlich seiner Thronbesteigung ein freundliches Schreiben mit der Bekundung friedlicher Absichten nach Frankreich geschickt, hatte Henry getobt, der französische König dürfe es kaum wagen, ihm in die Augen zu sehen, geschweige denn in Erwägung ziehen, gegen ihn einen Krieg zu beginnen. Er selbst wollte nichts Geringeres, als die französische Krone wiedergewinnen, all das verlorene Territorium, das Heinrich V. erobert hatte und das Heinrich VI. wieder verlor. Der Plantagenet-Anspruch auf Frankreichs Thron war seiner Meinung nach immer noch einzulösen, und er empfand es als seine Aufgabe, den Gang der Geschichte zu korrigieren. Die gegenwärtige Situation schien ihm dazu eine günstige Ausgangslage zu sein. Mit seinem Schwiegervater, dem König von Spanien, versicherte er sich wiederholt einer aktionsfreudigen Interessengemeinschaft, die ein gemeinsames Vorgehen gegen Frankreich versprach.

Ferdinand dagegen hatte noch sehr viel weiter reichende Pläne: eine europäische Allianz gegen Frankreich, die auch Kaiser Maximilian einschloss sowie den Papst – das war Julius II., und der empfand großen Unmut über die italienische Eroberungspolitik des französischen Königs, durch die er mit ihm aneinandergeriet. Da vertauschten sich weltliche und geistliche Kompetenzen auf verblüffende Weise in ihren wechselseitigen Repräsentanten, denn Louis XII. berief in Pisa ein schismatisches Kirchenkonzil ein, um den Papst abzusetzen, während der territorial mindestens ebenso ehrgeizige Papst Truppen aushob, um dem abtrünnigen König nicht nur auf geistlichem Weg die Leviten zu lesen, sondern auch seine norditalienischen Ambitionen zu stoppen. Mailand war seit fast zwanzig Jahren von französischen Truppen besetzt – eine militärstrategische Ausgangsbasis für alles Weitere. Das alles kam Henry äußerst zupass, und er ließ sich von Ferdinand seiner Bündnistreue versichern, der allerdings seine ureigenen Interessen bei der Sache verfolgte, was Henry wahrscheinlich in seiner Euphorie nicht ermaß. Dass das Unternehmen unter Einbeziehung des Papstes nun sogar ein «Heiliger Krieg» zu werden versprach, verlieh Henry Flügel. Auch Heinrich V. hatte für die orthodoxe Kirche gekämpft und die Lollarden unterdrückt, dubioses Ketzertum, dem immer ein aufwieglerisches Element innewohnte. Er, Henry, war ein Kriegerkönig wie der Sieger von Azincourt: jung, charismatisch, kampfbereit und im Genusse einer ebenso dem Vergnügen gewidmeten Jugend, so dass er sogar – wie einst sein Vorgänger – noch die Welt davon überzeugen musste, dass es ihm ernst war mit seinen Projekten. Er würde sich in diesem Krieg seine Sporen verdienen. Mit der friedfertigen Frankreichpolitik aus der Zeit seines Vaters war Schluss.

Seine Räte, die alte Garde, allen voran Richard Foxe, der Lord-Siegelbewahrer, Thomas Ruthall und der Lord-Kanzler William Warham, waren anders gesonnen. Die Bischöfe im Großen und Ganzen waren gegen den Krieg und predigten diese Haltung sogar von der Kanzel herab. Henry hatte aber den Adel auf seiner Seite, der wie er von Eroberungen, Ehre und Ruhm träumte. Der Krieg, so erklärte Henry den Bischöfen, war ein Krieg zur Befreiung der Kirche, ein Krieg, den der Papst absegnete, also gewissermaßen ein Kreuzzug. Da konnte ihm irgendwann niemand mehr widersprechen. Die Humanisten mit ihrer naturgemäß pazifistischen Grundhaltung hatten ebenfalls ihr Bestes gegeben, um eine Anti-Kriegsstimmung zu evozieren. Im Falle von Thomas More war es wohl eher das Zweitbeste, denn er konnte es sich nicht verkneifen, einem französischen Humanisten zu widersprechen, und zwar heftig zu widersprechen, denn dieser, Germain de Brie (Brixius), hatte in einer Abhandlung die militärische Überlegenheit der Franzosen über die Engländer zu behaupten gewagt. Die Engländer, so Thomas More, würden die Franzosen in einem fairen Kampf immer schlagen. So viel zur friedfertigen, überparteilichen, kosmopolitischen

Seite des Humanismus, sofern seine Vertreter patriotisch beseelt waren. Es ist dennoch nicht zu bestreiten, dass diese pazifistischen Mahnungen der Humanisten eine mutige und der Zeitstimmung, vor allem aber dem Begehren ihres Monarchen gegenläufige Haltung bewiesen, eine nahezu kühne Opposition.

Ein Mann befand sich indessen schon in Henrys Reihen, der einstweilen noch im Hintergrund wirkte, aber nicht ohne Ausschlag war, was den Beschluss des Unternehmens, vor allem aber seine Durchführung anging. Er war selbst Kleriker, und da das so war und da er außerdem unter den Fittichen des Bischofs von Winchester und ersten Mannes im Rat Richard Foxe stand, der ihn an den Hof geholt hatte, unterstützte er seine klerikalen Kollegen in ihren Plädoyers für den Frieden. Unter der Hand aber signalisierte er dem König die Unterstützung, die dieser sich wünschte. Der Mann hieß Thomas Wolsey, und er würde den wohl sagenhaftesten Aufstieg verkörpern, der sich unter den Tudors ereignete. Sein Vater war ein Metzger, Händler und Viehzüchter in Ipswich in Suffolk, East Anglia, der in den Jahren nach dem Ende der Rosenkriege, als Edward IV. dem Land wieder Frieden, Wachstum und Vertrauen in die Zukunft geschenkt hatte, mit Geschick und auch etwas schlitzohriger Geschäftstüchtigkeit zu einigem bescheidenen Wohlstand gelangt war. Er schien bereit und entschlossen, seinem ältesten Sohn, der Großes erwarten ließ, einen Bildungsweg auf höchstem Niveau zu ermöglichen. Es ist denkbar, dass Thomas von der Kirche gefördert wurde; es kann aber auch durchaus sein, dass Robert Wolsey, unter großen Opfern in diesem Fall, den Bildungsweg seines Sohnes selbst finanzierte. Mit sagenhaften elf Jahren trat Thomas Wolsey ins Magdalen College in Oxford ein, und als Fünfzehnjähriger machte er seinen Bachelor of Arts. Man nannte den fast noch kindlichen Absolventen den «*Boy-Bachelor*». Schon das ist kometenhaft. Aber im Anschluss an diesen Frühstart gibt es im Leben des Thomas Wolsey einen nur schwer erklärbaren Bruch. Sein Vater hatte ihn für die Kirche bestimmt (hatte er das mit Heinrich VIII. gemeinsam?). Die Kirche bot eine Vielzahl an Möglichkeiten, und sie war auch die übliche Karriereleiter für begabte junge Männer von bescheidenem Stand. Als Kleriker konnte man in die Haushalte einflussreicher Aristokraten gelangen, in die Zivilverwaltung oder sogar an den Hof. Robert Wolsey wollte jedenfalls, dass sein Sohn Priester wurde. Das verfügte er sogar testamentarisch. Sollte er innerhalb eines Jahres nach seinem Tod, hieß es in seinem Testament, zum Priester geweiht werden, so erhalte Thomas zehn Goldmark (etwas über sechs Pfund, also 1800 Pfund nach heutiger Währung), um ein Jahr lang Messen für seines Vaters Seele zu singen. Das klingt ebenfalls ziemlich ähnlich wie die Verfügungen und die Heilsängste Heinrichs VII. Robert Wolsey hatte zwar nicht Englands reiche Eliten geplündert, aber die kleinen Delikte der kleinen Leute hatten bei ihm durchaus auch ihr Niveau: Fleischpreise über dem gesetzlich vorgeschriebenen Höchstpreis, verdorbene Ware, möglicherweise auch Handel mit gestohlenem Vieh und unrechtmäßige Betätigung als Gerber, weil mit der Tierhaut oft mehr Gewinn zu erzielen war als mit dem Fleisch. Er wusste jedenfalls, wie man vorankommt, und er bezahlte dafür auch den Preis. Sein Sohn machte das dann als Staatsmann im ganz großen Stil. Thomas Wolsey, der sich «Wulcy» schrieb wie sein Vater, wurde tatsächlich zum Priester geweiht, aber er schien damit gezögert zu haben, warum auch immer; jedenfalls hielt er die väterlich gesetzten Fristen nicht ein. Er betätigte sich dann einige Jahre in der Finanzverwaltung von Magdalen College – sicherlich eine Notlösung und in keinem Verhältnis zu seinen glänzenden Anfängen. Auch wurde er da schließlich in Ungnade entlassen. Er tat sich schwer mit Regelwerken und Autoritäten. Einen weiteren akademischen Grad hat er erstaunlicherweise auch nicht mehr angestrebt. Auch das, die Vertiefung in akademische Studien, schien für ihn keinen großen Reiz mehr zu haben. Er war Pragmatiker, Machtvirtuose, Politiker, und die Zeit zeigte ihm, wo sein Platz in der Welt war.

Alles begann mit einer Weihnachtseinladung beim Marquis von Dorset. Das war ein Halbbruder der Königin in der Regierungszeit Heinrichs VII. Dorset war eingenommen von Wolsey und verschaffte ihm einen Posten als Pfarrherr in der Gemeinde von Limington, Somerset. Da war er sehr angesehen, geriet aber irgendwann in Konflikt mit dem Sheriff von Somerset, dem Ritter Amyas Paulet. Man hat ihn noch anderer Unregelmäßigkeiten bezichtigt, die zum Verlust seines Postens geführt haben: Trunkenheit auf einem Jahrmarkt oder aber (gesichert ist das alles nicht) «*Unzucht*». Thomas Wolsey war ein sinn-

THOMAS WOLSEY.
Kardinal und Erzbischof von York, 16. Jh.

licher Mann. Er wollte keineswegs ohne Frauen leben und tat es auch nicht. An und für sich kein unüberwindbares Problem für einen Kleriker, solange er nur die Form wahrte. Man unterschied da auch zwischen den «Säkularklerikern» und den «religiösen», und im Falle von Thomas Wolsey war die Richtung ja eindeutig; sein klerikaler Stand war ein Karrieresprungbrett, jedenfalls vor allem anderen. Dorset, dessen Söhne Wolsey unterrichtete, brachte ihn in den kommenden Jahren noch in verschiedene andere Positionen, mit aufsteigender Tendenz zwar, und doch waren es seltsam ziellose Jahre. Mehrere Male hat er seinen Gönner verloren, weil dieser entweder starb oder der Gunst des Königs verlustig ging – Letzteres war schließlich bei Dorset der Fall.

Wolsey wurde Kaplan des Erzbischofs von Canterbury, Henry Dean, dann Kaplan des Gouverneurs von Calais und schließlich in den letzten Lebensmonaten Heinrichs VII. königlicher Kaplan. In Calais, Englands letzter Bastion auf dem Kontinent und der Grund dafür, dass sich der englische König noch immer «König von Frankreich» nannte, lebte er zwischen 1503 und 1507, und das erwies sich für seinen Karrieregang, ja für sein Überleben nach dem Regierungswechsel als überaus günstig, brachte man ihn doch auf diese Weise nicht mit der Finanzpolitik des Königs in Verbindung, da er mit Außenhandel auf dem Festland beschäftigt war, mit Zollbestimmungen, internationalen Beziehungen, Spionagefällen in Grenzgegenden. Er konnte sich über seinen Werdegang kaum beklagen, aber noch immer war sein Potential unerschlossen. Es fehlten der rote Faden und ein adäquates Terrain – schalten und walten zu können ohne schwerfällige Regelsysteme und allzu geschlossene Hierarchien. Wolsey hatte ein erstaunliches Selbstgefühl. Er liebte auch Prunk und Pracht, war ein Liebhaber des schönen Lebens, ein Bonvivant, ein Bewunderer von imposanter Architektur. Mit dem Erzbischof von Canterbury hatte er in Lambeth Palace gewohnt, einem eindrucksvollen Gebäude, von Kardinal Morton errichtet, das von den zwei aufeinanderfolgenden Amtsträgern auf prächtigste Weise ausgebaut wurde. Das also waren für Thomas Wolsey die Maßstäbe. Er war eine ähnlich barocke Gestalt wie Heinrich VIII. Aber der war qua Geburtsrecht König von England, und Thomas Wolsey war der Sohn eines Metzgers in Ipswich. Wer weiß, wie sehr Thomas Wolsey diesen ziemlich erheblichen Unterschied wirklich veranschlagte. Die Porträts Wolseys stammen aus der Zeit, als er sich auf dem Höhepunkt seiner Macht befand: im vollen Ornat, wohlbeleibt, mit fast imperatorischer Geste und einer selbstzufriedenen Miene, wulstlippig, stiernackig, eine glatte Gesichtshaut, ganz faltenfrei. Das passte auch physisch zu der imposanten Erscheinung Heinrichs VIII., der fast einen Meter neunzig groß war und dessen athletischer Körper im letzten Lebensdrittel zunehmend aus der Form geriet durch zu üppiges Wohlleben. Es ist ein erstaunliches Faktum bei Vater und Sohn Henry Tudor: die physische und typhafte Ähnlichkeit ihrer selbst und ihrer engsten Berater, also der Menschen, die sie umgaben. Die Bildnisse des Bischofs von Winchester und des Lord-Kanzlers Warham etwa zeugen von einer ähnlich asketisch wirkenden mageren Hohlwangigkeit wie beim verstorbenen König, und ebenso wohlgenährt, stattlich und voluminös wie der nächste Souverän wirkt später auch Thomas Cromwell. Doch die Relikte einer überlebten Regierungszeit, Foxe und Warham vor allem, machten allmählich den Platz frei für die Vertreter der neuen Zeit, die sich mehr und mehr abzeichnete.

Thomas Wolsey, gefördert von Foxe, der ihn gegen Thomas Howard, Graf Surrey, ins Spiel brachte, einen Vertreter des Hochadels, mit dem er selbst opponierte, wurde «Almoner» («Almosenier») unter Heinrich VIII., zuständig für die Verteilung der Armenhilfen. Das war noch kein Amt in der vordersten Front, aber es ermöglichte ihm einen regelmäßigen direkten Kontakt mit dem König, und was dieser wollte und war, dafür schien Wolsey sehr feine Antennen zu haben. Für George Cavendish, seinen Freund und Getreuen, der die letzten acht Jahre von Wolseys Leben in seinem Haushalt verbracht hat und später die erste Biographie Wolseys schrieb, war die Sache ganz einfach: Wolsey fand heraus, was Henry wollte und setzte es dann in die Tat um. Nach Cavendish besaß Wolsey *«eine geschliffene Zunge und reichhaltige Eloquenz»*. Er war in gewisser Weise ein Spiegel von Henrys eigener Großartigkeit. Der Altersunterschied betraf ziemlich genau eine Generation. Henry war 20, Wolsey war 39. Er hätte sein Vater sein können, war's aber nicht. Wolsey stachelte Henrys Instinkte an, statt sie zu beschneiden, und er gab ihm nur Größe zurück, anders als sein übriger Stab, der ihm im Wesentlichen nur vorrechnete, was alles nicht ratsam war oder nicht ging. Cavendish meint: «*Der König war jung und voller Lebenslust, geneigt zum Frohsinn und zum Vergnügen, danach, allen seinen Begierden und Wünschen zu folgen. Mit den Regierungsgeschäften wollte er sich nicht abmühen, und er liebte nichts weniger, als gezwungen zu werden, irgendetwas gegen seinen Willen und sein Vergnügen zu tun.*» Während andere ihn dazu anhielten, mehr Interesse für die Belange des Staates aufzubringen, habe Wolsey das Gegenteil angeraten und angeboten, die Dinge an seiner Stelle zu regeln. Mit der Zeit ließ er dann auch noch durchblicken, dass es viel besser sei, wenn alles in einer Hand sei und sich nicht auf mehrere, einander bekämpfende Posten verteile. Das gebe, so Wolsey, dem Königreich Sicherheit. Er würde mit der Zeit dafür sorgen, dass alles in einer Hand war, nämlich bei ihm. Dass er unentbehrlich wurde, dass niemand ihm mehr in die Karten sah, dass sich bei ihm alles bündelte: Informationen, Verbindungen, Daten, Zahlen und Korrespondenzen, Optionen, Verhandlungsgrundlagen, am Ende Entscheidungen. Er war der Mann der Zeit, der neue Mann. Er war Henrys Mann. Jetzt noch nicht, aber bald, in naher Zukunft. Einstweilen sorgte er dafür, dass Henry bekam, was er wollte: Krieg, Krieg mit Frankreich. Da dieser von Rom autorisiert war, würde er auch der Laufbahn von Thomas Wolsey so oder so förderlich sein.

Henry war nicht umsonst mit der Tochter der legendären «katholischen Könige» verheiratet, die einen Kreuzzug geführt und gewonnen hatten. Katharina ermutigte ihn zu seiner Teilnahme am «Heiligen Krieg», und sie stellte die Weichen für den bilateralen Vertrag zwischen Spanien und England, für das gemeinsame Vorgehen von Henry und Ferdinand. Das aber erwies sich als ganz großer Reinfall, und es führte dazu, dass Katharina sich nach Einsicht der Dinge innerlich von ihrem Vater und damit auch von den Interessen Spaniens, ihrer Geburtsheimat, abwandte und Henry darauf nur umso loyaler verbunden war, Henry und damit England, ihrer nun ganz und gar angenommenen Heimat. Das hat man ihr nicht vergessen, Englands spanischer Königin. Am 13. November 1511 wurde die Militärallianz zwischen England, Spanien, dem Papst und Venedig beschlossen, und die Invasion Frankreichs war für das kommende Frühjahr geplant. Ferdinand aber überzeugte Henry, zunächst eine kleinere Armee in die französisch-spanische Grenzgegend zu schicken, um gemeinsam mit ihm Aquitanien zu annektieren. Aquitanien gehöre naturgemäß und mit historischem Anspruch, so Ferdinand mit erfolgssicheren Argumenten, dem König von England. Im April sandte Henry 6000 Männer von Southhampton nach San Sebastian und von dort aus in das Grenzstädtchen Fuenterrabia, wo sie sich mit einem ebenso starken spanischen Kontingent vereinigen sollten. Seinem Kommandeur, dem Marquis von Dorset (das war der Sohn von Wolseys ehemaligem Gönner), hatte Henry die Anweisung gegeben, er und die Truppen hätten den Verfügungen des Königs von Spanien vollständig Folge zu leisten, und zwar, als wären sie seine eigenen Untertanen.

Nun tat Ferdinand Folgendes: Da es ihm gar nicht um Aquitanien ging, sondern ums benachbarte Navarra, das sich aufgrund der anderweitigen Expeditionsmeldungen in einer falschen Sicherheit wähnte und durch einen Überraschungsangriff zu Fall gebracht werden sollte, zog er dafür einen Teil seiner Truppen ab, während die englischen Einheiten zunächst in beträchtlichem Informationsdefizit, in einem Führungsnotstand und schließlich in unzureichender Versorgung sowie unzureichend bezahlt in dem Grenzstädtchen warteten, ohne dass ihre spanische Verstärkung am Horizont auftauchte. Das heiße Klima und die schlechte Versorgung forderten ihren Tribut, ebenso wie die einigermaßen chaotische Lage. Die Soldaten bekamen nicht ihr gewohntes Bier und tranken Unmengen von spanischem Wein, den sie genauso wenig vertrugen wie die spanische Hitze, mit den entsprechenden Folgen. Als von der spanischen Armee immer noch nichts zu sehen war, weigerten sie sich, ohne diese in Navarra einzumarschieren, und forderten lautstark ihre Heimkehr nach England. Um ihre Disziplin war es nun auch nicht mehr gut bestellt. Sie begannen zu meutern. Die englische Führung hatte sie nicht mehr im Griff und schickte sie schließlich nach dem eingestellten Unternehmen nach Hause zurück. Ähnlich undiszipliniert hatte sich ein anderes Teilkontingent der Armeen des englischen Königs im Vorjahr im Süden Spaniens gezeigt, aber auf ähnliche Weise waren sie auch von ihrem spanischen Oberbefehlshaber, König Ferdinand, hintergangen worden, und Henry dazu. Er hatte Ferdinand eine Truppe von 1000 Mann zur Verfügung gestellt, und zwar in diesem Fall für eine ureigene spanische Sache, mit der

Englands König nun wirklich gar nichts zu tun hatte: um die Ungläubigen in Afrika zu bekämpfen. Nach dem Fall von «Al-Andalus» konnte das Anti-Mauren-Projekt, Ferdinands Kreuzzug, ja immer noch einmal ausgedehnt werden, und somit das neue vereinigte Spanien. Henry war Feuer und Flamme gewesen von dem Projekt «Afrika», und er wäre am liebsten selbst mitgereist, um die Expedition anzuführen. Aber Henry kam nicht nach Afrika, nicht nach Spanien und auch nicht in Spaniens faszinierenden Süden. Stattdessen betranken sich seine Soldaten, belästigten Frauen und Mädchen, legten sich mit den lokalen Ordnungskräften an und töteten auch ein paar Einheimische, während sie vergebens auf Ferdinands Truppen warteten, denn der spanische König hatte es sich auch hier plötzlich anders überlegt und seinen afrikanischen Kreuzzug wegen dringenderer Angelegenheiten an der spanisch-französischen Grenze verschoben. Henry musste sich nun nach der missglückten Einnahme Navarras von Ferdinand sagen lassen, er habe ihm beide Male kampfunwillige und disziplinlose Leute geschickt, und daran seien die Expeditionen gescheitert. Henry war in der Tat beschämt über seine Soldaten und ließ ihre Befehlshaber nach ihrer ruhmlosen Heimkehr vor dem spanischen Botschafter knien und um Vergebung bitten. Aber Henry hatte nun auch aus dem Traum von der Bündnistreue seines Schwiegervaters zu erwachen begonnen. Seine Kriegskosten für zwei derart sinnlose Unternehmungen beliefen sich in diesem seinen vierten Regierungsjahr bereits auf umgerechnet rund 30 Millionen. Für nichts. Nicht, dass er das schwerwiegender als nötig veranschlagte. Es blieb aber sicher kaum unbemerkt in seinen Reihen und war alles in allem eine unehrenhafte Bilanz, der Misserfolg wohl noch mehr als die Finanzdefizite.

Ungebrochen war nach wie vor Henrys Enthusiasmus für den bevorstehenden Heiligen Krieg, den Katharina, schwer erschüttert auch sie in ihrer Tochterliebe und ihren natürlichen Bindungen, glühend befürwortete. Die Königin war mindestens genauso entflammt von der Vorstellung dieses Krieges wie ihr Gemahl; das wurde durch die jüngsten Ereignisse nur noch mehr angeheizt. Nach den gescheiterten spanischen Expeditionen erging sich der englische König in überschwänglichen öffentlichen Liebesbekundungen seiner Königin gegenüber. Eine spanische Delegation berichtete, wie er sie öffentlich liebkoste und sie vor anderen pries. Als er am 30. Juni des folgenden Jahres mit seiner großen Flotte Dover verließ in Richtung Calais, um von dort aus seine Invasion zu beginnen, ließ er Königin Katharina, unterstützt von einem kleinen Kreis seiner Räte, in England als Regentin zurück. In einer feierlichen Ernennung hatte er ihr für die Zeit seiner Abwesenheit die Regierung des Landes anvertraut. Er lasse das englische Volk, so Henry, in der Obhut einer Frau, die sich empfehle durch ihre Ehrbarkeit und ihren Rang, ihre Klugheit, ihre Weitsicht und ihre Vertrauenswürdigkeit. Eine größere Liebeserklärung konnte er ihr zu der Zeit wohl nicht machen.

DAS GÜLDENE FELD
(1513–1520)

Bevor der englische König mit seiner Invasionsarmee nach Calais übersetzte, hatte er eine gigantische Propagandamaschinerie in Gang gesetzt. In Europa machten Ankündigungen die Runde, es würden sechzigtausend Mann den Kanal überqueren, eine Streitmacht, die ihresgleichen noch nicht gesehen hatte, und mit einem König, der bereit war, seine Unsterblichkeit zu begründen. Zwölf Kanonen von überdimensionalen Ausmaßen, hergestellt in Deutschland und Flandern und «die zwölf Apostel» genannt, wie es wohl passend war für die Artillerie eines Heiligen Krieges, führte die Armee im Gepäck. Sie trugen jeweils das Bild eines Apostels und würden nicht nur den alten französischen König einschüchtern, sondern die ganze Christenheit. Nirgends war die Euphorie für den Krieg so groß wie in England, aber Henry hatte von der Allianz und dem gemeinsamen Vorgehen auch das größte Gewinnpotential: nicht mehr und nicht weniger als das Königreich Frankreich. So war es ja auch von Anfang an, lange vor der für ihn so begrüßenswerten anti-französischen Konstellation, seine Idee gewesen. Der Pontifex wollte nur die Franzosen aus Norditalien vertreiben, der Kaiser die verlorenen Provinzen von Burgund wiedergewinnen, und Ferdinand begehrte Navarra und die Guyenne. Henry aber winkte der größte Preis, und entsprechend trug er auch die meisten Kosten an der Expedition, entfaltete den größtmöglichen Enthusiasmus, und entsprechend musste auch das Werbeaufgebot ausfallen. In Calais erging sich der englische König volle drei Wochen in Turnierfesten und Banketten, empfing ausländische Gesandte und besuchte in feierlichen Prozessionen die Messe.

Wolsey war mitgereist und kümmerte sich fürs weitere um alle logistischen Details, vor allem um die Verpflegung der Soldaten, um Nachschublieferungen an Waffen, Versorgung, Verteilung und Korrespondenzen. Katharina, Regentin von England, führte ihre Korrespondenz mit Henry von nun an nur noch über Wolsey, um ihren Gemahl nicht unnötig zu stören und zu beunruhigen, wenn er gerade dem Feind ins Gesicht sah. Sie sorgte sich um ihn wie alle Kriegsfrauen und schrieb an Erzherzogin Margarete, ihre frühere Schwägerin, dass sie dem König, für den Fall der Fälle, einen guten Arzt bereitstellen solle. Die Angst war, politisch gesehen, im Land auch noch tiefer begründet, denn Henry hatte nach wie vor keinen Erben. Was, wenn er fiel? Die Dynastie würde ausgelöscht, und die Gefahr für den Fall der Fälle bereitstehender und bereits konspirierender Thronprätendenten war wieder äußerst präsent. Henry hatte noch vor seiner Abreise, gleichsam in einer Nacht- und Nebelaktion und relativ unbemerkt in all der Kriegseuphorie, den seit vielen Jahren im Tower einsitzenden Edmund de la Pole, Earl of Suffolk, ohne Gerichtsverfahren hinrichten lassen. Sein Vater hatte einst Philipp dem Schönen anlässlich seiner Auslieferung des brisanten Kandidaten versprochen, sein Leben zu schonen. Sohn Henry hatte das aber niemandem versprochen, Philipp der Schöne war tot, und der letzte York-Prätendent war ein zu heißes Eisen für einen König, der in den Krieg zog, um weiter am Leben zu bleiben. Den Titel eines Grafen von Suffolk verlieh er im Folgejahr seinem Freund und Schlachtkameraden Charles Brandon.

Nach einem Marsch in die Niederlande und einigen unbedeutenden Feindbegegnungen auf der Wegstrecke belagerten Henrys Männer und eine kleine Einheit des Kaisers Maximilian, mit dem Henry auf flandrischem Gebiet zusammentraf, das Städtchen Thérouanne, wo es nach etwa dreiwöchiger Belagerung am 16. August zur ersten und einzigen wirklichen Kampfhandlung kam, als nämlich eine beachtliche französische Kavallerie sich daran machte, die belagerte Stadt zurückzuerobern und die Bewohner mit Lebensmitteln zu versorgen, indem sie zum Beispiel große Schinken über die Stadtmauern warfen. Die offenbar überrumpelten Franzosen, die mit so großen Kontingenten ihrer Feinde nicht gerechnet hatten und deren Aufstellung beim Erscheinen der Engländer nicht geordnet war, wurden in der später so genannten «Sporenschlacht» in die Flucht geschlagen – wenig schmeichelhaft für sie, die man fortan in England nur noch die «*geharnischten Hasenfüße*» nannte. Zusammen mit Kaiser Maximilian, dem er schließlich die Stadt übergab, hielt Henry am 24. August triumphalen Einzug in Thérouanne. Nur wenig später ergab sich auch die Festungsstadt Tournai, die der Kaiser dem englischen König zubilligte. Die Bürger Tournais, einer hübschen und wohlhabenden Kaufmannsstadt an der Schelde, wollten den Plünderungen auf diese Weise entgehen. In Lille residierte Maximilians Tochter, die Erzherzogin Margarete, und Henry zog auch hier im Triumphzug durch festlich geschmückte Straßen, an der Seite des Kaisers des Heiligen Römischen Reichs. Die Siege wurden natürlich großartig gefeiert, und es wurde dafür gesorgt, dass die Siegesmeldungen sich europaweit ausbreiteten. Bei der Flucht ihres Gegners hatten die Engländer eine ganze Reihe hochrangiger französischer Aristokraten als Kriegsgefangene genommen. Die größte Trophäe war der Herzog von Longueville, dem Henry in seinem Feldlagerzelt alle Ehren zuteil werden ließ, um ihn aber gleich darauf nach England eskortieren zu lassen, als Kriegsbeute, eine erlauchte zwar und daher umso kostbarer, seiner Königin zum Geschenk, die ihn in königlicher Umgebung unterbringen und unterhalten sollte. Die aber hatte inzwischen selbst alle Hände voll zu tun, keine Zeit jedenfalls zur Unterhaltung eines französischen Aristokraten, weshalb der erbeutete französische Herzog einstweilen im Tower Residenz halten musste.

Henry hatte sich darauf einstellen müssen und die entsprechenden Vorkehrungen getroffen, falls eintreten sollte, was dann tatsächlich eintrat: Just als Henry in Frankreich im Felde war, startete James IV. von Schottland seine Invasion Englands. Das hing mit dem traditionellen Bündnisverhältnis zwischen Frankreich und Schottland zusammen sowie der ebenso traditionellen Feindschaft zwischen Schottland und England. Dass Margaret Tudor, Henrys ältere Schwester, mit dem schottischen König verheiratet war, hatte daran nichts geändert und war auch jetzt ohne Ausschlag, zum Leidwesen Margarets, die James kniefällig angefleht haben soll, auf die Invasion zu verzichten. Sie hatte, so hieß es, düstere Vorahnungen vom Ausgang des Krieges und soll es als Torheit bezeichnet haben, das Feuer im Hause des Nachbarn (also Frankreich) zu löschen und das eigene Haus dabei in Brand zu setzen – zumal die englischen Streitkräfte in der Übermacht seien; das jedenfalls deutete Margaret an, aber ohne Erfolg. James' Herold suchte Henry am 11. August im französischen Feldlager auf, um ihm den

Krieg zu erklären, und nun konnte sich Katharina als Tochter Königin Isabellas erweisen. Bereits vor der schottischen Kriegserklärung hatte sie im Juli vorsorglich eine große Armee mustern lassen. Sie trieb ungehalten zur Eile an, wenn sie von den einzelnen Grafschaften, Gloucester zum Beispiel, nicht umgehend die geforderte Rückmeldung erhielt. Artillerie, Kanonisten und eine aus acht Schiffen bestehende Flotte mit Mannschaften wurden in Richtung Schottland verschickt. Der Earl of Surrey, den Henry zur Landesverteidigung zurückgelassen hatte, war schon im Norden des Landes. Er würde mit seiner Truppe die Frontlinie bilden. Katharina organisierte eine zweite Armee, die sie in den Grafschaften Lincolnshire, Nottinghamshire, Rutland und Staffordshire rekrutierte, aber sie hatte das Gefühl, das alles sei noch nicht genug. Die Armee des schottischen Königs, so hörte man, sei beeindruckend, ergänzt zudem durch hervorragende französische Artillerie. Getreide, Bier, Seile, Trosse und leichte Rüstungen wurden gen Norden verschifft, Banner, Standarten, Wimpel, Plaketten. Neben Bannern und Standarten mit dem Wappen des Königs, Bannern mit dem Kreuz des Heiligen Georg, der Jungfrau Maria und der Dreifaltigkeit forderte Katharina noch zwei Banner mit den Wappen von England und Spanien sowie eine Rüstung für sich selbst, denn die Königin brach nun auch Richtung Norden auf, um eine dritte Truppe, eine Verteidigungslinie, die sich der Armee in den Midlands anschließen sollte, als Kommandeurin zu führen.

So weit kam es nicht. Die Königin war noch in Buckingham, als die Schlacht stattfand. Doch ihre Außenwahrnehmung als aktionssichere Heldin der Stunde schien auch ohne Propaganda Verbreitung zu finden. Der italienische Humanist Petrus Matyrus überliefert in Valladolid, dass Katharina eine beeindruckende Rede vor ihren Truppen gehalten habe, natürlich in Englisch, das sie jetzt fließend sprach – wann und wo, sagt er nicht. «*Königin Katharina*», so Matyrus, «*ein Abbild ihrer Mutter Isabel und durchdrungen vom Geist ihres Vaters, hielt eine glänzende Rede vor ihren englischen Hauptleuten. Sie forderte sie auf, bereit zur Verteidigung ihres Landes zu sein. Sie sagte, dass der Herr denen lächle, die für ihre eigene Verteidigung einstünden, und sie alle sollten sich in Erinnerung rufen, dass englischer Mut den aller anderen Nationen übertreffe.*» England sei von Feinden eingekreist und, schlimmer noch, übelwollenden Nachbarn, die es zerstören und unterdrücken wollten, gegen jedes Recht und gegen alle Gerechtigkeit. Der «*Geist ihres Vaters*» war eigentlich kaum der ihrige, und gerade in punkto heroische Kriegsführung mit visionären Akzenten sind die Parallelen mit Isabella bei Katharina gewiss mindestens ebenso groß wie mit Vater Ferdinand; aber das nur nebenbei. Dass England «*von bösen Feinden eingekreist*» sei, war allerdings eine reichlich propagandistische Darstellung, zumal England selbst einen Angriffskrieg führte.

Wie dem auch sei, am 22. August überschritt James von Schottland mit seiner Hauptarmee den Border. James war auch in anderen Kategorien als strategischer Kriegsführung berühmt und deutlich berüchtigter. Er war der Womanizer, den man in Henry so gerne sieht, immer im höchsten Maße empfänglich für schöne Weiblichkeit, und auch nach seiner Heirat mit Margaret Tudor gab er seine diversen Geliebten nicht auf. Jetzt nahm er die Grenzfestungen Norham und Ford ein sowie noch zwei weitere kleinere Festungen, vertändelte in Ford aber ganze drei Wochen mit der schönen Schlossherrin, die ihn so lange erfolgreich in ihrem Bett festhielt, bis auch die letzte englische Einheit zu Englands Verteidigung angerückt war – so jedenfalls verzeichnen es die englischen Chronisten späterer Jahre, und auch wenn es gar nicht stimmt, sagen solche Geschichten doch einiges aus über ihre Protagonisten. Am 9. September ereignete sich die große Schlacht zwischen Flodden und Braxton, die mit einem spektakulären englischen Sieg endete und bei der nicht nur der König fiel, sondern zugleich ein Großteil des schottischen Adels. Nach englischen Angaben waren es zwölftausend Tote auf schottischer Seite gegen tausendfünfhundert auf englischer. Eine wirkliche schottische Tragödie. Margarets düstere Vorahnungen hatten sich offensichtlich erfüllt.

Katharina erhielt die Nachricht von der siegreichen Schlacht auf ihrer Reise gen Norden, und sie schrieb an ihren Gemahl: «*Diese Schlacht war Euch zu Ehren und zu Ehren Eures ganzen Königreichs, umso mehr, so Ihr die Krone Frankreichs gewinnen solltet.*» Sofern er das tun würde, ja. Nach der bisherigen Lage war seine Eroberung der Stadt Thérouanne, bei der es eigentlich zu gar keinen richtigen Kampfhandlungen kam, da der Feind vorher die Flucht ergriff, verglichen mit Flodden eine eher bescheidene Ausbeute, die Henry natürlich unmäßig aufbauschte, da er sie nur als einen Anfang für Größeres sah. Und immerhin war es eben ein Sieg. Zwei Siege. Ein enormer Prestigegewinn. Katharina schickte Henry den blutdurchtränkten Wappenrock des schottischen Königs (der erst aufwändig identifiziert werden musste auf diesem Schlachtfeld des Grauens) und meinte, sie hätte ihm zu gerne den ganzen Leichnam geschickt – sorgfältig einbalsamiert, versteht sich –, quasi als Gegengeschenk zu dem lebenden Herzog von Longueville. Aber die Engländer seien anscheinend zu empfindlich dafür, hätten dafür nicht das Mark; «*unsere Engländer*», schrieb sie. Sie war eben doch eine Kriegertochter, Englands spanische Königin. Allerdings könnte der Ausspruch auch so gemeint sein, dass sie ihrem Gatten gerne den lebenden schottischen König als Gefangenenbeute überstellt hätte, aber die englischen Soldaten wollten's nicht leiden, dass er am Leben blieb. Ob Henry dafür nun das Mark hatte oder auch nicht, er war vielleicht schon aus Gründen familiärer Pietät nicht daran interessiert, den Leichnam des schottischen Königs geschickt zu bekommen. Schließlich handelte es sich dabei um seinen Schwager. Ob er an Margaret dachte, mit der er unter den alten Eichen in Eltham die Kinderstube geteilt hatte? Margaret war hochschwanger, und sie hatte bereits einen einjährigen Sohn, der umgehend zum neuen König gekrönt wurde. Sie setzte sich auch zukünftig für eine Politik der Freundschaft mit England ein, doch es gelang ihr nicht, die Regentschaft für ihren minderjährigen Sohn zu bekommen. Stattdessen wurde John Stewart, der Herzog von Albany, der die Politik der «auld alliance» mit Frankreich vertrat, als Regent eingesetzt, und Margaret heiratete Archibald Douglas, den Earl of Angus, dessen Familie Feinde der Stewarts waren.

Margaret von Schottland und Katharina von England – Krieger-Witwe und Krieger-Regentin in Abwesenheit, die nun kurzfristig die Geschicke der Insel in Händen hielten – kamen jedenfalls zur Stunde schnell und einvernehmlich über einen Waffenstillstand überein. Katharina sandte ein Beileidsschreiben nach Schottland und schickte sogar einen ihrer bevorzugten Geistlichen über den Border, um Margaret zu trösten, während Henry von Frankreich aus dafür sorgte, dass James in St. Paul's angemessen bestattet wurde, ungeachtet seiner Exkommunikation durch den Papst, da er auf Frankreichs Seite gekämpft hatte. Katharina unternahm eine Wallfahrt zum Heiligen Schrein, zur

Jungfrau von Walsingham, die der König zuletzt vor zwei Jahren anlässlich der glücklichen Geburt seines Sohnes besucht hatte, der kurz darauf starb. Die Jungfrau von Walsingham wirke Wunder, so hieß es. Selbst Tote würden da wieder auferstehen. Dachte mancher da auch an die zigtausend gefallenen Menschen der letzten Monate? Nach weiteren mehrwöchigen Siegesfeiern, Banketten, Turnieren und Bällen kehrte Henry im Herbst nach England zurück. Den Kampf um Frankreichs Krone musste er so oder so aufs nächste Frühjahr verschieben, da man ab Oktober keine Feldzüge mehr durchführen konnte. Nächstes Jahr also. Seine diversen Triumphzüge hatten dem König einen Vorgeschmack auf eine zweite Krönung gegeben, die der Papst eventuell selbst durchführen würde nach Henrys erfolgreicher Verteidigung der Heiligen Römischen Kirche und des Apostolischen Stuhls. Er würde dies, und seine treue Gattin bestärkte ihn in diesem Ansinnen, notfalls auch allein tun.

Die Option eines Alleingangs zeichnete sich in der Tat mehr und mehr ab, denn Henrys aalglatter Bündnispartner, der spanische König, hatte zwei Monate vor Henrys Ausschiffung einen Waffenstillstand mit Frankreich geschlossen. Drei Wochen nach diesem heimlichen Waffenstillstand unterzeichnete sogar sein Gesandter Luis Caroz noch in London den neuen spanisch-englischen Bündnisvertrag. Ferdinand erklärte das im Nachhinein so: Er habe sich beim Jagen erkältet und sei daraufhin schwer erkrankt. Angesichts seines nahenden Todes habe ihm dann sogar sein Beichtvater noch das Versprechen abgepresst, ihn gewissermaßen gezwungen, den Waffenstillstand zu vereinbaren, und zwar für sein Seelenheil. Auch habe er schließlich seinem Nachfolger kein Land im Kriegszustand hinterlassen wollen. Henry schluckte auch das, denn er war anderweitig beschäftigt, mitten in den Vorbereitungen seiner ersten französischen Expedition. Im nächsten Jahr aber leistete sich Ferdinand denselben Coup. Die Militärallianz zwischen England, dem Reich und Spanien wurde erneuert, während der spanische König heimlich Friedensverhandlungen mit Frankreich führte. Unmittelbar vor der neu geplanten Invasion im April 1514 schloss er dann einen weiteren einjährigen Waffenstillstand mit Frankreich. Und diesmal tobte Henry. Es wundert fast, dass er das nicht schon längst tat. Ob der «Vater und Sohn»-Ton, der zwischen ihm und Ferdinand, ursprünglich nach Kräften gefördert von Katharina, doch immer noch im Hintergrund schwelte, ihn da einfach ein wenig verwundbar und blind gemacht hatte? Früh von Schmeichlern umgeben, war Henry eine vertrauensselige Natur, inklusive einer unübersehbaren Blauäugigkeit. Da sich hier so die Realitäten der bösen Welt zeigten, enttäuschtes Vertrauen, das sein Selbstgefühl kränkte, führte dies zu Verhärtungen und zu Loslösungen in einem weiteren Sinn. Seine Beziehung zu Katharina litt langfristig Schaden durch den Betrug ihres Vaters, auch wenn dies wahrscheinlich sehr schleichend erfolgte. Sie war seine Tochter, sie hatte anfangs zu seinem Vorteil interveniert, und sie war einfach ein Teil dieses ganzen spanisch-englischen Bündnisprojekts, das Henrys Leben so früh geprägt hatte und sich auf eigentlich allen Ebenen allmählich als unrentabel und trughaft erwies. Katharina trug daran keine Schuld, in keinerlei Hinsicht, aber sie wurde gewissermaßen das Opfer dieser Dynamik einer großen Enttäuschung und der entsprechenden Ressentiments.

Ferdinands Strategie indessen war ungefähr folgende: Frankreich würde durch Henrys militärische Erfolge, so meinte er, derart geschwächt sein, dass es zu freiwilligen Konzessionen bereit war, bereit also auch, für den Waffenstillstand zu zahlen. Er überzeugte Maximilian, der ebenfalls mit der neuerlichen Invasion zögerte, das auch so zu sehen. Louis, so meinte der spanische König, würde ihm, Ferdinand, vielleicht auch Navarra abtreten und vielleicht sogar die Bretagne, nach seinem Tod, wenn er, so würde er es jedenfalls darstellen, Henry davon überzeugen konnte, von der Invasion abzusehen und einem Generalfrieden beizutreten. Und so geschah es dann auch, mehr oder weniger. Maximilian trat dem Waffenstillstand bei, und Henry stand ganz allein gegen Frankreich, denn Venedig war ebenfalls dabei, die Seiten zu wechseln. Seine sämtlichen finanziellen Vorschüsse an seine Bündnispartner waren damit leider auch auf kontinentalem Boden versandet. Die erste unmittelbare Konsequenz war, dass die Verlobung von Mary, Henrys jüngerer Schwester, mit Maximilians Enkel gelöst wurde. Das war der spätere Kaiser Karl V., bei dem das gesamte spanisch-habsburgische Erbe zusammenlief. Ein enormer Verlust. Mary war sich der Tatsache bewusst gewesen, mit dem begehrtesten Junggesellen Europas verlobt zu sein. Sie war Henrys Lieblingsschwester, ein hübsches, quirliges und einnehmendes Geschöpf, das sogar den an sich so freudlosen Vater zu zärtlichen Gefühlen hatte hinreißen können. Mary war siebzehn Jahre alt, und sie wusste zu ihrem Glück augenblicklich noch nichts von der Realität solcher dynastischer Heiraten, würde es aber schon sehr bald erfahren.

Die Realitäten des politischen Spiels, das sich in den Intrigen des spanischen Königs verkörperte, rissen den Romantiker Henry unsanft aus seinen idealistischen Vorstellungen, und es war nun ganz folgerichtig, dass er den Mann aufbaute, der geeignet schien wie kein anderer, den Realitäten die Stirn zu bieten und in dem Schachspiel mit Verve und Selbstvertrauen seinen Part zu erfüllen. Thomas Wolsey sah seine Stunde gekommen. Als Macher und Organisator im Hintergrund hatte sich der «Almosenier» bereits auf dem Kontinent unentbehrlich gemacht. Er war unermüdlich, ein Workaholic, der alles an sich riss – traumhaft für einen Herrscher, der es ermüdend und langweilig fand, Staatspapiere zu lesen und sich dem alltäglichen Kleinkram widmen zu müssen, der seiner Meinung nach die Sache von Untergebenen war. Umso besser für ihn, dass Wolsey ihn darüber hinaus ebenfalls aufbaute und mit einer Politik der Stärke aufwarten konnte, die aber dem komplizierten Schachspiel gewachsen war, für das Henry die politische Erfahrung und die Verstiegenheit fehlten. Henry war manipulierbar aufgrund seiner persönlichen Disposition – wenn auch wohl nicht in so großem Maße, wie es der Historienschreiber Polydore Vergil, der Wolsey verabscheute, rückblickend darstellt, wenn er Wolseys Umgang mit Henry wie einen reichlich durchsichtigen Suggestivvorgang beschreibt: «*Jedes Mal, wenn er etwas von Henry bekommen wollte, führte er die Angelegenheit wie beiläufig in die Konversation ein; dann zückte er das eine oder andere Geschenk: eine wunderschön gestaltete Schale, einen Edelstein oder Ring oder etwas dergleichen, und während der König das Geschenk mit großer Aufmerksamkeit bewunderte, brachte Wolsey die Angelegenheit, um die es ihm ging, zügig nach vorne.*» Wolseys Fähigkeit, den König manipulieren zu können, hat sicher eine maßgebliche Rolle dabei gespielt, dass er in seine unangefochtene Position gelangte. Sie erklärt aber nicht, dass er fünfzehn Jahre lang in der Position blieb. Thomas Wolsey war zum Staatsmann geboren, und er blieb ohne nennenswerte Rivalen in all den Jahren.

Mit seiner Ritterromantik hatte sich Henry auf dem subtileren Kampffeld, der Diplomatie, eine blutige Nase geholt. Nun brauchte er einen entsprechend subtileren Zugang zur Steuerung der politischen Kräfteverhältnisse, und da hatte er immer noch einigen Nachholbedarf. Wolseys cäsarischer Charakter passte zu seinem Stil. Keine Skrupel und keine falsche Bescheidenheit. Alles ging jetzt sehr schnell. Wolsey schlug vor, da die Konstellation nun so sei, wie sie sei, solle Henry eben im Gegenzug sowohl Ferdinand als auch Maximilian kalt erledigen und mit Frankreich ins Geschäft kommen. Genauso geschah es. In den kommenden fünfzehn Jahren entfaltete Wolsey eine komplexe Diplomatie, unter mehrfachen Richtungswechseln, wenn es die Klugheit gebot: mit dem Kaiser gegen Frankreich und mit Frankreich gegen den Kaiser vorgehend. Jetzt aber ging es zunächst darum, mit Louis Frieden zu schließen. Statt wie geplant im Sommer 1514 in Frankreich einzufallen, unterzeichnete Henry am 9. Juli einen Friedensvertrag mit dem französischen König. Louis trat ihm Tournai ab und zahlte eine Million Francs dafür, dass Henry auf seine Invasionspläne verzichtete.

Ein besonderes Sahnebonbon hielt Henry, das heißt Thomas Wolsey, dem alternden König von Frankreich noch vor die Nase, und das war Henrys blutjunge Schwester, die ja gerade von Karl von Habsburg entlobt worden war. Eine Quelle besagt, Mary habe sich geehrt gefühlt, Königin von Frankreich zu werden, eine andere (wohl authentischere) spricht aber von ihrem Entsetzen, in das Bett dieses alten Mannes steigen zu müssen. Louis war erst ein Mittfünfziger, aber vorzeitig gealtert und schon sehr schwach. Nach den Lebenserwartungen der Epoche war ein Sechzigjähriger unter Umständen bereits ein Greis. Siebzig- oder gar achtzigjährige Männer und Frauen bildeten die ganz große Ausnahme. Doch Mary hatte ihr Schicksal ganz gut in der Hand. Wie es heißt, hat sie den gebrechlichen König zu Tode getanzt. Nach nur zwölf Wochen Ehe kehrte sie wieder nach England zurück. Noch bevor sie ihre Heimat verließ, hatte sie von ihrem Bruder, dem König, das Versprechen erwirkt, dass sie das nächste Mal einen Mann ihrer Wahl heiraten dürfe und nicht mehr für seine dynastischen Interessen herhalten müsse, und ihre Geschichte nahm tatsächlich einen glücklichen Ausgang. Henry hatte Charles Brandon, den er nach dem gemeinsamen französischen Feldzug zum Herzog von Suffolk erhoben hatte, zusammen mit Surrey, dem Sieger von Flodden, der wieder in das alte Herzogtum Norfolk seiner Familie eingesetzt wurde, als Botschafter und Unterhändler nach Frankreich geschickt, und als solcher sollte er auch die verwitwete Königin von Frankreich zurückeskortieren. Ob es nun auf dieser – immerhin ziemlich kurzen – Überfahrt oder eher, wie anzunehmen sein dürfte, bereits vorher in England gefunkt hat, Mary und Suffolk verliebten sich ineinander, und um auch ganz sicher zu gehen, dass Henry sein Versprechen nicht wieder zurücknehmen würde, entschieden sie sich zu einer heimlichen Heirat. Das war nicht ganz unproblematisch, denn ein Mitglied der königlichen Familie, das ohne Erlaubnis des Königs heiratete, beging de facto Hochverrat, und Mary schied nun tatsächlich als Einsatzpfand für den dynastischen Markt dauerhaft aus. Auch diese Angelegenheit wurde über Wolsey erledigt, an den sich die beiden Liebenden wandten, was deutlich macht, wie weit sein Einfluss inzwischen schon reichte. Mary war bereits schwanger. Das Ganze ging gut aus – immerhin war Mary Henrys Lieblingsschwester und Charles Brandon sein bester Freund. Aber es war durchaus ein Spiel mit dem Feuer. In Henrys späteren Jahren, als seine Duldsamkeit anderen Herrschereigenschaften gewichen war, wäre er kaum so milde mit dem Fall umgegangen, wie er es jetzt tat.

Wolsey profitierte nun auch ganz gewaltig. Henry überschüttete ihn mit Bischofssitzen und anderen ertragreichen Einnahmequellen, und nicht nur er tat das, da Wolsey allmählich zur offiziellen politischen Größe avancierte. Erst wurde er Bischof von Lincoln, dann Bischof von Tournai. Auch der französische König zahlte ihm aufgrund seines Anteils am neu geschlossenen Friedensvertrag jährlich 1000 Ecus in Gold. Als der Erzbischof von York, Kardinal Bainbridge, starb, forderte Henry vom neuen Papst Leo X. für Wolsey nicht nur das vakant gewordene Erzbistum. Er bat außerdem um den Kardinalshut für Wolsey, da er sich, argumentierte er, während des Krieges so um das anti-französische Bündnis verdient gemacht habe. Henry forderte diese Ernennung ganz informell und über die üblichen Gepflogenheiten hinwegsehend, dass Kardinäle gewöhnlich nur reihenweise ernannt wurden, um bei den Ernennungen eine Mächtebalance im Auge zu haben. Deshalb musste der neue Papst, der ein Medici war, Henry vorerst vertrösten, aber im Folgejahr, also 1515, wurde Wolsey zum

Kardinal ernannt, und er wurde außerdem englischer Lordkanzler, was vergleichbar ist mit dem Amt des Premierministers. Seinem Höhenflug stellte sich nun nichts mehr entgegen.

Da Louis XII. nur Töchter zurückließ, folgte ihm nach salischem Recht sein nächster männlicher Verwandter François d'Angoulême auf den Thron, ein junger Mann, noch jünger als Henry gegenwärtig und ähnlich ruhmbesessen wie dieser in seinen Anfängen. François war sehr daran interessiert, den durch das Debakel von Thérouanne angekratzten militärischen Ruf der Franzosen wieder aufzupolieren. 1515 startete er eine Invasion Italiens und besiegte in der Schlacht von Marignano die Schweizer. Das Herzogtum Mailand wurde im Anschluss daran französisch, und Henrys Schlachtenruhm verblasste daraufhin merklich, zumal François, anders als er, in der Lombardei sogar als Anführer seiner Truppen gekämpft hatte.

Zwischen Henry und François fand eine Art Ruhm-, Macht-, Ertüchtigungs- und Schönheitswettbewerb statt, denn auch die europäischen Diplomaten verglichen die beiden jungen Männer auf dem französischen und auf dem englischen Thron auf all diese Prädikate hin und kamen dabei immerhin zu unterschiedlichen Ergebnissen. Henry war eitel. Er war beispielsweise der Meinung, die schönsten Männerwaden Europas zu haben. Auch liebte er prächtige Kleidung: Staatsroben, Hermelin, Gold und Juwelen zu Festanlässen, aber auch zum Beispiel phantastische Verkleidungen für Maskenspiele und Mummenschanz. Er hatte gehört, François trage einen Bart, also ließ er sich auch einen wachsen. Da er rothaarig war, war auch sein Bartwuchs rotblond. Ein Barbarossa also. Die Diplomaten sagten, er schimmere golden. Ein venezianischer Diplomat, der von Henry zu den Maifeierlichkeiten eingeladen worden war, schildert den König, wie er, von Kopf bis Fuß in Maigrün, auch die Schuhe nicht ausgenommen, die Lustbarkeiten und Schauspiele zur Maifeier anführte. Dann wandte sich Henry an den Venezianer. Er habe gehört, er sei vor kurzem in Paris gewesen und habe den französischen König gesehen. Wie er so sei, der neue König von Frankreich. «*So groß wie ich?*» Der Diplomat antwortete ihm (diplomatisch), da sei kaum ein Unterschied. «*Ist er genauso stark?*» Nicht ganz so, musste der Mann zugeben. «*Was für Beine hat er?*» «*Schlanke*», war die Antwort des Gegenübers (er meinte: zu dünn) –

FRANÇOIS I. VON FRANKREICH.
Jean Clouet, 1540

woraufhin Henry sein Wams öffnete und, während er seine Hand auf seinen Oberschenkel legte, bemerkte: «*Schaut her! Ich habe zu meinem Bein auch eine treffliche Wade.*» Der Dialog wird in der Literatur selten erwähnt, während man nicht müde wird, eine ähnliche Gesprächssituation zwischen Elizabeth I. und dem schottischen Diplomaten Melville zu zitieren, in der Elizabeth auf eine ähnliche Weise darum bemüht ist, als weißhäutiger, graziler, eleganter und musikalischer dazustehen als ihre Rivalin Maria Stuart. Offensichtlich war jedenfalls jetzt eines: Der Friede zwischen diesen beiden Platzhirschen war nichts als ein Schein-Friede, das würde die Zeit sicher noch zeigen. Aber Henry hatte momentan keine Wahl. Sein anti-französisches Bündnis war zusammengebrochen, zumal der Medici-Papst deutlich weniger kriegsbegeistert war als sein Vorgänger, wodurch Englands König vor allen Dingen der Vorwand eines «Heiligen Krieges» für seine anti-französischen Intentionen abhanden kam. Ferdinand starb 1516. Dieser Schein-Verbündete verschwand am Horizont, und was blieb, war ein Schein-Friede mit Frankreich, ein kalter Krieg.

Immerhin konnte Henry noch bei den europäischen Herrscherhäusern hausieren gehen und verlautbaren lassen, er sei noch immer der reichste König Europas, also zumindest der Zweitreichste nach dem König von Portugal, bereit und imstande, jeden zu unterstützen, der militärisch mit ihm gegen Frankreich vorgehen wolle. Tatsache ist aber, dass das englische Volk über Parlamentsbeschlüsse und Steuererhebungen regelmäßig zur Kasse gebeten wurde, um die Kriege zu finanzieren, und diese Tatsache führte nach einigen Jahren zu massiven Spannungen – für einen König, der auf seine Popularität so großen Wert legte, waren das erste Zerreißproben. Foxe und Warham, die alte Garde, die von Anfang an gegen die Kriege waren, zogen sich nun allmählich aus der Politik zurück, um sich wieder ihren Diözesen zu widmen. Ruthall blieb königlicher Sekretär, war aber in Wirklichkeit der Sekretär Wolseys. «*Der König und der Kardinal*» war eine Formel, die jetzt in Umlauf kam. Giustiniani, der venezianische Botschafter, stellte fest, Wolsey sei «*ipse rex*», «*der König selbst*». Venedig blieb als Verhandlungspartner in diesen Jahren deshalb so wichtig, weil Henry und Wolsey die Hoffnung nicht aufgaben, Venedig wieder für die anti-französische Allianz zurückzugewinnen, doch das gelang nicht, ebensowenig beim

Kaiser sowie beim Papst. Wolsey erklärte Guistiniani, solange französische Truppen Norditalien beherrschten, sei der Papst nichts weiter als der Kaplan des französischen Königs. Aber alle Beteiligten schienen übergroßen Respekt vor dem wehrhaften König Frankreichs und seinen formidablen Truppen zu haben. Auch Karl V., Ferdinands Nachfolger auf dem spanischen Thron, verständigte sich mit François. Ende 1516 schloss Maximilian einen Friedensvertrag mit Frankreich und verkaufte außerdem Verona zum Preis von sechzigtausend Dukaten an Venedig, den Verbündeten Frankreichs. Gleichzeitig schloss Karl von Spanien, der Sohn Joanas, der rechtmäßigen Königin von Kastilien, und des schönen Erzherzogs Philipp, mit Frankreich den Friedensvertrag von Noyon. Ein halbes Jahr später schickte der Kaiser des Heiligen Römischen Reichs seinen Botschafter nach London, um Friedensverhandlungen zu sondieren – nicht mit dem König von England allein, sondern mit Henry und Wolsey, «*the king and the cardinal*». Bei einem Festbankett saß der Kardinal an der Frontseite des Tisches neben König und Königin. Die Sondierungsgespräche mündeten 1518 in einen universalen Friedensvertrag aller europäischen Mächte, um, wie es in dem Vertrag hieß, einen gemeinsamen Kreuzzug gegen die stetig an Einfluss gewinnenden Türken zu führen. Wolsey war der Architekt dieses europäischen Friedensabkommens. Als kleiner Nebenerlös fielen ihm zwei neue Bischofssitze zu neben seinem Erzbistum (was eigentlich gar nicht möglich war und wofür er eine päpstliche Dispens brauchte). Er wurde Bischof von Bath und Wells, während er den Bischofssitz von Tournai abgeben musste, da Tournai nach dem neuen Vertrag wieder an Frankreich zurückfiel. Frankreich zahlte ihm aber dennoch regelmäßige Summen aus den Einkünften des zurückgegebenen Bischofssitzes. Als Entschädigung für Tournai erhielt Henry weitere sechshunderttausend Ecus Ausgleichszahlung vom französischen König. Spanien behielt Navarra, und Frankreich behielt Milano. So erfolgreich dieser Friedensschluss insgesamt war, war er doch namentlich das Erfolgssignum von Kardinal Wolsey, der nun in einem Atemzug mit den jungen Regenten Europas genannt wurde.

Parallel zu Wolseys Aufstieg war ein allmählicher Einflussverlust Katharinas auf ihren königlichen Gemahl zu verzeichnen. Ihre indirekte politische Rolle als Henrys Ratgeberin reduzierte sich in Folge der Treubrüche ihres Vaters beträchtlich und nahezu gänzlich nach seinem Tod, als Thomas Wolsey bereits die Richtung bestimmte. Henry musste seine Politik neu sortieren, und diese neuen Voraussetzungen korrespondierten nicht automatisch mit Katharinas Standpunkten und Interessen im europäischen Mächtegefüge. Die kurzzeitige Regententätigkeit hatte ihre Lebensgeister geweckt, sie aus dem Jammer ihrer gescheiterten Mutterschaften herausgeholt. Anschließend war sie aber mehr denn je auf diese Rolle beschränkt, mit dem noch immer unerreichten Ziel, England einen männlichen Erben zu gebären. Henry war immer noch hoffnungsvoll und auch liebevoll ihr gegenüber. Einmal, im Sommer 1518, verlängerte er sogar einen gemeinsamen Landaufenthalt, da Katharina in dem Stadium einer neuen Schwangerschaft war, in dem sie in der Vergangenheit besonders anfällig für eine Fehlgeburt gewesen war, und da wollte er in ihrer Nähe bleiben und ihr jede Aufregung ersparen, auch die Unbequemlichkeit eines Ortswechsels.

Er war deshalb schon voller Hoffnung, weil Katharina im Februar 1516 ein gesundes Mädchen geboren hatte. Freilich, es war nur ein Mädchen, und was das bedeutete, zeigt zum Beispiel die Reaktion des venezianischen Botschafters. Giustiniani schrieb nach Venedig, er hätte dem König umgehend zur Geburt gratuliert, wenn es ein Junge geworden wäre, so aber habe es ohne weiteres Zeit bis zur Taufe. Doch Henrys Auffassung war: «*Wenn es diesmal ein Mädchen ist, werden mit Gottes Segen noch Jungen folgen.*» Er war stolz und glücklich mit seinem Töchterchen und zeigte die kleine Mary gern im Kreis seiner Höflinge herum. Es war ein Anfang, so glaubte er. Aber es war leider das Ende, denn im November 1518, also zwei Jahre später, wurde Katharina von einem weiteren Mädchen entbunden, das kurz darauf starb. Und es war ihre letzte Schwangerschaft. Da sie erst dreiunddreißig war, viel zu früh für die Menopause, war es wohl vielmehr so, dass ihr inneres System als Ganzes irgendwann seinen Dienst verweigerte, da es Schaden erlitten hatte. In neun Ehejahren war Katharina mindestens siebenmal schwanger gewesen, mit fast immer tragischem Ausgang. Das hatte sie physisch und psychisch erschöpft, und man sah es ihr an. Sie alterte in diesen Jahren rapide und weit vor der Zeit. Auf einem Porträt, als sie wohl noch in den Dreißigern war, wirkt sie matronenhaft, aufgeschwemmt, regelrecht fett. Mit dem Madonnenporträt Michel Sittows verglichen, als Katharina von Arágon, Prinzessin von Wales, zwischen dem älteren und dem jüngeren Tudor-Sohn auf ihr Schicksal wartete, erkennt man sie nicht mehr wieder. Diese unvorteilhafte Veränderung blieb niemandem verborgen – nicht den Höflingen, nicht den Diplomaten, die es an ihre Höfe berichteten, nicht der internationalen Politik, nicht ihrem persönlichen Umfeld, kaum ihr selbst und Henry sicherlich auch nicht. Er war ja sechs Jahre jünger, eine vitale und attraktive Erscheinung. Besucher seines Hofes stellten zwar schon im Alter von 26 Jahren eine Neigung zur Korpulenz bei ihm fest. Das kam allerdings von den vielen Gelagen, und er konnte das zur Zeit noch gut ausgleichen durch seine athletische Statur. Aber er war ein viriler Mann und äußerst empfänglich für weibliche Reize. Er war dennoch nicht notorisch promisk, hatte eher eine deutliche Neigung zur Monogamie, und das bestätigt seine weitere Ehe- und Liebesgeschichte. Falls er in seinen bisherigen Ehejahren bereits Affären hatte, zum Beispiel während der letzten Schwangerschaftsmonate seiner Frau, dann waren sie sehr diskret und kaum von großer Bedeutung. Namentlich bekannt wurde erst jetzt eine Affäre, und zwar mit der kultivierten und schönen Edeldame der Königin, Elizabeth Blount. Elizabeth bekam von ihm einen Sohn, den er auch anerkannte, und das war Henry sicherlich wichtig für sein Selbstbewusstsein, zeigte es ihm doch, dass er imstande war, gesunde Söhne zu zeugen. An ihm lag das Drama seiner ehelichen Nachwuchsprobleme also wohl nicht.

Die kleine Mary entwickelte sich indessen zu seinem Wohlgefallen. Sie besaß eine schnelle Auffassungsgabe, war zurückgenommen und sehr beherrscht, zu beherrscht vielleicht für ein Kind. Mary war rothaarig, klein, blass und schmächtig und würde später eine etwas unscheinbare Figur abgeben, doch sie war von einem ebenso eisernen Willen durchdrungen wie ihre Mutter. Sie war kein hübsches Kind, aber energisch und klug. Wären ihre Lebensumstände, vor allem die ihrer Mutter, glücklicher gewesen in den entscheidenden Jahren ihrer Adoleszenz, hätte sie sich zu einer trefflichen Nachfolgerin Henrys entwickeln können. Alle hervorstechenden Fehler ihrer späteren kurzen Regentschaft hängen direkt oder indirekt mit den traumatischen Erfahrungen während des Scheidungskriegs ihrer Eltern zusammen: ihr katholischer Fanatismus, die Ketzerverbrennungen, ihre unpopuläre Heirat mit Spaniens Thronfolger. So aber war die kleine Mary, die an erster Stelle der Thronfolge stand, zumindest eine diplomatisch einsetzbare Größe für Englands König. Im Zuge des internationalen Friedensabkommens wurde die Zweijährige mit dem vier Monate alten Dauphin, François' Sohn, verlobt. Bei einem vorangegangenen Festakt hatten alle Gesandten die Hand der Kleinen geküsst, und Henry, der stolze Vater, hatte gerufen: *«Ista puella nunquam plorat.»* *«Dieses Mädchen weint nie.»* Das mochte so sein, und es verschlimmerte vielleicht noch ihr späteres Schicksal. Henry aber ließ sich von nun an als Friedensfürst feiern, und was zu diesem Bild ausdrücklich beitrug, war die Ernennung der beiden Geistesgrößen John Colet und Thomas More in seinen Kronrat.

John Colet, der Dekan von St. Paul's, war Englands führender Gräzist, neben Linacre und Grocyn, der Aristoteles übersetzte. Als Einziger in der Gelehrtenelite des Landes hatte er sich dereinst nicht gescheut, Henry seinen französischen Krieg ausreden zu wollen, indem er ihn öffentlich für unrecht erklärte. Ein guter Herrscher, so Colet, solle seine Untertanen niemals dem Elend eines Krieges aussetzen – außer in solchen vereinzelten Fällen, die in der christlichen Theologie als gerechte Kriege zu rechtfertigen seien. Henry war auf die Argumentation gerne eingegangen, und in einem persönlichen Gespräch hatte er seinem Gelehrten eloquent dargelegt, dass es sich in diesem Fall in der Tat um einen solchen handele, einen gerechten Krieg, nämlich für den Stuhl Petri. Nicht wahr? Colet kapitulierte, so heißt es. Als Wolsey feierlich zum Kardinal ernannt wurde, hielt Colet die Predigt und redete dem neuen Kardinal ins Gewissen, sich auch künftig der Heiligen Trinität anzuvertrauen, nicht dem Glanz weltlicher Macht, und Gerechtigkeit im gleichen Maße für Arm und Reich anzustreben. Sapere aude! Aber wer hörte schon auf die Stimme des Mahners? Colet, der in Italien auch neuplatonisches Gedankengut rezipiert hatte, lehnte die klassische scholastische Bibelauslegung ab zugunsten einer Orientierung an den griechischen Urtexten, um auf diese Weise die christliche Lehre freizulegen von langen Missgriffen. Er las das Neue Testament öffentlich in englischer Sprache und hielt massenhaft besuchte Predigten und Vorlesungen in und außerhalb der St. Pauls-Kathedrale. Die St. Pauls-Schule, die er gründete, in der Priester nach seinen humanistischen Idealen ausgebildert wurden, war Colets Lebensprojekt. Er war auch der Seelsorger Heinrichs VIII., ein Freund des Erasmus und Thomas Mores. More, urteilte Colet, «*Englands einziger Genius.*»

Dieser Genius und spätere Heilige wurde 1478 als Sohn des Anwalts und Richters John More und Agnes Grangers, der Tochter eines wohlhabenden Kaufmanns, in London geboren. Sein Großvater hatte als Butler in der Juristenschule Lincoln's Inn in London gewirkt und wurde Ehrenmitglied des Inns, während Thomas Mores Vater an der Juristenschule studierte. John More war einflussreich und hatte beste Kontakte, also gab er seinen Sohn Thomas mit zwölf Jahren als Pagen in den Haushalt des Erzbischofs von Canterbury und damaligen Lordkanzlers, John Morton. Thomas More brachte Morton lebenslang große Verehrung entgegen, die sich auch in seinen Schriften niederschlägt. Morton war für ihn der Inbegriff des humanistisch gebildeten Klerikers, der all das noch mit einem hohen politischen Amt zu vereinigen wusste. Morton ermöglichte dem vierzehnjährigen Thomas im Anschluss an dessen Aufenthalt in seinem Haus zwei Studienjahre in Oxford, in denen er seine klassischen Kenntnisse weiter vertiefen konnte – für den Richter John More eigentlich ein weitgehend überflüssiger Luxus, der der Juristenkarriere, die er für seinen Sohn vorgesehen hatte, eher im Wege stand. Er gewährte es dennoch, und das spricht für eine gewisse geistige Weite; er hätte ihn sonst wohl auch kaum in den Morton'schen Haushalt gebracht. Mit sechzehn Jahren kam Thomas nach London zurück, um seine juristische Ausbildung zu absolvieren – zunächst am Kanzleigericht, dann in Lincoln's Inn. All diese Einflüsse führten dazu, dass er als junger Mann von drei gänzlich verschiedenen Sphären geprägt und in der Folge reichlich im Zwiespalt war, welcher er sich nun dauerhaft verschreiben sollte, mit welcher er sich selbst wirklich identifizierte. Da war die Welt seines Vaters, die unabhängigen Wohlstand versprach: die Anwaltschaft, die Rechtspraxis, die Sphäre des Handels in der City of London. Die Geisteswelt, die er im Hause Mortons erlebt hatte, war ihm dagegen ein Stimulus, der ihn auch nicht mehr losließ: Kontakt mit den großen Denkern des Zeitalters samt ihrem raffinierten und zynischen Blick auf die Dinge, ein Stück Renaissancekultur, Politik, Hofnähe. Er wollte das, würde das nicht mehr missen. Ein dritter Bereich, sehr unterschieden von den vorherigen, übte allerdings ebenfalls eine starke Anziehungskraft auf ihn aus, und das war das Klosterleben, reine, geistesreine Spiritualität; ihn dürstete nach der vollkommenen inneren Ruhe. Thomas More war ein zerrissener Mensch. So klassisch heiter, gerecht, ausgewogen, immer voll Witz und Distanz zu sich selbst er sich auch gab und seinen Freunden nicht zuletzt darum so teuer war, so tobte es doch offensichtlich in ihm, und das war heikel für einen Menschen, der sehr viel religiöser war als etwa der Kleriker Wolsey. Wenn es auch nicht gerade ein Kampf mit Dämonen war, den er führte, dann zumindest ein Kampf mit der «melencholia», mit der Schwarzgalligkeit, mit den seelischen Untiefen menschlicher Abgründigkeit und ihrer gegenläufigen Kräfte (also doch mit Dämonen). In Thomas Mores Zeitalter war das die Sphäre des Teufels, der seine potentiellen Opfer versuchte. Mores Lieblingsautor war der Heilige Augustinus, der Kirchenvater mit seinem Hauptwerk: «De Civitate Dei», «Über den Gottesstaat», das er stellenweise fast auswendig kannte und das er auch jahrelang lehrte, als er – eine vorübergehende Lösung seiner Zerrissenheit – eine Zeitlang versuchte, allen drei Lebens- und Geistessphären, die ihn anzogen, Rechnung zu tragen und sie alle gleichzeitig zu leben. Während er, ohne die Gelübde abzulegen, als Laie im «Charterhouse» lebte, einem Kloster des Kartäuserordens in Smithfield, London, bestritt er seinen Lebensunterhalt mit juristischen Lehrveranstaltungen und Vorlesungen über Augustinus und widmete all seine Freizeit seinen humanistischen Studien. Vier Jahre lang tat er das, aber er konnte diese kommode Lösung nicht endlos ausdehnen.

Im Alter von 26 Jahren schließlich traf er zwei Entscheidungen, die die Richtung bestimmten: Er heiratete und wurde Rechtsanwalt. Damit schied das Klosterleben endgültig aus, und die humanistischen Studien konnten nebenbei praktiziert werden. Im selben Jahr, 1504, wurde More aber auch Unterhausmitglied. Er frappierte und verärgerte Heinrich VII., als er einer parlamentarisch beantragten Steuererhöhung des Königs nicht zustimmte. Das passte ins Bild des Gewissenspuristen, wie er es ja auch später in seinem Handeln bestätigte. Thomas Mores Eheschließung wird kontroverser beurteilt. Ihre Vorgeschichte ist seltsam genug: Beim Besuch eines Gentleman in der Nähe von Harlow in Essex verliebte er sich in dessen sechzehnjährige Tochter, bewarb sich aber um die Hand ihrer älteren Schwester, weil er, wie sein späterer Schwiegersohn William Roper es wiedergibt, nicht die ältere Schwester beschämen wollte, wenn die jüngere zuerst heiratete. Die wenigsten Männer kämen auf eine solche Idee, aber bei Thomas More hält man nichts für unmöglich, auch nicht ein derart karitatives Verhalten bei der Wahl seiner Ehefrau. Man hat es gerne mit Mores restriktiver Einstellung zur Sexualität im Allgemeinen und seiner eigenen Sexualität im Besonderen in Verbindung gebracht: dass er nicht aus Lust heiraten wollte, sondern zwecks Familiengründung, ganz im Sinne der kirchlichen Lehre. Da die wenigsten Menschen zu einem zölibatären Leben befähigt waren (was zweifellos der Idealzustand wäre), war es legitim, auf diese, immerhin zähmende Weise in einer monogamen christlichen Ehe das schwache Fleisch zu befriedigen, da es ja nun einmal die einzige Möglichkeit zur Reproduktion war – sündiger Mensch hin oder her. Also nahm er die unscheinbare Jane Colt und nicht das hübschere Mädchen, das er begehrte, weil damit seine Sündhaftigkeit als schwacher Mensch, schwach im Fleische, weniger sträflich war.

In den zwanziger Jahren verfasste More eine Schrift mit dem Titel: «Die letzten Dinge», als da sind: Tod, das Jüngste Gericht, die Qualen des Fegefeuers und die ewigen Freuden des Himmels, doch er kam leider nur bis zum ersten der vier letzten Dinge, und bei der Thematisierung der sieben Todsünden: Stolz, Neid, Zorn, Habgier, Völlerei, Trägheit und Wollust ist es kaum zufällig, dass er mit der letzten Todsünde, der Wollust, gar nicht erst anfing, sondern das Manuskript abbrach, so dass es Fragment blieb. An anderer Stelle wird es deutlich genug, wie schlimm es ist mit der Lust, zum Beispiel im Zusammenhang mit Trunkenheit und Völlerei, einer Benommenheit, durch die der Mensch anfälliger wird für die Fleischeslust der weit schlimmeren Art. Alle Sünde beginnt mit den Augen. Und dann erfährt der Leser sehr plastisch, wie es dem armen Mann ergeht, wenn er durch teuflische Sex-Phantasien geplagt wird und Frauen in Gedanken auszieht, nur weil sein Blick zu lange und ohne kontemplative Maßhaltung auf einem schönen Gesicht verweilt: Sein innerer Blick wandert nach unten, vom schönen weißen Nacken bis zu den Brustwarzen … und so weiter. «*Der Teufel veranlasst das Herz, sich in abscheulichen Phantasien all das vorzustellen, was die Kleidung bedeckt.*» Offenbar war das für den religiösen Mann

Thomas More ein großes Problem. Sein Freund Erasmus, der seinen eigenen More-Mythos entwarf, selbst aber offenbar ziemlich wenig von derlei Phantasien geplagt war, fasst Mores Heiratsentschluss in folgenden markanten Satz: «*Er beschloss, lieber ein keuscher Ehemann zu werden als ein lüsterner Priester.*» Davon abgesehen, hat Mores Eheschließung aber ganz bestimmt noch eine andere Tragweite von möglicherweise ebenso großer Bedeutung. Nach seinem vierjährigen Hadern war ihm sicherlich auch bewusst, dass es notwendig sein würde, seiner gefährdeten Seele mit ihren Untiefen einen stabilen Lebensfaktor entgegenzusetzen. Mores Familienleben wurde später gleichfalls zum Mythos – festgehalten sogar im Bildentwurf durch Hans Holbein, den Jüngeren. Der am Ende gigantische Haushalt, in dem auch Gestrandete, Notleidende immer ein offenes Ohr, einen Platz am Tisch und ein Nachtlager fanden, mit Kindern, Enkeln, Schwiegertöchtern und -söhnen, nebst einer beachtlichen Menagerie, war dieser Faktor. Da war ganz viel Leben, Alltägliches, Allzumenschliches, und dazwischen waltete die «tüchtige Hausfrau», die weder in Gestalt der ersten noch der zweiten Frau Mores eine intellektuelle Disposition hatte, eher im Gegenteil.

Zu Beginn seiner Ehe versuchte More noch, die junge, ganz und gar unbedarfte Jane zu alphabetisieren und musikalisch zu unterweisen, und als das gar nicht fruchtete, verlangte er, dass sie wenigstens ein paar Psalmen auswendig lernte. Jane war so eingeschüchtert und überfordert, dass sie schluchzte, da wäre sie ja lieber auf dem Land bei ihrem Vater geblieben, worauf More sie zu ihrem Vater nach Netherhall bei Harlow in Essex brachte und sich bei ihm über ihr Verhalten beschwerte. Der riet eine ordentliche Tracht Prügel, wenn Jane nicht gehorchte, und das gab Ehemann More gerne an den Vater zurück, so dass Jane ihren Gatten am Ende um Schutz anflehte. Ob sich so etwas wiederholte, ist nicht verbrieft. Erasmus, der das eheliche Zusammenleben zwischen Thomas und Jane More ja kannte, behauptete, das Erziehungswerk sei am Ende gelungen, doch ob das stimmt, bleibt angesichts der kurzen Zeit zu bedenken, die zur Verfügung stand. In schneller Folge gebar Jane vier Kinder: Margaret, Elizabeth, Cecily und schließlich John, von dessen Geburt sich die junge Mutter nicht mehr erholte. Jane More starb 1510 mit nur vierundzwanzig Jahren, und

Thomas More heiratete binnen eines Monats eine ältliche Witwe, da er, wie er sagte, jemanden brauchte, der seinen Haushalt und seine Kinder versorgte. Wer seine neue Frau, Alice Middleton, sah, kam sicherlich diesmal schwerlich auf den Gedanken, dass er aus schnöder Sinnenlust geheiratet hatte. Die beiden bekamen auch keine gemeinsamen Kinder mehr, wenngleich sich der Haushalt noch um eine Stieftochter und ein Adoptivkind erweiterte. Doch Mrs. Middleton war von anderem Naturell als die schüchterne Jane. Sie führte ein bündiges Regiment im More'schen Haushalt und entwickelte auch wenig Ehrfurcht vor der Gelehrtheit, später Berühmtheit ihres Gatten und vor der ganzen Zunft, die bei ihr ein- und ausging: zum Beispiel Erasmus, der zwischen seinen Lehrverpflichtungen an der Universität Cambridge zeitweise monatelang, die ersten zwei Jahre sogar durchgehend bei Mores wohnte, ein delikates Männlein mit spitzer Nase und einem empfindlichen Magen, was immer sie ihm kochte und vorsetzte. Wenn bei Tisch in lateinischer Sprache kommuniziert wurde und sie nichts verstand, also auch nicht die Witze, die man machte, eventuell auf ihre Kosten, knallte sie mit mürrischer Miene die Töpfe und Tiegel auf den Tisch der versammelten Gäste und schimpfte gelegentlich vor sich hin. Der Hausherr aber versuchte nie, diese Frau zu verändern. Ihm scheint das gefallen zu haben. Jedem Sokrates seine Xanthippe.

Der Mensch, der More bis zum Ende seines Lebens am nächsten stand, war seine Tochter Margaret, die Erstgeborene, Geist von seinem Geist, wie er beglückt feststellte. Er statuierte ein Exempel an ihr, machte sie zu einer Gelehrten. Thomas More geißelte sich, und er trug bis zum Lebensende ein härenes Hemd unter seinen diversen staatstragenden Roben, die so schmucklos wie irgend möglich beschaffen sein sollten. Margaret war die Einzige, die sein blutiges Untergewand, das ins Fleisch schnitt, von Zeit zu Zeit waschen durfte und die es aufbewahrte nach seinem Tod. Erasmus kannte lediglich Mores Londoner Haus in Bucklersbury, das die Familie um 1522 verließ, um sich in Chelsea, vier Meilen südwestlich von London, in ländlicher Umgebung niederzulassen, um, so mutet es an, auch eine räumliche Trennung zu Thomas Mores Londoner Existenz zu setzen. Und so mag es auch durchaus sein, dass Erasmus die sonstigen allmählichen Veränderungen, die bis zu Mores endgültigem Übertritt in den Dienst des Königs

SIR THOMAS MORE.
unbekannter Künstler, nach Hans Holbein dem Jüngeren, 17. Jh.

von England stattfanden, an seinem Freund nicht bemerkte – oder nicht sehen wollte. Etwas zu sehr betont der Weltbürger aus Rotterdam, «homo per se», die Weigerung und den Widerstand Thomas Mores, an den Hof zu gehen und der Krone zu dienen, als ob er eigentlich mehr von sich redete als von ihm. «*Nie hat jemand leidenschaftlicher an den Hof zu kommen begehrt, als er ihm zu entfliehen suchte ...»* Freilich, so muss man sagen, Thomas More betonte das selbst: «*Es geschah mit dem größten Unwillen, dass ich an den Hof kam.*»

Doch was den politischen Thomas More anbelangt, so ist es ein eigenartiges Phänomen, dass er mitunter in frappierender Gleichzeitigkeit Bekenntnisse aussprach und sich verhüllte. Das ist sokratische Ironie, ein ständig präsentes Bewusstsein der ambivalenten Struktur dieser Welt. Weit entfernt sei er davon, äußerte er einmal, in der Gunst des Königs zu stehen. «*Er aber ist so höflich und freundlich zu aller Welt, dass jedermann, der irgend hoffnungsvoll ist, eine Berechtigung zu der Annahme findet, in seiner wunderbaren Gnade zu stehen – wie die Londoner Weiber, die das Bildnis der Muttergottes, das sich unweit des Towers befindet, so unverwandt anstarren, dass sie am Ende der Einbildung unterliegen, es lächle sie an ...*»

Thomas Mores Tätigkeitsfelder entwickelten sich von 1510 an jedenfalls relativ geradlinig auf Staatsdienst und Beratung der Krone hin, eine Hofkarriere am Ende – und wie sollten sie schließlich auch nicht, da Morus ja auch die Meinung vertrat, die Gelehrten hätten gewissermaßen die Pflicht, die von Gott auserwählten Herrscher auf gute Wege zu führen, ihnen ihre Fertigkeiten zur Verfügung zu stellen. 1510 bereits war er Mitglied im ersten Parlament unter Heinrich VIII. Im selben Jahr wurde er Unter-Sheriff von London. Das war eine richterliche Tätigkeit und umfasste die straf- und zivilrechtlichen Angelegenheiten der Stadt. More galt als äußerst versierter Anwalt und Unterhändler, und da blieb es kaum aus, dass ihn die Krone auch zu diplomatischen Missionen heranzog. 1515 wurde er mit einer Delegation in die Niederlande geschickt, um zwischen den durch die politische Lage beeinträchtigten Kaufleuten und der niederländischen Regierung zu verhandeln. Zu Henrys und Wolseys Ärger verfolgte der Rat des Herzogs von Flandern in Brüssel eine mehrheitlich profranzösische Politik, und sie vermuteten, dass er das tat, weil er und sein Herrscher von Frankreich bezahlt wurden. Es ist durchaus möglich, dass More unter anderem dazu ausersehen war, auch das insgeheim auszukundschaften. Als die Vertreter der Brüsseler Regierung in Brügge wieder nach Brüssel zurückkehrten, um weitere Verfügungen einzuholen, ging More nach Antwerpen, wohnte im Hause des freundlichen und gebildeten Stadtschreibers Pieter Gilles alias Petrus Aegidius, mit dem er sich anfreundete und mit dem er wohl manches zu disputieren fand über den Lauf der Welt, über die Politik und die Staatswesen, von denen er nun schon hinreichend Kenntnisse hatte. Er verfügte dort jedenfalls über viel Zeit und Muße, bis seine Verhandlungspartner aus Brüssel zurückkehrten. Hier, mit gebührendem Abstand zu seinem Londoner Alltag, den Rechtsfällen, den zahllosen Andrängen, der großen Familie und den Zersplitterungen seines seltsamen Lebens, war die Geburtsstunde von «Utopia», wenigstens die Initialzündung. Er schrieb den zweiten Teil noch auf niederländischem Boden und den ersten nachträglich in London, Anfang des neuen Jahres.

Doch man versteht Morus' «Utopia» nicht, wenn man nicht vorher ein Werk des Erasmus gelesen hat, mit dem dieser von der Nachwelt ähnlich identifiziert wurde wie More mit «Utopia»: das «Encomium Moriae» des Erasmus von Rotterdam, «Das Lob der Torheit». Der Autor griff diesen Sprachwitz immer wieder sehr gerne auf – dass «Torheit» auf Griechisch «Moria», «Moros» der «Tor» heißt und so ganz widersinnigerweise mit dem Namen seines äußerst untörichten Freundes Morus zusammenfiel. Auch habe Morus, wie der Autor bekundet, ihn zum Niederschreiben seiner «Moria» animiert, und zwar in seinem Londoner Haus, Ende 1509, wo es dann auch geschah. Erasmus hatte die Initialzündung seines Werks ebenfalls während einer Reise empfangen, doch bei dem Weitgereisten und Ruhelosen war das Reisen nahezu ein Normalzustand und daher nicht weiter erwähnenswert. Er überquerte gerade die Alpen, um in das Reich des vielversprechenden jungen Königs von England zu gehen, und da ihn die Reisegesellschaft langweilte, ritt er im Stillen so für sich hin und machte sich seine Gedanken über die Torheit und wie sie die Welt beherrscht. Er lässt sie dann in seiner Schrift selbst sprechen, was bedeutet, dass sie sich selbst lobt, die Torheit. Sie regiert überall. Sie beherrscht Fußvolk, Poeten, Könige, Geistliche, Krieger, Gelehrte, Götter und Menschen. Ihre Trabanten sind die Eigenliebe und das Vergessen, die Trägheit, das Vergnügen, die Schmeichelei, der Wahnsinn und das Ergötzen, die Ausgelassenheit und – der Siebenschläfer. Da sie ja schon für den Zeugungsakt unumgänglich ist – denn welcher Mensch von Verstand würde für ein so flüchtiges Vergnügen wie die Kopulation sämtliche daraus entstehende Folgen in Kauf nehmen? –, verdankt die Menschheit im Grunde der Torheit ihr Dasein. Ein eher lächerliches Körperteil, so die Herrscherin Torheit, nicht Kopf oder Herz, erzeuge schließlich den Menschen. «*Welcher Mann würde den Kopf unter das Joch des Ehestands beugen, wenn er nach der Gewohnheit der Weisheitsapostel zuvor bei sich die Nachteile jenes Lebens erwogen hätte? Oder welche Frau würde sich einem Manne hingeben, wenn sie die Mühen und Gefahren der Geburt und die Last der Erziehung kennen würde oder überlegt hätte?*» Da muss also jedesmal die Göttin Vergessenheit einspringen, damit sich ein solcher törichter Vorgang auch nur ein einziges Mal wiederholt. Die Torheit, die meist mit Eigenliebe, Hochmut und Ruhmsucht einhergeht, zeigt sich aber in allen Bereichen des menschlichen Lebens: im Standes- und Adelsdünkel, im leeren Pomp der Staatswesen, im Nationalstolz, im Liebesrausch, in der Rhetorik der «*Rechtsverdreher*» und ihrem «*Eselsgewerbe*», im Lug- und Truggewerbe der Kaufleute, die sich dabei noch für Biedermänner ausgeben, in den Selbstbeweihräucherungen der Wissenschaftler, im Unsterblichkeitswahn der Dichter, die ihre mühsam abgerungenen Werke, mit denen sie doch nie zufrieden sind, mit mangelndem Nachtschlaf, einer zerrütteten Gesundheit, äußerer Verkümmerung, Armut, Neid, Verzicht auf Vergnügen und vorzeitigem Altern bezahlen, im süßen Wahn der Philosophen, die ihre Einsicht in Urstoffe, Ideen und Universalien bekunden und den Graben oder Stein vor ihren Füßen nicht sehen, in der Menschenverachtung der Theologen, die sich in abstrusen Definitionen ergehen und auf höchster Ebene mit dem Bannstrahl drohen, wenn sie einem nicht grün sind, im Selbstbehagen der Fürsten, die nur zur Jagd gehen, schmucke Pferde unterhalten, Ämter und Kommandostellen mit Vorteil verkaufen und ihre Bürger schröpfen, wo es nur geht, gar nicht zu sprechen von der Torheit des Krieges (dies an anderer Stelle). Überhaupt scheint die Torheit mit den Leidenschaften im Bunde zu stehen, als da schlimmstenfalls sind: Raserei, unersättlicher Golddurst, schändliche und ruchlose Liebesleidenschaft, Meuchelmord, Blutschande …, während die Weisheit mit der Vernunft gleichgesetzt wird. Tatsache ist jedoch, dass die Weisheit, wie sie etwa die Stoiker beschreiben, in der Welt gar nichts gilt und wenig Macht hat in einer Welt voller Menschen, denen Jupiter so viel mehr Leidenschaften gab als Vernunft (schließlich ist die Torheit die Würze des Lebens). «*Im Wettbewerb um geistliche Ämter und Pfründen wird sich ein Büffel eher durchsetzen als ein Weiser. In der Liebe hängen die Mädchen eindeutig mit ganzem Herzen an den Toren, den Weisen meiden und verabscheuen sie wie einen Skorpion. Alle, die Wert auf ein wenig Glanz und Freude im Leben legen, sondern sich gegen den Weisen ab und gewähren lieber jedem Tier Zutritt. Wohin du dich kehrst, bei Päpsten, Fürsten, Richtern, Politikern, Freunden, Feinden, Hochgestellten und kleinen Krautern erreicht man nur etwas mit klingender Münze. Da der Weise nichts davon wissen will, geht man ihm gewöhnlich mit Fleiß aus dem Wege.*»

Weise Menschen sind, davon abgesehen, völlig unbrauchbar für die Aufgaben des täglichen Lebens, und Sokrates hat seine Weisheit auf die Anklagebank und zum Schierlingsbecher geführt – ein schönes Ergebnis. Ein Philosophenstaat, wie ihn sich Platon erträumt hat? Um Himmels Willen, was sollte dabei herauskommen?! Bestes Beispiel dafür: die beiden Cato, aber getrost auch Brutus, Cassius, die Gracchen und Cicero, «*der dem römischen Staat nicht weniger Unheil bescherte als Demosthenes dem athenischen Staat*». Da also die Welt nicht von der Weisheit geleitet wird, sondern von der Torheit, der Unvernunft, und man ihr schließlich auch alle Annehmlichkeiten des Lebens verdankt, möge man ihr auch ihr Spiel lassen und ihr nicht die Masken herunterreißen auf den Brettern des Lebens, denn das wäre Spielverderb. Zuletzt sind Platons Höhlenbewohner, die die Vielfalt der Schatten und Bilder an ihren Höhlenwänden bewundern, dabei wunschlos glücklich und mindestens ebenso mit sich im Reinen wie der Weise, der die Höhle verlässt und das Wesen der Dinge erblickt. Das ist die Torheit in ihrer zweiten Gestalt, als «*liebenswürdige Täuschung*», die den Geist von Ängsten und Sorgen befreit, Weisheit dagegen ist Unschuldsverlust, Aufwiegelung, Beginn aller Unzufriedenheiten des Menschengeschlechts, Luzifers Heimstatt, die große Versuchung, die Vertreibung aus dem Paradies. Das ist Kulturkritik, ein vorweggenommener Rousseau, und stets, auch bei Morus' «Utopia», taucht gewissermaßen als Folie das Sehnsuchtsbild von Arkadien auf, dem verlorenen glücklichen Urzustand, den die Menschheit verlassen hat, an dem sie sich aber zwecks einer Erneuerung und Verjüngung immer orientieren soll. «*Ich behaupte […], daß es das größte Unglück ist, über alle Täuschung erhaben zu sein*», sagt die Torheit in ihrem Eigenlob. Klare Erkenntnis, sofern sie denn überhaupt möglich sei, störe die Behaglichkeit des Lebens. Warum also sollte man sie dann wollen?

An dieser Stelle kommt die dozierende Torheit auf die Freiheit des Narren zu sprechen und auf die Fürsten, die sich so gerne mit Narren umgeben. Narren sind göttergleich, paradiesische Unschuldsgeschöpfe. Da sie nichts wissen, kennen sie keine Todesfurcht und sind frei von Gewissensqualen, Scham, Scheu und Sorgen, Neid, Ehrgeiz und Liebe. Sie lassen sich nicht durch Ammenmärchen über die Unterwelt einschüchtern, ebensowenig durch Strafe und Sühne, kommendes Unheil oder zu erwartendes Glück. Sie sind harmlos, rein, ohne Sünde, Geschöpfe, die eine Welt vor dem Sündenfall repräsentieren, bedenkenlose Wesen des Augenblicks – wobei man allerdings nicht genau weiß, wo die sich selbst preisende Torheit die Trennlinie ansetzt zwischen den «*Blöden*» und den «richtigen» Narren, die in vollkommener Unschuld die Wahrheit aussprechen. Sie leben in immerwährendem Frohsinn, Scherz, Spiel und Lachen. Die Fürsten lieben sie, weil sie ihnen keine trüben Gedanken vermitteln wie ihre Weisen. Aber Vorsicht: Die Weisen sind doppelzüngig – «*Mit der einen Zunge verkünden sie die Wahrheit, mit der andern den Zeitgeschmack*», während ein Tor allein offen redet. Aber in einer Welt, in der die Torheit regiert und in der man überhaupt alles unversehens ins Gegenteil verkehrt sieht, wenn man den Silen aufdeckt, könnte es wohl einmal sein, dass ein Weiser die Narrenkappe aufsetzt oder ein Tor weise spricht. «*Vielleicht meint nun jemand, die Fürsten scheuten die Wahrheit, weil sie befürchteten, es könnte einer auftreten, der mehr Wahrheit, als angenehm ist, zu sagen wagte. Das ist nun der wunderliche Vorzug meiner blöden Gefolgschaft – daß man von ihm nicht nur die Wahrheit, sondern sogar offenbare Beschimpfungen mit Vergnügen annimmt.*»

Auch Erasmus, der seiner Torheit so viel in den Mund legt, was er ohne die Narrenkappe und Narrenschelle so nicht zu sagen wagte, äußert Beschimpfungen, und da ist die Torheit, die beschrieben wird, einfach Torheit, ohne verkappte Weisheit zu sein. Der Autor schreibt sich seinen angestauten Ärger vom Leib, seine Einsichten, seine Erfahrungen, und das hat auch mit seinem Werdegang zu tun, seiner Vita, ja schon mit seiner Geburt (er war der Sohn eines Mönchs, ein Kind der Liebe). Kirchenkritik. Pazifismus. Die Verderbtheit der Kirche und ihre Veräußerlichung. Korruption und Karrierismus allüberall. Die leeren Worthülsen der Scholastiker. Die fragwürdigen Machenschaften der Priester, von Volksverdummung bis Volksverführung. Das unnatürliche Klosterleben. Die Bigotterie aller Stufen der Geistlichkeit, die alles, nur nicht die christliche Botschaft lehrt, lebt und verkörpert. Vom Wohlleben erschlaffte Höflinge. Fürsten ohne jede Verantwortlichkeit für das Wohlergehen des Volkes. All das ist keine Satire, sondern eine Beschreibung der Welt aus erasmischer Sicht; an solchen Stellen ist der Monolog seiner Torheit samt ihrer doppelzüngigen Ausführungen und ihrer eleganten Sophistik auch etwas überstrapaziert, wenn nicht ein Stilbruch. Es ist die Weisheit und nicht die Torheit, die spricht: «*Der Krieg ist eine Ungeheuerlichkeit, die zu wilden Tieren, aber nicht zu Menschen paßt, eine Wahnsinnsgeburt, die die Dichter sogar den Furien zuschreiben, eine Seuche, die allgemeine sittliche Verwilderung mit sich bringt, eine Ungerechtigkeit, die verkommene Straßenräuber zu bestgeeigneten Sachwaltern macht, eine Gottlosigkeit, die dem Christen völlig widerspricht, und doch kümmern die Päpste sich um nichts sonst und führen nur Krieg.*» Das ist auf Julius II. gemünzt, über den Erasmus eine herrliche Satire geschrieben hat, zu deren Autorschaft er sich allerdings nie bekannte. Aber die ganze restliche Brut der Kleriker wird auch noch gebührend bedacht im «Encomium Moriae» des Erasmus, Doktor der Theologie, der auch einmal die Gelübde abgelegt hat, wenn auch wohl nicht ganz freiwillig. Die hehre Geistlichkeit nimmt sogar einen unverhältnismäßig großen Raum ein in diesem Gesamttableau weltlicher Herrlichkeit. «*Um Fürstenglanz bemühen sich Päpste, Kardinäle und Bischöfe auch schon längst mit Fleiß, ja sie haben es darin fast weiter gebracht als die Fürsten.*» Oder: «*Das Wort des Evangeliums: Wir haben alles verlassen und sind dir gefolgt, beziehen sie nicht auf Fluren, Städte, Steuereinkünfte, Hafenzölle und Gerichtsbarkeiten des Kirchenstaats.*» Oder: «*Alle Mühe überlassen sie jetzt Petrus und Paulus, die ja reichlich mit Muße gesegnet sind. Wo Glanz und Lust winken, sind sie selbst zur Stelle.*» Da aber nicht einmal Christus am Kreuze eine bessere Ausrede fand als die Unklugheit, also die Torheit, um Gottvater zur Vergebung seiner eigenen Feinde zu bringen (*«Vater, vergib ihnen, denn sie wissen nicht, was sie tun …»)*, mag's denn so hingehen. Dazu passe auch – Die Torheit scheint in der Ansprache nun wieder den Schlusspart zu übernehmen –, dass Christus seine Auserwählten für das ewige Leben Schafe nennt, wie er ja auch Wohlgefallen fand an den besonders Einfältigen und Unwissenden. Nun, und so sei's …! «*Quare valete, plaudite, vivite, bibite, Moriae celeberrimi Mystae!*», mit dieser Aufforderung beendet die Torheit ihr eigenes Lob. «*So lebt wohl, spendet Beifall, lasst's euch gut gehen und trinkt, ihr gepriesenen Jünger der Moria!*»

Das Büchlein, 1511 erstmals gedruckt, wurde ein großer Erfolg. 1515 erschien in Basel eine zweite Auflage mit herrlichen Zeichnungen von Hans Holbein dem Jüngeren.

Als Thomas Morus im Hause des Pieter Gilles alias Petrus Aegidius in Antwerpen weilte, war Erasmus, sein Freund, schon seit einem Jahr wieder zurück auf dem Kontinent. Er hatte England mit dem Ziel Basel verlassen, um hier bei Froben sein großes Werk zu veröffentlichen, das erstaunlicherweise sehr viel mehr für Aufregung sorgen würde als seine «Moria»: seine Übertragung des Neuen Testaments aus dem Griechischen. Er war aber auch abgereist, weil er enttäuscht war von dem einst euphorisch gepriesenen englischen König und Freund aller Musen, der sich in einen so sinnlosen Krieg verrannt hatte. Und da er, Erasmus, in Folge des Krieges und der mangelnden Einfuhrmöglichkeiten aus Frankreich auch noch üblen Wein hatte trinken müssen, der die Ursache seines Nierenleidens war, wie er meinte, war es an der Zeit, wieder nach neuen Orten der Muße zu suchen. Erasmus vergaß nichts, was seinem «*empfindsamen Körperchen*» abträglich war: nicht die unreinlichen Schlafsäle in der Pariser Universität, nicht das verdorbene Essen dort und den Geruch fauler Eier, was alles ihm die Scholastik noch mehr vergällt haben mochte, nicht den Fischgeruch, wie er in seiner holländischen Heimat allgegenwärtig war, nicht das Fasten und die kalten Zellen der Klöster, nicht die Zugluft in Schlössern und die überheizten Räume von Bürgerhäusern. Als später die Lutheraner die Fastengesetze angriffen und es im Zuge der schärferen Positionierung der Kirche zunehmend schwieriger wurde für ihn, die gewohnten Dispense für die Fastenregeln von Rom zu erhalten, erklärte er, obwohl seine Doktrin streng katholisch sei, sei sein Magen offenbar luthera-

ERASMUS VON ROTTERDAM.
Quentin Massys, 1517

nisch. Es war nicht so einfach, als «homo per se» über dem Weltgeschehen zu stehen. Sein Morus aber, mit dem er auch in der Ferne noch sehr verbunden blieb, entwarf nun ein Gegenbild zu seiner «Moria», und zusammen bildeten die Werke vielleicht ein Kompendium der Welt.

Der später geschriebene erste Teil skizziert die Rahmenhandlung des staatsphilosophischen Dialogs: Antwerpen, ein Gespräch unter gebildeten Freunden. Nach dem Gottesdienst verlässt Autor Morus die Liebfrauenkirche und sieht seinen Freund Petrus Aegidius im Gespräch mit einem Fremden. Das ist ein weitgereister Geselle, wie sich herausstellt, der den Amerigo Vespucci auf drei seiner vier Seefahrten begleitet hat, aber auch ein Gelehrter, ein Eingeweihter, Kenner und Liebhaber des Griechischen, der den bezeichnenden Namen «Raphael Hythlodäus» trägt («Gott heilt» und «Feind leerer Worte»). Zusammen schlendern die drei zum Hause des Aegidius und unterhalten sich bis zum Mittagsmahl im schönen Innenhof des Magistratsbeamten.

Raphael wird gefragt, warum er denn nicht seine Weisheit und seine Weltkenntnis einem Fürsten zur Verfügung stelle, um so dem Gemeinwohl zu dienen, was dieser vollkommen von sich weist, da seine Freiheit ihm so teuer sei wie nichts auf der Welt, die Fürsten aber erfahrungsgemäß auch auf ihre Weisen nicht hörten. Sie strebten nach Ruhm, führten Kriege und verfolgten eine reine Expansionspolitik. Angenommen, so der weltweise Weitgereiste, er säße im Rate des Königs von Frankreich, wo man angestrengt darüber nachgrübelte, «*mit welchen Künsten und Machinationen er Mailand behalten, das ewig flüchtige Neapel wieder an sich reißen, wie er sodann die Herrschaft Venedigs stürzen und ganz Italien unterwerfen könne, dann Flandern, Brabant, zuletzt ganz Burgund und überdies andere Völkerschaften unter seine Botmäßigkeit bringen könne, deren Reiche er längst im Geiste angegriffen hat.*» Der eine rate nun, mit den Venetianern ein Bündnis zu schließen, allerdings nur so lange, wie es zweckmäßig sei. Man könne ihnen dann auch einen Teil der Beute überlassen, jedoch nur, um diesen hinterher wieder abzufordern, sobald alles nach Wunsch gegangen sei. Andere rieten, deutsche Landsknechte zu dingen oder Schweizer Söldner durch Geld zu gewinnen, wieder andere, «*die Göttlichkeit der kaiserlichen Majestät durch Gold, wie durch ein Weihgeschenk, [zu] versöhnen*». Der König von Kastilien solle, so der Rat eines weiteren, durch Vorspiegelung einer Verschwägerung eingefangen und durch Pensionszahlungen an seine wichtigsten Hofleute ganz fest in dem Bündnis gehalten werden. Bei den Engländern sei es schon schwieriger: «*Die Engländer sollen Freunde genannt, aber als Feinde beargwöhnt werden*», was etwa bedeute, einen verbannten schottischen Adeligen zu protegieren und die Schotten stets auf dem Posten zu halten. Etcetera. Was aber würde er, der Weise und Weitgereiste, «*ich armseliges Menschlein*», da raten und ausrichten können?

Sein Votum dem König gegenüber wäre, «*Italien sei in Ruhe zu lassen, er sollte zu Hause bleiben, Frankreich sei fast schon zu groß, um von einem Einzigen gut regiert zu werden.*» Alle Erfahrung, so würde er sagen, habe gezeigt, dass die Behauptung eines eroberten Landes nicht weniger Last fordere als die Eroberung, «*daß daraus beständig der Same entweder einheimischen Aufruhrs oder auswärtiger Einfälle gegen die Unterworfenen aufgehe*», also: ständige Militärpräsenz, unermessliche Kosten, grässliches Blutvergießen, Verrohung der Sitten, Verfall von Recht und Gesetz, ewige Sorge. Da er, der Ratgeber, auch noch das Beispiel anführen würde, dass ein Fürst eines unbekannten Landes in der Vergangenheit genötigt worden sei, das neue Reich einem Freund zu überlassen (der allerdings bald daraus vertrieben wurde) und sich mit seinem alten zu begnügen, denn ein halbierter König könne so wenig regieren, wie ein verdoppeltes Reich mit solchen Übeln regiert werden könne, liefe sein – wahrscheinlich zur Gänze vergeblicher – Ratschluss darauf hinaus, dass einem guten König das Wohl seines Volkes mehr am Herzen liegen solle als seine Reichtümer und dass er alle seine Sorgfalt daran setzen solle, sein angestammtes Land zu behalten, zu pflegen, auszugestalten und so blühend wie möglich zu machen, statt andere zu erobern, denn seine Ehre und seine Sicherheit lägen in den Mitteln und in den Reichtümern des Volkes.

Der Globetrotter Raphael, der an dieser Stelle schon den geheimnisvollen Namen der Insel Utopia fallen lässt, wo alles ganz anders ist als in der alten Welt, geht dann auch gleich *in medias res*, nachdem Thomas More, der Erzähler, ein Fallbeispiel aus der Regierungszeit Heinrichs VII. von England und seines Lordkanzlers Morton angeführt hat: Da beschwert sich ein Rechtsvertreter über den Diebstahl, der im Lande immer mehr zunehme, obwohl man doch als abschreckendstes Mittel für dieses Vergehen die Todesstrafe einsetze. Die vielen Diebstähle seien ein Zeichen von Missständen, so der Gesprächsteilnehmer im aufgeschlossenen Morton'schen Kreise, einer Verelendung unter den Kleinbauern, da für die Tuchindustrie immer mehr Ackerland zu Weideland umfunktioniert wurde, worauf die Kleinbauern vertrieben wurden, in Not gerieten und keinen Ausweg mehr fanden. Hier also müsse die Sonde angesetzt werden, in der Behebung der Missstände und nicht im Strafvollzug. Die potentiellen Delinquenten würden durch die Todesstrafe nicht abgeschreckt, denn sie hätten schlichtweg nichts zu verlieren. Dies ist der Aufhänger zu einer Sozialkritik der umfassenden Art, und Raphael Hythlodäus greift sie gern auf. Stichworte: Falsche Rechtsprechung. Müßiggang in den oberen Schichten und Plackerei in den unteren. Schlechte Verteilung der Ressourcen und Reichtümer. Das Geld als Quelle allen Übels. Die Idee der Aufhebung des Privateigentums zugunsten einer Gütergemeinschaft. Gegenargument des Autors (Marktwirtschaft gegen Kommunismus): Ohne Ansporn zum persönlichen Besitz würde das System des Gütererwerbs nicht funktionieren, da jeder sich nur auf den anderen verlassen und der Trägheit anheimfallen würde. Gemeinsame Ausgangsbasis und Forderung: eine gerechtere Verteilung der Güter und Beschränkungen von Besitz, was auch für den Fürsten gilt. Niemals darf sich bei ihm aller Besitz sammeln, wie auch nicht alle Macht. Hohe Ämter sollen nicht mit Reichen besetzt werden, sondern verwaltet von geistig Begabten. Die Rechtsprechung muss verschlankt und vereinfacht werden, nachvollziehbar und kontrollierbar für alle.

Nach der Beendigung des gemeinsamen Mittagessens erzählt Raphael Hythlodäus vom Staate Utopia, den er auf einer seiner Seereisen kennen und schätzen gelernt hat. Vage, wie er sich äußert, erweckt er den Eindruck, als handele es sich bei Utopia um eine sehr ferne Insel, irgendwo auf den Weltmeeren. Die Entdeckung der Neuen Welt bot eine gewaltige Projektionsfläche, und diese konnte unter zeitkritischer Grundstimmung mit den alten Ideen von Arkadien aufgefüllt werden. Gleichzeitig besitzt aber die halbmondförmige Insel, die der weitgereiste sympathische Fremde beschreibt, wohl kaum zufällig in etwa die Form und Größe von England und Wales. Ihre Hauptstadt heißt Amaurotum («Nebelstadt»), gelegen am Fluss Anytrus («Wasserlos»), was für London an der Themse hingehen mag. Sonst aber scheint nichts wie im Königreich England unter Heinrich VIII. zu sein. Utopia besitzt vierundfünfzig geräumige und prächtige Städte, die allerdings völlig gleichförmig sind. Überhaupt scheint Gleichförmigkeit das hervorstechendste Charakteristikum dieses Inselstaates zu sein – Sozialismus in seinem grauesten Gewand. Die Städte sind quadratisch und auch die Häuserzeilen (Vorbild der englischen Reihenhäuser?), deren einzelne, ebenso gleichförmige Häuser abwechselnd von den Bürgern bewohnt werden, erstens, weil dies so sein soll, und zweitens, da es zwischen Stadt- und Landbewohnern eine Art Rotationsprinzip gibt, damit jeder einmal die Arbeits- und Lebensbedingungen auf dem Land kennenlernt und sich mit landwirtschaftlicher Produktion, vor allem mit Feldarbeit vertraut macht, die jeder Utopier beherrscht und verrichtet. Die Bevölkerung setzt sich zusammen aus Großfamilien mit je etwa vierzig Männern und Frauen (das dürfte so etwa dem More'schen Haushalt entsprochen haben), die unter der Leitung eines Hausvaters und einer Hausmutter stehen. Je dreißig Familien wählen sich jährlich eine Obrigkeit, den «Syphogranten», und von diesen wählen wieder zehn den «Tranibor» («Bankenverschlinger» – eine durchaus interessante Wortkreation, denkt man an heutige Zeiten). Einen Fürsten gibt's auch, und der wird von den zweihundert Traniboren gewählt, und zwar auf Lebenszeit, doch er agiert unter ständiger öffentlicher Kontrolle, wie auch die anderen Obrigkeiten unterschiedlicher Stufen.

Jeder und jede ist kundig im Ackerbau, ergeht sich außerdem aber noch in einem anderen Handwerk nach seiner und ihrer Wahl. Da die Äcker den Städten maß- und ertragsgerecht derart zugewiesen werden, dass die Entfernungen passen und mit den Nahrungsbedürfnissen übereinstimmen, gibt es auch keine Versorgungsnot (Witterungsbedingungen und andere, schwer kalkulierbare Größen der Landwirtschaft scheint der Berichterstatter nicht zu veranschlagen). Da alle arbeiten und es im utopischen Staat keinerlei Müßiggang gibt, den zu verhindern schon die Syphogranten emsigst beschäftigt sind, ist die Arbeit aller für alle aber auch außerordentlich effizient, so dass üppige Vorräte angeschafft werden können (dies wohl auch als Antwort auf die Unwägsamkeiten der Ernte). Sie beschränkt sich auf nur sechs Stunden am Tag, verteilt auf zwei Abschnitte, denn dem Mittagsmahl und der Ruhezeit anschließend werden drei Stunden gegeben. Doch auch die Zeit zwischen der Arbeit, dem Schlaf und dem Essen ist einigermaßen reglementiert – nicht regelrecht vorgeschrieben, aber doch wertefördernd beaufsichtigt, denn sie soll nicht für Müßiggang, Üppigkeit oder Trägheit verwandt werden, sondern in sinnvollem und nützlichem Tun: Musik treiben etwa, sich fortbilden oder *«sich in Gesprächen ergötzen»*. Würfelspiele etwa sind verpönt, eine Art Schachspiel dagegen, bei dem in aufgestellter Schlachtordnung die Tugenden die Laster bekämpfen, ist wohlgelitten. Ganz von selbst verwenden angeblich die meisten ihre Mußestunden für die Wissenschaften, durchaus nicht nur diejenigen, die aufgrund herausragender Begabung für die Wissenschaften bestimmt sind und mit der Zeit auch von den gröberen Arbeiten für sie freigestellt werden. Raphael Hythlodäus hat den Utopiern die Schätze der griechischen Philosophie und Literatur nahegebracht – eine fruchtbare Synthese mit Zukunftscharakter, denn Utopia ist, wie es heißt, älter noch als die Staaten der Alten Welt, aber ärmer an Geistesschöpfungen, weshalb die Antikenrezeption, ohne Umweg offenbar über das christliche Zeitalter, hier reiche Früchte trägt. Jeder und jede kommt in Utopia in den kostenlosen Genuss aller Gebrauchsgüter. Privateigentum gibt es nicht, deswegen erhebt sich auch niemand über den anderen oder strebt über sein behagliches Dasein hinaus. Jedwedem Laster ist damit der Boden entzogen: Betrug, Diebstahl, Raub, Aufruhr, Zank und Streit, Mord, Verrat, denn «*aller Geiz und alle Gier [sind] verbannt*». Auch strebt kein Utopier danach, über seine Landesgrenzen hinaus fremdes Land zu erobern. Alle sind vielmehr bereit, auch anderen Völkern die Wohltaten ihres Staatswesens kenntlich zu machen und zugute kommen zu lassen, gegebenenfalls aber auch ihren Staat zu verteidigen.

In einem solchen «*Glückseligkeitszustande*» hat das Verbrechen schlechterdings keine Chance. Sollte aber doch einmal jemand ganz unbelehrbar sein, so macht er Sklavenarbeit, und zwar lebenslang. Andere Sklaven, die Utopia besitzt, wurden von anderen Staaten aufgekauft, da sie dort mehr oder weniger greuliche Verbrechen begingen und eine weit schlimmere Strafe zu verbüßen hätten, als in Utopia zu arbeiten. Eine Rechtsprechung in diesem Land erweist sich als regelrecht überflüssig; es genügt meist die einfache Anhörung in klarer und allgemeinverständlicher Sprache, um einen Fall öffentlich zu verhandeln. Überflüssig ist aber jedenfalls vor diesem Hintergrund die verklausulierte Rechtsprechung klassischer Provenienz (interessant, da ein Rechtsgelehrter sowie praktizierender Anwalt und Richter der Verfasser «Utopias» ist), die mehr ein Herrschaftsinstrument des Systems und der herrschenden Klasse zu sein scheint als ein Mittel zur Schaffung von Recht und Gerechtigkeit. Und so ist es auch insgesamt bei den Staatswesen: «*Wenn ich daher alle die Staaten, welche heutzutage in Blüte stehen, durchnehme und betrachte*», meint Morus' fiktiver Erzähler, «*so sehe ich, so wahr mir Gott helfe, in ihnen nichts anderes als eine Art Verschwörung der Reichen, die unter dem Deckmantel und Vorwande des Staatsinteresses lediglich für ihren eigenen Vorteil sorgen.*» Mores «Utopia» ist eine schöne Sozialutopie, verblüffend vorausdenkend für jenes Zeitalter, die sicher an vielen Stellen die Vorstellungen ihres Autors von einer gerechteren Welt transportiert, gelegentlich aber seinen Horizont geradezu spielerisch überschreitet. In Utopia etwa herrscht religiöse Toleranz, und auch Frauen sind zum Priesteramt zugelassen. Die Glaubensinhalte sind so allgemein gehalten, dass sie auf fast jede bekannte Weltreligion zutreffen könnten, vielleicht sogar auf die Religionen der Naturvölker: die Annahme eines Schöpfergottes, wie auch immer er heißen mag, eines göttlichen Weltplans, der Unsterblichkeit der Seele sowie der Bestrafung und der Belohnung der Taten im Jenseits. Die Vernunft des Menschen, so heißt es, werde ihn gewiss mit der Zeit zur Erkenntnis dieser ewigen Wahrheiten führen, fern allem Zwang.

An manchen Stellen wirkt Mores «Utopia» aber auch wie eine Karikatur. Der Gleichförmigkeit ihrer Häuser und Städte entsprechen die Menschen Utopias selbst, die der Autor sogar noch in eine Einheitskluft steckt: eine Art Kittel im Einheitsschnitt aus grobem Tuch und darüber, für die Zeit nach der Arbeit, ein Oberkleid; «*dieses hat dieselbe Farbe auf der ganzen Insel, und zwar die natürliche der Wolle.*» Anders gesagt: Sie sind Schafe, da sie ja schon quasi so aussehen. Die Utopier sind allem Glanz und allem Luxus derart abhold, dass sogar der Fürst damit konform geht. Allenfalls wird eine Garbe Getreide vor ihm hergetragen, wenn er irgendwo dahinschreitet, so wie dem Priester eine angezündete Wachskerze. Die Utopier ergehen sich ausschließlich in «*ehrbarer Muße*» und lieben grundsätzlich nur nützliche Dinge. «*Vergnügen nennen die Utopier jede Bewegung und jeden Zustand des Körpers und der Seele, wobei der Mensch ein natürliches Wohlbehagen empfindet. Nicht ohne Grund fügen sie hinzu, ein Wohlbehagen, wonach die Natur verlangt*», also das heißt, die Vernunft. Unzucht, Trunkenheit und Völlerei scheiden da aus, und die Utopier tragen freilich auch gar kein Verlangen danach. Ein Wohlbehagen durch Ausscheiden überschüssiger Stoffe hingegen – beim Stuhlgang, beim Akt der Kinderzeugung (!) oder durch Reiben und Kratzen einer Stelle, die juckt –

entspricht sozusagen der Vernunft der Natur, im gleichen Sinne eine mäßige Nahrungsaufnahme. Dass all diese Dinge nur der Gesundheit wegen anzustreben seien, haben die Bewohner Utopiens «*als ein Axiom aufgestellt*». Und die Männer Utopiens wissen natürlich, «*daß keine Reize der Schönheit die Frauen ihren Gatten so empfehlen, wie Ehrbarkeit der Sitten und ehrerbietiges Benehmen.*» Das *ist* eine Karikatur.

An anderen Stellen dagegen wirken die Visionen beängstigend, nicht zuletzt mit dem Wissen der Diktaturen des zwanzigsten Jahrhunderts betrachtet, samt ihrer Massenideologien, oder vor dem Hintergrund des späteren Utopia-Romans «Brave new world» Aldous Huxleys. Eine so durchrationalisierte und funktionsfixierte Gesellschaft fügt sich, so will man meinen, in jedes System. Die Speisungen der Utopier finden zum Beispiel in den Städten in riesigen Esshallen statt, und niemand will das, wenn er es einmal gekannt hat, mehr missen und zum Beispiel zu Hause essen im kleineren Kreis. Keine Privatsphäre und keine Vereinzelung, denn das ist in Utopia gewissermaßen suspekt. Mag sein, dass der gottesfürchtige und spartanisch lebende fast-Klostermann Thomas More, der hier in mancher Beziehung auch eine Klostergemeinschaft beschreibt, das besonders idealtypisch und gemeinschaftsförderlich fand. Doch um die Freiheit des Einzelnen ist es da ziemlich dürftig bestellt, was einem Orthodoxen freilich kein Wert an sich ist. Thema: Reisefreiheit. In Utopia ist Reisen nur möglich nach Genehmigung der Syphogranten und Traniboren, und auch dann nur in Begleitung und mit einem festen Datum der Rückkehr versehen – innerhalb des Landes, versteht sich, denn alles außerhalb ist sowieso nicht erstrebenswert. Das klingt nun wirklich sehr nach DDR-Visum, und im Folgenden, bezogen aufs eigene Land, klingt es sogar noch wesentlich radikaler: «*Wenn einer eigenmächtig sich außerhalb seines Bezirkes herumtreibt, und ohne den fürstlichen Erlaubnisschein ergriffen wird, so gereicht ihm das zum Schimpf, er wird wie ein Flüchtling zurückgewiesen, scharf gezüchtigt, und gerät im Wiederholungsfalle in die Sklaverei.*»

In Utopia regiert nicht die Torheit, sondern die Göttin Vernunft. Aber die Frage bleibt doch im Raum stehen, ob diese Herrschaft wirklich die bessere ist. In der Brust des Thomas Morus waren ganz sicher mehrere, auseinanderstrebende Seelen, und man erkennt eine gewisse aufgefächerte Bandbreite davon in diesem Buch, das im Übrigen etwa zeitgleich mit Machiavellis «Il principe» entstand, wenn es auch früher erschien. Der englische König fand das Buch geistreich und spaßig, und da er für einen guten Spaß immer zu haben war und außerdem seinen Ruf als Friedensfürst festigen musste, war der ohnedies tüchtige Morus ein schönes Juwel in seinem Kronrat. More war durch sein Buch sehr berühmt geworden. Außerdem hatte er 1517 als Unter-Sheriff von London eine vermittelnde Rolle bei den Mai-Unruhen, Übergriffen auf ausländische Kaufleute in Londons City, gespielt. Als er angeblich immer noch zögerte, dem königlichen Ruf für das hohe Amt Folge zu leisten, soll seine Frau Alice ihn gemaßregelt haben, wenn *sie* zu wählen hätte, ob sie regiert werden oder selbst regieren wolle, dann wüsste sie sich sehr schnell zu entscheiden. More soll geantwortet haben, das glaube er gern.

Im Januar 1519 starb Maximilian, der Kaiser des Heiligen Römischen Reichs, und im Zuge der Wahl des neuen Kaisers in Frankfurt am Main, die für den Sommer angesetzt war, gab es nun reichlich untergründige Agitationen. Die beiden Kandidaten, die letztlich zur Disposition standen, waren Karl von Österreich, Burgund und Spanien und der französische König François. Maximilian hatte sich zu seinen Lebzeiten unter den wahlberechtigten deutschen Fürsten durch entsprechende Zuwendungen abgesichert, dass mindestens die Hälfte von ihnen seinen Enkel unterstützen und am Ende befürworten würde. Er hatte ihm die habsburgische Hausmacht vererbt, und mit den habsburgischen Erblanden, Spanien und den spanischen Kolonien war Karl der Erbe eines Riesenreichs, *«in dem die Sonne nicht untergeht»*. Doch solange die Wahl noch nicht erfolgt war und die Wahlberechtigten noch in die eine oder andere Richtung manövriert werden konnten, war nichts entschieden. Die sieben weltlichen und geistlichen Fürsten, die zur Wahl anreisten, waren der Markgraf von Brandenburg, die Erzbischöfe von Trier, Mainz und Köln, König Ladislaus II. von Böhmen, der Herzog von Sachsen und der Pfalzgraf bei Rhein. Der Erfolg dieses etablierten Wahlkaisertums lief nicht unerheblich über Bestechungsgelder – so weit war auch Englands König, der von den Wahlregenten und dem gewählten Fürsten in Mores «Utopia» gelesen hatte (wo es aber kein Geld gab und folglich auch keine Bestechungen), mit der Sache vertraut. Und da sein Rivale, der französische König, sich aufgestellt hatte, erwog Henry ebenfalls eine Kandidatur. Die Tuchfühlungen dafür gingen allerdings heimlich vonstatten. Richard Pace, ein Freund von Erasmus und More, wurde nach Frankfurt geschickt, zwar mit der Instruktion, sowohl den Parteigängern Karls als auch François' die Unterstützung des englischen Königs zuzusagen, um in jedem Fall auf der richtigen Seite zu stehen. Unter der Hand aber nahm Pace Kontakt mit einem Kölner Bankier auf, um die erforderlichen Bestechungssummen für Henrys Kandidatur aufzubringen. Der Bankier jedoch – er hieß Hermann Rinck – wies Pace darauf hin, dass die Kurfürsten Cash wollten und eine offizielle Erklärung, versehen mit dem königlichen Staatssiegel, und für diesen offiziellen Weg war es wohl schon zu spät; es wäre aber wohl auch zu teuer geworden.

Am Ende gewann Karl von Habsburg die Wahl, weil er die Fugger im Rücken hatte, die ihm ein Darlehen von einer halben Million Gulden bereitstellten, wodurch Karl außer Konkurrenz laufen konnte. Außerdem brach in Frankfurt die Pest aus, und die Erzbischöfe, der König, der Markgraf, der Pfalzgraf und der Herzog, die den Kaiser des Reichs wählten, wollten verständlicherweise schnell nach Hause. Als Nachricht vom Papst kam, dass er sich der Wahl Karls V. nicht in den Weg stellen würde (was bisher anders war, denn Papst Leo hatte Bedenken gehabt und François favorisiert, weil Karl auch die Krone Neapels trug und weil er, der Pontifex, eine habsburgische Dominanz eher bedenklich fand), waren auch die letzten Unsicherheiten beseitigt, und Karl wurde am 28. Juni in Abwesenheit in Frankfurt gewählt. Möglicherweise hat das Darlehen der Fugger auch die unfehlbaren Hände des Papstes vergoldet. Am 23. Oktober 1520 wurde der zwanzigjährige Karl im Kaiserdom zu Aachen gekrönt, wodurch er nicht nur Römisch-deutscher König, sondern auch «erwählter» Römischer Kaiser war. Sein vollständiger Titel lautete: «*Karl V., von Gottes Gnaden erwählter Römischer Kaiser, zu allen Zeiten Mehrer des Reichs, in Germanien, zu Spanien, beider Sizilien, Jerusalem, Ungarn, Dalmatien, Kroatien, der Balearen, der kanarischen und indianischen Inseln sowie des Festlands jenseits des Ozeans König, Erzherzog von Österreich, Herzog von Burgund, Brabant, Steier, Kärnten, Krain, Luxemburg, Limburg, Athen und Patras, Graf von Habsburg, Flandern,*

Tirol, Pfalzgraf von Burgund, Hennegau, Pfirt, Rousillion, Landgraf im Elsaß, Fürst in Schwaben, Herr in Asien und Afrika.» Mehrer des Reichs. Selbst wenn man Asien und Afrika (da die «Herrschaft» zu vage) oder Pfirt und den Hennegau weglässt (da nicht von Weltbedeutung), so klingt das alles schon etwas anders als die Herrschaft über eine halbe, halbmondförmige Insel ohne nennenswerte außerinsularische Besitztümer. Henry musste nun auch realisieren, dass sowohl Karl als auch François einen universalmonarchischen europäischen Anspruch erhoben, der über den Einzelstaaten positioniert war und den Frieden Europas garantierte sowie das Abendland vor der Macht der Osmanen schützte. Mit solchen Titeln und Ansprüchen konnte der englische König nicht aufwarten. Er sah sich nun aber auch in der durchaus angenehmen Situation, von beiden Rivalen, dem Kaiser und dem französischen König, umworben zu werden, da sich beide ein Bündnis mit England erhofften, um ihre Macht noch zu stärken. Mittels Wolseys genialer Diplomatie würde er diese Situation ausnutzen bis zum Äußersten. Als François Henry nach Karls Kaiserwahl den Vorschlag machte, sich in der Nähe von Calais auf kontinentaleuropäischem Boden zu treffen, um beider wechselseitige Freundschaft zu dokumentieren, war Henry begeistert, und mit den Planungen wurde umgehend begonnen. Das wurde legendär, dieses Gipfeltreffen, legendär an Pracht, Pomp and Circumstance, aber auch legendär teuer – und sinnlos, wie sich herausstellte. Auf jeden Fall eine phantastische Show.

Da es erst für den Sommer 1520 anberaumt war, blieb ein ganzer Winter Zeit, um es vorzubereiten. Stattfinden sollte das Königstreffen in den Grenzregionen beider Herrschaftsgebiete, zwischen Guisnes und Ardres. Da wurde ein künstliches Territorium auf freiem Feld aufgebaut, ein «Nowhereland», so wie ja auch Utopia ein «Nowhereland» ist, ein «Nirgendwo-Land» und ein «Niemandsland», also ein «Nicht-Land». Um es sich vorstellen zu können, das künstliche Territorium dieses Königstreffens, kann man sich die Zeichnungen und Kupferstiche ansehen, die nach dem Vorbild eines anonymen Künstlers immer wieder über die Jahrhunderte geschaffen wurden, aber auch zum Beispiel die akribischen Entwürfe der prächtigen Zeltstädte, die erhalten sind und mehr Einblick ins Detail geben: blaue Zeltgruppen, rote Zeltgruppen, Zeltgruppen in den Tudorfarben weiß und grün, alle samtüberzogen in diesen Farben und golddurchwirkt, prächtig verziert mit der Tudor-Rose und der französischen Lilie und mit den königlichen Wahlsprüchen Englands und Frankreichs gesäumt: «*Dieu et mon droit*» sowie: «*Semper vivat in eterno*», mit Ornamenten, Kronen, Wappentieren und anderen heraldischen Symbolen versehen, in der Form kleiner Pavillons und verbunden durch Galerien. Die Zeltstädte bildeten die Unterkünfte für das Gefolge der Könige.

Es wurden auch teil-massive Bauwerke errichtet: für den englischen König ein ganzer provisorischer Palast samt Innenhof vor der bereits bestehenden Burg von Guînes auf einem ungefähr zehntausend Quadratmeter großen Mauersteinfundament und mit Wänden aus Ziegelstein; der Rest allerdings war aus Holz und erzeugte die perfekte Illusion eines soliden Gebäudes mit Hilfe bemalter Leinwände, die auf Stützgerüste gespannt waren. Henrys Schein-Palast war so prächtig und mit so großen Räumen versehen wie keiner seiner Paläste in England. Er besaß eine Große Halle, einen Bankettsaal und einen Empfangssaal, und diese Räume waren ebenfalls, wie die 2800 Zelte von außen, aufs Üppigste mit golddurchwirkten Stoffen verziert, die dem Feld seinen Namen gaben («*Field of Cloth-of-Gold*», wörtlich: «*Feld des Güldenen Tuches*»). Aufwändig verzierte Glasfenster mit Goldornamenten ergänzten die teil-solide Außenfassade. Ein italienischer Besucher berichtete, der Palast sei so schön, dass selbst Leonardo da Vinci aus Florenz ihn nicht hätte kunstvoller machen können. Der Palast war sogar unterkellert, und in diesen Kellern befanden sich 3000 Fässer mit hochexklusiven Weinen. Auf dem Vorplatz standen zwei Zierbrunnen, aus denen roter Wein sprudelte. Während des vierwöchigen Spektakels wurden alles in allem 2200 Schafe, 1300 Hühner, 800 Kälber, 9000 Schollen und 700 Aale verspeist. Die Größenordnungen werden gleich nachvollziehbarer, wenn man hinzufügt, dass allein Englands König mit einem Gefolge von 3997 Personen und mit 2087 Pferden, die Königin mit 1175 Personen und 778 Pferden anrückte – eine vergleichbare Dimension darf man sich dann für den französischen König und sein Gefolge vorstellen. Da die Gleichrangigkeit beider Könige dokumentiert werden sollte, waren die Vorbereitungen in den diesbezüglichen protokollarischen Details besonders akribisch. Man ließ zum Beispiel den Boden am ersten Begegnungsort nivellieren, damit beide auf gleicher Höhe waren, wenn sie einander begrüßten. Beide Könige würden mit ihrem Gefolge genau an der Grenze ihrer beider Herrschaftsgebiete, zwischen Guisnes und Ardres, zum Stehen kommen, dann würden sie im Schritttempo aufeinander zureiten und sich, ohne abzusteigen, umarmen, dann absteigen und sich noch einmal umarmen. Alle Festlichkeiten, die für die kommenden Wochen geplant waren, würden sodann auf dem großen Feld stattfinden, das die Territorien beider Herrscher umfasste. Nach den Ritterspielen, Banketten und Bällen würde jeder König am Ende des Tages wieder in sein eigenes Königreich zurückkehren, um dort die Nacht zu verbringen. Die Frage, wem jeweils der Ehrenplatz gebührte, auf der rechten Seite zu reiten und wessen Wappenschild auf der rechten Seite des Turnierfeldes hängen sollte, wurde ebenfalls danach entschieden, ob man in Frankreich war oder auf englischem Boden.

Kaiser Karl hatte von dem geplanten Treffen erfahren und war äußerst ambitioniert, den englischen König zu treffen, noch bevor dieser dem König von Frankreich begegnete. Er reiste im Frühjahr 1520 anlässlich seiner bevorstehenden Krönung von Spanien ins Reich, und er verhandelte im Vorfeld mit Kardinal Wolsey, der als päpstlicher Legat zwischen den Monarchen agierte und alle Planungen in der Hand hatte, ob sich ein Treffen nicht vor dem englisch-französischen Treffen bewerkstelligen lasse. Um ihm sein Wohlwollen zu bekunden, übertrug er Wolsey den Bischofssitz von Badajoz, der 5000 Dukaten jährlich einbrachte, weitere 2000 Dukaten jährlich aus dem Bistum Valencia sowie weitere 3000 aus eigener Quelle. Wolsey konnte es sich allerdings mittlerweile schon leisten, mit den Schenkungen der Monarchen Europas großzügig umzugehen: Den Bischofssitz von Badajoz lehnte er ab, mit dem Argument, der gebühre dem kaiserlichen Botschafter in England – außerdem wollte er mit einem spanischen Bischofssitz nicht die Franzosen brüskieren. Als Ersatz dafür schlug er ein weiteres Jahreseinkommen vor sowie Zuwendungen an seine Freunde und engen Mitarbeiter Pace, Ruthall und Tuke. Dass diese letztlich von seinen eigenen Einkünften abgezogen wurden, die Karl ihm gewährte, fand Wolsey in Ordnung. Er war ein großzügiger Mann, und er wollte, dass seine Umgebung ebenso großzügig und entspannt lebte wie er. Da der Kaiser durch widrige Winde in La Coruña abgehalten wurde, kam es nicht mehr zu dem Treffen auf niederländischem Boden, bevor Henry François traf. Aber er schaffte es mit knapper Not, vor Henrys und Katharinas Ausschiffung in Dover zu landen und das Königspaar noch in Canterbury zu treffen. Da dem ranghöheren Fürsten normalerweise als erstem die Ehre des Gastgebers gebührte, war der kaiserliche Besuch ein Strich durchs Protokoll, über das der junge Kaiser in diesem Fall gerne hinwegsah. Katharina, die dem englisch-französischen Gipfeltreffen mit einigem Unmut entgegenblickte, schloss ihren Neffen, den zwanzigjährigen Karl, beglückt in die Arme. In seiner Person sah sie Europas Zukunft, Englands Bündnisbestimmung und auch die Ehebindung ihrer Tochter Mary begründet. Doch wie die Dinge jetzt standen, musste sie diese Präferenzen für sich behalten, wartend im günstigsten Falle auf bessere Zeiten.

Kaiser Karl war ein blasser und etwas linkischer junger Mann, dessen Kinn (es war das berühmte «Habsburger Kinn», das sogar zu einem medizinischen Fachbegriff für Kieferfehlstellungen wurde) einige Zeitgenossen etwas befremdete, bildete es doch ein gewisses Kommunikationshindernis. Einer berichtete: «*Wenn er seinen Mund schließt, kann er seine untere und obere Zahnreihe nicht richtig zusammenbringen, und das heißt, wenn er spricht, besonders wenn er einen Satz beendet, zermalmt er die letzten Worte so lange im Mund, dass man sie kaum noch versteht.*» Das war nun nicht allzu günstig für den Herrscher eines Riesenreichs, das multikulturell und multilingual zugleich war und dessen Hofhaltung ein Reisehof wurde, mehr noch als bei den «katholischen Königen». Immerhin würde Karl später sagen, er spreche Spanisch mit Gott, Italienisch mit Frauen, Französisch mit Männern und Deutsch mit seinem Pferd. Im Augenblick aber sprach er ausschließlich Französisch. Er war am Hof von Burgund aufgewachsen und von seiner Tante erzogen worden, Erzherzogin Margarete. An seinem spanischen Hof stimmte es allgemein ziemlich verdrießlich, dass er sämtliche hohe Ämter mit Burgundern besetzt hatte. Man bat ihn, Spanisch zu lernen und bald zu heiraten. Das Sprachenlernen setzte Karl alsbald in die Tat um, doch mit dem Heiraten ließ er sich Zeit. Königin Katharina konnte für Mary noch hoffen. Sie setzte Zeichen im Dekor, in ihrer Kleidung, in ihrer Heraldik, sobald sie öffentlich auftrat, und diese Symbolik war der aktuellen Politik ihres Gatten und Kardinal Wolseys geradezu entgegengesetzt. Beispielsweise trug sie auf dem Güldenen Feld eine spanische Haartracht, und auf ihrer eigens gebauten Kapelle des Güldenen Feldes war die Vereinigung des spanischen und des englischen Wappens überdimensional groß, geradezu provokativ angebracht. Mit ihrer Haltung, die Franzosen ein für allemal und ungeachtet geänderter diplomatischer Windrichtungen als Feinde Englands (und Spaniens) zu sehen, traf sie aber wieder die Herzen des englischen Volkes.

Wolseys Auftritte im Rahmen dieser pompösen Festwochen standen denen der Könige letztlich kaum nach, auch wenn sein Gefolge «nur» aus 300 Personen bestand. Der päpstliche Legat bewegte sich zwischen den Territorien dieses Niemandslands, um den Königen offiziell die Ankunft, Gruß und Willkommen des jeweiligen Monarchen zu überbringen. Bei seinem Einzug trug er seinen Kardinalshut und eine prächtige Robe aus pupurrotem Samt und ritt auf einem Maultier, in Erinnerung daran, dass Christus auf einem Esel geritten war. Die Satteldecke des Maultiers war aber derart prächtig mit Samt und Gold überzogen, dass von christlicher Demut wohl kaum ein Eindruck blieb. Hundert Bogenschützen aus der königlichen Garde, auch sie in purpurrotem Samt, schritten Wolsey voran, es folgten fünfzig berittene Ehrendiener seines Haushaltes mit goldenen Amtsstäben in ihrer Hand, und schließlich der Träger des goldenen Doppelkreuzes, das bei offiziellen Anlässen Wolseys Doppelfunktion als Kardinal und Erzbischof von York dokumentierte; ihnen folgten vier Lakaien, auch sie waren in golddurchwirkte Stoffe gekleidet. Am 23. Juni, dem Vorabend der großen Abschiedszeremonie beider Könige, hielt Wolsey – was er nur selten tat – in der künstlichen Kapelle die Messe, und während ihm der französische Kardinal de Bourbon assistierte und einige Bischöfe dem Kardinal juwelenbesetzte Sandalen an die Füße zogen, wurde die Gemeinde an das päpstliche Privileg Wolseys in seiner Eigenschaft als Legat erinnert, dass, wann immer er eine Messe feierte, sämtlichen Anwesenden ein Generalerlass aller Sünden gewährt wurde. Das goldene Kruzifix am Altar war über und über mit Juwelen besetzt, und auch die sechs Heiligenfiguren waren aus massivem Gold. In Mores «Utopia» werden die Nachttöpfe und andere Dinge niederer Alltagsverrichtung mit Gold überzogen, weil dieses weiche Ziermetall

DAS GÜLDENE FELD (FIELD OF CLOTH OF GOLD).
Eduard Eduards, 1771

so ganz nutzlos ist, während zum Beispiel Eisen einen sehr viel höheren Wert besitzt. More war auch anwesend beim großen Gipfeltreffen; was er da konkret tat, ist nicht überliefert. Drei Wochen lang fanden Feste, Bankette, Wettkämpfe, Turniere statt, wobei es dem französischen König gelang, Henry in einen Ringkampf zu locken; der Ausgang, so heißt es, war – unentschieden. Aber der üppig bekundete Friede bei dieser wechselseitigen Selbstüberbietung zweier prachtliebender Renaissancefürsten hielt nicht lange vor.

Rückblickend wurde das Güldene Feld gelegentlich als achtes Weltwunder bezeichnet. Es kostete allein den englischen König eine auf die heutige Pfundwährung umgerechnete Summe von 4, 5 Millionen, während die Franzosen zehn Jahre brauchten, um ihren Part abzubezahlen. Anfang Juli traf Henry ein zweites Mal mit dem Kaiser zusammen, und zwar in Gravelines, um ihn dann in sein eigenes Herrschaftsgebiet nach Calais zu begleiten. Dann segelte Henry mit Katharina nach England zurück. Zum Leidwesen des Erasmus, der ebenfalls zum Kaisertreffen erschienen war, wurde im Anschluss an die Festivitäten des Güldenen Feldes nicht einmal das Vorhaben realisiert, eine bleibende Friedenskapelle auf dem Feld zu errichten, für die Wolsey den Grundstein gelegt hatte. Das Niemandsland wurde anschließend abgebaut, doch wenn man heute daran vorbeifährt, auf der Autobahn nach Calais, kann man immer noch sehen, wo es lag.

VERTEIDIGER DES GLAUBENS (1521–1526)

Der König hatte nach wie vor keinen Sohn, und diese Tatsache führte zu allerlei beunruhigenden Spekulationen im Lande. Edward Stafford, Herzog von Buckingham, der nicht die Würdigung des Königs erfuhr, die ihm seiner Ansicht nach zustand, bot den meisten Anlass zur Sorge und stand im Zentrum der Spekulationen. Er war ein Nachfahre Edwards III., verfügte über enorme Ländereien und Besitztümer, war einer der glänzendsten Repräsentanten des Hochadels und leider sehr unvorsichtig, um nicht zu sagen töricht in seinen Äußerungen und seiner Selbstdarstellung. Wolsey hatte ihn schon seit langem im Visier. Es wurde gemunkelt, Buckingham werde zum offiziellen Nachfolger Henrys erklärt – sofern er, hieß es, sich die Krone nicht schon zu Lebzeiten des Königs eroberte. Wolseys Spitzel fanden über Buckinghams Diener heraus, dass dieser sich unverhohlen mit seiner Thronnähe brüste und außerdem geäußert habe, der König werde auch weiterhin ohne Söhne bleiben, und er selbst, Buckingham, werde eines Tages König von England. Henry reagierte zunächst vorsichtig abwartend. Zu Neujahr 1521 schenkte ihm der Herzog noch einen prächtigen Weinkelch – vielleicht um seinen Souverän, der Geschenke sehr liebte, in falscher Sicherheit zu wiegen. Gleichzeitig mobilisierte Buckingham jedoch Truppen; vermeintlich, um ihn auf seiner Reise zu seinen walisischen Besitztümern zu schützen, wo er nicht sehr beliebt war. Der König aber wähnte bösen Verrat. Ob die Erinnerung an die Anfechtungen, denen sein Vater zeitlebens ausgesetzt war, jetzt wiederkam? Es wurde immer Wolsey dafür verantwortlich gemacht, dass der Herzog zu Fall gebracht wurde oder sich selbst zu Fall brachte, wie man es sehen mochte. Der Hochadel empfand eine besondere Abneigung gegen den omnipotenten Lordkanzler und Kardinal niederer Herkunft, und aus dieser Rivalität schlussfolgerte man, dass es allein Wolsey war, der diese Blüte des englischen Adels in eine Falle führte und eliminierte. Es scheint aber, dass Heinrich im Falle des Herzogs von Buckingham die erste seiner später so berüchtigten spontanen Herrscherentscheidungen traf. Er hatte sich so sehr gewünscht, den Adel auf seine Seite zu bringen. Die Tatsache allerdings, dass er in Ermangelung eines männlichen Erben angreifbar war und den Möchtegern-Potentaten der seitlichen Linien eine so ungeschützte Angriffsfläche bot, machte ihn schwach, und das spürte er erstmals im vollen Maße. Buckingham soll geäußert haben, er wolle den König ermorden, so wie sein Vater im Begriffe gewesen war, Richard III. zur Strecke zu bringen. Ein nicht ganz günstiger Vergleich – Richard III. hatte den älteren Buckingham hinrichten lassen. Und so erging es jetzt auch dem jüngeren Buckingham durch die Hand Heinrichs VIII. Er wurde verhaftet und in den Tower gebracht. Am 17. Mai wurde er wegen Hochverrats exekutiert.

Buckinghams Sturz wurde im In- und Ausland mit großem Widerhall aufgenommen. Im Innern mochte es ein erster Reflex gewesen sein. Das glänzende Bild dieses Sonnenkönigs bekam einen ersten Riss. Das In-Erscheinung-Treten übermächtiger Untertanen, «*overmighty subjects*», war immer ein Krisensymptom. War Buckinghams Hochverrat, so er denn ein solcher war, ein Indiz für tieferliegende Unruheherde? Kaiser Karl und der französische König scheinen das beide vermutet zu haben, denn beide boten dem englischen König militärische Hilfe an, falls er sich gegen eine Erhebung im eigenen Lande zur Wehr setzen müsse. Wolsey setzte jedoch beide Monarchen in Kenntnis, man habe in England alles unter Kontrolle, und Buckingham sei der einzige illoyale Edelmann im Lande gewesen. In Wirklichkeit hatte der Herzog zwei weitere Adelige auf seiner Seite gehabt: Lord Abergavenny und Lord Montague. Diese wurden aber mit einigen Landabgaben und Geldzahlungen von der Anklage befreit. Sie durfte, dachten Henry und Wolsey wohl, nach außen hin keine größere Form annehmen, die vermeintliche Adelserhebung im Königreich England. Dabei handelte es sich mehr oder weniger um eine Erhebung gegen den Lordkanzler Wolsey, seine Vollmacht und seinen Stand, seine profranzösische Politik. Der alte Adel Englands hatte bei Henrys Thronbesteigung die Hoffnung gehegt, wieder in seine Rechte eingesetzt zu werden und würdevoll, einflussreich an der Seite des Königs zu stehen, und jetzt machte ein Metzgerssohn staatstragende, ja geradezu alleinige Politik. Dass Wolsey ein Metzgerssohn war, wurde von allen zeitgenössischen wie auch nachfolgenden Kritikern genüsslich hervorgehoben, auch von dem Dichter John Skelton, der einmal Englands Sonnenkönig, den damaligen Thronfolger, unterrichtet hatte, bis sein Vater, Heinrich Tudor VII., der Meinung war, der Dichter mit der leichtfertigen Sprache, den unorthodoxen Ansichten und dem libertinen Lebenswandel sei kein guter Einfluss auf den zukünftigen König von England. Skelton verachtete Wolsey und brachte das auch auf seine Art zu Papier, wenn er sich auch gleichzeitig nicht scheute, sich von Wolsey gegen klingende Münze zu offiziellen poetischen Lobpreisungen des Lordkanzlers und Kardinals hinreißen zu lassen. In East Molesey, Surrey, fünfundzwanzig Kilometer südwestlich von London am Themseufer gelegen, besaß Wolsey einen prächtigen Palast, ursprünglich nur ein Herrenhaus, das er erweitert und ausgebaut hatte und das heute noch zu den glänzendsten Bauwerken der Tudor-Epoche gehört: Hampton-Court. Schon der Name verbürgte das Selbstverständnis des ersten Staatsmanns hinter dem König: «Hampton-Hof», und so wurde die Residenz Wolseys, die zweihundertachtzig Räume besaß, instandgehalten von fünfhundert Bediensteten, bald zum Symbol und zum geflügelten Wort aus der spitzen Feder des Dichters John Skelton.

«Why come ye not to court?
To which court?
To the King's Court?
Nay, to the King's court;
The King's court
Should have the excellence:
But Hampton Court
Hath the preeminence.»

«Warum kommt Ihr nicht zum Hof?
An welchen Hof?
An des Königs Hof?
Nein, nicht an des Königs Hof.

Des Königs Hof
Sollt' haben Exzellenz:
Aber Hampton-Hof
besitzt Prä-Eminenz.»

Einige Jahre später, immer sehr eifrig um die Gunst seines Königs bemüht, schenkte Wolsey seinem Souverän diesen königlichen Palast, in logischer Konsequenz, wird man sagen müssen. Der König und sein Kardinal ergingen sich in wechselseitiger Großzügigkeit.

Ein europäisches, weltpolitisches Ereignis, Luthers Thesen in Wittenberg und die Folgen, hatte indessen längst ganz Europa ergriffen, auch die Insel und auch ihren König, der im Laufe der Jahre zu überaus allgemeinen Reflexionen über die Weltordnung und Gottes Willen, weltliche und geistliche Autorität und, derzeit noch indirekt, seine eigene königliche Rolle tendierte. Nach dem Verrat Buckinghams waren ihm diese Überlegungen präsenter denn je. Ihn verlangte, so scheint es, nach einer höheren Instanz, einer Ordnung und einer inneren Klarheit, denn alles das schien auf diversen Ebenen in Frage gestellt. Das aber durfte nicht sein. Ketzereien wie die des mittlerweile päpstlich gebannten Mönchleins aus Wittenberg waren die Keimzelle für Zwietracht und Aufruhr; sie untergruben nicht nur die Staatsordnung, sondern die von Gott vorgegebene Hierarchie hier wie dort.

Nach Buckinghams Hinrichtung hatte Henry den ersten von einigen noch folgenden Malaria-Anfällen, aber nach seiner glücklichen Genesung machte er erneut eine Pilgerreise zum Heiligen Schrein, aus Dankbarkeit, wie es die Königin immer wieder tat und getan hatte, mit der flehentlichen Bitte um einen Sohn. Was wollte Gott von ihm?, mochte sich Henry fragen. Damit Gott ihn weiter beschützte und ihm die Wege wies in seinem hohen Amt, in das er ihn eingesetzt hatte, musste er vielleicht ebenfalls etwas tun, um ihn günstig zu stimmen. 1521 war Henrys dreißigstes Jahr, und seine Sehnsucht nach Unsterblichkeit war größer und unerfüllter denn je. Er besaß keinen männlichen Nachfolger und keine Chance zum großen Kriegsruhm, so wie die außenpolitischen Verhältnisse standen. Auch diese Ankündigungen in der Vergangenheit waren jetzt Schall und Rauch. In Richtung Rom hatte er gelegentlich schon einmal verlautbaren lassen, ihn gelüste nach einem spirituell-religiös untermauerten Titel. Der König von Frankreich nannte sich «der allerchristlichste König», während der Kaiser in seiner Eigenschaft als König Kastiliens und Nachfolger des legendären Königspaars Isabella und Ferdinand den Titel «der katholische König» trug. Nur der König von England hatte so etwas nicht. Wenn er den Papst schon nicht mit dem Schwert verteidigen konnte, wie er es 1513 getan hatte, dann verteidigte er ihn jetzt mit der Feder – den Stuhl Petri, die christliche Lehre und damit Gott. Dem aufmüpfigem Luther musste seiner Meinung nach der Garaus gemacht werden.

So stand es 1521 um Heinrich VIII. Der Vollblutmann, der all des Tanzens und Feierns und Jagens ein wenig müde war und der einen sehr eigenen inneren Klärungsbedarf hatte in den Anfechtungen einer aus den Fugen geratenen Zeit, ging den ganzen Frühling und Frühsommer lang in Klausur, deckte sich mit theologischer Fachliteratur ein, hielt seine Gelehrten zur Diskussion einzelner Stellen abrufbereit, vertiefte sich. Was daraus entstand, in recht kurzer Zeit, war ein Buch, in lateinischer Sprache verfasst, sicherlich nicht selbst per Hand geschrieben, denn dazu war Henry zu schreibfaul, aber aus dem von anderen gesammelten Material kompiliert und zusammengestellt sowie stilistisch vermutlich ein wenig zurechtgeschliffen von seinen Humanisten, unter anderen More, aber ein Werk in Eigenleistung (woran mittlerweile auch niemand mehr zweifelt): die «Assertio Septem Sacramentorum», «Erklärung der sieben Sakramente gegen Martin Luther». Die Schrift ist gewissermaßen eine Erwiderung auf eine von Luthers reformatorischen Hauptschriften: «Von der babylonischen Gefangenschaft der Kirche», worin der Reformator endgültig mit dem Papsttum bricht und die These aufstellt, eine falsche Auffassung und Praxis der Sakramente habe die Christen ihrer Freiheit beraubt, nachgerade zu einer Knechtschaft der Seelen geführt. Von den sieben Sakramenten bleiben bei Luther nur noch zwei übrig: Abendmahl und Taufe; alles andere sei durch die Heilige Schrift nicht legitimiert. Ohnehin bringt er ein grundsätzlich neues sakramentales Verständnis ins Spiel, das an die Grundsätze seiner Kritik der kirchlichen und päpstlichen Praxis rührt. Es besteht allein in Verheißung und Glauben, nicht in Werken und Opfern, was auf Selbstverantwortung des Individuums vor Gott hinausläuft, wie auch die wahre Kirche unsichtbar ist. Die Schrift ist im

Vorjahr erschienen und ist so schnell vergriffen wie alle seine anderen Schriften, die Johannes Froben in Basel kaum nachdrucken kann, so werden sie ihm aus den Händen gerissen.

Erasmus, der auch bei Froben veröffentlicht, ist in Sorge, und schon seit längerem, denn er möchte mit Luther nicht identifiziert werden und fürchtet um seinen Ruf. Vieles an Luthers Kritiken und Thesen muss er eigentlich voll und ganz unterstützen: Luthers Vorstöße gegen den Ablasshandel, gegen Verweltlichung und Veräußerlichung der Kirche, gegen die Missstände im Innern der ganzen Institution und den Missbrauch des Papsttums. Gerade noch hat er 1519 in seinen «Anmerkungen zum Neuen Testament» geschrieben: «*Durch wieviel menschliche Anordnungen ist das Sakrament der Buße und Beichte gehindert. Der Donnerkeil der Exkommunikation liegt stets bereit. Die geheiligte Autorität des Römischen Papstes ist durch Absolutionen, Dispensationen und dergleichen mißbraucht, daß die Frommen es nicht ohne Seufzen sehen können. Aristoteles ist so sehr in Schwung, daß in den Kirchen keine Zeit ist, das Evangelium auszulegen.*» Nicht umsonst machte in Europa das Wort die Runde, Martin Luther brüte die Eier aus, die Erasmus gelegt habe. Eben das aber, diese unverkennbare Parallele mit den seiner Meinung nach so entsetzlich bedrohlichen Folgen, brachte den ängstlich um sein mühsam erhaltenes seelisches und physisches Gleichgewicht besorgten Mann in üble Gewissenspein. Er konnte sich mit diesem deutschen Polterer, der das Kind mit dem Bade ausschütten wollte, nicht identifizieren. Schon sein Weltbild, das in einer schönen Harmonie über allen Gegensätzen bestand, feinem Witz, maßvoller Umgestaltung, einer Wirklichkeit, in der dem Geist eine Korrekturfunktion zukam und keine Umwälzung, war diesen Vorgängen völlig entgegengesetzt. Es scheint manchmal erstaunlich, dass Erasmus bei dem, was er schrieb, zeitlebens keine wirklich schwerwiegenden Zensurprobleme bekam. Anlässlich der päpstlichen Exkommunikationsbulle gegen Luther und einer öffentlichen Verbrennung von Luthers Schriften, die mit einem Dekret des Kaisers einherging, die lutherische Bewegung in den Niederlanden zu unterdrücken, hatte der päpstliche Nuntius Aleander Erasmus von der theologischen Fakultät der Universität Louvain ausgeschlossen und erklärt, dieser habe mit seiner Übersetzung des Griechischen Neuen Testaments den Weg für Luther geebnet. Sonst aber geschah nichts gegen Erasmus. Seine für sich selbst propagierte Differenzierung, es sei das eine, geistreiche literarische Kritik an üblen Missständen zu üben, und das andere, an die Autoritäten zu rühren, scheint auch nach außen überzeugend gewesen zu sein. Letztlich sorgten all die mehr oder weniger korrupten Vertreter der weltlichen und geistlichen Mächte dafür, dass Erasmus ihnen erhalten blieb und weiter, Europa durchreisend, so ungestört leben und arbeiten konnte und nicht wieder ins Kloster zurück musste, wo es kalt war und unreinlich und wo man schlecht zu essen bekam. Er versuchte sich noch eine Weile in Vermittlung und Warnung – vergeblich. Thomas More aber machte die lutherische Bewegung zum Reaktionär.

Während Henry an seiner Schrift gegen Luther arbeitete, stand dieser im April vor dem Reichstag in Worms. Schon seine Reise dorthin war ein Triumphzug durch kleine deutsche Städte und Dörfer gewesen, eine Art Volksfest. In Frankfurt am Main hatte er im Garten eines Wirtshauses, umringt von einer Menschenmenge, darunter auch viele Mönche, zur Laute gesungen. Das berichteten Spitzel des päpstlichen Nuntius nach Rom. In das zum Bersten gefüllte Worms führte man Luther wohlweislich um die Mittagszeit ein, um den Volksauflauf möglichst in Grenzen zu halten, doch es nützte wohl nichts. Aleander berichtet: «*Die Stadt ist wie aufgestört. Alle rennen vom Essen weg auf die Straße, um zu sehen, wie der ‹große Ketzeroberst› in die Stadt Worms gelangt. Mit drei Genossen in einem Wagen sitzend, zieht er ein. Er ist von etwa acht Berittenen umgeben. Der Jubel des Volkes kennt keine Grenzen. Er nimmt seine Herberge in der Nähe seines sächsischen Fürsten. Beim Verlassen des Wagens schließt ihn ein Priester in seine Arme, faßt dreimal an sein Gewand und tut im Weggehen so, als habe er eine Reliquie berührt.*» In den Sitzungssaal wurde er folgenden Tags durch Gärten und Hinterhöfe und durch eine Seitentür geführt, worauf die Neugierigen auf die Dächer stiegen, um ihn zu sehen. Kaiser Karl hatte hier sozusagen seine erste tragende Staatshandlung, in der leidigen Ketzersache vor dem Reichstag in Worms. Er verstand fast nichts von dem Verhör, das man ihm simultan übersetzen musste, denn er war des Deutschen nicht mächtig und des Lateinischen nur sehr unzureichend. Man gewährte dem Mönch Martin Luther auf seine Bitte hin einen weiteren Tag, um seine Antwort auf die Frage nach Widerruf seiner Thesen und Schriften zu überdenken. Aber der Mönch widerrief nicht. Das war alles, was der Kaiser verstehen musste.

Jahrzehnte später, als er abgedankt und sich in seine Villa nahe dem Kloster Yuste zurückgezogen hatte, gedachte Karl resigniert der ganzen sinnlosen Ketzerverfolgungen in seinem Riesenreich, dieser Irrgläubigen, die wie Krebsgeschwüre überall auftauchten, trotz schärfster Maßnahmen der Inquisition. Man dürfe hier keine Milde zeigen, gab er seinem Nachfolger mit. «*Ich irrte, als ich damals den Luther nicht umbrachte. Ich war nicht verpflichtet, mein Wort zu halten. Ich habe ihn nicht umgebracht, und so wuchs dieser Irrtum ins Ungeheure. Das hätte ich verhindern können …*» Auch, meinte Karl, dürfe man sich mit den Ketzern nicht in Diskussionen verwickeln, denn scheinbar hätten sie immer die besseren Argumente. «*Sie haben so lebendige und durchdachte Beweisgründe, daß sie einen leicht verwirren können. Und wie, wenn dann zufällig ein falsches Argument in meinen Gedanken haften bliebe? Wer wäre dann stark genug, es mir wieder aus der Seele zu reißen?*» Fragt sich nun, warum der theologisch beflissene und engagierte englische König ausgerechnet an Luthers Verständnis der Sakramente einen solchen Anstoß nahm und sich nicht mit der einen oder anderen seiner übrigen Thesen, Gedanken und Werke befasste, die intellektuell vielleicht sehr viel reizvoller und auch ergiebiger waren. Vielleicht weil er es als eine Verletzung seines, von Gott eingesetzten Königtums empfand? Wir erinnern uns, wie tief den damals Achtzehnjährigen seine eigene Krönungszeremonie bewegt hatte – quasi eine Investitur –, als er dem Erzbischof den heiligen Schwur leistete nach dem Vorbild des Heiligen Edward, worauf er gesalbt wurde mit dem heiligen Öl. Auch der kaiserliche Beichtvater, der Franziskaner Glapion, fand jedenfalls die «Babylonische Gefangenschaft» von allen Schriften des abtrünnigen Mönchs ganz besonders entsetzlich.

Luther hatte unter dem Gejohle einer begeisterten Menge die päpstliche Bulle verbrannt, die ihn exkommuniziert hatte, sowie die Bücher des kanonischen Rechts. In seiner Schrift «An den christlichen Adel deutscher Nation» forderte er die Unabhängigkeit des deutschen Kaisertums und die Errichtung einer von Rom unabhängigen Kirche. Eine solche Stärkung der weltlichen gegenüber der geistlichen Macht, wie sie die Reformation mit sich brachte, sollte den englischen König dereinst außerordentlich überzeugen, als er später beschloss, Papst in England zu werden. Dass er zum jetzigen Zeitpunkt indes den Heils- und Gnadencharakter der gottesdienstlichen Handlungen so vehement verteidigte, hatte auch mit dem sakralen Charakter zu tun, der seinem eigenen königlichen Amt innewohnte und für das er hier einstand. Jeder Christ sei geistlichen Standes, könne die Bibel befragen und auch beurteilen, was im Glauben recht oder unrecht ist, hatte Luther verlautbaren lassen? Henry empfand das als eine Verhöhnung aller Vertreter Gottes auf Erden, ja von Gott selbst, der seine Weisheit und Wahrheit sicherlich nicht so wohlfeil verschenkte.

«*Wiewohl ich mich nicht zu den Gelehrten und Wortgewaltigen zähle,*», beginnt Henry, «*fühle ich mich doch, von Glauben und Demut getrieben, verpflichtet – und ich wünschte, meine Fähigkeit hierzu könnte sich mit meinem guten Willen messen –, meine Mutter, die Gemahlin Christi, zu verteidigen.*» Das ist schon aufschlussreich. Der hochherzige, tapfere Ritter verteidigt nicht die Witwen und Waisen, sondern die eigene Mutter respektive Gemahlin von Jesus Christus respektive die Kirche. Der König goss einiges Herzblut in seine Ritterrolle, die von Artus bis Robin Hood reichte. Denn nichts, so Henry, könne ihn von dieser Pflicht abbringen, jetzt, da der Feind – und zwar der niederträchtigste –, sich erhoben habe, der, aufgewiegelt vom Teufel und unter dem Vorwand der Wohltätigkeit, genährt von Wut und Hass, das Gift der Vipern gegen die Kirche und den katholischen Glauben schleudere. «*Welch verderbliche Plage wie diese hat jemals die Herde Christi befallen? Welche giftige Schlange hätte sich jemals eingeschlichen, die vergleichbar wäre mit dem, der über die Babylonische Gefangenschaft der Kirche schrieb? Der die Heilige Schrift nach seiner eigenen Sinndeutung der christlichen Sakramente entkleidet, der die kirchlichen Riten und Zeremonien abschafft, die uns von den Vorvätern überliefert worden sind, der die heiligen und althergebrachten Auslegungen der Schrift aberkennt, solange sie nicht in Übereinstimmung sind mit seiner Gesinnung; der den Heiligen Stuhl von Rom «Babylon» und die päpstliche Autorität «Barbarei» nennt, der in der Gesamtheit aller Dekrete der universellen Kirche eine Gefangenschaft sieht und den Namen des Heiligsten Bischofs von Rom in den des Anti-*

christ wendet. Oh, dieser verachtungswürdige Trompeter des Stolzes und der Verleumdungen, des Zwiespalts, der Abtrünnigkeit! Was für ein höllischer Wolf, der die Herde Christi zu zerstreuen trachtet! Was für ein Buhle des Teufels, der die christliche Gemeinde von ihrem Haupt lösen will!» Und da sich der Autor schließlich an dieses Haupt wendet mit seiner Schrift, also Leo X., ist es ihm wichtig, noch einmal dezidiert zu betonen, in wie außerordentlichem Maße schändlich es sei, dass Luther das Haupt der Kirche angreife. Schließlich, so Henry, sei der restliche Körper nicht lebensfähig, sobald man sein Haupt schädige oder eliminiere. Da durfte er Recht haben. Für einen Monarchen, zu dessen Selbstverständnis es – epochenüblich – gehörte, von Zeit zu Zeit Köpfe rollen zu lassen, wenn es leider gar nicht vermeidbar war, bildete diese Einsicht gewissermaßen lebendiges Alltagsbewusstsein. Es waren erlesene Köpfe darunter, um die es doch ziemlich schade war. Da Luther vor nicht allzu langer Zeit, so der Autor, zwar den päpstlichen Supremat nicht als göttliches Recht und Gesetz, wohl aber als menschliches Recht bezeichnet habe und damit das Schisma der böhmischen Ostkirche, die den Gehorsam gegenüber dem Heiligen Stuhl aufkündigte, zutiefst verurteilte und es als Sünde bezeichnete, dass sie dem Papst nicht gehorchte, könne man wohl hinreichend erkennen, wie es um die Glaubens- und Standfestigkeit dieses unbotmäßigen Christenmenschen angesichts solcher Gesinnungswandel bestellt sei. Die Worte des Apostels hätten sich schließlich im Wirken Luthers bewahrheitet, dass durch den Ungehorsam eines Einzigen viele zu Sündern werden. Man könne aber diese Worte auch umkehren und mit dem Propheten singen: *«Ich verabscheute das Böse und liebte dein Gesetz.»*

Auf fünfunddreißig Seiten widmet sich der König alsdann einem der kompliziertesten Probleme der Theologie: dem der Eucharistie, dem Altarsakrament. Luther verwirft die Transsubstantiationslehre, wonach sich während der Einsetzungsworte des Priesters beim Abendmahl die Substanzen Brot und Wein in die Substanzen Leib und Blut wandeln und Brot und Wein nur noch äußerlich vorhanden sind, als «accidentia». Das seien philosophische Interpretationen und Spitzfindigkeiten, so Luther, und mit der Bibel nicht zu belegen. Ebenso wendet sich Luther gegen die Lehre der Scholastiker, wonach die Sakramente wirksame Zeichen der Gnade sind. Das Abendmahl ist das Testament Christi, «Zeichen und Zeugnis» des göttlichen Willens, das dem Gläubigen die Vergebung der Sünden und das ewige Leben verheißt, jedoch «allein durch den Glauben» («sola fide») und nicht aufgrund von Verdiensten. Im Gegensatz zu späteren Auslegungen der reformierten Kirchen hält Luther an der Realpräsenz von Leib und Blut Christi in Brot und Wein fest. Doch es sind nicht die priesterlichen Worte, die die Verheißung vermitteln, sondern der Glaube, der auch ohne Sakrament selig macht (Markus 16,16), der gestärkt wird durch das Sakrament des Empfangenden, selbst wenn er gar nicht die Voraussetzung bildet, und entsprechend hat auch der Priester kein Exklusivrecht der Empfängnis und Austeilung. «*Darum sind alle Christenmänner Priester, alle Frauen Priesterinnen, jung oder alt, Herr oder Knecht, Herrin oder Magd, Gelehrter oder Laie. Hier ist kein Unterschied, es sei denn, der Glaube sei ungleich.*» Der Satz steht so nicht in der «Babylonischen Gefangenschaft», auf die der englische König Bezug nimmt, sondern in der im selben Jahr (1520) erschienenen Schrift «Sermon von dem neuen Testament». Doch der König erfasst auch so die unverkennbaren Folgen solcher Neuansätze, die seinem Empfinden nach der Entweihung eines großen Mysteriums gleichkommen. Luther habe hiermit, schreibt er zu Beginn des Kapitels über das Altarsakrament, eine Kluft geschaffen, durch die er Gefahr laufe, «*die Hauptmysterien des Christentums zu zerstören*». Damit meint er den Laienkelch, Luthers Forderung der Empfängnis des Abendmahls in beiderlei Gestalt. Sehr beredt schildert Henry darauf das Geheimnis der Wandlung. Es sei eindeutig, was Christus zu seinen Jüngern gesagt habe: «*Hic* est sanguis meus.», «*Hic* est corpus meum.» – «*Dies* ist mein Blut.» «*Dies* ist mein Leib.», nicht: «Mein Leib ist *darin.*» («*Hoc*») –, und das sei auch aus den diversen Übersetzungen heraus, aus dem Hebräischen, aus dem Griechischen, nicht zu negieren. Luther behaupte, die Transsubstantiationslehre sei erst innerhalb der letzten dreihundert Jahre entstanden; dagegen bestehe sie bereits seit Christi Geburt. Henry führt eine Reihe von Kirchenvätern und Gelehrten und die entsprechenden Stellen als Belege dafür an: Hugo von Sankt Viktor, Eusebius Emissenus, den Heiligen Augustinus, Gregorius Nissenus, Theophilus; ausnahmslos Autoritäten, die älter sind als dreihundert Jahre. Es ist ziemlich wahrscheinlich, dass man dem König diese Stellen und Zitate, auch aus der Heiligen Schrift, passfertig ausgewählt und zur Verfügung gestellt hat, denn so etwas kann man nicht in alles in allem wenigen Wochen vollbringen. Die Schrift selbst aber ist sicher nicht die eines professionellen Gelehrten, sondern die eines hellwachen, engagierten und daher spontanen, mit allen Sinnen und frischer Unvoreingenommenheit argumentierenden Geistes, der sich hier seine akademischen Sporen verdient und zugleich indirekt die eigene, durchaus sakral und sakramental verstandene Königswürde verteidigt, denn darauf laufen die Schlussfolgerungen letztlich hinaus. «*Ich vermute,*», schreibt Henry, «*dass die primitiven Vorväter so wenig Luthers Vergleich billigen würden, mit dem er zu beweisen versucht, dass das Brot im Leib bleibt, wie Gott Mensch blieb in der Person Jesu Christi: denn da die Gelehrtesten und Heiligsten der alten Väter an verschiedenen Stellen bekunden, dass das Brot in den Leib gewandelt wird, so war sicher keiner von ihnen so ignorant, zu denken, dass die Menschheit sich in Göttlichkeit wandelte.*» Er will die Sakramente als Gnadenzeichen erhalten wissen. Der Glaube allein ist ihm zu wenig – wobei ihm Luthers Glaubensverständnis sichtlich verschlossen bleibt, wie man am unten folgenden Eingangssatz sieht. Aber der König von England verteidigt auch die Gelübde, die sichtbaren Zeichen, die Gesetze, Gehorsam und Autorität, das Vorrecht der Priester und das Vorrecht der Könige; Henry sah da eine glasklare Linie.

Beim Taufsakrament, das Luther ja beibehält (während er in der Buße nur eine Rückkehr zum Sakrament der Taufe sieht), findet Henry dagegen geradezu einen Beweis gegen Luther, da hier über das Element des Wassers ein geheimnisvoller Prozess der Weihung und Erneuerung stattfinde, wenn sich, auf welche Weise auch immer, die göttlich-spirituelle Macht des Lebens über den Täufling ausgieße – und das könne nun nichts mit dem lebendigen Glauben zu tun haben, sondern stehe für sich. Luther argumentierte vorab gegen diesen auf der Hand liegenden Einwand bei Neugeborenen in der Taufe, die von Glauben und Verheißung ja noch nichts wissen können, der Täufling erhalte den Glauben durch das Gebet seiner Paten oder der Kirche. Der Priester ist nur ein Mittler, Liebe und göttliche Gnade eine Gabe Gottes an alle und durch alle, die sich dem Glauben öffnen und in ihm leben. Dennoch schreibt Henry: «*Er (Luther) macht aus dem Glauben nichts als einen Mantel für ein sündiges Leben. […] Und das wird umso deutlicher, als er nicht nur die Sakramente der Gnade entkleidet, sondern die Kirche auch aller Gelübde und Gesetze beraubt. Auch scheint es ihn überhaupt nicht zu kümmern, dass Gott sagte: «Gelobige und übergib' Gott deine Schwüre!» […] Was die Gesetze betrifft, so sollte er sich schämen, solch lächerliche Dinge erfunden zu haben, als ob Christen nicht sündigen könnten und als ob eine so große Menge an Gläubigen so vollkommen wäre, dass keine Gesetze erlassen werden müssten, weder zur Ehre Gottes noch zur Vermeidung des Bösen. Auf diese Weise beraubt er auch die Fürsten und geistlichen Würdenträger aller Macht und Autorität. Denn was sollte ein König oder Prälat tun, wenn er sich nicht auf ein Gesetz berufen kann, geschweige denn dieses vollziehen? Das wäre ja gleichsam ein Schiff ohne Steuermann, dessen Mannschaft dahintreiben müsste, ohne jemals an Land zu kommen. Was ist mit dem Spruch des Apostels: «Lasst jedes Geschöpf den höheren Mächten untertan sein!»? Was mit dem anderen: «Wenn du Böses tust, fürchte den König, denn es ist nicht ohne Grund, dass er das Schwert trägt. Was ist damit: «Übe Gehorsam gegenüber deinem Herrscher!»* (Die Frage, ob hier eventuell der weltliche Herrscher gemeint sei, lässt Henry anscheinend bewusst etwas im Unklaren; auf den Kirchenvater bezogen, wird die Verbindung dann aber wieder ganz klar.) *«Und was folgt daraus? Warum sonst sollte der heilige Paulus gesagt haben: «Das Gesetz ist gut.» und an anderer Stelle: «Das Gesetz ist die Verpflichtung zur Vollkommenheit.» Warum außerdem sagt der Heilige Augustinus: «Die Macht des Königs, das Recht des Eigentümers, die Handhaben des Gesetzesvollstreckers, die Waffen des Soldaten, die Gewalt des Herrschenden und die strenge Gehorsamspflicht eines guten Vaters sind alle nicht umsonst eingeführt.» Erstere haben alle ihre Gewohnheiten, Gründe, Nutzen und Vorteile, und wenn man die Letzteren fürchtet, so werden schlechte Menschen daran gehindert, böse Taten zu tun, und die Guten können in Ruhe inmitten der Bösen leben. Ich halte hier keine Fürsprache für die Könige, um meine eigene Sache damit zu vertreten, sondern ich frage mich vielmehr: Wenn die Apostel uns so viele Gesetze erteilt haben – und ich gehe davon aus, dass kein Christ, weder Mensch noch Engel, die Gesetze erlassen kann –, und sei es nur durch sich selbst und nicht nach dem ausdrücklichen Gebot unseres*

Herrn, warum sie nicht zum Besten der Menschen sein sollen, da die Apostel doch in der göttlichen Nachfolge stehen?» Beim Beichtsakrament, das Luther ja vollständig abgeschafft hat, kommt Henry wieder zur Schlüsselgewalt der Priester und damit zur Petrus-Nachfolge. Die heiligen Kirchenväter, so Henry, hätten erklärt, dass wir unsere Sünden nur den Priestern beichten sollen, sofern wir nicht durch äußerste Notwendigkeit anderweitig gezwungen sind. «*Lasst ihn zu den Priestern kommen», sagt der Heilige Augustinus, «die ihm die Schlüssel der Kirche verabreichen können, die sie verwalten.» Er sagt nicht: Geht zu Laien oder geht zu Frauen.*» Die Autorität des Pontifex ist die der Bischöfe und die der Priester und letztlich auch die der Könige. Das ist vollkommen klar, und darauf läuft es bei Henry hinaus.

Mit besonderem Einsatz und Enthusiasmus verteidigt Henry das Sakrament der Ehe. «*Ehe*», so beginnt Henry dieses Kapitel, «*das erste aller Sakramente, gefeiert bereits von den ersten Menschen und geehrt durch das erste Wunder unseres Erlösers, genießt schon seit so langer Zeit die religiöse Ehrfurcht eines Sakraments durch ihren bloßen Namen.*» Die Tatsache scheint dem Autor ganz undiskutierbar, selbst wenn sie nicht ausdrücklich durch Bibelstellen belegt werden könnte. «*Die Kirche hält sie für ein Sakrament, das von Gott eingesetzt und uns von Christus gegeben, uns überlassen von seinen Aposteln und schließlich als Sakrament überliefert wurde von den heiligen Vätern. So, wie es war, wurde es dann von Hand zu Hand gereicht bis hin zu uns und von uns an die Nachwelt, geehrt bis ans Ende der Welt.*» Henry hatte eine sehr hohe Meinung von der Ehe, und es ärgerte ihn – mehr als alles andere, wie es scheint –, dass diese nachgerade entzaubert wurde, mit dem fadenscheinigen Argument, wie er meint, dass bereits die Patriarchen der Vorzeit und die Heiden sie praktiziert hätten. Das sei gar kein Widerspruch, so der König, «*denn der Heilige Augustinus sagt, dass das Sakrament der Ehe allen Nationen gemeinsam ist. Doch ihre Heiligkeit besteht nur im Gottesstaat und seinem heiligen Berg, also der Kirche.*» Sollte die Ehe der Ungläubigen auch kein Sakrament sein, so sei sie es doch für die Gläubigen. Christus habe die Christen zunächst durch die Kirche und zusätzlich in Gestalt der Ehe mit einem unauflöslichen Band der Gemeinschaft geweiht, und dieses stamme von Gott. Jedem, der sich die entsprechenden Stellen im Brief des Paulus an die

Epheser gegenwärtige, müsse das sonnenklar sein. Darin heißt es: «*Ihr Männer, liebet eure Frauen, gleich wie auch Christus geliebt hat die Gemeinde … […] Um deswillen wird ein Mensch Vater und Mutter verlassen und seinem Weibe anhangen, und sie werden sein* ein *Fleisch.*» Henry schlussfolgert: «*Man sieht also, dass der gesegnete Apostel uns überall lehrt, dass die Ehe von Mann und Frau ein Sakrament ist, das die Vereinigung von Christus mit seiner Kirche repräsentiert. Er sagt uns, dass Mann und Frau ein Leib sind, von welchem der Mann das Haupt ist und dass Christus und die Kirche ein Leib sind, von dem Christus das Haupt ist.*» Das sei eben auch eine Verpflichtung für die Eheleute, die im Bewusstsein dieses Sakraments leben sollen, immer darum bemüht, seiner würdig zu sein. Der Autor zitiert Hugo von Sankt Viktor: «*Dieselbe Liebe, durch die Mann und Frau in der Heiligkeit des Ehestands spirituell geeint sind, ist das Sakrament und das Zeichen der Liebe, durch das Gott sich mit unserer Seele verbindet, indem er seine Gande und seinen Geist in uns gießt.*» Einem so empfänglichen und romantischen Geist wie Englands König waren diese Worte wie Blütenregen. Und er hat wahrscheinlich nie aufgehört, daran zu glauben. Von den Aposteln über Paulus bis hin zu Bernhard von Clairvaux werde schließlich immer wieder betont, dass der Ehestand ein unbeflecktes Bett hervorbringe, also etwas, das sonst Sünde wäre, in einen begnadeten Akt wandelt, «*Wasser in Wein verwandelt*», wie Henry es sinnig ausdrückt, den Schandfleck der Unzucht, schändlicher Lust von uns nimmt, und das alles sei gar nicht denkbar, so Henry, ohne die göttliche Gnade, die Christus uns übergab. «*Aber ich meine, das Wunder, das er uns darbietet, ermahnt uns immer daran, dass das schale Wasser fleischlicher Lüsternheit durch die geheimnisvolle Gnade Gottes in Wein höchster Güte verwandelt wird.*» Ein beachtliches Qualitätssiegel und ein überzeugender Vorgang für den Gourmet! Er zitiert Christus selbst, der da sehr schlicht sagt: «*Was Gott zusammengefügt hat, das soll der Mensch nicht scheiden.*» Redete sich Henry hier im großen Stil seine beginnenden Skrupel bezüglich seiner eigenen Ehe aus?

Bei der Priesterweihe, die Luther als Erfindung der Kirche des Papstes bezeichnet, die nichts mit der Kirche Jesu zu tun habe, kommt Henry wieder zur Frage der Autorität – kirchlicher, die auch die weltliche nach sich zieht. «*Wir sind alle Priester, sagt [Luther], angeblich nach dem Heiligen Petrus: Wir alle sind Teil der königlichen Priesterschaft und des priesterlichen Königreichs.»* Das ist dem englischen König eindeutig unsympathisch. Und die Stelle von der königlichen Priesterschaft ist seiner Meinung nach wirklich anders zu interpretieren. Grässlich, was dieser Ketzer da folgerte …! «*Denn wenn die Priesterweihe für nichts gilt, da jeder Christ ein Priester ist, könnte man im gleichen Sinn zu dem Schluss kommen, dass Christus nicht über Saulus stand. Denn David sagt über Saulus: «Peccavi tangens Christum Domini.» «Ich habe gesündigt, denn ich habe den Gesalbten berührt, unseren Herrn.»* Was also habe es auf sich mit dem Wort: «*Nolite tangere Christos meos*»? Das lässt Henry im Raum stehen, denn unter der Prämisse der Gleichheit wäre das Wort hinfällig; schließlich gäbe es dann ja auch keinen Gesalbten. «*Mit einem Wort: Alle Christen sind Könige, und zwar in derselben Weise, wie sie auch alle Priester sind.*»

Wenn man die Priester abschafft, schafft man auch bald die Könige ab. Alle sind König. Das wäre ja wirklich entsetzlich. Wenn man das Priestertum ablehne als Sakrament und den Priester in den Rang eines Laien herabstufe, ihn am Ende gar noch durch Wahlen ins Amt bringe, dann sei es so, «*dass der, der predigt, nicht mehr Priester ist als ein anderer, ja, nicht mehr ein Priester ist als ein gemalter Mensch ein Mensch ist.*» Hier bezieht er sich auf das Luther-Zitat mit biblischer Reminiszenz: «*Die wir aber Priester nennen, sind aus uns erwählte Diener, die alles in unserem Namen tun sollen. Das Priestertum ist nichts anderes als ein Dienst. So 1. Kor. 4, 1: «Dafür halte uns jedermann: für Christi Diener und Haushalter über Gottes Geheimnisse. […] Des Priesters Amt ist es zu predigen. Wenn er das nicht tut, dann ist er so ein Priester, wie ein gemalter Mensch ein Mensch ist. […] Der Dienst am Wort Gottes macht einen Priester und Bischof.*» Und an anderer Stelle: «*Weiter ist das Priesteramt eigentlich nichts anderes als ein Dienst am Wort – am Wort, sage ich, nicht des Gesetzes, sondern des Evangeliums.*»[4] Das schließlich verweist auf einen tiefgreifenden Wandel durch die lutherische Bewegung, denn dass hier *das Wort*, der Logos, so enorm an Bedeutung gewann, während das Mysterium darüber ein wenig verloren ging, wenigstens abgeschwächt wurde, scheint auch unserem königlichen Reformationsgegner völlig bewusst gewesen zu sein, wenn er auch sicher die Wortgefechte kaum fürchtete.

Die Letzte Ölung schließlich – da war Henry dann nicht mehr so persönlich betroffen und konnte sich sogar dazu hinreißen lassen, Witze zu machen. Luther lehne die Letzte Ölung als Sakrament ab, da sie die Worte der Apostel missdeute und nie bei den Kranken angewandt werde, sondern nur bei den Sterbenden, bei denen ja ohnehin jede Heilung vergeblich sei, und wenn, dann erfolge sie – Henry zitiert Luther – mehr durch die Kraft des Glaubens als durch ein Sakrament. «*Da er selbst jemand ist*», so der König über den Ketzer Luther, «*dem Gott so viele und große Geheimnisse enthüllte, und der im Begriffe ist, eine neue Kirche zu gründen, für die Wunder eine absolute Notwendigkeit sein werden, ist es wohl ziemlich wahrscheinlich, dass Luther im Übermaße vollbringen kann, was immer nur der Glaube vermag. Wenn das wahr wäre, frage ich mich, warum er nicht jeden Sterbenden heilt. Täglich warten wir sozusagen auf Nachrichten aus Deutschland, die uns verkünden, Luther habe die Toten zum Leben erweckt.*» Spaß beiseite – für einen Vertreter des alten Glaubens sind die Sakramente das Herzstück, auch heute noch. Henry gibt folgende Definition: «*Ein Sakrament ist ein sichtbares Zeichen einer unsichtbaren (göttlichen) Gnade.*» Er verabscheut die ketzerischen Vorstöße Luthers, nicht nur weil sie jede (gottgegebene) Autorität unterminieren, Zwiespalt und Aufruhr schaffen, sondern weil sie die Welt entzaubern und den Mysterien ihre Kraft nehmen. «*Ich sehe in ihm alle Zeichen, die auf den Tod hindeuten*», schreibt Henry. Luther sei gewissermaßen vom Teufel besessen. «*Der gierigste Höllenhund hat sich seiner bemächtigt, ihn verschlungen und in den tiefsten Teil seines Bauches hinuntergeschluckt, wo er nun halb tot, halb lebendig dahinsiecht.*» Ein ewiges Fegefeuer, wenn man so will. Und dieser intellektuell wache und talentierte König, der das göttliche Wort und das Buch aller Bücher ziemlich gut kennt, einschließlich seiner unterschiedlichen Traditionen der Auslegungen, erkennt auch an dieser Stelle sehr klar den Zusammenhang zwischen Erkenntnis und Unschuldsverlust, sträflichem Wissen und prometheischem Streben, Ikarus' Höhenflügen und seinen Abstürzen – ein altes Menschheitsthema schon aus vorchristlicher Zeit. «*Wie die alte Schlange*», schreibt er noch über Luther, «*beginnt er die Fallen des Unglaubens überall aufzustellen, auf dass er durch das Kosten der verbotenen Frucht schmerzlichen Wissens ihre Vertreibung aus dem Paradies der Kirche herbeiführe (die bei ihm längst erfolgt ist), in ein Land voller Dornen und Disteln. In der Tat fühle ich großes Bedauern angesichts seines Irrglaubens und seines elenden Falls, und ich wünschte, er würde von Gottes Gnade erleuchtet, er würde bereuen, zur Umkehr bewegt werden und zum Leben zurückkehren.»*[5]

Während Henry seine Disputation allmählich beendete, befand sich Luther, gegen den er die Feder erhob, an seinem unfreiwilligen Zufluchtsort in der Wartburg bei Eisenach, nachdem ihn sein sächsischer Kurfürst hatte «entführen» lassen, um seinen Mönch, über den nun die Reichsacht verhängt war, vor den Päpstlichen und vor den Kaiserlichen zu schützen. «*Aus meiner Einöde*» schrieb er im Laufe der kommenden Monate an seine Freunde und: «*Aus meiner Eremitenklause*». Bevor er sich in der Einsamkeit an sein ganz großes Werk machte, die noch heute von den evangelischen Landeskirchen verwendete «Luther-Bibel» auf Deutsch, plagten ihn Ängste und Skrupel und physische Anfechtungen, darunter auch dramatische Verdauungsbeschwerden, die er geradezu als Heimsuchung empfand. Auch vom Teufel fühlte er sich wieder und wieder heimgesucht – Englands König lag also, könnte man meinen, mit seiner Einschätzung gar nicht so falsch. Der freie evangelische Gesang, den Luther so propagierte, sollte den Teufel vertreiben, wie alle Musik. Noch Erinnerungen ganz anderer Art kamen ihm, nachdem er schon eine Reihe von Monaten auf der Wartburg verbracht hatte: «*Als ich die Gelübde ablegte, sagte mein Vater – auch als er sich schon wieder beruhigt hatte –: ‹Hoffentlich war es kein Blendwerk des Satans!› Dieser Satz trieb Wurzeln in meinem Herzen. Ich habe niemals etwas aus seinem Munde gehört, das ich fester im Gedächtnis behielt. Es scheint mir (jetzt), als habe mich Gott durch seinen Mund gleichsam aus der Ferne angeredet, zwar spät, aber doch stark genug zu meiner Strafe und Ermahnung.*» Den Brief schrieb er am 9. September an Philipp Melanchthon, und es drängte ihn sehr danach, mit dem abwesenden Freund über Gesetz und Freiheit, über Gelübde, die wir nur in der Form ablegen, und über Gelübde, die wir uns selbst geben, Unterwerfung und Sünde und immer wieder die Freiheit zu disputieren. Die Freiheit eines Christenmenschen, so wie sie Luther verstand. «*Denn das gehört auch zu der evangelischen Freiheit: sich einem Gelübde und den Gesetzen unterwerfen zu können!*

Und das Gesetz Gottes kommt nicht aus dem Glauben, sagt der Apostel Paulus (im Galaterbrief 3, 12), genausowenig kommt es aus der Freiheit und richtet sich nicht gegen das Evangelium. Und trotzdem leben wir frei unter ihm. So sind viele frei, obwohl sie noch der Knechtschaft der Gelübde unterworfen sind. In gewisser Weise ist dein Schluß ganz richtig: Was gegen die Freiheit des Evangeliums ist, sei ewiglich verflucht. Die Religion der Gelübde ist dieser Art, darum weg mit ihr!» Ob Henry dem folgen könnte? Den Fragestellungen und Vertiefungen, die das Gewissen zur Instanz an sich machten? Er verteidigte die Sakramente, weil sie vielleicht ein Palliativum waren für seinen Seelenfrieden. Es war jedenfalls erheblich bequemer so, wie es war. An die kaiserliche Majestät Karls V. schrieb er am 20. Mai, sie möge doch zu ihrem eigenen Besten «*die große Pestilenz*» Luthers «*mit der Wurzel ausreißen*», und dann wandte Henry sich sogar noch an den Kurfürsten von der Pfalz, seine Verwunderung ausdrückend, dass «*die deutsche Nation*», die ja doch immer eine sichere und wehrhafte Festung der Christenheit war, diesen Samen der Ketzerei zuließ, ihn jedenfalls nicht angemessen bekämpfte. Kaiser und Reichsstände hatten sich aber vor allem deshalb so zurückhaltend gegen Luther gezeigt, weil sie lange Zeit hofften, ihn für die katholische Kirche erhalten zu können, weil seine enorme Popularität in deutschen Landen einen Brandherd darstellte, der nicht überschätzt werden konnte und angesichts dessen es besser sein mochte, umsichtig vorzugehen, nicht zuletzt aber, weil Friedrich der Weise, der sächsische Kurfürst, seine schützende Hand über ihn hielt. Für seine Kaiserwahl war Karl immerhin auf Friedrichs Stimme angewiesen gewesen, und diese hatte sich im Vorfeld nahezu zeitgleich mit den Anfängen, den ersten Jahren der lutherischen Bewegung ereignet. Das waren historische Koinzidenzen – zu denen auch die Erfindung der Druckerpresse gehörte, durch die Luthers Schriften sich so rasant ausbreiten konnten –, die aus dem unerschrockenen Wirken eines einzelnen Mannes eine Bewegung machten mit gewaltigen Folgen.

Tatsache war freilich, dass lutherisches Gedankengut längst auch in die universitären Kreise Englands Einzug gehalten hatte, wenn es auch von den Autoritäten unterdrückt wurde. Die Schriften zirkulierten auch auf der Insel, teilweise durch die Hanse-Kaufleute eingeführt, und manch einer nahm es in Kauf, den Verbrennungstod zu riskieren durch ihren Besitz. Verbrannt wurden zunächst einmal nur Luthers Schriften: in einer großen öffentlichen Zeremonie am St. Pauls-Kreuz in London am 12. Mai. Wolsey hatte das wohl oder übel veranlassen müssen, weil der Papst die Verlängerung seiner Funktion als päpstlicher Legat sonst nicht bewilligt hätte. Wo Wolsey zu der Zeit religiös stand – falls er überhaupt irgendwo stand –, ist schwer auszumachen. Zweifelsohne arbeitete er aber an einer Karriere in Rom. Das irdische Dasein Leos X. neigte sich sichtlich dem Ende zu, und Wolsey begann im Laufe des Jahres mit dem Kaiser zu kooperieren, der ihm Hoffnungen auf einen noch größeren Höhenflug machte. Wolsey wollte Papst werden. Dies alles bestimmte die englische Außenpolitik für die nächsten vier Jahre: den Verlauf der Calais-Konferenz, die Positionierung Englands auf der Seite des Kaisers und des Papstes, die schon wegen der lutherischen Ketzerei gezwungen waren, gemeinsame Sache zu machen, gegen Frankreich, gegen François, die Verlobung der kleinen Mary mit Kaiser Karl, die gemeinsame Kriegserklärung an den französischen König und damit die Involvierung in die italienischen Kriege. Es war Wolsey, der, die Friedenskonferenz von Calais unterbrechend, am Abend des 14. August 1521 in Brügge eintraf, um dort den römischen Kaiser zu treffen, nicht Henry. Wolsey hatte den Kaiser absichtlich warten lassen, im Ganzen etwa vier Tage, und dann ritt er ein, ein Gefolge von über tausend Mann hinter sich. Kaiser und Kardinal begrüßten einander, sich umarmend zu Pferde, und alsdann ritten sie wie zwei ebenbürtige Souveräne nebeneinander her, wenn auch dem Kaiser der Ehrenplatz auf der rechten Seite gebührte. Er sah es derzeit als zweckmäßig an, diesem Bündnispartner, soweit eben möglich, entgegenzukommen. Dafür ließ er auch gerne ein schönes Jahrgeld für den Kardinal springen. Wolseys Einkünfte hatten inzwischen nahezu die Einkünfte der Krone erreicht – ohne dass dem allerdings Henrys Ausgaben für Kriege gegenüberstanden.

Als die Franzosen Ende 1521 erst in den Niederlanden und dann in Navarra einfielen, attackierten die kaiserlichen Truppen Nordfrankreich. Papst, Kaiser und englischer König schlossen daraufhin – dem europäischen Friedensvertrag von 1518 entsprechend – ein förmliches Bündnis, das aber letztendlich daran zu scheitern bestimmt war, dass Kaiser Karl nicht gewillt war, Henrys französische Eroberungspolitik

ASSERTIO SEPTEM SA=
cramentorum aduerſus Martin.
Lutherū, ædita ab inuictiſ=
ſimo Angliæ et Fran=
ciæ rege, et do. Hy=
berniæ Henri=
co eius no
minis
o=
ctauo.

HENRYS STREITSCHRIFT:
Assertio septem sacramentorum adversus Martinum Lutherum, 1521

zu unterstützen. Ebensowenig machte er Thomas Wolsey zum Papst – und das vergaß dieser ihm nie. Einstweilen aber waren die Frontstellungen der europäischen Mächte ein wenig anders gelagert als die Jahre zuvor, und Katharina, Königin von England, die ihrem Töchterchen eine Brosche mit dem Bildnis des Kaisers ans Kleid heftete, sah sich damit am Ziel ihrer Wünsche.

Der König von England war inzwischen von Papst Leo aufgrund seiner gelehrten Schrift, die ihm John Clerk, der englische Gesandte in Rom, überreicht hatte, prächtig gedruckt und gebunden, wie es sich für einen König gehörte, mit dem Titel: «Fidei Defensor», «Verteidiger des Glaubens» bedacht worden. Alle, die das Buch lasen, erhielten vom Papst oder seinem Legaten Kardinal Wolsey zehn Jahre Ablass für die Lektüre. Martin Luther in Wittenberg, der umgehend eine Gegenschrift zur Gegenschrift publizierte, reagierte darauf mit reinem Sarkasmus. «*Ich höre auch sagen*», schreibt er, «*man habe zu Rom dem Könige von England einen Titel zu Lohn gegeben, daß er soll Defensor Ecclesiae heißen, ein Schutzherr der Kirche, und daß man Ablaß ausgeteilt denen, die sein Buch lesen. Und ich bestätige den Titel und Ablaß auch, und dünkt mich des Büchleins wert zu sein. Aber ich gebe keinen Ablaß meinen Lesern und bitte Gott, daß er mich ja nicht lasse in der Kirche sein, da der König von England Schutzherr ist. Denn wenn ich zu Wittenberg bin und er in England, oder wenn er schläft oder sonst etwas anderes schafft, wo sollte meine Seele derweil bleiben? Der Papisten Kirche, die an Gott verzagt und Christum verleugnet, soll solchen Schutzherrn haben!*» Von der Wartburg aus, wo er sich als «Junker Jörg» inkognito aufhielt, hatte er bereits ein evangelisches Landeskirchentum organisiert. Das gepredigte Wort stand im Mittelpunkt der Gottesdienste, das Zölibat wurde abgeschafft und das Abendmahl in beiderlei Gestalt dargereicht. Der Mann, der Papst und Kaiser getrotzt hatte, ließ sich von einer königlichen Feder nicht einschüchtern. Er vermutete – wie im Übrigen viele –, der König habe dieses Buch gar nicht selbst geschrieben, sondern seine Gelehrten damit beauftragt, um sich nun auch noch mit fremden Federn zu schmücken. Er hielt Bischof Edward Lee zu guter Letzt für den Urheber, was mehrere Editoren späterer Generationen aufgrund von Stilvergleichen bestätigten. Aber wie dem auch sei – «*Da liegt mir nichts an, es hab's*

König Heinz oder Kunz, Teufel oder die Hölle selbst gemacht. [...] Wenn ich darum sollte erschrecken, daß ein König wider mich schreibt, müßte mich vielmehr erschreckt haben, daß der Papst, ‹der aller Könige, Fürsten, Schulen, Kirchen Meister sein will›, wider mich geschrieben hat. Aber ich habe meine Lehre, von Gottes Gnaden, nicht allein vom Himmel erhalten, der mehr vermag in seinem kleinen Finger, denn tausend Päpste, Könige, Fürsten und Doctores. Sie sollen sie mir auch lassen ewiglich bleiben, deß will ich ihnen allen Trotz bieten, in Gottes Namen.» Doktor Luther gab sich dann auch nicht gar so viel Mühe, Henrys Ausführungen zu widerlegen, und wies im Wesentlichen darauf hin, sein Gegner (den er als solchen ja gar nicht anerkannte) führe das alte konservative Argument im Gepäck, die Auslegung und der Ritus seien von jeher so gewesen und daher richtig. Punktum. Wahrlich ein Kreis-Argument. «*Ich glaube, es sei also recht. Item, so lange hat man's gehalten. Item, so viele Leute mögen nicht irren. Item, etliche heilige Väter haben dies und dies gesagt.*» Nicht ganz zu Unrecht wies er den königlichen Hobby-Theologen auf seinen Platz: «*Wie fein stünd's einem Könige an, daß er sein Land regierte und ließe diese Sache treiben, die sie könnten?*» Allerdings fügt er recht unfein hinzu: «*Was ist's, daß ein Esel will den Psalter lesen, der nur zum Sacktragen gemacht ist?*» Das war reichlich grob, und dass er den König auch ständig «*Heinz*» nennt und «*Junker*», manchmal auch: «*König Heinz*» oder «*Junker Heinz*», «*Lügenkönig*» etc., wie es sich so ergab, und Sätze äußert wie: «*Also viel Hirns ist in dieses Königs Kopf nicht*», hat ihn wohl ein für allemal auf der Insel disqualifiziert, auch als Zeiten anbrachen, in denen er dort gut beleumundet hätte sein können. Verständlicherweise antwortete Henry nicht auf diese Gegenschrift seiner Gegenschrift.

Das tat wiederum Thomas More, und dessen Gegenschrift auf die Gegenschrift auf die Gegenschrift war von der Form her ein akademisches Werk, wie es der Sache gebührte: groß und weit angelegt, Argumente liefernd und aufgreifend, strukturiert. In kontinuierlicher Abfolge und zwischenreingestreut, handelte es sich aber dabei unter anderem um eine bemerkenswerte Ansammlung von Entgleisungen, die Luthers Stilbrüche noch um ein Mehrfaches überboten. Geradezu lustvoll schien sich Morus hier in einer Fäkalsprache zu ergehen, die ihresgleichen sucht – und nicht nur unter Gelehrten. Dieser «*lausige kleine Klosterbruder»*, so der heilige Thomas More über Luther, *«ein Trunkenbold»*, *«schmutziger als ein Schwein und dümmer als ein Esel»*, ein *«scheißender und beschissener Schuft»*, sei allenfalls fähig, *«mit seiner Frontseite das Hinterteil eines weiblichen Maultiers zu lecken». «Der Orkus [also die Unterwelt] hat dich als grässlichste Menschheitsplage auf die Erde gespeit.»* Dieser Auswurf in Menschengestalt verdiente nach Thomas More nur den Applaus *«von Juden, Türken und anderen Ungläubigen»*. Außerdem kolportiert Morus das damals kursierende Gerücht, die Lutheraner würden sich in den Kirchen in wüsten Orgien ergehen, unter dem Christuskreuz sowie angesichts der Bilder der Heiligen kopulieren (die Quellenangabe dieser Ereignisse bleibt uns der Humanist schuldig). Der mit einer reichlich wüsten Phantasie ausgestattete More erweitert die Imaginationen noch um das delikate Detail, dass diese Kirchenschänder die Christusbilder vor ihrer Verbrennung in Kreuzesform mit ihren Exkrementen besudeln. Zu diesen hatte der Autor offenbar sowieso ein delikates Verhältnis. Immer wieder ist in der Schrift vom *«Scheißen»* die Rede. Mit billigem Populismus habe sich also der lausige Klosterbruder (heute ein *«Zuhälter»*) in Ermangelung wirklicher Argumente seine schäbige Anhängerschaft zusammengescharrt, um so viel öffentlichen Wirbel in niederen Sphären wie möglich darum zu machen. *«Dann schwärmen sie aus in verschiedene Richtungen, jeder an den Ort, den ihm sein Geist eingibt […]: in Badehäuser, Bordelle, Barbierläden, Tavernen, Hurenhäuser und Spinnereien, zu den Aborten und Kloaken. Da beobachten sie dann also alles sehr fleißig und tragen es in ihre Notizbücher ein, was immer ein Kutscher an Zoten von sich gibt oder ein Diener an Unverschämtheiten, ein schmutziger Pförtner, ein Parasit, eine Hure, ein Zuhälter, ein obszöner Scheißer.»* (Das konnte wohl nur Bezug nehmen auf Luthers Ausspruch, er wolle *«dem Volk aufs Maul schauen»*, um seine Bibelsprache zu finden, aber so hat er es sicherlich nicht gemeint, und Martin Luther hatte wohl auch ein wohlwollenderes Volks- und Menschenbild als Thomas More.) *«Nachdem sie also auf diese Weise einige Monate auf die Jagd gegangen sind, haben sie all ihre Lästereien zusammengetragen, all ihren skurrilen Spott, ihre Liederlichkeiten und Obszönitäten, den Schmutz, den Mist und die Scheiße, all das Abwasser, das sie in den stinkenden Kanal von Luthers Brust füllten. Und all das erbrach er dann über seinen stinkenden Mund in sein Lästerbuch.*» More entwickelte im Zuge der lutherischen Bewegung einen Säuberungswahn, der kein Maß mehr kannte, und er hätte die berüchtigte spanische Inquisition in ihrem Vorgehen wohl noch übertroffen, wenn er nur über die Mittel und Handhaben verfügt hätte. Im Augenblick war er freilich bestenfalls zweite Garde hinter dem Kardinal und Lordkanzler Wolsey, dem er aber gut zuarbeitete. Eines scheint jedenfalls klar: Während sich die Herren Gelehrten die vulgärsten Schlammschlachten lieferten, war es einzig der nicht promovierte König, der die Stilsicherheit und Dezenz eines gemäßigten akademischen Tons pflegte und beibehielt. Aber um seinen bescheidenen Beitrag ging es hier ja schon lange nicht mehr. Er hatte im Übrigen auch nie behauptet, sich mit der gelehrten Welt messen zu wollen. Möglich, dass ihm Mores Buch peinlich war. More hat es unter Pseudonym veröffentlicht, das irgendwann aufflog. Der Casus hatte mit dieser Schrift wirklich Gossenniveau erreicht, und der König mochte sich fragen, was die Welt von ihm dachte, wenn sie den Autor kannte, mit welcher Art Staatsdienern er sich umgab. Immerhin war More seit Neuestem in den Ritterstand erhoben und bekleidete die Funktion eines Unter-Schatzmeisters. Der König selbst hatte sich mit Herzblut und Engagement in seiner Schrift positioniert, aber der Fanatismus, der nun auf beiden Seiten ausbrach, war ihm wohl fremd. Wolsey übrigens auch. Wolsey war lässlich in Fragen der Religion. Die meisten Ketzerprozesse, die in seine Zeit fielen, hat er im Allgemeinen verschleppt, auf dass er sie nicht in die Endphase führen musste, und wenn, dann konnten die Beschuldigten durch einen Widerruf davonkommen, was sie auch häufig taten.

In die Zeit von Henrys theologischen Ambitionen fällt auch seine Affäre mit Mary Boleyn, der Tochter seines zungenfertigen und frankophilen Diplomaten Sir Thomas Boleyn, der von Wolsey bereits verschiedentlich auf diplomatische Missionsreisen nach Frankreich und Spanien entsandt worden war. Von Henrys Affäre, die sehr diskret verlief, wissen wir eigentlich nur durch seinen eigenen Rückblick, als er nämlich in heißer Liebe zu Anne, Marys Schwester, entbrannte und sich in seinen Skrupeln im Hinblick auf Gottes Willen auch fragte, wie es um diese eindeutige Blutsverwandtschaft einer ehemaligen Geliebten und einer zukünftigen Gattin bestellt war, was ihm unter anderem auch der Papst beantworten sollte, sprich: Dispens geben. Das (kirchlich konstruierte) Inzest-Problem ließ Henry nicht los. Mary war seit kurzem mit William Carey verheiratet, einem entfernten Verwandten des Königs über die Beaufort-Linie. Henry hatte diese Ehe noch protegiert und der Hochzeitsfeier sogar selbst beigewohnt. Verheiratete Mätressen waren in jedem Fall unproblematischer; das mochte er nach seiner Erfahrung mit Elizabeth Blount realisiert haben. Nicht ohne Einfluss auf seine Wahl war aber vermutlich die Tatsache, dass Mary Boleyn in ihrer Zeit am französischen Hof auch das Bett des jungen Königs François geteilt hatte, also Henrys Rivalen. Das hatte für ihn vielleicht einen gewissen «Hautgout». Henry war außerordentlich auf Konkurrenz programmiert.

Es hatte harmlos begonnen. Im Frühjahr 1521 war es an der Grenze der südlichen Niederlande, zwischen François' und Karls Reich, zu Feindseligkeiten seitens des Herrschers der Region von Brouillon und Sedan, Robert de la Marck, gekommen. Kaiser Karl hatte den Grafen von Nassau entsandt, um de la Marck zu vertreiben. Der französische König wiederum war de la Marck zu Hilfe geeilt, um darauf allerdings einen wesentlich aggressiveren Akt in eigener Regie durchzuführen: Er überfiel Navarra, das seit 1512 zu Spanien gehörte. Nun konnte sich Kaiser Karl mit gutem Recht auf den Friedensvertrag von 1518 berufen, wonach alle übrigen Teilhaber des Abkommens sich dem Angegriffenen gegenüber zur Unterstützung verpflichteten. Für Henry war die Konstellation letztlich eine willkommene Chance, seine französischen Eroberungspläne zu reaktivieren. Zunächst aber setzten Henry und Wolsey auf die englische Position einer Vermittlung zwischen dem Kaiser und dem französischen König. Es war Wolseys politische Linie in diesen Jahren, aus den kriegerischen Auseinandersetzungen und Entwicklungen in Europa das Beste für England herauszuholen. Das deckte sich mit seiner Diplomatie, seinen Intrigen und doppelbödigen Aktionen, bei denen Henry zumindest gelegentlich Skrupel durchblicken ließ. Ihm galten Schwüre und Bündnisse noch etwas, und er war eigentlich ein Mann der Eindeutigkeiten. Während Wolsey auf der Calais-Konferenz gegenüber Frankreich als Friedensstifter agierte, führte er geheime Unterhandlungen mit Kaiser Karl, die in dem unglaublichen Coup gipfelten, dass er die Konferenz mitten in den Friedensverhandlungen verließ, um sich in Brügge mit Karl zu bereden. Der Kaiser und Wolsey beschlossen ein heimliches Militärbündnis. Geplant war ein gemeinsamer Einfall in Frankreich spätestens Mitte Mai 1523. Von englischer Seite stellte man sich das Weitere so vor: Karl erhielt die Provinzen von Burgund, die jetzt noch in französischer Hand waren, einige Regionen im Osten sowie die Guyenne, und Henry würde König über das restliche Frankreich. Nach Henrys Tod würden Mary und Karl gemeinsam über England, Frankreich und Spanien herrschen. Karls Begeisterung über diese Aufteilung hielt sich in Grenzen. Er wollte eigentlich nur das Militärbündnis, englische Hilfe und englisches Geld, um seinen eigenen Krieg mit Frankreich zu führen. Nach dem Abkommen von 1518 stand ihm das seiner Meinung nach ohnehin zu. Weder beförderte er, wie versprochen, nach dem Tod Leos X. die Papstwahl zugunsten Wolseys, noch war es ihm mit seiner Verlobung mit Henrys Tochter und den entsprechenden Zukunftsaussichten ernst. Im Januar 1522 spähte er zwecks einer Heirat ins portugiesische Königshaus, und neuer Papst wurde nicht Kardinal Wolsey, sondern Karls früherer Lehrer, der in Utrecht geborene Adriaan Floriszoon Boeyens, der als Hadrian VI. sein Pontifikat antrat.

Es wurde ein kurzes Pontifikat, denn schon im Folgejahr starb Hadrian – eine geradezu tragische Figur auf dem Stuhl Petri, war der hochgebildete Mann doch ein Papst mit Reformbestrebungen, der nicht nur selbst ein makelloses Leben führte, sondern energisch gegen den Sittenverfall im Klerus und in den eigenen Reihen vorging, den Schacher mit geistlichen Ämtern bekämpfte, den Nepotismus und den Missbrauch des Ablasses. Er zeigte sogar ein gewisses Verständnis für Luther – für seine Beweggründe, nicht für sein Tun, das auch er bekämpfte –, und wer weiß, wie alles gekommen wäre, hätte Hadrian den Heiligen Stuhl nur wenige Jahre vorher bestiegen, und wäre ihm auch nur mehr Zeit beschieden gewesen. Die Römer jedoch hassten ihn (er war der letzte nicht-italienische Papst für die nächsten 456 Jahre bis zu Johannes Paul II. 1978), und die hohe Geistlichkeit wollte sich von dem asketischen Mann keineswegs ihren Luxus, die schöne Kunst und ihr Wohlleben ausreden lassen. Europas Christentum spaltete sich in die prächtige Bildwelt des Südens und in die nordische Schlichtheit des protestantischen Worts. Hadrian wollte übrigens auch Erasmus nach Rom holen, damit dieser ihm helfe, die Kirchenspaltung zu überwinden. Gott habe diese Aufgabe geradezu für ihn reserviert, schrieb er ihm. Aber Erasmus zog es vor, in Basel zu bleiben, auf neutralem Boden. «*Ich liebe die Freiheit*», schrieb er, «*einer Partei dienen will und kann ich nicht.*» Reichsritter Ulrich von Hutten, der sich ebenfalls in der neutralen Schweiz aufhielt, doch auf der Flucht nach Sickingens gescheiterter Erhebung, empfand große Erbitterung gegen den alten Mitstreiter. Er kapituliere vor den Mächtigen und vor den Papisten, warf er ihm vor, bestochen durch Schmeicheleien und die Verlockungen neuer Einkünfte. In seiner «Expostulatio», einer Art offenem Brief gegen Erasmus von Rotterdam, schrieb Hutten: «*Sagte Christus nicht, es werde um seiner Lehre willen Haß und Zwietracht, Kriege und Blutvergießen geben? Die Romanisten wüten nur deshalb gegen Luther, weil sie das Evangelium nicht ertragen können. Zeige uns, wie die Wahrheit zum Sieg geführt und die Unruhstifter zum Frieden geführt werden können. Erhebe deine Stimme! Laß sie laut erschallen! Du sagst, Luther habe den Apfel der Zwietracht geworfen. Jeder, der das Evangelium verkündet, wirft den Apfel der Zwietracht. [...] Ich glaubte, wenn es um die Wahrheit geht, seist du unerschütterlich. Mich schmerzt dein Abfall.*» Aber Erasmus hatte sich bereits bekannt und an anderer Stelle erklärt: «*Ich kann nicht anders sein als ich bin. Ich kann nicht anders als die Zwietracht verabscheuen. Ich muß nun einmal Frieden und Eintracht lieben. Ich sehe, wieviel Dunkelheit in allen menschlichen Dingen ist. Ich sehe, wieviel leichter es ist, Unruhe zu erregen als zu beschwichtigen. Die den Tumult anhoben, behaupteten, vom Heiligen Geist getrieben zu sein. Dieser Geist hat mich nie getrieben. Wenn er es tut, dann wird Erasmus vielleicht wie Saul unter den Propheten sein.*» Manchmal ist Überparteilichkeit auch ein Verrat an der Zeit.

Am 29. Mai 1522, während der Kaiser auf seiner Reise nach Spanien in England Station machte und prächtig empfangen wurde, überbrachte ein Herold des englischen Königs Frankreichs König François in Lyon eine Kriegserklärung. Zwar war die Invasion erst für das nächste Frühjahr geplant, aber Henry schickte bereits jetzt eine Armee unter Thomas Howard, dem Earl of Surrey, nach Calais. Surrey landete Ende August und vereinigte sich am 2. September in der Nähe von Ardres mit den Söldnern des Kaisers. Die vereinigten Streitkräfte stießen 50 Meilen vor ins Landesinnere, wobei zahlreiche Städte, Dörfer und Höfe niedergebrannt wurden. Als Ende September ein starker Regen einsetzte, wollte der Kaiser die Kampagne beenden. Surrey schrieb Wolsey und fragte ihn, was er tun solle, und Wolsey antwortete, Surrey solle die Operation fortsetzen bis Ende Oktober. Als die Kaiserlichen aber schon Richtung Niederlande marschierten, führte auch Surrey seine Leute zurück auf englisches Territorium. Die Operationen im Folgejahr waren auch nicht ergiebiger. Zwar drang das englische Heer unter dem Herzog von Suffolk bis auf fast 60 Meilen vor Paris vor. Aber das war bereits Anfang November. Mitte November trat ein strenger Frost ein und forderte in nur zwei Tagen über hundert von Suffolks Soldaten, die erfroren oder an Krankheiten starben. Dann taute es, und die Zufahrtsstraßen für Nachschublieferungen an Waffen und an Verpflegung waren nicht mehr passierbar, so dass Suffolk seine Truppen zurück nach Calais führte. Henry war sowieso der vorsichtigere und vermutlich auch kenntnisreichere Militärstratege als Wolsey, besonders, was die Marine betraf, die zu seinem besonderen Steckenpferd wurde. Als Wolsey und Kaiser Karl vor den Einmärschen einen Überraschungsangriff auf die französische Flotte geplant hatten, haben Henrys Einwände am Ende das Unternehmen gekappt. Die Häfen seien stark befestigt, die Schiffe ankerten in verschiedenen Häfen, so dass ein Zugriff auf einen Schlag gar nicht möglich sei. Seine Vorsicht hätte dieses Mal auch die sinnlosen Unternehmungen auf französischem Boden abwenden können.

Wolsey bemühte sich währenddessen um eine andere Strategie, indem er die beiden Hauptalliierten des französischen Königs, nämlich Schottland und Venedig, von Frankreich zu lösen versuchte. Er requirierte zum Beispiel alle venezianischen Handelsschiffe in Southhampton, und als der venezianische Gesandte in London die Freigabe der Schiffe zu erwirken versuchte, wurde ihm klargemacht, dass Venedig sich auf die Seite der anti-französischen Allianz schlagen solle – und das tat es dann schließlich, ein Jahr danach. Die Schotten wiederum sollten endlich begreifen, welche Armut und Unterdrückung sie litten durch die Franzosen. Als Wolsey hörte, dass der französische König

James Stewart, den Herzog von Albany, nach Schottland zurückschickte, damit er England vom Norden her angriff, schickte er Surrey nach Newcastle, um ihm zuvorzukommen und eine Invasion in Schottland durchzuführen. Margaret Tudor, Mutter des zehnjährigen Königs von Schottland, legte noch einmal ihr ganzes Gewicht in die Waagschale, um Blutbäder schlimmsten Ausmaßes zu verhindern, indem sie zum Beispiel anführte, die schottischen Lords würden sich unter keinen Umständen von Frankreich und Albany lösen, und das Leid der Bevölkerung sei ihnen völlig egal. Doch ihre Interventionen blieben ohne Erfolg. Ganze Landstriche wurden von den Engländern verwüstet. In der Merse und in Teviotdale, hieß es, waren kein Haus, keine Festung, kein Dorf, kein Baum und kein Korn mehr übrig, um den Menschen das Überleben zu sichern. Albany führte einen Vergeltungsschlag, doch beim Versuch, die englische Grenzfestung Wark Castle zu stürmen, wurde seine Armee wieder nach Schottland getrieben. Surrey schrieb prahlerisch an den englischen König, Albany habe England nicht einmal einen Schaden von zehn Schilling zugefügt. Und so wurden dann auch Englands jüngste militärische Aktivitäten im Zuge dieser patriotischen Euphorie unmäßig aufgeblasen: «*Bis ins Innere Frankreichs*» sei die Invasionsarmee von Englands großem König gestoßen, und nun hätten auch die Schotten ihre Lehre bekommen. Wolsey schrieb: «*Solcherart ist die Strafe des allmächtigen Gottes an denen, die den Frieden und die Ruhe der Christenheit stören.*» Er meinte nicht Luther, sondern seine schottischen Nachbarn, deren Ohren abgeschnitten und gebraten wurden, als sie aus den verwüsteten Grenzlanden nach England gingen und um Brot bettelten.

Papst Hadrian starb am 14. September 1523. Es sollte sich wieder erweisen, dass der Kaiser nicht Wolseys Sache vertrat. Aber wenige Stunden nach dem Erhalt der Todesnachricht war Wolsey noch zuversichtlich und wie im Rausch künftiger päpstlicher Macht. An Henry in Woodstock schrieb er, obschon er selbstredend wisse, dass er für den päpstlichen Stuhl unwürdig sei und auch lieber in Henrys Diensten bliebe, «*lieber sogar als zehn Päpste zu sein*», wisse er doch zugleich um den königlichen Eifer, ihn auf dem Stuhl zu sehen, und so habe er dann auch schon einen schönen Brief für ihn vorbereitet, den er nur zu kopieren brauche mit seiner eigenen royalen Hand, um ihn alsbald dem Kaiser zu schicken. Anderen, zum Beispiel John Clerk, dem englischen Botschafter in Rom, gab Wolsey die Argumente in die Hand, die ihn als Papst qualifizierten: Großzügigkeit (Wolsey über sich selbst), eine freimütige und wohlwollende Gesinnung, nicht zu vergessen all die weltlichen Reichtümer, die er besitze und die vakant würden nach seiner Papstwahl – seinen Unterstützern natürlich besonders zum Wohl –, völliges Freisein von familiären Bindungen und von Parteienfilz (das war wohl wahr; Wolsey war alles in einem, daneben war niemand groß geworden in Henrys England). Er, Wolsey, werde höchstpersönlich als Pontifex einen Kreuzzug gegen die Türken führen, und in diesem Fall würde König Heinrich nach Rom kommen und sich ihm anschließen, woraufhin sicherlich weit, weit mehr große weltliche Fürsten sich an dem Kreuzzug beteiligen würden als unter jedwedem anderen Papst. Er sei sozusagen schon abreisebereit Richtung Rom. Welch ein Verlust für die prunkvolle Kulisse des Papsttums in Rom, dass Wolsey hier nicht einzog als Pontifex! Stattdessen wurde Kardinal Medici, den Wolsey selbst aber immerhin als Zweitwahl begrüßte, da er seine Bündnispolitik mit dem Kaiser stützen würde, der neue Papst Klemens VII.

Den Krieg gegen Frankreich entschied aber schließlich ein anderer, nicht der englische König, nicht der Kaiser des Heiligen Römischen Reichs, nicht Wolsey und auch nicht der Papst, sondern der Herzog von Bourbon. Das war eine für Henry und Wolsey ein wenig undurchsichtige Figur. An der Seite seines Königs hatte er 1515 in Marignano gekämpft. Dann, im Frühjahr 1523, wechselte er plötzlich die Fronten. Er machte mit Kaiser Karl gemeinsame Sache gegen François und erklärte sich auch bündnisbereit gegenüber Henry und Wolsey, die aber misstrauisch waren und argwöhnten, der Herzog plane in Wirklichkeit, sich selbst zu gegebener Zeit die französische Krone zu nehmen. Sie verlangten daher, er solle zunächst in einer Art Bekundung in futuro den Treueeid auf den englischen König schwören, mit der Versicherung, ihn nach gelungener militärischer Operation als König von Frankreich anzuerkennen. Das tat der Herzog sogar, aber das Misstrauen blieb. Wolseys und Henrys Argwohn gegenüber dem Kaiser wuchs außerdem. Die Tatsache, dass nicht nur der Kaiser, sondern auch andere Machthaber von englischem Geld abhängig waren, um ihre Söldner damit zu bezahlen – zum Beispiel Margarete von Österreich –, verschaffte ihnen zwar eine gute Verhandlungsgrundlage. Aber es dämmerte beiden schon lange, dass nicht der englische König der Nutznießer eines Sieges über Frankreich sein würde. Falls Karl mit Bourbons Hilfe vorhatte, die Franzosen vom Süden aus anzugreifen, also aus der Position seines eigenen Herrschaftsgebiets, wäre das schon ein klares Indiz. Wolsey machte also noch einen Vorstoß. Henry würde eine Armee nach Calais schicken, die nach Paris marschierte, sollte Karl vorher seine Truppen in die Guyenne geschickt haben. Von *dieser* Seite aus sei die Invasion vorzunehmen, nicht von Italien oder Spanien aus. Karl ernannte indessen seinen Vasallen Charles de Bourbon zum Oberbefehlshaber seiner Armee in Italien. Bourbon besiegte die französischen Truppen in der Lombardei und marschierte danach in die Provence ein – Henrys und Wolseys Richtungsvorgaben wurden also rundweg ignoriert, auch wenn der Sieg über Frankreich England zupass kommen musste.

Während der französische König in Italien im Felde war, übernahm seine Mutter, Louise d'Angoulême, die Regentschaft in Frankreich, und diese Tatsache führte zu einem völligen Umschwung der Bündnisverhältnisse, denn die Königinmutter machte Henry ein Friedensangebot. Schon im Februar 1524 ging sie diesbezüglich in Fühlung. Sie ahnte wohl, in welcher Gefahr Frankreich schwebte, und sie behielt Recht: Am 14. Februar 1525 besiegte der Herzog von Bourbon bei Pavia die Franzosen und nahm den König von Frankreich gefangen. Der Sieg des Verbündeten über Frankreich wurde zwar in London festlich begangen, und im ganzen Land läuteten zum Ausdruck der Freude die Glocken. Aber es wurde nun klar, dass der Kaiser allein den Gewinn seines Sieges ausschlachten wollte. Er hielt François in Madrid in ehrenvoller Haft und verkündete ihm, dass er ihn erst freilassen werde, wenn er ihm seine alten Provinzen von Burgund sowie Schloss und Territorium von Flandern und Artois an der niederländischen Grenze zurückgebe. Dass Henry die Krone Frankreichs erhielt, war gar kein Thema mehr. Als Henry dies noch einmal ins Gespräch brachte, antwortete Karl, er führe keinen Krieg gegen einen Gefangenen. Im Sommer begannen Henry und Wolsey auf die Angebote der Königinmutter einzugehen, vor allem, nachdem der Kaiser seine Verlobung mit

Prinzessin Mary gelöst hatte, um die Schwester des Königs von Portugal einschließlich einer gigantischen Mitgift zu heiraten. Der englisch-französische Friedensvertrag wurde am 30. August abgefasst. Ausschließliche französische Verhandlungsgrundlage war: keinen Fußbreit Territorium abzutreten und lieber Unsummen Entschädigungsgelder an England zu zahlen. Konkret hieß das: zwei Millionen Goldkronen plus die seit Kriegsbeginn ruhenden Gelder aus früheren Zahlungsverpflichtungen. Henry nahm das Geld an, aber es war eigentlich nicht das, was er wollte. Azincourt würde sich nicht wiederholen. Wenn man so will, war Henrys Königstraum damit ausgeträumt.

DAS GEWISSEN EINES KÖNIGS (1525–1529)

Henrys Selbstverständnis als Herrscher begann sich in jenen Jahren allmählich zu wandeln. Einige Jahre später sollte es Thomas More auf den Punkt bringen, als er nämlich dem aufsteigenden Stern Thomas Cromwell, der in königliche Dienste trat, folgenden Ratschlag erteilte: «*Master Cromwell, Ihr tretet in den Dienst eines edlen, weisen und liberalen Fürsten. Sofern Ihr meinem armseligen Rat folgen wollt, solltet Ihr als Ratgeber Seiner Gnaden stets sagen, was er tun sollte, aber nie, was er alles zu tun vermag. So erweist Ihr Euch als ein getreuer Untertan und als weiser Ratgeber. Denn sobald der Löwe seine eigene Kraft kennt, ist niemand mehr imstande, ihn noch zu lenken.*» Das bezog sich auf Henrys Papstpolitik. Thomas More ahnte Schlimmstes. Aber es ist auch ein Charakterbild und ein Blick in die Zukunft. Wolsey formulierte es etwas anders (und zwar auf seinem Totenbett, und da war wenig Gelegenheit für korrekturbeflissene Retrospektiven): Wenn man dem König einmal etwas in den Kopf gesetzt hatte, war es unmöglich, diese Idee wieder aus seinem Kopf zu entfernen. Dann musste man durch, komme, was wolle. Gegenwärtig waren der König und sein Lordkanzler, der Kardinal, noch von den gleichen Ideen beseelt. Bei aller Machtfülle vergaß Letzterer im Übrigen nie, wer der gesalbte König war. Aber er konnte, so meinte er, den Löwen noch lenken.

Er strickte an einer Allianz mit Frankreich und den italienischen Staaten gegen den Kaiser, der immer mächtiger wurde und bereits die ganze italienische Halbinsel beherrschte. Ins Leben gerufen von Thomas Wolsey und finanziell unterstützt vom englischen König, bildete sich schließlich die Heilige Liga, deren Aufgabe, wie es schien, sich auszudehnen begann und immer dringlicher wurde, als das Türkenheer im Frühjahr 1526 in Ungarn einfiel und Ende August den ungarischen König besiegte. Henry, von Gottes Gnaden König und «Fidei defensor», kämpfte noch immer und wieder auf päpstlicher Seite. Doch sein Vertrauen in Bündnispartner wich unverkennbarer und ohne weiteres nachvollziehbarer Skepsis. Dass sie nur ihren Vorteil sehen und den Partner zu gegebener Zeit im Stich lassen, wenn nicht gar betrügen, hatte er erst mit Ferdinand von Aragón und dann mit dem Kaiser erfahren, also durch Habsburg-Spanien, untrennbar verbunden mit seiner Ehefrau Katharina, die für beide Bündnisse stand und beide nach Kräften befördert hatte. Henrys Alleingänge und die absolute Herrschaft Heinrichs VIII., wie sie sich in den Folgejahren herauskristallisierte, sind ohne diese Vorgeschichte nicht zu verstehen. Auch die Entfremdung von Katharina hatte bis zu einem gewissen Grad damit zu tun.

Da Henrys Eheleben nun einmal einen integralen Teil seines Monarchentums bildete, sind wir auch darüber informiert, dass er von 1526 an keinen ehelichen Verkehr mehr mit seiner Frau hatte, obwohl er noch gelegentlich, begleitet von großem höfischen Zeremoniell, mit ihr das Bett teilte. Wir wissen das, weil er es dem Kardinal Campeggio erzählte – zwei Jahre später, nach großen inneren Kämpfen, einer Wendung in seinem Leben, die alles veränderte, und mit revolutionären Plänen für sich und für England. Henry hatte Gründe, diese Information weiterzugeben und hätte sie wahrscheinlich schon zwei Jahre vorher gehabt. Nicht nur, dass er Katharina seit langem nicht mehr begehrte. Er sah auch keinen Sinn mehr darin, seine dynastische Pflicht zu erfüllen. Tatsache war, dass Katharina ihre gebärfähige Zeit hinter sich hatte. Da waren sich ihre Ärzte schon 1525 weitgehend einig, und Katharina hatte sich auch damit abgefunden. Es war Gottes Wille, so dachte sie. Gott hatte in seiner Weisheit ganz sicher andere Wege für sie bereitet. Sie sehnte sich immer mehr nach einem ruhigen Leben im Schoße der Religion und der schönen Wissenschaften. Sie hatte den renommierten Humanisten Juan Luis Vives, ihren Landsmann, nach England geholt und erfreute sich seiner gelehrten Gesellschaft. In seinem Buch «Die Erziehung der christlichen Frau», das als Erziehungsratgeber für Prinzessin Mary bestimmt war, bleibt Vives zwar weitgehend traditionellen Vorstellungen verbunden, was die Rollenverteilung von Mann und Frau angeht. In punkto Bildung aber fordert er Gleichberechtigung und erkennt sogar an, dass es zahlreiche Fälle gibt, in denen Mädchen intellektuell begabter sind als ihre Brüder – vielleicht hatte er das im Haushalt von Thomas More kennengelernt. Und dann die vier Töchter der großen Königin Isabella, führt Vives an – alle hochgebildet und hochtalentiert. «Johanna die Wahnsinnige» (deren Herrschaft so bedauerlich kurz war und die jetzt in einem spanischen Klostergefängnis unter Verschluss blieb, während ihr Sohn, der Kaiser, das ganze «römische Reich» lenkte) hatte die Welt erstaunt mit ihren improvisierten lateinischen Reden, wenn sie in eine Stadt einzog und von den Honoratioren begrüßt wurde. Warum sollte nicht Mary, die Enkelin Isabellas, so konnte man folgern, den Thron Englands besteigen und erfolgreich regieren? Katharina traf durchaus diese Schlussfolgerung. Marys Erziehung und Bildung waren der Mittelpunkt ihres Lebens – emotional völlig verständlich bei der Mutter dieses einzigen Kindes, das ihr geblieben war, doch die Mühe war auch mit Ambitionen verbunden.

Marys Heirat mit Kaiser Karl hätte bedeutet, dass Mary ihren Regentschaftsanspruch auf England behalten und zu gegebener Zeit ausgeübt hätte. Vielleicht dachte Katharina da an ein Modell, wie sie es von ihren Eltern gekannt hatte: eine Doppelherrschaft mit perfekt verteilten Rollen, zwei Regenten, zwei Königreiche, im Fall der «katholischen Könige» unter dem Dach einer Nation. Das war aber wohl ein einmaliges Modell der Geschichte, eine besonders glückliche Fügung durch glückliche Umstände, das auch nur deshalb so reibungslos funktionierte, weil der weibliche Part dieses Herrscherduos das Herzstück des alten und neuen Spanien, Kastilien, geerbt hatte. Normalerweise stellten sich einer regierenden Königin nach dem kirchlichen und juristischen Reglementarium spätestens im Falle der Heirat zahlreiche Schwierigkeiten entgegen. Die Entscheidung der späteren Königin Elizabeth I., unverheiratet zu bleiben, war demnach gewissermaßen die einzige Möglichkeit, ihre ungeteilte Souveränität zu behalten. Unter Berufung auf die alttestamentarische Schöpfungsgeschichte und den Mythos vom Sündenfall, die Paulus-Briefe und die Schriften der Kirchenväter war die untergeordnete Stellung der Frau unter den Mann – wie auch Heinrich in seiner «Assertio» zitiert, gleich dem gemeinsamen Körper von Christus und seiner Kirche, von dem Christus das Haupt ist – auch im für Frauen so bildungsehrgeizigen 16. Jahrhundert verbrieft, und die Stellungnahmen der Humanisten schufen keinen Paradigmenwechsel in dieser Grundannahme, die mit dem Selbstverständnis einer souveränen Monarchin schwerlich im Einklang stand und mit schwierigen argumentativen Konstrukten legitimiert werden musste. Weibliche Herrschaft wurde im Zweifelsfall nur als Not- und Interimslösung in Ermangelung eines männlichen Herrschers gesehen – als «*genealogischer Unfall*», wenn es nicht nur eine Vertretung für den noch minderjährigen Sohn oder durch Kriegsdienste abwesenden Gatten oder als Übergangssituation im Falle der Witwenschaft war, so Robert Valerius, der 2002 eine umfangreiche Studie zu diesem Thema veröffentlichte, in der die Regentschaft Elizabeths im Mittelpunkt steht. In England gab es kein salisches Recht, das eine weibliche Nachfolge von vornherein ausschloss. Aber aus Henrys Sicht wäre eine solche Lösung der Thronfolgefrage ein unabsehbares Risiko und gewissermaßen ein Präzedenzfall gewesen.

Einziges Beispiel aus der Geschichte war der abschreckende Fall der als Nachfolgerin ihres Vaters Heinrich I. designierten und für wenige Monate zur «Herrin der Engländer» proklamierten, aber nicht gekrönten Matilda – eine Entscheidung, die 1135 zu einem fast zwanzigjährigen Bürgerkrieg führte. Bei diesem Fallbeispiel hätte man allerdings auch etwas genauer hinsehen müssen. Zu dem Bürgerkrieg kam es nämlich nur, weil Matilda ihr Thronrecht nicht kampflos aufgeben wollte nach der Usurpation durch Stephan von Blois (Thronrechtsanfechtungen kamen bekanntlich auch durchaus gegen Männer vor, und Matilda verteidigte nur ihr unbezweifeltes Recht). Aber wie man es auch immer sehen mochte: Durch die Heirat einer thronfolgeberechtigten Frau kam immer ein fremdes Herrschaftselement in die Regentschaft hinein, das stärker war im Falle eines souveränen ausländischen Fürsten und schwächer im Falle eines Aristokraten aus dem eigenen Land, der von niedrigerem Rang war als seine Gattin, die regierende Königin, was aber im Land wiederum die Fraktionenbildungen und Einflussnahmen einzelner Parteien des Adels beförderte. Umgekehrt bestand dieses Problem nicht, da der Königin an der Seite eines regierenden Herrschers die indirekte politische Einflussnahme, die häufig gegeben war, eher als Komplementärfunktion zugestanden wurde, aber nie als formal gegebener Machtanspruch existierte. Dass eine künftige Königin überhaupt heiratete, war indessen aus Gründen der

Thronfolgesicherung für die nächsten Generationen eigentlich eine unverzichtbare Notwendigkeit.

Es ist vielleicht verständlich, dass Heinrich, der wahrscheinlich nicht dachte, dass Frauen zum Herrschen oder für Staatsgeschäfte die Kompetenz abging, schon angesichts der fragilen Legitimitätssituation der jungen Tudor-Dynastie in der Vergangenheit und all der Wirren in den hundert Jahren zuvor, lieber auf der sicheren Seite sein wollte. Dass der Name «Tudor» im Falle von Marys Nachfolge von der Bildfläche der Dynastien verschwinden würde, wäre für den König aller Wahrscheinlichkeit nach zu verschmerzen gewesen. Er hing nicht sehr an seinem walisischen Namen, weit weniger jedenfalls als etwa sein Vater, und identifizierte sich mehr mit dem Erbe Lancaster-York (mit einschlägiger Präferenz). Nachdem übrigens Richard de la Pole, ein letzter Thronprätendent von der «weißen Rose» von York, in Pavia gefallen war, in der siegreichen Schlacht unter Bourbon, fand Henry sich am Anfang einer neuen Sondierung der Lage im Blick auf die Zukunft.

Was er tat, führte bei Katharina zu einem Ausbruch spanischen Temperaments, wie er es von dieser haltungsstarken Frau und immer ostentativ devoten Gattin wenig gewohnt war: Er machte Anstalten, seinen Bastardsohn aus der Affäre mit Elizabeth Blount zu legitimieren, und er baute ihn zum potentiellen Nachfolger auf. Der Sechsjährige wurde in schneller Folge Ritter des Hosenbandordens, Graf von Nottingham, Herzog von Richmond und Somerset, Aufsichtsgeneral der schottischen Grenzmarken und Lordadmiral von England. Katharina schäumte vor Wut. Es war die erste einer ganzen Reihe noch folgender Demütigungen. Aber noch konnte die Königin bei ihrem Gemahl offensichtlich etwas erreichen. Er entschied nämlich kurz nach diesem Streit, seine legitime Tochter Mary, die mittlerweile neun Jahre alt war, zur Prinzessin von Wales und Gouverneurin der walisischen Grenzmarken zu machen, wodurch ein gewisser Ausgleich geschaffen war und eine unentschiedene Situation – zwei Optionen für eine offene Zukunft. Dennoch sind die Ehrungen des kleinen «Henry Fitzroy» («Fitzroy» = «der Sohn des Königs»), der jetzt den Titel eines Herzogs von Richmond trug, den Heinrich VII. vor seiner Thronbesteigung getragen hatte, überaus zeichensetzend. Er hatte keinen Geringeren als Kardinal Wolsey zum Paten, der übrigens ziemlich zeitgleich mit Henry seinen eigenen Sohn von seiner langjährigen Geliebten, einer «Mistress Lark», im großen Stil zu versorgen begann: Der nun sechzehnjährige «Thomas Winter», der bisher als «Neffe des Kardinals» geführt worden war, wurde unter anderem Dekan von Wells, Probst der Abtei Beverly, Erzdekan von York, Erzdekan von Richmond und Kanzler der Diözese von Salisbury. Er hatte eine erstklassige Erziehung genossen und die Universitäten von Louvain, Padua und Paris besucht. Auch Erasmus war an seiner Erziehung beteiligt gewesen. Wolseys Tochter erhielt weniger glänzende Startmöglichkeiten. Sie wurde Nonne. Der englische Botschafter in Rom erinnerte Wolsey daran, dass es notwendig sein würde, einen Dispens für die illegitime Geburt seines Sprösslings vom Papst zu erwirken, bevor er all diese hohen Kirchenämter erhielt. Das tat Wolsey dann auch, und es war überhaupt kein Problem. Da dies nahezu parallel erfolgte mit Henrys Aufwertung seines illegitimen Sohnes, ist es gut möglich, dass Wolsey den König auch hier auf die Spur gebracht hat.

Henry befand sich etwa von dieser Zeit an in Gewissensnöten, die ihn bald nicht mehr losließen. Er überlegte, was Gott mit ihm vorhatte, warum er seine schützende Hand nicht mehr über ihn hielt, warum er ihm vor allem keine Söhne gewährte. Irgendwann suchten ihn diese Skrupel, die Zweifel, die Fragen regelrecht heim. Wie lange das ging, ob es eine Entwicklung war oder eine Erkenntnis ad hoc, ob der Gewissenskampf und die Suche nach Antwort eine längere Vorlaufzeit hatte oder durch Henrys Begegnung mit Anne Boleyn erst die nötige Initialzündung erhielt, ist schwer zu sagen. Sein Beichtvater, Bischof Longland, war der Erste, der von den königlichen Gewissensskrupeln erfuhr. Henry sprach sich hier erstmals aus. Später im Tribunal behauptete er, es sei Longland gewesen, der die strittige Frage, die zur Gewissenspein wurde, zum ersten Mal ansprach, aber das war vielleicht nur eine Schutzbehauptung. Im Frühjahr 1527 jedenfalls unterbreitete er Thomas Wolsey, er sei zu der Erkenntnis gelangt, dass er in Sünde lebe, weil er die Witwe seines Bruders Arthur geheiratet hatte. Thomas Wolseys Fähigkeit, mit sich hadernde Seelen auf ihrem inneren Weg zu begleiten, hat sich vermutlich in Grenzen gehalten. Als langjähriger erster Ratgeber seines Königs und väterlicher Freund vermochte er aber meistens ein ziemlich genaues Handlungsmodell zu entwerfen, das mit den Wünschen, Zielen und Ängsten des Königs konform ging, und, nebenbei bemerkt, kamen ihm die Gewissensskrupel seines Fürsten politisch sehr gut zupass. Henry hatte die entsprechenden Bibelstellen schon selbst aufgefunden, die seine Überzeugung belegten, und zwar im 3. Buch Mose, 18.16 und 20.21, worin es heißt: «*Du sollst mit der Frau deines Bruders nicht Umgang haben; denn damit schändest du deinen Bruder*» bzw.: «*Wenn jemand die Frau seines Bruders nimmt, so ist das eine abscheuliche Tat. Sie sollen ohne Kinder sein, denn er hat damit seinen Bruder geschändet.*» Ein Gelehrter in seinen Reihen, der seinerzeit fähigste Hebräist Robert Wakefield, erläuterte dann dem König, der Passus: «*Sie sollen ohne Kinder sein*» sei eigentlich wörtlich zu übersetzen mit: «*Sie sollen ohne Söhne sein*».

Das war genau das, was Henry hören wollte. Der Satz brachte Licht in das Dunkel der jahrelangen Tragödie all seiner totgeborenen oder nach wenigen Lebenstagen und -wochen gestorbenen Kinder. Die Existenz seiner gesunden Tochter Mary war dazu kein Widerspruch. Ohne Söhne sein hieß, ohne Kinder sein. So dachte er letztendlich, und so war es auch ganz gewiss Gottes gesprochenes Wort. Gott strafte ihn für eine Freveltat. Henry hatte in seiner Jugend die Geschichte seines Landes sehr eifrig studiert – schließlich war schon sein Vater, der erste Tudor, ausnehmend darauf bedacht gewesen, dieser Geschichte eine einschlägige Deutung zu geben und die Rolle der eigenen Dynastie darin für die Ewigkeit festzuschreiben. Was, wenn der göttliche Segen nicht hinter der Dynastie stand? Schuld und Sühne waren den Deutungsmustern der Zeit, auch im Auf und Ab der Herrschergeschlechter, völlig vertraut und stets immanent. Das Bild der Fortuna, das Glücksrad, heute oben und morgen unten, Verkörperung des wechselhaften Glückes der Menschheit und der unerforschlichen Vorsehung Gottes, gab einem mythischen Weltempfinden zusätzlich Ausdruck. Fortuna taucht überall auf in der Geschichtsschreibung – auch in der gegenwärtigen, die Henry in Auftrag gab. Bei Edward Hall heißt es zum Beispiel über Richard III.: «*Doch auch Fortuna begann sich über ihn zu erzürnen, und sie wandte sich von ihm, und drehte ihr Rad nach unten, so dass er sogar seinen einzigen legitimen Sohn Edward verlor.*» Die Zweifel, die Henry hegte an seiner Ehe und seinem Königsweg, seiner Bestimmung und der seiner Dynastie, sind auch von solcherart mythischer Qualität. Von daher sind seine Gewissenskämpfe sicher kein reiner Vorwand. Er war ein religiöser Mensch und ein Kind seiner Zeit: ausgehendes Mittelalter. Das vergisst man leicht vor dem pfeilartigen Aufbruch der Menschen in die Moderne in seiner und vor allem in der nächsten Generation. Außerdem hatten auch schon andere diese Zweifel und Skrupel ausgesprochen, und das war vielleicht schlimmer als alles andere sonst. Der Herzog von Buckingham, nur wenig später wegen Hochverrats hingerichtet, hatte bereits 1514, also fünf Jahre nach Henrys Eheschließung, verlautbaren lassen, Gott wolle nicht, dass das Geschlecht in der königlichen Nachkommenschaft gedeihe. Er hatte das sogar mit seinem Wahrsager, einem kartäusischen Mönch, diskutiert, und dabei war man zu dem Ergebnis gekommen, dass es eine Strafe sei für die Hinrichtung Warwicks, die das katholische Königspaar mehr oder weniger zur Voraussetzung gemacht hatte, dass sie ihre Tochter dem englischen Thronfolger Arthur zur Frau gaben (um halbwegs zu garantieren, dass Englands Thron sicher sei).

Königin Katharina war sich dieser Zusammenhänge durchaus bewusst. Sie hatte selbst in der Vergangenheit damit gehadert und einmal geäußert, ihre erste Heirat sei *«auf Blut aufgebaut»*. Sie war aber jetzt ganz im Frieden mit sich und glaubte wohl, die Tatsache, dass Mary geboren war und vielversprechend heranwuchs, sei Beweis genug für den göttlichen Segen. Sie wusste nichts, ahnte aber vielleicht manches infolge durchgesickerter Informationen über ihre eigenen Leute, als am 17. Mai in Wolseys Stadtpalast York Place geheime Verhandlungen über die königliche Eheangelegenheit und die Schritte einer Annullierung begannen. Denn Henry war sich nun vollkommen sicher, dass er das wollte: Seine Ehe mit Katharina sollte für ungültig erklärt und damit aufgelöst werden. Nichts hatte er darüber in all den Wochen und Monaten, die er sich nun schon mit dem Gedanken trug, ihr gegenüber zu erkennen gegeben. Es muss wie ein Erdrutsch gewesen sein, als Katharina davon erfuhr. Der ursprüngliche Plan, ausgearbeitet von Wolsey, war reichlich perfide: In aller Heimlichkeit sollte Wolsey kraft seiner Eigenschaft als päpstlicher Legat am erwähnten 17. Mai den König vor ein Gericht laden und ihn, zusammen mit William Warham, dem Erzbischof von Canterbury, beschuldigen, in gesetzeswidriger Ehe mit der Frau seines Bruders zu leben, worauf die auf falschen Voraussetzungen basierende Ehe dann sang- und klanglos, nach einem Schuldbekenntnis des Königs, für null und nichtig erklärt worden wäre. Aber so einfach scheint das nicht gewesen zu sein. Die nur aus acht Personen bestehende erste Versammlung in York Place vertagte sich noch über einen Zeitraum von rund zwei Wochen, aber ohne konkretes Ergebnis. Möglicherweise wurden Zweifel an diesem Verfahren geäußert, oder Warham selbst stellte sich gegen ein derart vereinfachtes Vorgehen. Im Vorfeld war Wolsey noch auf Indiziensuche gegangen und hatte Zeugen der Jahre 1501 und 1505 aufsuchen lassen, um zu klären, ob Katharinas Ehe mit Arthur vollzogen worden war oder ob der damals minderjährige Henry eventuell von seinem Vater gezwungen worden war, Katharina ein Eheversprechen zu geben. Dr. Richard Wolman, Doktor beider Rechte (Zivilrecht und kanonisches Recht), Dekan von Wells und Erzdekan von Sudbury, trat gewissermaßen als Henrys Verteidiger auf und interviewte unter anderem den greisen Bischof von Winchester Richard Fox über die Ereignisse in der Vergangenheit. Bischof Fox, der sich daraufhin weigerte, das Verhörprotokoll zu unterschreiben und den König in einem eindringlichen Brief anflehte, sein hohes Alter sowie sein eingeschränktes Hör- und Sehvermögen zu berücksichtigen, wurde indessen so wenig geschont wie seine Standeskollegen, und seine nach eigenem Dafürhalten wahrheitlichen Aussagen spielten zu seinem Leidwesen dem königlichen Begehr in die Hände, denn seiner Meinung nach war die Ehe Katharinas und Arthurs vollzogen worden.

In einem zwei Jahre später veröffentlichten Dokument, in dem acht Bischöfe und Erzbischof Warham die königliche Gewissensangelegenheit dem päpstlichen Urteil anheimstellten, war die Unterschrift von John Fisher, Bischof von Rochester, wie dieser behauptet, erzwungen worden. Fisher war der erste und vorletzte Gegner des königlichen Scheidungsverfahrens – für Henry eine besonders große Enttäuschung, denn Fisher war nach seiner eigenen Aussage sein gelehrtester Mann unter den Theologen, einer seiner eifrigsten Mitstreiter im Federkampf gegen Luther. Aber der König wollte ein reines Gewissen bei seiner «großen Angelegenheit» haben. Eine wie immer forcierte Einigkeit seiner Kirchenvertreter konnte ihm dieses anscheinend gewähren. Er selbst glaubte sich völlig im Recht, denn die Stellen im 3. Buch Mose waren eindeutig genug. Daneben gab es aber noch eine Passage im 5. Buch Mose, 25.5, auf die Bischof Fisher verwies und die gewissermaßen das Gegenteil aussagte: «*Wenn Brüder beieinander wohnen und einer stirbt ohne Söhne, so soll seine Witwe nicht die Frau eines Mannes aus einer andern Sippe werden, sondern ihr Schwager soll zu ihr gehen und sie zur Frau nehmen und mit ihr die Schwagerehe schließen.*» Da wird es im 5. Buch Mose sogar noch etwas drastischer , denn falls der Schwager sich weigern sollte, so heißt es, da ihm zum Beispiel die Frau nicht gefällt, «*so soll seine Schwägerin zu ihm treten vor den Ältesten und ihm den Schuh vom Fuß ziehen und ihm ins Gesicht speien und soll antworten und sprechen: So soll man tun einem jeden Mann, der seines Bruders Haus nicht bauen will.*» Da hatte Henry ja geradezu Glück gehabt, will man meinen, dass er so freundlich war, seines Bruders Haus weiterzubauen (auf den dieser Fall vollkommen zutraf, denn Arthur war kinderlos). Doch mosaische Gesetze hin oder her – Henrys Theologen, die auf seiner Seite argumentierten, deuteten diese Passage in dem Sinne, dass sie ausschließlich für Juden Gültigkeit habe. Nach kanonischem Recht war es von jeher so, dass die Schwagerehe unrecht, verboten war. Auch im Neuen Testament ließ sich das nachweisen, in Markus 6.18: «*Denn Johannes hatte zu Herodes gesagt: Es ist nicht recht, daß du deines Bruders Frau hast.*» Auch hier lohnt es sich, in der Bibel ein wenig weiterzulesen, denn die in Frage stehende Gattin Herodias, Frau von Herodes' Bruder Philippus, macht kurzen Prozess mit Johannes dem Täufer, den Herodes ob seiner Kritik an der Schwagerehe und weil er ein heiliger Mann war, gegen den er nicht ankam, ins Gefängnis gesetzt hatte: Als ihre Tochter bei einem Fest des Königs Herodes einen berückenden Tanz aufführt, verspricht ihr Stiefvater ihr, was sie nur wolle, und auf Anraten ihrer Mutter will sie den Kopf von Johannes dem Täufer, der ihr alsdann, frisch vom Henker, der gleich ins Gefängnis eilt, um sein Werk zu verrichten, in einer Schüssel serviert wird. Oscar Wilde machte daraus große Dichtung – «Salome», von Richard Strauss zur Oper vertont.

Angesichts solcher Blutrünstigkeiten, dubioser Eheschließungen und abgeschlagener Köpfe fragt man sich, ob die Geschichte Englands nicht eine andere Wendung genommen hätte, wenn der so empfängliche und phantasievolle König etwas mehr die humanistischen Schriften seiner Zeitgenossen studiert hätte und weniger die Heilige Schrift. Von einiger Schwierigkeit war jedenfalls auch, dass man mit dem Annullierungsgesuch des englischen Königs gewissermaßen die Entscheidung des damaligen Papstes, der für die Eheschließung einen Dispens gewährt hatte, als falsch klassifizieren musste. John Fisher vor allem machte diese Argumentationslinie nicht mit und führte ins Feld, die Entscheidung Julius II. sei richtig gewesen, da er kraft seines pontifikalen Amtes die Widersprüche zwischen den beiden Bibelstellen beseitigen konnte und entschieden habe, die Stelle im 5. Buch Mose sei in diesem Fall ausschlaggebend. Da Henry es sich aber nun einmal in den Kopf gesetzt hatte, mit gutem royalem Gewissen aus der Sache hervorzugehen, was bedeutete, sich voll und ganz auf seine gefundenen Bibelstellen zu stützen, was aber auch implizierte, den Ehevollzug Katharinas mit Arthur (an den er kaum glauben konnte) beweisen zu müssen, missachtete er einen Strategievorschlag Wolseys, der um einiges vielversprechender war und vielleicht ohne weiteres zum Erfolg geführt hätte, statt einen jahrelangen Kampf gegen Windmühlen zu führen, wie er es schließlich tat. Bei ihrem ersten öffentlichen Auftritt in dieser Angelegenheit, in der Katharina, Tränen in den Augen, verkündete, sie werde mit allem, was ihr zu Gebote stehe, diese Scheidung zu verhindern versuchen, bekundete sie – und das würde sie wieder und wieder tun, über all die Jahre, die das Verfahren noch lief –, ihre Ehe mit Prinz Arthur sei zwar geschlossen, doch nie vollzogen worden.

Auf dieser Basis führte Wolsey ins Feld, dass die Bibelstelle, der Richtspruch und infolgedessen auch der Dispens sich nur auf eine vollzogene Ehe beziehe, also im Grunde auf falschen Angaben beruhe. Durch den Nicht-Vollzug aber entfiele das kirchliche Argument einer Schwägerschaft ersten Grades, und man könne bei dem jetzigen Annulierungsgesuch argumentieren, dass der päpstliche Dispens aufgrund falscher Voraussetzungen und Informationen erteilt worden sei (wir erinnern uns an die seltsame Formulierung Roms, die Ehe sei «vielleicht» vollzogen worden, durch die die Zweifel aber eigentlich nur bestärkt wurden). Wie Henrys Biograph Scarisbrick überzeugend darlegt, hätten durch diese Strategie alle Parteien ihr Gesicht wahren können, auch Henrys Kleriker und auch der Heilige Stuhl, denn die Unfehlbarkeit des Papstes wäre damit keinem Zweifel unterzogen gewesen. Da

Henry aber sein königliches Gewissen so überdimensional in die Waagschale legte und es zum Angelpunkt seines ganzen Vorgehens machte, sich dabei offensichtlich auch selbst einreden konnte, etwas, das ihn vor zwanzig Jahren überhaupt nicht gestört hatte (ungeachtet der Frage, ob es denn tatsächlich so war und ob er denn mit Sicherheit wusste, dass die Ehe zwischen Katharina und Arthur vollzogen worden war oder auch nicht), jetzt vor Gott und sich selbst unerträglich zu finden, musste er dieser Linie streng folgen, und die war schwierig, hindernisreich, doktrinär auch kaum haltbar. Die Unfehlbarkeit des Papstes zu hinterfragen, indem man behauptete, er hätte diesen Dispens aufgrund der Bibelstellen gar nicht erteilen dürfen, führte eigentlich geradlinig zu einer Lösung von Rom. Henry war Katholik, blieb es im Grunde auch immer. Aber dass er, der «Verteidiger des Glaubens» und des Heiligen Stuhls, sein eigenes, von Gott ermächtigtes königliches Gewissen vom Stellvertreter Gottes auf Erden im Grunde nicht ebenso veranschlagt bekam wie die geistliche Macht eines Pontifex, veranlasste ihn zu einer Machtprobe und den entsprechenden Konsequenzen, die er sich gegenwärtig wahrscheinlich noch gar nicht vorstellen konnte.

Ein Zeitzeuge dieser bewegten Tage, der sich einige Jahre später rückblickend darüber erging, war sich völlig im Klaren darüber, dass der Anlass zu diesen Vorgängen ein ganz anderer war und dass der König nur so agierte und argumentierte, um sich schadlos zu halten. (Es ist ziemlich wahrscheinlich, dass Henry über ganz gute Fähigkeiten des Selbstbetrugs verfügte; seine Egomanie und die damit verbundene Naivität ließen mit der Zeit wenig Weltsichten außerhalb seiner eigenen zu, und auch Wolsey war ja im Grunde all die Jahre hindurch nur der Stratege und Ausführer des fürstlichen Willens.) Das war Kardinal Reginald Pole, und der wusste etwas, was Wolsey zu der Zeit offenbar nicht so genau wusste, denn er plante nach der erfolgreichen Annullierung von Henrys Ehe, die er, nach seiner Façon durchgeführt, für wenig mehr als eine Formsache hielt, seinen König mit einer französischen Prinzessin zu verheiraten: Henry war leidenschaftlich verliebt, und er gedachte, diese Frau zu seiner Königin zu machen, hatte es ihr auch bereits versprochen und im Zuge dessen einen weiteren Alleingang unternommen, ohne seinen Lordkanzler darüber auch nur in Kenntnis zu setzen. Er ersuchte Papst Clemens um einen Dispens, um die Schwester einer früheren Geliebten heiraten zu können. Sie wurde die Leidenschaft seines Lebens, und sie hieß Anne Boleyn. Ihr Geburtsjahr ist nach wie vor ungesichert, vermutet aber wird 1501, wonach sie zum Zeitpunkt der Heirat mit Henry nach mindestens sechsjähriger Wartezeit und ihrer ersten Schwangerschaft bereits 32 war – ein reichlich fortgeschrittenes Alter nach den Auffassungen ihrer Zeit. Aber auf ihrem Weg ganz nach oben und dann von der Höhe nach unten, bis zur Vernichtung – Fortunas Wechselglück – gab es doch einige unvorhersehbare Entwicklungen, die für Verzögerung sorgten.

Ihre Familiengeschichte steht für einen idealtypischen Aufstieg und für die Durchlässigkeit der Gesellschaftsklassen, wie sie bereits im 15. Jahrhundert möglich zu werden begann: Annes Urgroßvater Geoffrey Boleyn handelte erfolgreich mit Textilien und Seidenwaren und brachte es zu einem beachtlichen Vermögen. Er kaufte die Familiensitze Blickling in Norfolk und Hever Castle in Kent – den bezaubernden Landsitz mit seinen Wassergräben und den erhaltenen Fachwerkbauten der Tudor-Zeit, heute noch zu besichtigen, in dem seine Urenkelin Anne einen großen Teil ihrer Kindheit verbringen sollte. Nach einer kurzen Amtszeit als Bürgermeister wurde Geoffrey die Ritterwürde verliehen. Einer Einheirat in die etablierten Adelsfamilien stand nun nichts mehr im Wege. In der zweiten Generation genoss die Familie die sorglose Existenz wohlhabender Landedelleute. Geoffreys Enkel aber, Anne Boleyns Vater Sir Thomas, zog es in den Hofdienst und in die hohe Politik. Thomas Boleyn hatte ganz nach oben geheiratet. Seine Frau Elizabeth war die Tochter des zweiten Herzogs von Norfolk und die Schwester des dritten. Boleyns Ehrgeiz war nahezu grenzenlos. Dass seine Tochter Mary, wiewohl frisch verheiratet, dem Bett des Königs zugeführt wurde, hatte unter anderem zur Folge, dass der König Thomas Boleyn zum Viscount Rochford erhob. In Anne, seiner Älteren, sah Boleyn aber offenbar ein Potential, das ein wenig nachhaltiger angelegt sein sollte.

Er schickte sie im zarten, noch vorpubertären Alter an den Hof der Erzherzogin Margarete, um ihrer Erziehung den letzten, entscheidenden Schliff geben zu lassen. In der Tat – eine Schule der Weltläufigkeit, wie sie exklusiver kaum sein konnte, denn der Hof der Erzherzogin von Burgund galt als das Mekka der Kultiviertheit von allen Höfen

Europas. Es war ein multilingualer Hof und ein Schmelzpunkt von Poeten, Gelehrten, Malern und Künstlern, herausragender Architektur, flämischer Malerei. Junge Mädchen aus höchsten Kreisen wie Anne Boleyn, aus Spanien, Frankreich und England, erwarben sich hier sozusagen das Prädikat «Hofdame auf internationalem Parkett». Anne perfektionierte ihre französische Sprache, bildete ihren Geschmack, Kunst- und Modesinn, und als sie dann ohne Übergang und ohne vorherige Rückkehr nach England mit nur vierzehn Jahren in den Haushalt der Königin Claude, François' Gemahlin, nach Frankreich übersiedelte, schien sich das schöne Werk seiner Vollendung zu nähern.

1521, zwanzigjährig, nach England zurückgekehrt, war Anne Boleyn eine allgemeine Attraktion an Henrys Hof – nicht durch klassische Schönheit, wie immer wieder betont wurde, sondern durch eine persönliche Ausstrahlung, die sie auch bewusst kultivierte und einsetzte. Auf dem Kontinent hatte sie aber nicht nur die neueste höfische Mode kennengelernt und sich ein berückendes Augenspiel zu eigen gemacht, mit dem sie die Männer beherrschte, sondern auch – das wird gewöhnlich nur beiläufig erwähnt, – Reformationsliteratur. Was genau, in welchem Kontext, mit welcher Zielsetzung, ist kaum herauszubekommen. Aber diese Lektüre trieb Keime und Früchte, und sie beeinflusste den Lauf der Ereignisse im doppelten Sinne, wenn auch sehr indirekt. Henry, der diesen schwarzen Augen verfallen war, wurde hier gleichsam in eine Richtung getrieben, dass es kein Halten mehr gab. Anne war sophisticated; das Wort lässt sich einfach nicht übersetzen. Dunkle Haare und schwarze Augen – dieser in England damals eher seltene Typ wurde in Kombination mit dieser zielgerichteten, ihrer selbst äußerst bewussten Persönlichkeit und wohl auch einem gerüttelten Maß an professioneller Koketterie Henrys große Passion. Anne besaß einen scharfen Wortwitz und eine außergewöhnlich herausfordernde Art – Zunder und Würze für den Eroberer auf der unbewussten Suche nach der exotischsten Speise, Terra incognita. Es war aber nicht zuletzt auch Annes Widerstand, der Henry berückte und antrieb, denn Derartiges kannte er nicht. Elizabeth Blount, Mary Boleyn und wer etwa noch vom königlichen Auge für Liebesdienste erspäht worden war, hatten seinem Werben kaum große Widerstände entgegengesetzt. Solche Fälle sind, von welchen Höfen Europas auch immer, schlicht nicht bezeugt: dass eine Liebesadressatin den König zurückwies – weil sie die Mätressenrolle nicht spielen wollte, weil sie ihre emotionale und/oder erotische Unversehrtheit verteidigte oder weil sie ihn einfach nicht attraktiv fand. So etwas gab es nicht, durfte es gar nicht geben. Die Annahme, allein die Macht in der Sphäre von Wirtschaft und Politik berechtige männlicherseits zu sexueller Verfügung und mache automatisch aus einem Frosch einen Prinzen, ist ja selbst in unseren Tagen nicht ganz ausgestorben und zeitigt gelegentlich erstaunliche Fälle. In der Epoche eines nicht einmal aufgeklärten Absolutismus war es kühn bis zur Selbstvernichtung, als Frau eine Verhandlungsposition einzunehmen, in der ausschließlich sie die Regeln bestimmte. Anne spielte mit vollem Einsatz und zahlte den vollen Preis – niemand hätte allerdings Ausmaß und Ende ihrer auch nicht nur freiwilligen Partie voraussehen können.

Wann genau Henrys Auge auf dieses eigenwillige Exemplar fiel, und zwar nicht nur beiläufig oder als Ausdruck interesselosen Wohlgefallens, wie es wohl auch Henry einmal gegeben sein konnte – denn er war, wie gesagt, nicht der Wüstling, den die Nachwelt aus ihm gemacht hat –, ist nicht gesichert belegt, wohl aber erst drei bis vier Jahre nach Annes Rückkehr vom Kontinent. Da war sie dann Mitte zwanzig, wenn das für sie angenommene Geburtsdatum stimmt, und Henry war ein Mittdreißiger. Sie war Hofdame bei Königin Katharina, und sie spielte eine glänzende Rolle bei den Festlichkeiten des Hofes. Urspünglich war sie für ein Heiratsprojekt mit einem irischen Grafen vorgesehen: James Butler, Sohn des Grafen von Ormond. Doch das wurde nichts, warum auch immer. Wolsey hatte dem französischen König auf sein Bedauern, nun auch die zweite Boleyn-Tochter wieder gen England ziehen lassen zu müssen, erklärt, er selbst sei verantwortlich für ihre Rückberufung, denn man beabsichtige, durch ihre Heirat Streitigkeiten zwischen Annes Vater Sir Thomas Boleyn und anderen englischen Adeligen zu überwinden. Als der König sich für sie zu interessieren begann, war Anne Boleyn allerdings anderweitig emotional engagiert: mit Henry Percy, dem Sohn und Erben des Grafen von Northumberland. Percys Vater indessen verhandelte mit dem Grafen von Shrewsbury und wollte

ANNE BOLEYN.
Unbekannter Meister, spätes 16. Jh.

Henry mit dessen Tochter, Mary Talbot, verheiraten – was politisch recht großen Sinn ergab. Nichtsdestotrotz gaben sich Henry Percy und Anne Boleyn ein heimliches Eheversprechen.

Thomas Wolsey hat dieser Verbindung 1525 ein drastisches Ende bereitet – inwieweit das mit dem privaten Interesse des Königs zusammenhängt, bleibt, wie ich meine, dahingestellt und könnte vielmehr mit der ursprünglich auch von Wolsey anvisierten Verbindung Annes mit James Butler, Sohn des Grafen von Ormond, zu tun haben, der, nebenbei bemerkt, in Wolseys Haushalt lebte und von ihm protegiert wurde. Anne hat Wolsey diese Tat nie verziehen und soll geäußert haben, wenn es jemals in ihrer Macht liege, werde sie dem Kardinal so viel Missvergnügen bereiten wie er ihr. Sicher ist wohl, dass Wolseys Stern von dem Augenblick an sank, in dem Annes Stern zu steigen begann. Im Sommer 1525, als Wolsey, Northumberland, der Herzog von Norfolk (Annes Onkel) und Thomas Boleyn Anne von Percy trennten, hat Henry wohl noch nicht an eine Annullierung seiner Ehe gedacht oder daran, Anne zu heiraten. Da baute er gerade seinen Bastardsohn auf und machte anschließend seine Tochter zur Prinzessin von Wales. Aber es ging dann sehr schnell. Er begehrte Anne, doch als Mätresse war sie nicht zu haben. Das muss sie ihm bald klargemacht haben.

Ziemlich zeitgleich mit ihrer gerade gekappten Liebesverbindung mit Percy tändelte sie mit dem Dichter Thomas Wyatt herum, durch dessen beredte und poetische Sprache wir die eindringlichsten Schilderungen von ihrer Wirkung und ihrem Augenspiel haben, auch nach minnelyrischer Tradition von der grausamen Herrin, die ihre Gunst ganz nach Laune verteilt und vieles verspricht, nichts erfüllt. Tatsache war aber auch, dass Wyatt verheiratet war – unglücklich zwar, aber dennoch. Anne war nicht töricht. Das wurde dann umso deutlicher, als ihr der König den Hof machte. Sie hatte zudem vor nicht langer Zeit miterlebt, wie der König ihre Schwester zu seiner Mätresse erkor, um sie dann auf die für Könige übliche Art fallen zu lassen. Anne war entschlossen, dass sie ein solches Schicksal nicht teilen werde. Wenn man ihr das als «Berechnung» auslegen will, sowieso bezeichnend für eine Frau, die versucht, ihr Schicksal selbst in der Hand zu behalten und nicht nur zum Spielball zu werden, dann sei einem das unbenommen – die Forschung hat es jahrhundertelang mehr oder weniger so gesehen. Unklar bleibt, wann, inwieweit und ob sie im Lauf der Entwicklung selbst emotional involviert war, ob sie Henrys Gefühle erwidert hat, was schon deshalb schwierig zu beurteilen ist, weil ihre Antwortbriefe auf Henrys hinreißende Liebesbriefe die Zeit nicht überlebt haben. So grausam, wie ihr die Politik und die Mächtigen im Umkreis des

Hofes einen Strich durch ihre erste Liebesverbindung gemacht haben (Percy heiratete schließlich, wie vorgesehen, Mary Talbot), sah sie womöglich irgendwann ein, dass sie hier in diesem Fall von, wie sich herausstellen sollte, staatstragender Bedeutung letztlich gar keine Wahl hatte, und da versuchte sie in allen Phasen das Beste daraus zu machen. So oder so spielten alle Parteien auf Zeit. Jedenfalls haben wir einen liebeskranken König, der feststellen muss, dass ihm all sein royales Blut gar nichts nützt, um diese Frau zu erobern, und dass er wie alle anderen Ritter dienen und betteln muss, Minnedienst leisten, sich würdig erweisen, kämpfen und harren und hoffen, dass die Zeit für ihn spielt, alle Hindernisse wie Kartenhäuser zusammenfallen, Gott hinter ihm steht und die weibliche Festung am Ende kapituliert. Sie ließ ihn zappeln; über ein Jahr lang scheint sie sich dem königlichen Andrängen gänzlich entzogen zu haben. Wenn ihr das Drängen zu viel wurde, reiste sie ab nach Hever, dem schönen Sitz ihrer Eltern in Kent. Henry schrieb flehende Briefe und bat sie um Rückkehr. Er verzehre sich. Amors Pfeil hatte ihn wirklich getroffen – wahrscheinlich zum ersten und auch zum letzten Mal.

Wolsey verfolgte das Scheidungsgesuch seines Königs (richtiger wäre, zu sagen: das Annullierungsgesuch) nur als *ein* Anliegen unter anderen, war er doch über den vollen Umfang der Passion seines Fürsten und die erwogenen Konsequenzen allenfalls halb informiert. Er verfolgte weiter eine europäische Friedenspolitik und wollte das Anliegen taktisch geschickt in die übrigen Verhandlungen und Planungen einbinden. Ende Februar 1527 war eine französische Delegation angereist, um einen «Vertrag des ewigen Friedens» mit England auszuarbeiten, der durch die Verbindung der Prinzessin Mary mit dem Herzog von Orléans, dem zweiten Sohn des französischen Königs, besiegelt werden sollte. Während der Feierlichkeiten im Anschluss daran trat Englands König Anfang Mai noch gemeinsam mit seiner Königin auf. Auf ihren Thronen sitzend unter einem großen Baldachin, der mit allen Emblemen des Reiches geschmückt war, sahen die Eltern zu, wie die elfjährige Prinzessin von Wales im Gewand einer römischen Göttin an einem allegorischen Maskenspiel teilnahm. Währenddessen hatte Henry längst die vermeintlich geheime Versammlung in York Place mit Wolsey und mit den Bischöfen anberaumt. Zwei Wochen später fand diese statt. Königin Katharina war vorgewarnt, eventuell sogar vollends informiert über Fisher oder über den neuen spanischen Gesandten Mendoza. Seit seiner Ankunft vor einem halben Jahr war es Mendoza allerdings kaum noch gelungen, direkt mit der Königin zu kommunizieren. Wolsey, der überall Spitzel in ihrer Haushaltung einsetzte, hatte das, seit seine Politik sich vom Kaiser abgewandt hatte, zu unterbinden begonnen. Zu seinem späteren Unglück, das jetzt kaum absehbar war, machte er sich nicht nur die neue Frau im Leben des Königs, sondern auch die Königin mit ihren sämtlichen dynastischen Bindungen an den Kontinent in diesen Tagen und Wochen zur Feindin. Jedenfalls erfuhr der Kaiser über Mendoza, noch bevor es Katharina offiziell erfuhr, von Henrys Vorhaben: seine Tante, Katharina von Aragón, Tochter der spanischen Könige, ihrer Stellung und Würde zu berauben und gewissermaßen unehrenhaft in die Wüste zu schicken.

Inmitten all dieser mehr oder weniger geheimen Verhandlungen platzte indessen eine Nachricht nach England, die einige Perspektiven veränderte: Die kaiserlichen Truppen hatten Rom geplündert, und der Papst war ein Gefangener des Kaisers in seiner eigenen Festung Sant' Angelo. Die Ironie wollte es, dass Henry durch seine vormalige Unterstützung des Kaisers, die auch den Sieg von Pavia möglich gemacht hatte, diesem geholfen hatte, seinen Herrschaftsanspruch über Italien zu festigen und ihn in diese dominierende Lage zu bringen. Papst Clemens aber, dem es im Herbst immerhin gelang, nach Orvieto zu fliehen und somit nicht mehr der unmittelbaren Gewalt Karls V. zu unterstehen, befand sich fürs Weitere, was das Anliegen des englischen Königs anging, in einer diplomatisch prekären Lage. Denn angesichts der Militärgewalt Karls mit seinen spanischen Truppen, deutschen und italienischen Landsknechten, die zu grässlichen Dingen fähig waren, wie er soeben erfahren hatte, war es höchst unratsam, ihn zu verärgern, indem er Englands Monarchen gegen Karls Tante ein wohlwollendes offenes Ohr schenkte und am Ende ein gefälliges Urteil aussprach.

Thomas Wolsey sah aber bald in dieser Lage auch Vorteile und überlegte sich eine Strategie, die, wie er meinte, England und seinem König im vollen Maße gerecht werden konnte. Henrys Unglück war es wahrscheinlich in diesem entscheidenden Jahr 1527, das für ihn und England zu einem Wendepunkt wurde, Wolsey und seinen herausragenden diplomatischen Fähigkeiten nicht mehr wie gewohnt zu vertrauen, wenig erfolgversprechende Alleingänge zu starten und damit das Ganze nicht mehr im Blick zu behalten, denn getrieben, wie er bald war, wurde er urteilsunfähig, um nicht zu sagen blind gegenüber den Konstellationen der Außenwelt, die ihm einigermaßen geschlossen entgegenstand. Es scheint merkwürdig, dass dieser König, der sich doch so bemühte, die göttlichen Zeichen zu deuten und zu verstehen, Fortunas Winke und Wegweiser in den kommenden Jahren nicht wahrnahm, nicht wahrnehmen wollte. Er konnte sich wahrscheinlich auch jetzt noch erfolgreich einreden, dass er nicht aus Leidenschaft handelte, sondern aus der Kraft seines Gewissens und der Verantwortlichkeit gegenüber der Zukunft seiner Dynastie. So jedenfalls präsentierte er sich am 22. Juni der Königin. Er machte es kurz und schmerzlos. Sie müssten sich trennen, denn sie hätten all die Jahre in Sünde gelebt, und er habe in Rom um eine Annullierung ihrer Ehe ersucht. Dies ausgesprochen, wollte Henry eigentlich gerne den Rückzug antreten und die Gemächer seiner Gemahlin verlassen. Er hatte geglaubt, sie werde ohne weiteres einwilligen und sich daraufhin in ein Kloster zurückziehen. So schlecht kannte er die Frau, mit der er seit achtzehn Jahren verheiratet war. Katharinas Antwort, unter Tränen zwar, aber nichtsdestoweniger entschlossen, war und blieb: Nunca. Niemals. Ihre immer wieder bekundete Liebe und Treue zu ihrem Ehemann machte sie offenbar auch blind für seine Schwächen.

Katharina glaubte bis zum bitteren Ende, Wolsey habe den ganzen Verlauf zu verantworten, er also habe ihrem Gatten auch die Idee in den Kopf gesetzt, ihre Ehe annullieren zu lassen. Wolseys Alleinmacht über so viele Jahre hatte ihm auf allen Ebenen Feinde geschaffen. Er war verhasst unter den Höflingen, im Adel und in der Bevölkerung, die sogar ausschließlich *ihn* für die Kriegssteuern verantwortlich machte, die ihr im Laufe der Jahre aufgedrückt wurden. Wolsey, wenn man so will, der Vollstrecker des Königswillens mit Blankoscheck, spielte die Rolle des Sündenbocks für alle königlichen Verfehlungen in der Regierungszeit Heinrichs VIII. wie Empson und Dudley unter Heinrich VII. Wer aus solcher Höhe stürzte, musste sich über die Hinterlassenschaften und ihre Nutznießer keine Gedanken mehr machen. Auch Kaiser Karl glaubte im Übrigen, die Idee zur Annullierung von Henrys Ehe stamme ausschließlich von Kardinal Wolsey.

Wolsey gedachte die europäische Situation nun auf seine Art und Weise zu nutzen: Am 3. Juli brach er nach Amiens auf, ausgestattet mit dem Großen Staatssiegel von England und einer Eskorte von neunhundert Reitern, um mit dem französischen König über das weitere Vorgehen gegen Kaiser Karl zu verhandeln. Wieder trat England in der Gestalt Wolseys als Friedensstifter auf, als Vermittler. Dabei ließ Englands Vertreter aber auch durchblicken, das Verhalten der kaiserlichen Armeen in Rom könne als Vorwand der Alliierten dienen, um Karl den Krieg zu erklären. Er wollte das eigentlich nicht, aber die Möglichkeit und die Drohung schufen eine bessere Verhandlungsgrundlage. Solange der Papst ein Gefangener des Kaisers war, könne er außerdem, meinte er, diesen davon überzeugen, all seine päpstliche Autorität auf ihn, Wolsey, zu übertragen, der als eine Art Sub-Papst agieren würde – damit dann auch ermächtigt, das königliche Annullierungsgesuch einschlägig zu entscheiden. Sollte Clemens damit nicht einverstanden sein, könne man die pro-französisch eingestellten Kardinäle zu überzeugen versuchen, eine Synode in Avignon abzuhalten und auf diesem Wege ihm, Wolsey, während der Gefangenschaft Clemens' die volle päpstliche Autorität zu verleihen.

Leider wurde das alles nichts. Wolsey musste Englands und Henrys Interessen auf anderem Wege in die Waagschale legen. Seiner Meinung nach ging das ausschließlich über den Papst und über seine eigenen Möglichkeiten als päpstlicher Legat. Er riet seinem König eindringlich davon ab, etwa am Papst vorbei zu agieren und in der Zwischenzeit ohne ihn, Wolsey, tätig zu werden. Das aber tat Henry. Er schickte seinen Sekretär Dr. Knight Richtung Rom, um ein Dispensgesuch zu stellen, damit er nach erfolgreicher Annullierung seiner Ehe mit Katharina die Schwester seiner früheren Geliebten heiraten konnte. Es ist möglich, dass Wolsey erst jetzt im vollen Ausmaß verstand, warum das alles veranstaltet wurde, worum es also in Henrys Gefühlsleben ging und dass es Anne Boleyn sein sollte, die seine künftigen Söhne austrug, nicht irgendeine noch zu erwägende Braut auf dem europäischen Heiratsmarkt, idealerweise aus Frankreich. Er empfing Knight auf dem Wege nach Rom und bat ihn, mit der Weiterreise zu warten, während er an den König schrieb, Knight sei nicht geeignet für diese schwierige Aufgabe. «*Wenn Euer Gnaden ein wenig Geduld haben*», so meinte er, «*wird Eure Absicht auf ehrenvollem und gesetzmäßigem Wege zum gewünschten Erfolg führen.*» Eigentlich vertrat er die Auffassung, der Papst sei in einer derart gedrängten Lage, dass er seinen englischen Bündnispartner, geschickt eingefädelt, auch hier zu guter Letzt nicht im Stich lassen würde. Aber der König hatte keine Geduld. Er musste sie lernen, denn es dauerte noch ganze fünf Jahre, bis er sein begehrtes Liebesobjekt in Besitz nehmen konnte. Doch das bewährte Kooperationsteam Henry und Wolsey hatte merklich Risse bekommen, und in dieser prekären Zeit, in der feinste diplomatische Raffinesse gefragt war und ein subtiles Vorgehen, wirkte sich das durchaus negativ aus. Kaiser Karl schrieb unterdessen an Henry, sein Scheidungsgesuch werde einen Skandal in der ganzen Christenheit auslösen, und ob er auch einmal daran gedacht habe, dass er damit seine Tochter bastardisierte, die er ihm noch vor Jahren zur Frau geben wollte. Die öffentliche Meinung, nahezu das geschlossene englische Volk, stand in den kommenden Jahren auf der Seite von Königin Katharina, die nicht nur populär war, sondern auch eine einflussreiche Anhängerschaft hatte, trotz aller Versuche Henrys und Wolseys, ihre spanische Hausmacht am Hofe zu dezimieren und ihre Leute allmählich nach Hause zu schicken. Die Sache war moralisch anrüchig und theologisch nicht wasserdicht. Die internationale Politik stand ihr entgegen, und der König war damit mehr oder weniger isoliert.

Aber er wollte Anne. Kein Weg würde daran vorbeiführen. Er war nicht nur besessen von dieser Frau, die sich ihm als Mätresse verweigerte, sondern er war genauso besessen von der Vorstellung einer geregelten Nachfolge durch einen legitimen Sohn. Ein legitimierter Bastard, also die Lösung mit Henry Fitzroy, würde zu viele Zweifel aufwerfen, und eine «queen regnant», also Mary, verheiratet mit einem französischen Prinzen, wie kürzlich erwogen, machte England über kurz oder lang zu einer französischen Kolonie. Das Haus Orléans auf dem englischen Thron – undenkbar, so mochte er meinen. Vielleicht war das ausschlaggebend, jedenfalls in Henrys politischem Räsonnement. Großbritannien feiert heute seinen englischen König, der doch so viel fähigere Vorgänger und Nachfolger hatte, als «*ersten Euroskeptiker*». So war es jedenfalls anlässlich des vierhundertsten Jahrestages seiner Thronbesteigung 2009 in den Medien zu lesen. England vom

Papsttum zu lösen und seine eigene Staatskirche zu gründen war natürlich in diese Richtung zu interpretieren, aber auch durchaus die Folgeerscheinung, die Verflechtungen mit der kontinentalen Politik, wie sie jahrhundertelang völlig untrennbar waren von Englands Schicksal, in der Folge doch deutlich und zunehmend abzukoppeln und eine Art Inselbewusstsein zu schaffen, wie es seine Tochter Elizabeth äußerst erfolgreich ausbauen sollte. Aber das waren, Henry betreffend, zufällige Entwicklungen, wenn man so will, Folgen eines autokratischen Herrscherwillens mit ursprünglich gänzlich anders gearteten Ausgangserwägungen. Am 18. August wurde in Amiens ein Bündnisvertrag zwischen England und Frankreich geschlossen. Im Januar erklärten England und Frankreich Karl V. den Krieg. Am Neujahrstag hatte der Papst – parallel dazu, könnte man annehmen – zugesagt, einen Dispens für die Heirat mit Anne Boleyn zu erteilen, falls Henrys Ehe mit Katharina für ungültig erklärt werden sollte.

Für Wolsey war das nur eine halbe Sache, und in der Tat brachte es für den gegenwärtigen Stand der Dinge nicht viel. Wolsey wollte eine Dekretal-Vollmacht, um im Annullierungsverfahren auf englischem Boden als Richter fungieren zu können. So schrieb er demütige Briefe an Clemens, vor allem, nachdem dieser dann noch gehört hatte, es gehe dem englischen König gar nicht um die Thronfolge oder um Gottesgebote, sondern um eine äußerst fleischliche Leidenschaft zu einer Dame von nicht eben gutem Ruf, wie er höre – ein Papst konnte sich dergleichen gut vorstellen. Wolsey schrieb, er sei bereit, seine Seele dafür zu opfern, dass Henry die Witwe seines guten Bruders wie eine Schwester liebe und ehre und dies immer tun werde. Er handele nur aus den Nöten seines Gewissens. Besagte Dame (Anne Boleyn also) sei im übrigen die Tugend, Reinheit und Keuschheit selbst, bescheiden, sanftmütig, von guter Familie und exzellenter Erziehung, außerdem ganz offensichtlich gebärfähig (Wolsey lobte zugleich ihre «*beständige Jungfräulichkeit*» – als ob er das eine wie das andere wissen konnte). Das ging etwas weit, aber Wolsey ging noch weiter und log, die Königin leide an einer geheimen gynäkologischen Krankheit, und das mache es für den König unmöglich, weiter mit ihr verheiratet zu bleiben. Wie auch immer – Wolsey bekam die Dekretal-Vollmacht, widerstrebend zwar, denn der Papst war davon nicht überzeugt, aber er bekam sie. Zusammen mit Kardinal Campeggio, dem Bischof von Salisbury und Schirmherr von England unter den Kardinälen, sollte er dem Gericht vorstehen. Nun war Kardinal Campeggio bereits im fortgeschrittenen Alter und stark gichtkrank, und so brauchte er volle zwei Monate für seine Reise nach England – Henry und Anne erwarteten den armen Mann sehnsüchtig. Als er dann aber ankam, war er so zögerlich in seinem Vorgehen, dass alle Beteiligten mit Recht annahmen, er wolle das ganze Annullierungsverfahren am liebsten vermeiden. Papst Clemens hatte ihn zwischenzeitlich auch mit den entsprechenden Instruktionen versehen: Er solle das Königspaar unter Anwendung aller ihm zu Gebote stehenden Möglichkeiten und Mittel wieder versöhnen. Für den Notfall war Clemens sogar bereit, einen Dispens für die Eheschließung zwischen Prinzessin Mary und Henry Fitzroy zu erteilen, so dass dann Halbbruder und Halbschwester gemeinsam England regieren könnten – eine raffinierte Idee des heiligen Vaters, bedeutete sie doch, dass die Erbfolge blieb, wie sie war, ohne dass England Gefahr lief, unter französische Dominanz zu geraten; abstrus genug aber, wurde hier doch schließlich von höchster kirchlicher Stelle ein wirklicher (Halb-)Inzest gestützt. Ein weiteres halbes Jahr zog ins Land. Papst Clemens hoffte aller Wahrscheinlichkeit nach, das Problem werde sich gleichsam von selbst lösen, wenn Englands König seines Lust- und Liebesobjekts irgendwann überdrüssig geworden sei, wie das wohl üblich war unter Menschen und unter Monarchen. Er konnte nun aber nicht wissen, wie es wirklich stand um dieses Paar.

Anne hielt ihre Verweigerung durch. Wenigstens enthielt sie ihrem König noch etwas vor, um keine Schwangerschaft zu riskieren, und damit dieser in seinem Eifer nicht nachließ. Traditionell dient der Minnedienst der charakterlichen Ertüchtigung des werbenden Mannes, der seine Libido sublimieren muss; was mit der Frau geschieht, sofern sie denn an der Sache beteiligt ist, wird dabei allerdings nicht gesagt. Der leibliche und der geistige Mensch sollen dadurch versöhnt werden – so der Anspruch in den literarischen Erzeugnissen eines Epochenphänomens (das Henry ja so gerne wieder aufleben ließ: das mittelalterliche Rittertum) in einer Zeit, in der sich platonisch-aristotelisches Denken der Antike mit dem christlichen Gedankengut vermischte. Das scheint aber bei diesem König nicht funktioniert zu haben, führte die sexuelle

Frustration doch am Ende dazu, dass er um sich schlug; und die erfüllte, die «niedere» Minne hielt dann auch nicht gerade sehr lange vor. Aber in diesen Jahren des Werbens schrieb er Anne hinreißende Briefe mit seiner eigenen fürstlichen Hand. Er schrieb ungern. Seine Handschrift sieht ungeübt aus, krakelig, wie eine Kinderschrift. Möglich, dass er etwa seine «Assertio» in lateinischer Sprache diktiert hat. Die Liebesbriefe waren ursprünglich zum Teil auf Französisch geschrieben, und die zeitliche Einordnung, da sie kein Datum tragen, beruht nach wie vor auf der Einschätzung der Editoren: Anfang Juli 1527 bis Ende Oktober 1528. Francis Macnamara, der Herausgeber von Henrys Werken inklusive der Liebesbriefe an Anne Boleyn, hat eine interessante Schlussfolgerung zu Henrys Liebesleben angesichts dieser Briefe getroffen, besonders, wenn man den Ausgang der love-story kennt: «*Es ist eine Tatsache, dass Liebe schrecklich moralisch ist, wenn sie sich auf eine einzige Person konzentriert, und die Tatsache, dass Henrys Liebe von dieser Art war, zeigt, dass er ein Protestant und Puritaner war, ebenso, wie der König von Frankreich ein Katholik und Formalist war, denn er liebte den Sex, das schöne Geschlecht im Großen und Ganzen. François I. war zufrieden damit, die äußere Form der Ehe einzuhalten, während er sein Vergnügen bei seinen Mätressen suchte. Also hatte er kein Scheidungsproblem, das ihn in Konflikt mit dem Papst brachte. Aber Henry liebte nicht in erster Linie und ausschließlich zum Vergnügen. Die Leidenschaft, zu dienen, war sehr stark ausgeprägt bei diesem Nachkommen eines walisischen Gefolgsmannes. Und solche Art Liebe bezieht sich nicht nur auf die Schönheit einer Frau, ihren äußeren und vergänglichen Charme, sondern sie gilt einer Frau, die sie von nun an werden soll, mit einem Wort: ihrer Produktivität. Henry verpflichtete sich, sie zu lieben und wertzuschätzen, welche Qualitäten seine Frau auch immer entwickelte. Aber als Gegenleistung musste auch sie diese Ehe als einen Dienst ansehen, in dem es ihre spezielle Pflicht war, einen Thronerben für England hervorzubringen.*» Dass dies nicht am Wollen oder nicht-Wollen liegt, hat vielleicht wirklich erst die moderne Medizin transparent gemacht. Aber nicht einmal die moderne Reproduktionsmedizin vermag das Geheimnis der Fruchtbarkeit oder Unfruchtbarkeit vollständig zu ergründen. Dass allerdings zu viel psychischer Druck am Werke war bei Henrys Fortpflanzungswahn in seinen diversen Ehen, scheint eindeutig – wahrscheinlich auf beiden Seiten. Als Liebender, aber noch nicht Erhörter wirbt er noch kniefällig um seine Herzensdame. Anfang Juli 1527 schreibt Henry: «*Indem ich die Inhalte Eures letzten Briefes in meinen Gedanken hin- und herwende, habe ich mich selbst in einen Zustand großer Agonie versetzt, da ich nicht weiß, wie ich sie verstehen soll: ob zu meinem Nachteil, wie ich andere verstehen musste, oder nicht. Ich flehe Euch an, mich wissen zu lassen, wie es um Eure Absichten in Bezug auf die Liebe zwischen uns beiden bestellt ist. Ich muss unbedingt eine Antwort haben, bin ich doch nun schon seit einem vollen Jahr vom Pfeil der Liebe getroffen und immer noch nicht in Gewissheit darüber, ob ich zurückgewiesen werde oder ob es mir gelingen wird, einen Platz in Eurem Herzen zu finden. Diese Ungewissheit hinderte mich neulich, Euch meine Geliebte zu nennen, da Ihr mich nur mit einer ganz durchschnittlichen Zuneigung liebt. Wenn es Euch aber gefallen würde, die Pflicht einer wahren und treuen Geliebten zu erfüllen und Euch mir ganz zu geben, mit Leib und Seele, der ich, was ich schon lange bin, auch weiterhin Euer treuester Diener sein werde (falls Eure Strenge mir das nicht versagt), so verspreche ich, dass Euch nicht nur der Name gegeben werden soll, sondern dass ich Euch als meine einzige Geliebte annehmen werde, indem ich alle anderen fallen lasse, die mit Euch im Wettstreit meiner Gedanken und Gefühle stehen, und nur Euch zu dienen.*»

Falls das angenommene Briefdatum stimmt – Anfang Juli 1527 –, dann wäre Henry zu der Zeit noch in einer reinen Werbephase gewesen, und es hätten noch keinerlei Heiratsabsprachen stattgefunden, obwohl Henry bereits offiziell kundgetan hatte, seine Ehe mit Katharina annullieren lassen zu wollen. Dann hätte er unter Umständen sogar Recht mit seiner Darstellung der Reihenfolge oder der Prioritäten. Oder aber der Brief wurde ein Jahr früher geschrieben. Die zeitlichen Lücken, die dann zwischen den überlieferten Erzeugnissen klaffen würden, könnten damit erklärt werden, dass nicht alle Briefe vorhanden sind und dass es einen Schreibbedarf bei einem eigentlich schreibunwilligen Liebhaber ja nur bei längerer Trennung gab, aber selbst auf seine alljährliche Sommerrundreise nahm er Anne meist, pikant genug, als Hofdame seiner Königin mit. Im Sommer 1528 brach in England erneut das Schweißfieber aus, und Henry, der ohnehin eine Neigung zur Hypochondrie hatte und sich recht kenntnisreich mit Naturheilkunde befasste, mit den Wirkungen verschiedener Kräuter und Heilpflanzen auf diverse Krankheiten, war verständlicherweise in großer Angst um sich und um Anne. Er zog sich mit einer minimalen Dienerschaft in eines von Wolseys Landhäusern zurück, und Anne ging nach Hever, wo sie bald mit der Krankheit darniederlag, sie jedoch überstand. Ein weiteres göttliches Zeichen, dass ihnen ein guter Ausgang bestimmt war? Als Henry Anne schreibt, er habe gehört, dass Campeggio nun immerhin schon in Paris sei, gibt es kaum Zweifel am Briefdatum, denn das war Mitte September 1528. So könne er also dann, fährt er fort, so Gott wolle und zu ihrer beider Vergnügen, endlich bald das genießen, wonach er sich nun schon so lange sehne. «*Mir wünschend*», schließt er einen Brief, «*(und besonders am Abend) in den Armen meines Lieblings zu sein, deren hübsche Brüste ich hoffe, alsbald küssen zu dürfen.*» Dabei musste es jedoch vorerst auch bleiben. Anne hat die Briefe aufgehoben, aber offensichtlich nicht allzu gut darauf aufgepasst, denn sie wurden entwendet und landeten – nicht allzu günstig fürs Scheidungsverfahren – in Rom, wo sie jahrhundertelang im Vatikanarchiv lagerten, bis man sie für die Nachwelt entdeckte.

Am 31. Mai 1529, also volle zwei Jahre, nachdem Henry in York Place seine geheimen Verhandlungen zum Annullierungsverfahren begonnen hatte, trat das Gericht unter der Leitung Wolseys und Campeggios im Blackfriars Konvent in London erstmals zusammen. Die Szenen sind in diversen Spielfilmen unterschiedlicher Qualität nachgestellt: Henrys heuchlerische Manöver, die Spitzfindigkeiten der Kleriker, die süffisanten Spekulationen über die Hochzeitsnacht Katharinas und Arthurs, alte Höflinge, die sich erinnern wollen, der Prinz habe nach dem ehelichen Vollzug hastig getrunken und am nächsten Morgen, erschöpft von den nächtlichen Anstrengungen, behauptet, er sei in der Nacht «*mitten in Spanien*» gewesen, vor allem aber der imposante Auftritt der Königin, die sich weigerte, Henrys Richter anzuerkennen und sich ihrer Jurisdiktion zu unterwerfen. Henry forderte Campeggio und Wolsey auf, ein Urteil zu fällen über die Gültigkeit seiner Ehe. Er habe, so behauptete er, von Anfang an Zweifel und Skrupel darüber gehabt, worauf die Königin einwarf, das sei in der Tat

AUSZUG AUS EINEM FRANZÖSISCH GESCHRIEBENEN LIEBESBRIEF HENRYS AN ANNE BOLEYN, 1528

sonderbar nach so langem Schweigen über so viele Jahre. Henry antwortete, das erkläre sich aus seiner großen Liebe zu ihr, die er stets empfand und noch immer empfinde. Er selbst wünsche sich mehr als alles andere, dass die auserkorenen Richter die Gültigkeit ihrer Ehe bestätigen würden. Ein besseres Exempel für Heuchelei konnte er kaum statuieren. Dass Katharina daraufhin immer noch ihren geliebten Ehemann verteidigte, wie es durchklingt, und nicht nur ihren Status, um den sie bis aufs Messer kämpfte, nimmt wunder. Aber das eine bildete natürlich das Argument für das andere und war kaum zu trennen in der Rolle der rechtmäßigen Gattin, die sie hier ausspielte. Sie wiederholte es: Sie erkenne die Richter dieses Verfahrens nicht an, da sie befangen seien im Herrschaftsgebiet ihres königlichen Gemahls. Der Fall müsse nach Rom überwiesen werden. Letztendlich geschah genau das, was ein Triumph für Katharina war. Für Henry aber war die Entscheidung katastrophal, und für Wolsey bedeutete sie den Anfang vom Ende, denn Henry glaubte, dass Wolsey versagt hatte in der «*großen Angelegenheit*» seines Königs, wie sie in der Zeit der Geheimhaltung tituliert worden war. Während der Verhandlungen von Blackfriars schrieb Wolsey an Gregorio di Casale, einen von Henrys Agenten in Rom: «*Ihr mögt Seiner Heiligkeit fortwährend versichern, dass er, sofern er dem Antrag auf Überweisung durch irgendeines Fürsten Fürsprache stattgeben sollte, nicht nur die Ergebenheit des Königs und dieses Reiches zum apostolischen Stuhl verlieren, sondern auch mich für immer vernichten wird.*» Klare Worte und ganz ohne Wolseys gewohntes üppiges Selbstvertrauen gesprochen. Er äußerte sie auch gegenüber dem französischen König.

Zwischen Karl und François liefen in diesen Wochen und Monaten Friedensverhandlungen, vertreten durch Margarete von Österreich und Louise d'Angoulême, an denen Wolsey – ein weiteres alarmierendes Zeichen für drohenden Machtverlust – trotz aller Sondierungen im Vorfeld als englischer Repräsentant gar nicht teilnehmen sollte; derzeit war er ja auch noch in Henrys großer Sache in England vonnöten. Stattdessen reiste der Herzog von Suffolk, Henrys Schwager, nach Orléans, um sich mit François zu besprechen, und die königlichen Damen handelten den Frieden zum Schluss unter sich aus. Wolsey aber schrieb dem französischen König, er möge all seinen Einfluss in Rom für die königliche Scheidungsangelegenheit geltend machen, andernfalls sei er die Ursache für seinen, Wolseys, Ruin, und dann sei er selbst, Wolsey, auch nie mehr in der Lage, ihm einen Dienst zu erweisen. Das aber zog nicht mehr, denn der Sturz des einst so mächtigen Kardinals zeichnete sich bereits ab. Er hatte vielfältige Ursachen beziehungsweise fördernde Umstände, doch die Hauptursache war natürlich sein – Henrys Meinung nach – offenbares Versagen, Henrys Eheannullierung in Rom durchzusetzen. Über Anne Boleyn, die einen immer stärkeren Einfluss auf ihren König ausübte und die durch ihre Verwandtschaft mit dem Herzog von Norfolk bedeutende Familienverbindungen mit dem Hochadel hatte, bildete sich eine Adelsopposition gegen Wolsey, für die Henry mit der Zeit immer offener wurde. Er war leicht zu beeinflussen. Da seine Welt so zentriert war auf das eigene königliche Begehren und Wollen, musste man nur das sagen und tun, was diesem Wollen und Begehren förderlich war; es hatte meistens den gewünschten Effekt. Aber Spannungen mit seinem einzigen mächtigen Mann lagen bereits seit längerem in der Luft. So plötzlich, wie ihm seine Ehe mit Katharina nach achtzehn Jahren unrecht und sündhaft vorkam, bemerkte er mit einem Mal, dass Wolsey zu eigenmächtig und machtherrlich handelte und damit die königliche Autorität untergrub.

Anlass war im Sommer zuvor eine Äbtissinnenwahl in einem Kloster in Wilton gewesen. Wolsey hatte bereits seine Kandidatin in petto, die Priorin des Klosters, Isabel Jordan, als Anne Boleyn Einspruch erhob, um ihre Schwägerin, Lady Eleanor Carey, zu protegieren, was Henry ohne weiteres durchwinkte. Wolsey aber akzeptierte das nicht und blieb weiter bei seiner Kandidatin Lady Isabel Jordan. Es stellte sich am Ende heraus, dass beide Nonnen offenkundig in illegitime Liebesverhältnisse mit Priestern verstrickt waren – Lady Eleanor, die jetzt zu alt war für solche Dinge, hatte anscheinend sogar Kinder von zwei verschiedenen Priestern –, so dass Henry meinte, man müsse nun eine dritte, nach Möglichkeit unbescholtene, suchen. Wolsey aber ignorierte den königlichen Befehl, den er, so sagte er später, als Befehl gar nicht verstanden habe, und ließ die Priorin wählen, sogar unter Zwang – mehrere Nonnen wurden in ihren Zellen eingesperrt während der Wahl, andere regelrecht zur Wahl der Priorin gezwungen. Über solche Eigenmächtigkeit war Henry mit Recht verärgert. Doch in dem maßregelnden Brief, den er Wolsey daraufhin schrieb, herrschte im Wesentlichen immer noch ein freundschaftlicher, gewogener Ton. Darin hielt er Wolsey unter anderem vor, den Klöstern – wie er unlängst erfahren habe – unrechtmäßigerweise Gelder erpresst zu haben, um damit sein College in Ipswich zu finanzieren. Es ist ziemlich unwahrscheinlich, dass Henry das nicht schon länger gewusst hat. Wenn man so will, trat Wolsey mit diesen Geldtransaktionen von den Klöstern hin zu den Hochschulen geradezu als Mäzen auf, und er bereitete damit auch gewissermaßen nur vor, was Thomas Cromwell später im großen Stil mit der Enteignung der Klöster fortführen sollte.

Doch Wolseys Stunde hatte geschlagen. Er schrieb einen unterwürfigen Antwortbrief an den König, der Henry besänftigte, und er hielt sich bis Blackfriars noch ein weiteres Jahr. Aber die Ereignisse wandten sich gegen ihn. Clemens VII., der sich letztlich auf die Seite des Kaisers geschlagen hatte, ließ Campeggio die von ihm ausgestellte Dekretal-Vollmacht verbrennen und überwies das Annullierungsverfahren Heinrichs nach Rom. Am 23. Juli eröffnete Campeggio die Verhandlung, von der alle Anwesenden in dem überfüllten Gerichtssaal erwarteten, sie werde das Urteil bringen, und verkündete, die Verhandlung müsse aufgrund zahlreicher noch zu prüfender Dokumente bis Oktober vertagt werden. Großes Schweigen herrschte im Saal. Dann sprang der Herzog von Suffolk auf, Henrys Schwager und einst bester Freund, schlug mit der Faust auf den Tisch und rief: «*In England ging es noch nie fröhlich zu, wenn Kardinäle unter uns waren.*» Das war der Auftakt. In ganz England machte die Nachricht die Runde, dass Kardinal Wolsey gestürzt sei. Den Friedensvertrag von Cambrai zwischen dem Kaiser und Frankreich, der für England nicht sehr befriedigend war und bestenfalls günstige Handelsbedingungen mit den Niederlanden einbrachte, unterzeichneten Cuthbert Tunstall, Bischof von Durham, und Thomas More. Thomas More rückte daraufhin in die Fußstapfen Wolseys. Es wurde auch *sein* letzter Akt.

EINE SONDERBARE REFORMATION (1530–1536)

Am 9. Oktober 1529 wurde Wolsey aller seiner Ämter enthoben. Man bezichtigte ihn des Verstoßes gegen die Praemunire-Gesetze, die im 14. Jahrhundert gegen die Anmaßungen der römischen Kurie, aber auch gegen die Jurisdiktion ausländischer Herrscher eingesetzt worden waren, um die Vorrechte der Krone zu schützen. Wolsey, so hieß es in der Anklage vor dem königlichen Oberhofgericht, habe als päpstlicher Legat in England die Autorität des Königs unterminiert. In einer Petition des Oberhauses wurde dem König schließlich noch ein Strafkatalog mit 44 Punkten unterbreitet – Vergehen, deren man Wolsey anklagen solle. Das waren nicht nur politische Vorwürfe. Unter anderem beschuldigte man den Kardinal, den König absichtlich angehaucht zu haben, um ihn mit der Syphilis zu infizieren. Vielleicht liegt hier die Ursache für die Mär, die besonders im 19. Jahrhundert sehr populär wurde, dass Henry ein Syphilitiker war. Im weiteren Verlauf der Ereignisse, bis das Land sich endgültig von Rom löste, wurde unter Verweis auf die Praemunire-Gesetze der Klerus im Ganzen bezichtigt, Agenten Roms zu sein, sprich: einer ausländischen Macht. Eine antirömische Stimmung im Land förderte die Ereignisse, also auch den Sturz Wolseys.

An Wolseys Sturz exemplifizierten sich aber noch andere Zeitstimmungen sowie altbekannte Strukturen: Opposition gegen den Königsgünstling und die Sündenbockrolle, die diesem zukam, da die königliche Majestät sakrosankt war und für falsche Politik nicht belangt werden durfte. Adel gegen Klerus. Der alte Adel gegen den Parvenü. Wieder und dauerhaft für die Nachwelt wurde in den Pamphleten und Überlieferungen die niedere Geburt Thomas Wolseys ins Feld geführt. Der flächendeckende Hass auf Empson und Dudley, die zur Gänze für die dunklen Seiten der Politik Heinrichs VII. verantwortlich gemacht wurden und dafür schließlich auch ihren Tribut zahlten, ist den Vorgängen hier nicht unähnlich. Bei einem eindeutig heterosexuellen Monarchen und einem ebenso eindeutig heterosexuellen Lordkanzler beschränkte sich die Union wenigstens nur auf Politik. Bei Edward II. und Richard II. und deren Günstlingen waren dagegen noch homoerotische Komponenten beteiligt, was das Ganze noch heikler machte für Oppositionen. Ähnlich im Übrigen bei einer weiblichen Regentin und einem Günstling mit emotionalen und erotischen Komponenten (Elizabeth I. und Robert Dudley, Graf Leicester, der bezeichnenderweise aber die ersten Jahre überhaupt keine und später nur eine sehr kontrollierte und eingebundene politische Funktion hatte). Die Königsgünstlinge griffen die gottgegebene Weltordnung an, allein durch ihre herausgehobene Stellung, und sie schufen ein Ungleichgewicht, waren daher immer ein Ärgernis für die Repräsentanten dieses engmaschigen und klar definierten Gesellschaftssystems. Wolsey war kein herkömmlicher Günstling, sondern ein Staatsmann mit Blanko-Vollmacht, über Jahre ein Stellvertreter des Königs, also etwas, das in dem System gar nicht vorgesehen war und es daher am Ende ausreizte. Sein Sturz war königlich autorisiert, wenn nicht initiiert.

Aber während seine Gegner im Parlament ihn völlig vernichten wollten, hielt sich der König damit zunächst noch zurück und konnte ihm auch das Gefängnis ersparen. Im November schickte er Wolsey sogar einen Ring als Zeichen dafür, dass sein ehemaliger Lordkanzler unter dem Schutz seines Königs stand. Vier Monate später entschied er, Wolsey in seine Diozöse York zu versetzen, die dieser noch nie besucht hatte, obwohl er seit 1514 Bischof von York war. Er hätte so einen würdigen Abschluss finden können, abgetreten von der Weltbühne, auf sein bewegtes Leben zurückblickend. Wolsey indessen, der so maßlos war wie sein König, konnte nicht aufhören, im großen Spiel mitzuagieren. Er verwendete seine Kontakte zu den Vertretern des Kaisers und Frankreichs, um – vorwiegend über den kaiserlichen Gesandten Chapuys – den König zu einer Politik zu bewegen, die seine, Wolseys, Rückkehr ins Machtzentrum möglich machen sollte und gleichzeitig Anne Boleyn und ihre Anhänger ausschalten sollte, die er als seine Hauptgegner erkannte. Der große Taktiker verkalkulierte sich hier auf verblüffende Weise, doch er hat noch einmal alles auf eine Karte gesetzt. Für sein Vorgehen gab es jetzt nur noch einen Begriff: Hochverrat. Am 5. November 1530 wurde Wolsey verhaftet – von Henry Percy, Annes früherem Verlobten und fast-Ehemann, mittlerweile Graf von Northumberland. Der Gefangene starb auf dem Weg nach London in die sichere Exekution am 29. November 1530 eines natürlichen Todes. Den Symptomen nach könnte er Darmkrebs gehabt haben. Es heißt aber auch, er starb an der Ruhr.

Dass Thomas More Lordkanzler wurde, hatte sicherlich nicht zuletzt damit zu tun, dass er *kein* Kleriker war, sondern Jurist. Das war ein Signal nach außen; der gegenwärtigen Stimmung gegen Rom, gegen den Klerus wurde damit Genüge getan. Der Gelehrte von europäischer Reputation, der sich zudem als Anwalt und Richter verdient gemacht hatte und den Ruf besaß, unbestechlich zu sein – hatte er doch sogar schon Verfahren zu Ungunsten seines Schwiegersohnes entschieden –, verhalf dem König wieder zu seinem Lieblingsbild von sich selbst, das aber damals unter den Gelehrten Europas immer noch fest verankert war und auch teilweise blieb: ein milder, liberaler und weiser Herrscher zu sein, der selbst genug Bildung besaß, um den Gebildeten seines Landes einen bevorzugten Platz und nach Möglichkeit auch Gehör zu gewähren. Was Henrys Scheidungssache betraf, so scheint More ihm von Anfang an vermittelt zu haben, sich hier nicht engagieren, sich zumindest vorerst dazu nicht äußern zu wollen, und der König – weise und liberal, wie er war – hat es offenbar akzeptiert. Er gab Thomas More andere Aufgaben, die dieser mit Verve erfüllte, war ihm doch das Amt des Lordkanzlers eine willkommene Gelegenheit, mit großer Anstrengung (an der es seiner Meinung nach bislang gefehlt hatte) und kraft der Autorität seines Amtes die Ketzerei zu bekämpfen.

Man muss sich deutlich vor Augen führen, dass das zusammenfiel in diesen Jahren: Während Henry Wolseys *«finstere Praktiken zum Vorteil des Hofes von Rom»* verwünschte und dem päpstlichen Nuncio, der ihn in Clemens' Namen maßregelte, drohte, eine Armee nach Rom zu entsenden, während er auf vorsichtige Tuchfühlung mit den lutherischen Fürsten in Deutschland ging, um Unterstützung zu finden für seinen Fall gegen Rom, und während Thomas Cromwell, ein Protegé Wolseys und ein wirklicher Reformer, bereits in den Startlöchern stand, gab Henry sich nach wie vor als Verteidiger des Glaubens und des Heiligen Stuhls, immer noch bereit, Clemens zu dienen, wenn dieser nur endlich zur Vernunft käme und die Annullierung seiner Ehe bewilligte, und entsprechend ließ er More, rechtskräftig auf den Weg gebracht durch die höchsten Kirchenvertreter, in seinem Eifer gegen die Ketzer gewähren. In seiner Antrittsrede als Lordkanzler bezeugte Morus, der mit Wolsey hervorragend zusammengearbeitet und sich nie gegen seine Prinzipien und Politik gestellt hatte, obwohl er doch andernorts durchaus den Mut zur Opposition zeigte, eine eklatante Hypokrisie und reichlich niedere Antriebe, indem er den gefallenen Kardinal noch einmal mit Lust in den Staub trat. «*Wie Ihr seht*», sagte er, «*sind inmitten einer großen Schafherde immer auch einige faule und verderbte Elemente, die der gute Hirte von den guten Schafen zu trennen hat, und so ist der große Hammel, der jüngst gefallen ist, wie Ihr alle wisst, so gerissen und schäbig gewesen und hat auf so verlogene Weise den König manipuliert, dass alle Welt denken muss, er habe tatsächlich geglaubt, man merke seine betrügerischen Taten und Absichten nicht.*» Der König aber, so More, werde mit ihm ein Exempel statuieren und Wolsey seiner gerechten Strafe zuführen.

Das war gut ein Jahr vor Wolseys Tod. Die Adelsfraktion – Norfolk, Suffolk sowie Annes Vater Thomas Boleyn, neuerdings Graf von Wiltshire – nahmen nun aber, wie es scheint, die auswärtigen Angelegenheiten mehr oder weniger in die Hand, während Cromwell zu Henrys Sekretär avancierte. Thomas More, dem erstaunliche Freiheiten im Hinblick auf seine Beteiligung am Vorantreiben der nach wie vor «großen Angelegenheit» des Königs, der Annullierung seiner Ehe, eingeräumt wurden, konnte sich voll und ganz auf die verhassten Ketzer hier wie dort konzentrieren – in England und auf dem Kontinent. Cuthbert Tunstall hatte ihn bereits 1527 aufgefordert, häretische Schriften zu lesen, um im Bilde zu sein und gegen die Urheber vorgehen zu können. Mores erste Amtshandlung 1529 war eine Proklamation gegen den Import, den Besitz und die Verbreitung häretischer Bücher. Die Proklamation wurde im Folgejahr noch erweitert, nachdem eine Kommission, in der More mit Erzbischof Warham, Tunstall, Gardiner und anderen Klerikern beratend zusammengekommen war, im Mai entschieden hatte, dass es unter anderem auch unnötig für einen

Christen sei, selbst in der Bibel zu lesen. Zur Erlösung seien die Sakramente und die entsprechenden Einweisungen vollkommen hinreichend. Das eigenartige Schicksal von William Tyndale, der die auch später noch verbreitetste Bibelübersetzung in englischer Sprache bewerkstelligte, spricht ein beredtes Zeugnis von den geradezu schizophrenen, auf jeden Fall widersprüchlichen und von königlicher Seite einigermaßen verlogenen Vorgängen in jenen Jahren.

Tyndale hatte in Oxford studiert, erhielt die Priesterweihe und geriet 1521 während seiner Lehrtätigkeit in Cambridge in humanistische Kreise, die aufgeschlossen waren für die Gedanken der Reformation, worauf er überzeugt davon war, dass die Heilige Schrift allein die Doktrin und Praxis der Kirche bestimmen könne und dass jeder Gläubige in der Lage sein sollte, die Bibel zu lesen. Auch er sprach – wie früher Erasmus in seinen besseren Zeiten, als er noch nicht Gefahr lief, im Sturm der Ereignisse unterzugehen und zwischen den Fronten zerrieben zu werden – von der Korruption der Kirche und ihren Verderbtheiten, die allerdings eine neue Lehre, ein neuer Ansatz, gestützt auf kritisch-philologische Bibellektüre, von innen reinigen sollte. Als er begann, das Neue Testament zu übersetzen, erhoffte er sich noch die Unterstützung von Cuthbert Tunstall, Bischof von London. Einige seiner Positionen in seiner Neuübersetzung galten jedoch als häretisch, und es zeichnete sich als völlig unmöglich ab, eine Drucklegung seiner Übersetzung in England zu initiieren. 1524 ging Tyndale nach Deutschland, finanziell unterstützt von wohlhabenden Londoner Kaufleuten, die ebenfalls mit den reformerischen Sichtweisen sympathisierten. Er traf Luther in Wittenberg und beendete an der berühmten Quelle der Reformation seine Übersetzung des Neuen Testaments. Im Sommer 1525 wurde in Köln mit dem Druck begonnen. Da aber der Luther-Gegner Johannes Cochläus davon erfuhr und den kaum begonnenen Druck von Frankfurt aus unterband, floh Tyndale nach Worms. Hier erschien sein Neues Testament dann im Folgejahr in einer Auflage von 6000 Exemplaren, besorgt von dem Buchdrucker Peter Schöffer dem Jüngeren. Natürlich stand es von Anfang an auf der Liste häretischer Bücher in England. Cochläus hatte Henry und Wolsey schon nach der unterbundenen Drucklegung in Köln dringend aufgefordert, die englischen Häfen gut zu bewachen und geschmuggelte Bücherware rechtzeitig einzuziehen. Es wurden sogar Versuche unternommen, Tyndale noch in Worms zu verhaften. Tyndale aber fand Zuflucht in Marburg beim Landgrafen Philip von Hessen. Er blieb weiterhin auf dem Kontinent, arbeitete an einer Übersetzung des Alten Testaments aus dem Hebräischen und öffnete sich in der Transsubstantiationslehre Zwingli'schen Positionen.

Während sich nun Thomas Morus übereifrig bemühte, alle dunklen Kanäle zu schließen, durch die häretisches Gedankengut und im Ausland gedruckte Bücher nach England eingeschleust wurden, auch die in Worms erfolgte Tyndale'sche Übersetzung des Neuen Testaments und sogar mehrere Streitschriften gegen Tyndale veröffentlichte, wollte es der Zufall, dass Tyndale 1528 ein Buch publiziert hatte, mit dem sich der englische König identifizierte. Es heißt, dass Anne Boleyn ihn darauf aufmerksam machte. Sie las mit Vorliebe Bücher, die auf dem Index standen – wie auch immer sie an sie gelangte, denn offensichtlich hielt sie das eigentlich vor dem König geheim. Dem kaiserlichen Gesandten Chapuys galt die ganze Familie Boleyn als lutheranisch. Später würde er äußern, Anne Boleyn sei der Hauptgrund dafür gewesen, dass das Luthertum sich in England ausbreiten konnte. Die Schriften zirkulierten indessen seit langem, und das Gedankengut war in manchen Kreisen von Anfang an auf fruchtbaren Boden gefallen, da lernte Anne Boleyn noch als halbwüchsige Debütantin auf dem Kontinent Tanzen und französische Konversation. Was relevant wurde in Tyndales Buch: «The Obedience of a Christian Man and how Christian Rulers ought to govern», waren aber nicht Glaubensfragen im Einzelnen, sondern *die Konstatierung des Supremats des Königs im Staate*, der sich ganz einfach daraus ableitete, dass die «*falsche Macht*» des Papstes abgelehnt wurde. Es sei eine Schande, so Tyndale, «*die größte Schande von allen*», dass Könige sich der Autorität der Kirche beugen sollten. Tatsache ist allerdings, dass der Gelehrtenstab, den der König im In- und Ausland beschäftigte, um theologische wie auch historische Argumente für seine Eheannullierung zu finden und warum das Verfahren in England stattfinden sollte und nicht in Rom, ziemlich ähnliche Gedankengänge zutage förderte, indem der eine oder andere zum Beispiel die Chroniken über mittelalterliche Dispute der Kaiser des Heiligen Römischen Reichs und der französischen Könige mit den

Päpsten heranzog. Da gibt es dann also im Kontext der Könige Frankreichs die Formulierung: «*Rex in regno suo est imperator*» («Der König ist Kaiser innerhalb seines Reichs»), was bedeutet, der König besitzt eine vergleichbare Macht in seinem Reich wie der Kaiser nach dem römischen Recht. Beides zusammen, rechtsgeschichtlich und theologisch begründet, ergab jedenfalls eine überzeugende Lösung für einen König in Not, der einen legitimen Machtausbau brauchte, um eine gewünschte Eheschließung mit gutem Gewissen zustandezubringen. Das war Dreh- und Angelpunkt dieser englischen Reformation.

Es geht in Tyndales Buch um die Gehorsamspflichten eines Christenmenschen, und da zählt er dann alle auf: die Kindespflicht gegenüber den Eltern, die «*an Gottes statt*» sind, der Gehorsam der Gattin gegenüber dem Ehemann, der «*an Gottes statt*» ist, der des Dieners gegenüber seinem Herrn, der «*an Gottes statt*» ist, und des Untertanen gegenüber dem König, der noch viel mehr «*an Gottes statt*» ist als alle anderen und der keinen Richter über sich hat außer Gott. Tyndale schreibt: «*Wer den König richtet, richtet Gott, und wer Hand an den König legt, legt Hand an Gott.*» Auch Tyndale bringt zahlreiche Bibelstellen, um seine Thesen zu untermauern, aus dem Alten wie aus dem Neuen Testament (2. Sam. 2.15, 2. Sam. 4.12, Luk. 13.2, Math. 22.17, 18–21 …). Das ist wichtig für einen König, der alles verbrieft haben will und in Übereinstimmung leben will mit der Heiligen Schrift. Ob er alle 180 Seiten von Tyndales Buch las oder nur einzelne Stellen, die ein findiger Mensch seines Reiches, vielleicht tatsächlich die Frau seines Herzens, die immer noch nicht die seinige war, ihm angestrichen und vorgelegt hatte, – für Heinrich VIII. und für das Königreich England war das Aha-Erlebnis dieser Lektüre ein Wendepunkt von historischen Ausmaßen. «*Das ist ein Buch für mich*», soll Heinrich gesagt haben. «*Und alle Könige sollten es lesen.*» Während sein Lordkanzler Thomas More Tyndale am liebsten auf dem Scheiterhaufen gesehen hätte, wohin er bis zum Ende seiner recht kurzen Amtszeit noch einige dieser «*kranken Seelen*» – das waren Ketzer nämlich seiner Meinung nach –, die nicht zum Widerruf bereit waren wie unter Wolsey, beförderte, wandte sich Cromwell über seine kontinentalen Agenten an Tyndale, um ihn zur Rückkehr nach England zu bewegen und als Propagandaschreiber für den König zu verpflichten. Tyndale lehnte das ab

– mit gutem Grund. Da er sich dann auch noch schriftlich gegen das Scheidungsgesuch seines Königs aussprach, wäre ihm von England aus sicher kein Schutz zugekommen, auch wenn der König das Gefühl haben mochte, der Autor habe sein Buch über den bedingungslosen Gehorsam gegenüber den Königen für ihn persönlich geschrieben. Tyndale wurde schließlich in Antwerpen gefangen genommen, und König Heinrich verlangte vom Kaiser seine Auslieferung, da Tyndale, wie er meinte, ein Aufwiegler sei. Vorwurf: Volksverhetzung. Aber Thomas More hatte nicht das Glück, ihn auf einem englischen Scheiterhaufen brennen zu sehen, wie er es im Februar 1530 bei einem anderen Ketzer erlebte, dem reformierten Priester Thomas Hitton, der versucht hatte, Tyndales englische Bibel nach England zu schaffen, verurteilt freilich von Warham und Fisher, denn das war Kirchenrecht, von keinem weltlichen Gesetz zu beschließen. Mores Kommentar dazu: «*Jetzt hat das kurze Feuer den Geist des Irrglaubens und der Lüge von seiner verkommenen Seele genommen, hin zum ewigen Feuer. Und das ist Sir Thomas Hitton, der stinkende Märtyrer des Teufels.*» Tyndale starb einige Jahre später auf dem Kontinent einen protestantischen Märtyrertod. Am 6. Oktober 1536 wurde er in Vilvoorde unweit von Brüssel erwürgt und anschließend verbrannt.

Henry, der sich da längst schon von Rom gelöst hatte, hatte Tyndales Urteil und Tod höchstpersönlich initiiert. Er war noch immer der Meinung, das gemeine Volk brauche die Bibel nicht zu lesen, die Sakramente seien im Wesentlichen unhinterfragbar, «sola fide» sei die Aufforderung zu einem unmoralischen Leben (Thomas More glaubte das auch), das Gewissen sei sozusagen ein königliches Privileg, und mit den Päpsten hätte es eigentlich auch noch so weitergehen können, wären sie nur vernünftiger als Clemens VII. Auch glaubte er nach wie vor ans Purgatorium, bis zum Schluss an die Realpräsenz von Blut und Leib Christi in der Eucharistie, an die Wirksamkeit der Totenmessen sowie an die Notwendigkeit priesterlicher Absolution. Die protestantischen Kräfte in seinen Reihen hatten später ihre liebe Mühe damit, ihren König zum Überdenken solcher Positionen zu bringen, was äußerst mühsam und nur in sehr kleinen Schritten vonstatten ging. Im Ganzen blieb Henry ein Reformkatholik ohne Rom.

Während Fisher im Scheidungsverfahren und was ihm folgte, von Anfang an in offene Opposition ging und Katharinas größter Verbündeter wurde, hielt More sich bedeckt. Vielleicht hoffte er noch eine Zeitlang, die antirömische Politik, die sich abzeichnete, auf mehr oder weniger indirektem Wege verhindern zu können. Wenigstens konnte er dafür sorgen, dass noch eine Reihe von Ketzern verbrannt wurde, solange er englischer Lordkanzler war. Dagegen wurde es immer deutlicher, dass die mehr oder weniger heimlichen Anhänger der «*neuen Lehre*» diejenigen waren, die die Sache des Königs wirklich vorantreiben konnten, und zwar in höchsteigenem Interesse. Das gab den Ausschlag. Denn das, was Henry wollte, ging letztendlich nur mit einer protestantischen Doktrin, wenigstens ihren Ausgangsvoraussetzungen; es führte, ob man wollte oder nicht, am Ende dahin. Thomas Cranmer, ein Theologe aus Cambridge, der in Henrys Reihen eine Art Blitzkarriere machte, obwohl sein politischer Ehrgeiz eigentlich eher gebremst war, war als Erster auf den Gedanken gekommen, die Frage der Gültigkeit von Henrys Ehe von Theologen an den Universitäten prüfen zu lassen und nicht von den Vertretern der Kirchengerichte.

Das wurde dann auch international ausgedehnt und führte zu einer großen öffentlichen Kampagne, indem die Ergebnisse dieser Erhebungen in einer Publikation «Determinations of the Universities», auch «The King's Book» genannt, präsentiert wurden. Auch François, jetzt Henrys wichtigster Bündnispartner in seiner Angelegenheit, hatte die französischen Universitäten ermutigt, zu dem gewünschten Ergebnis zu kommen: dass die Heirat eines Mannes mit der Witwe seines Bruders ungesetzlich sei und dass ein päpstlicher Dispens dies nicht aufheben könne. Die italienischen Universitäten waren, mit nur teilweisem Erfolg, bestochen worden. In Cambridge und Oxford waren die Ergebnisse relativ knapp. In Cambridge etwa bestand es aus einer Zweidrittelmehrheit, das aber auch nur, weil Stephen Gardiner quasi die Opposition mundtot gemacht hatte und nur eine ausgesuchte kleine Gruppe von Doktoren und Bachelors mit einem erwartungsgemäßen Votum von den insgesamt 200 Mitgliedern zur Debattierung und Abstimmung antreten ließ. Stephen Gardiner erhielt vom König aufgrund seiner Verdienste den von Wolsey verwaisten Bischofssitz von Winchester, enttäuschte seinen König aber später, weil er sich in der Konvokation gegen den königlichen Supremat aussprach. Selbstredend wurde im «Königsbuch» nur die vermeintliche Mehrheitsentscheidung und -begründung veröffentlicht, die Materialsammlung enthielt aber auch Urteile und Präzedenzfälle einschlägiger Art aus der Geschichte. Alles war da herangezogen und teils von den Klöstern in die königlichen Bibliotheken geschafft worden: Chroniken und Konzilerlasse, Fälle aus angelsächsischem und römischem Recht ... Die spanischen Universitäten in Karls Herrschaftsgebiet kamen indessen zu dem gegenteiligen Ergebnis. Überhaupt hatte Königin Katharina nicht umsonst in ihrer Jugend kanonisches Recht studiert. Auch sie beschäftigte einen Gelehrtenstab für eine theologische Ausarbeitung in ihrem Sinn. Uralte Hofleute aus den Tagen ihrer Ehe mit Arthur waren über die Jahre in ganz Spanien gesucht und gefunden worden, die sich meinten erinnern oder Beweise dafür erbringen zu können, dass Katharinas Ehe mit Arthur nicht vollzogen worden war.

Katharina verachtete den schwachen Papst, der Henry lieber einen Dispens für zwei Ehefrauen geben wollte – so sein jüngster Vorschlag –, als in der Sache eine Entscheidung zu treffen. Wie es hieß, brach Clemens nun immer in Tränen aus, wenn man das Thema der Eheangelegenheit Heinrichs VIII. zur Sprache brachte. Vielleicht wäre sein Vorschlag mit den zwei Ehefrauen – freilich vor anderem kulturellen Hintergrund – gar nicht die schlechteste Lösung gewesen. Mit Katharina verlor Henry endgültig eine Stütze, die aus ihrer besonderen Persönlichkeit herrührte und die offensichtlich die besten Seiten in ihm zum Vorschein bringen konnte, während Anne Boleyn ihn jetzt schon an seine Grenzen brachte und einiges in ihm hervorlockte, aber nicht seine «besseren Seiten». Mit ihrer zur Schau getragenen Rolle der gehorsamen und daher rechtmäßigen Ehefrau, mit ihrer Tugend, ihrem schon märtyrerhaften Habitus und ihrem Sinn für dramatische Auftritte betrieb Katharina aber auch eine Art Tyrannei. Sie machte Henry noch prächtige und vielsagende Geschenke, als dieser sie längst verstoßen hatte. Sie nähte nach wie vor seine Hemden, die dieser auch annahm und trug – Anne Boleyn tobte. An den Kaiser schrieb Katharina, ihr Gatte sei herzensgut und tugendhaft. Nur die Verzögerungen des Papstes hätten ihn ins Boleyn-Lager getrieben. Außerdem sei er zweifellos vom Teufel besessen, und man müsse ihn retten und schützen.

Glaubte sie das tatsächlich, oder warum besaß sie so gar nicht die Fähigkeit, in Würde abzutreten, da ihr Gatte sie als Frau nicht mehr wollte? Es war ihre ganze Strategie, ihre rechtmäßige Stellung auf allen Ebenen, und damit auch der ihrer Herkunftsdynastie, zu verteidigen, diese Tochter der legendären spanischen Könige, die Henry schon durch das, was sie war, vermutlich immer auch ein wenig einschüchterte. Eine Kapitulation Katharinas wäre einem Schuldgeständnis gleichgekommen, dass sie jahrzehntelang mit Henry im Inzest gelebt hatte. Außerdem hätte sie damit ihrer Tochter die Legitimation entzogen und ihr alle Chancen für die Zukunft genommen.

Währenddessen setzte Anne ihrem König mit ihrem Temperament zu, weil keiner von seinen Leuten imstande sei, die Sache zügig nach vorne zu treiben. Nun sei sie bald dreißig, soll sie ausgerufen haben, andere Frauen hätten Ehemänner und Kinder zu ihrem Trost, und was würde aus ihr, da kein guter Ausgang in Sicht war? Sie verschwende mit ihm, Henry, nur ihre Zeit. Die Frage stellt sich, ob diese beiden, wie David Starkey es darstellt, gleichsam wie «*Lord und Lady Macbeth*» ihr zielgerichtetes Spiel trieben, oder ob nicht Anne, die schon mit Percy hatte erfahren müssen, dass sie in dem Regelwerk letztlich kaum eine Wahl hatte, es bestenfalls für sich nutzen konnte, hauptsächlich zusah, dass sie dabei obenauf blieb. Wer weiß, was die Sache mit Percy in ihr zerbrochen hatte? Henry dagegen wurde mit der Zeit immer nervöser und war nach Annes Auffassung gerade nicht zielgerichtet genug – in der Tat wie bei «Macbeth». In Shakespeares düsterem Drama nimmt ja das Unheil mit der Weissagung seinen Lauf, Banco werde der Vater von Königen sein, und Macbeth hadert damit, denn seine Ehe ist unfruchtbar, und er will seine Krone nicht Bancos Kindern vererben. Schwierig, das alles, mit Liebe und Krone und Erbsicherung, da das eine nicht ohne das andere sein kann und alles zusammen zu Kollisionen führt. Jedenfalls wird die Rolle der Lady Macbeth häufig von einer schwarzhaarigen Akteurin gespielt. Anne Boleyn war brünett. Die Rolle der femme fatale, eine Hexenrolle, wenn man ihr Drama von hinten aufrollt, hatte sie offenbar für sich gepachtet.

Dagegen sorgte eine weissagende Jungfrau in ihrer und Heinrichs Sache für mächtigen Gegenwind. Es war die «Holy Maid of Kent», eine Nonne namens Elizabeth Barton, die auf wundersame Weise von der Epilepsie geheilt worden war und die auch einflussreiche Kirchenvertreter aufsuchten, um ihrer prophetischen Gaben teilhaftig zu werden. Auch der König hatte sie bereits mehrfach aufgesucht. Zu seinem Entsetzen und Ärger sagte sie ihm allerdings jetzt voraus, er werde binnen eines halben Jahres seine Krone verlieren, wenn er Anne Boleyn heirate und Katharina verstoße. Die «Holy Maid of Kent» wurde zur Symbolfigur einer Bewegung innerhalb der katholischen Kirche, die die nur allzu offenkundige Absicht des Königs, seine Frau zu verstoßen und die Privilegien der Kirche anzugreifen, aufs Äußerste ablehnte. Das alles war für Henry nicht unproblematisch. Die Bevölkerung im Ganzen stand hinter ihrer Königin Katharina. Bei jedem ihrer wirkungsbewussten öffentlichen Auftritte wurde das deutlich. Die königlichen Agenten, die in Oxford eingezogen waren, um sich die Gunst der Universität für die anstehenden Gutachten zu erwerben, wurden von den Frauen des Städtchens mit faulem Gemüse beworfen, und die Nonne aus Kent gab dieser Volksstimmung noch einmal Nahrung. Aber weit problematischer war, dass William Warham, der Erzbischof von Canterbury, der sie heilig gesprochen hatte, Henrys Ansinnen, seinen Scheidungsfall in England verhandeln zu lassen, ganz sicher nicht in Henrys Interesse nachkommen würde. Nur er aber konnte Henrys Ehe annullieren, wenn die neue Rechtsprechung eingesetzt war. Der Klerus in eigenen Landen, der das Spiel mitspielen musste, aber dazu nicht gewillt war, bildete augenblicklich noch das allergrößte Problem.

Im Januar 1531 wurde der Klerus unter Anklage gestellt. Er habe gegen die Praemunire-Gesetze verstoßen, indem er Wolseys römische Politik unterstützte, der damit die königliche Autorität untergrub. Es wurde aber königliche Vergebung in Aussicht gestellt, wenn der Klerus sich zu einer Bußgeldzahlung bereit finde (etwas hatte Henry also offenbar doch von seinem Vater gelernt). Bei diesen Zahlungen handelte es sich um die astronomische Summe von 100 000 Pfund (x 300) für die südliche Konvokation, die sich dafür am 24. Januar von der Anklage freikaufte. Im Mai folgte die nördliche Konvokation mit einer Zahlung von 18 840 Pfund. Henry forderte gleichzeitig von der Bischofssynode, ihn als «Oberhaupt der Kirche von England» anzuerkennen – mit dem vagen Beisatz, der einen gewissen Interpretationsspielraum ließ und eventuellen theologischen Unsicherheiten Tribut zollte: «*soweit das Gesetz Christi dies erlaubt*». Darüber war man sich also noch immer nicht im Klaren. Wieder gab es Diskussionen und erhebliche Uneinigkeit. Thomas More machte noch immer gute Miene zum bösen Spiel, indem er im März die Stellungnahmen der Universitäten verlas und bekräftigte, der König habe das ganze Verfahren aus durchaus redlichen Gründen in Gang gesetzt, nämlich aus Gewissensskrupeln und um seine Nachfolge zu sichern. Dies zu bekräftigen, hatte Henry sich ja auch bis vor kurzem noch immer regelmäßig mit seiner Königin öffentlich gezeigt. Er wollte durchaus den Eindruck vermitteln, er, ein Gewissensgetriebener und ein gehorsamer Sohn Gottes wie auch der Kirche, gebe sich dem Richtspruch von Gottes Stellvertretern anheim, um Beruhigung und Wegweisung bezüglich der Rechtmäßigkeit seiner Ehe von ihnen zu erhalten; ansonsten erweise er seiner Ehefrau selbstredend die ihr gebührende Treue.

Jetzt aber, da es darum ging, die letzten Hürden zu überwinden, die sich in der ganzen vermaledeiten Opposition unter den Klerikern aufbauten, wurde ihm das alles zunehmend gleichgültig. Als ihm der päpstliche Nuntius ein Schreiben aus Rom überbrachte, das ihm eine erneute Eheschließung verbot sowie eine Urteilsfindung im Annullierungsprozess, solange das Verfahren in Rom noch anhängig sei, äußerte Henry nur, damit würden sich seine Räte befassen. Am 11. Juli brach er zu seiner alljährlichen Sommerrundreise auf und setzte Katharina, die ihn üblicherweise begleitete, darüber in Kenntnis, sie solle nach Windsor zurückkehren und ihm nicht nachreisen. Sie wurde dann aufgefordert, sich auf den Landsitz «The Moor» zu begeben und fortan eine Art Witwendasein zu führen. Das war Henrys offizielle Trennung von seiner Ehefrau, die er nicht wiedersah.

Cromwell, Cranmer und Anne Boleyn schoben nun alles weitere an. Cranmer, der gegenwärtig am Hof Karls V. in Nürnberg als Botschafter wirkte, hatte sich – mehr als alle anderen, wie es scheint – in den Fall derart eingegraben, dass ihm die stichhaltigsten Argumente und Fallbeispiele zu verdanken sein dürften, die dazu führten, Henrys Eheannullierung ohne Anrufung Roms zustandezubringen – und manches darüber hinaus. Die Suche nach einer theologischen und formaljuristischen Lösung hatte weitreichende Fragen nach dem Wesen

THOMAS CROMWELL.
nach Hans Holbein dem Jüngeren, frühes 17. Jh.

päpstlicher Macht und königlicher Autorität ausgelöst, die auf vielversprechende Weise für Henry beantwortet wurden, gestützt auf Bibel, Fallbeispiele und Tradition. Thomas Cranmer wurde darüber auch, wie er meinte, evangelisch erleuchtet. Das für ihn unerwartete Angebot seines Königs im Folgejahr, den Platz des im August 1532 verstorbenen William Warham als Erzbischof von Canterbury einzunehmen, barg für den reformierten Mann allerdings Skrupel, wie auch ein winziges formales Problem: Dem Beispiel des Reformators folgend, hatte er nämlich geheiratet, und zwar eine Deutsche, die Tochter des berühmten Gelehrten Andreas Osiander. Im Laufe des Jahres 1531 wurde es jedenfalls klar, dass Henrys große Propagandaaktion mit den universitären Gutachten und dem Königsbuch nichts gebracht hatte. Die öffentliche Meinung war noch immer auf Seiten der Königin, in Rom geschah nichts, und in England geschah eigentlich auch nichts. Der Groll gegen Rom und gegen das Papsttum wuchs bei Henry in dem Maße, in dem seine Herzensangelegenheit auf granitene Wände stieß – alles im Grunde genommen veranlasst von Rom. Der Groll wurde genährt durch eine schon lange im Verborgenen, vornehmlich vom Adel, gehegte antiklerikale Stimmung im Land, welcher Suffolk in seinem wirkungsvollen Auftritt (der Wolseys Sturz einleitete) Ausdruck verlieh. Nun wurde das alles auf die Tagesordnung gebracht: rechtswidrige Fälle der Kirchengerichte, etwa der Fall Richard Hunnes, der 1515 in einem kirchlichen Gefängnis zu Tode gekommen war, die Immunität des Klerus vor königlichen Gerichten, die ewige Drohung der Exkommunikation …

Thomas Cromwell veranlasste Anfang 1532 eine Forderung des Unterhauses, unrechtmäßige Ketzerprozesse und andere kirchenrechtliche Unregelmäßigkeiten der jüngeren Vergangenheit untersuchen zu lassen. Zwei Monate später reichte das Unterhaus, aufbauend auf der von Cromwell zusammengestellten «Supplication against the Ordinaries», eine Petition gegen den Klerus ein, die wesentlich weiter ging. Darin wurde gefordert, der Klerus solle den König als Oberhaupt der Kirche Englands anerkennen, was auch die höchste richterliche Gewalt in Angelegenheiten des Kirchenrechts implizierte, die der König von nun an besaß. Das war ein gewaltiges Novum. Die Freiheit der Kirche, wie sie zum Beispiel auch die Magna Charta verbriefte, war damit außer Kraft gesetzt, der König auch über die kirchenrechtlichen Belange der oberste Richter. Mit den etwa zu gleicher Zeit erlassenen Annatengesetzen hatte Henry ein weiteres Druckmittel gegen Rom in der Hand, denn er drohte dem Papst, sämtliche englische Zahlungen an Rom zukünftig einzustellen. Clemens tat nichts, wie es inzwischen in Henrys Sache schon notorisch geworden war. Henrys Kleriker aber wagten es immer noch, die königliche Suprematie in Frage zu stellen. Darauf hielt Henry eine donnernde Rede vor einigen Repräsentanten der Konvokation, die seiner neuen Rolle auf überzeugende Weise gerecht wurde. Wer einen Eid auf den Papst ablege, so Henry – und seine Schweinsäuglein, zu noch schmaleren Schlitzen verengt, hinterließen, dabei wahrscheinlich einen gefährlichen Eindruck –, der befinde sich im Widerspruch und in Unwahrheit zu ihm, seinem König und Souverän. Und so sei dieser dann auch nicht sein Untertan.

Am 15. Mai 1532 unterwarf sich der englische Klerus dem König. Am folgenden Tag legte Morus sein Amt als Lordkanzler nieder. Immer noch gab es aber keine offizielle Trennung von Rom, ebensowenig eine Reaktion Roms. Anne Boleyn, am 1. September zur Marchioness of Pembroke erhoben, nahm die Sache nun auf ihre Art in die Hand. Cranmer als desginierter Erzbischof von Canterbury nach Warhams Tod am 24. August war auch ihre Wahl – er war der Familie Boleyn sehr verbunden, und Anne hatte sich von ihm, aufnahmebereit, wie sie war, unterweisen lassen in der Gotteslehre mit neuen Akzenten. Als Henry am 11. Oktober zum zweiten großen Gipfeltreffen nach Frankreich reiste, um seinen alten Rivalen François – Rivale genug, um immer wieder auch bei Bedarf engster Bündnispartner zu sein – für seine neue Heirat mit Anne einzunehmen, da nahm er seine zukünftige Königin mit, und Anne gab endlich ihren sexuellen Widerstand auf. Das hatte System, denn sie legte es wahrscheinlich jetzt auf eine Schwangerschaft an – das Einzige offenbar, was ihren immer noch nicht ganz in die Gänge gekommenen König in all den retardierenden Umständen der vergangenen Jahre zum letzten Schritt veranlassen konnte. Am 14. November kamen König und Königin in spe aus Frankreich zurück. Ende des Jahres realisierte Anne, dass sie schwanger war. Der 25. Januar 1533 gilt als das Datum der heimlichen Heirat von Henry und Anne. Möglicherweise handelt es sich dabei aber bereits um eine zweite Zeremonie nach einer ersten am Tage der Rückkehr aus Frankreich auf englischem Boden, wie es in den Chroniken Edward Halls steht. Aus gegnerischer oder traditioneller Sicht war die Eheschließung in Henrys Fall Bigamie – in der Tat war Cranmer noch nicht einmal rechtzeitig vom Kontinent heimgekehrt, geschweige denn als neuer Erzbischof vereidigt, um alles Notwendige vornehmen zu können: Annullierung der alten Ehe, Bestätigung und Schließung der neuen, Krönung der neuen Königin. Da aber Henry ohnehin die Meinung vertrat, seine Ehe mit Katharina sei nach kirchlichem und göttlichem Recht niemals rechtskräftig gewesen, sprach für ihn gar nichts gegen diese Vorab-Eheschließung. Es pressierte jetzt eben. Das zu erwartende Kind war legitim, auch wenn es nicht vor der Eheschließung empfangen worden wäre, und so war eigentlich alles im Gleis. Das Kuriosum ist, dass Cranmer am 21. Februar noch von Papst Clemens – wahrscheinlich infolge von Henrys Drohung, das Annatengesetz zur Anwendung zu bringen und Rom sämtliche Zahlungen zu entziehen, vielleicht aber auch mit den entsprechenden Zuwendungen – kraft einer päpstlichen Bulle zum Erzbischof ernannt wurde. Er wurde am 30. März geweiht, erklärte am 23. Mai Heinrichs Ehe mit Katharina von Aragón für ungültig und bestätigte am 28. Mai die Eheschließung zwischen dem König von England und seiner neuen Königin Anne Boleyn. Am 1. Juni wurde Anne feierlich in London gekrönt. Die Beifallsrufe der Schaulustigen waren durchsetzt von unüberhörbaren Missfallensbekundungen. Im Ganzen war der Jubel doch eher verhalten, aber das tat Annes Triumph, zumindest nach außen hin, wenig Abbruch. Stolz trug die Königin in ihrem Festgewand und -geprang ihren Babybauch, Englands ungeborenen Thronfolger, vor sich her, dessen Ankunft aufs Prächtigste vorbereitet wurde. Am 7. September aber wurde Anne von einem Mädchen entbunden – Elizabeth. Henry von England und Königin Anne waren unendlich enttäuscht.

Für Henrys und Annes Gegner war die Geburt eines Mädchens ein Gottesurteil, der strafende Finger Gottes. Ob Henry es selbst auch so empfand? Seine Religiosität war tief und echt, und er stellte sich immer die Frage, was Gott von ihm wollte – ihm, dem gesalbten Herrscher, Gottes irdischem Instrument. In einem gewissen Sinn war diese Fragestellung tatsächlich der Anlass und Ausgangspunkt seines Denkens und Handelns, auch wenn er darüber die Realität aus den Augen verlor, seine vitaleren Impulse und Selbstsüchtigkeiten nicht wahrnehmen wollte und eine Maßlosigkeit an den Tag legte, die mit seinem Charakter und mit Erfahrungen in seiner Kindheit zu tun hatte. Aber immer war diese Frage präsent. Von Anfang an hatte Henry eine starke spirituelle Komponente in seinem Amt gesehen, und es fiel daher mit seinem Selbstverständnis zusammen, sich im Zuge der Ereignisse als Oberhaupt seiner eigenen Staatskirche zu sehen, als christlicher König die ausschließliche und absolute Verantwortung zu tragen für die wahre Religion und für das Seelenheil seines Volkes. Auch wenn er da eine grundsätzlich konservative Haltung besaß, waren die theologischen Debatten, die nun auf neuer Basis geführt wurden, für ihn belebend und anregend, und er begegnete ihnen offen und engagiert. Und da dies zweifelsohne so war, dass er sein Handeln am vermeintlichen Willen Gottes ausrichtete, muss er sich die Frage eigentlich früh gestellt haben, ob er sich auf dem richtigen Wege befand, ob der Umsturz, den er hier ausgelöst hatte mit allen beklagenswerten Kollateralschäden (zu denen auch das Schicksal seiner Tochter aus erster Ehe gehörte, das er indessen nicht besonders veranschlagte), tatsächlich dem göttlichen Willen entsprach. Was seine ursprünglich so leidenschaftliche Liebe zu Anne anging, war die Geburt Elizabeths sicher der Anfang vom Ende. Er nannte das Mädchen Elizabeth nach seiner geliebten Mutter, wohnte aber ihrer Taufe nicht bei. Er tröstete sich, wie damals bei Katharina, dass noch Söhne folgen würden, und immerhin war dieses Mädchen – eine berückende Mischung aus seinem und Annes Typ: sehr weiße Haut, rote Haare und dunkle Augen – gesund.

Aber er war betrogen worden, so dämmerte es ihm sehr allmählich und umso nachhaltiger über die nächsten zweieinhalb Jahre, umgarnt und eingenommen von einer Frau, die ebenfalls ihre Pflicht nicht erfüllte, ihm einen männlichen Erben zu gebären – eine Frau, die ihn in einen leeren Wahn versetzt, die ihn verhext hatte. Er ging am Ende noch weiter und würde anklingen lassen, Anne habe ihm die Potenz weggehext. Solche Anklagen kamen häufig vor in den mittelalterlichen Hexenprozessen. Anne war nachgerade ein Archetyp. Ihre herausfordernde Art, die ihn so fasziniert hatte, wurde Henry nun allmählich zum Ärgernis. Sie verstärkte sich zu Anwandlungen von Streitsucht und Ausfälligkeiten, je mehr auch auf ihr der Druck lastete, dass es ihr nicht gelang (warum eigentlich, wie man meinte, nur ihr?), den lebensrettenden Thronfolger zu produzieren, und je offensichtlicher außerdem wurde, dass ihr König auf amouröse Abwege ging. Anne besaß eine Begabung dafür, sich Feinde zu schaffen. Sie hatte ihre Familie in einflussreiche Positionen gebracht. Aber sie ging noch viel weiter. Ihre politischen Einflussnahmen, ohne diese immer mit Henry abzustimmen und in einem grundsätzlichen Einklang mit ihm zu sein, wie es früher bei Katharina der Fall war, gingen weit über das hinaus, was man einer Königsgemahlin zugestand. Auch ignorierte sie weitgehend die Tatsache, dass es noch andere Fraktionen und Interessengruppen am Hof gab. Da war Norfolk, ihr Onkel, ein Angehöriger der alten Adelsfraktion, wie viele seiner Standesgenossen dem alten Glauben verbunden, den sie mit ihrem Hochmut und hasserfüllten Tiraden dauerhaft vor den Kopf stieß. Cromwell, der neue Mann, war ihr Verbündeter. Cranmer, Cromwell und Königin Anne sorgten dafür, dass der Einfluss der neuen Lehre sich ständig erweiterte. Aber Cromwell, der von wenig sentimentalen Impulsen getriebene Architekt der englischen Reformation, würde zu gegebener Zeit die Seiten wechseln, als Königin Anne seiner Karriere im Weg stand und die Politik des Landes eine andere Windrichtung forderte. Ihre mehr oder weniger heimlichen Gegner im Land waren zahlreich genug, von der Volksstimmung gar nicht zu reden. Ein Priester in Lancashire soll vor einer versammelten Gruppe von Menschen ausgerufen haben: «*Wer zum Teufel hat diese Hure Anne Boleyn zur Königin gemacht?! Ich werde niemanden als Königin anerkennen als Königin Katharina.*» Und anschließend – der Mann lebte gefährlich –: «*Der König sollte nicht König bleiben.*» Das jedenfalls berichtet der kaiserliche Botschafter Eustache Chapuys, der seinen Kaiser wissen ließ, die Engländer würden Karl bei einer Invasion mit offenen Armen empfangen – was sicherlich Wunschdenken war.

Auch ließ Anne keine Gelegenheit aus, um Katharina und Mary zu demütigen. Die siebzehnjährige Mary, die sich nicht weiter «Prinzessin» nennen durfte, wurde auf Annes Veranlassung gezwungen, im Haushalt ihrer Halbschwester Elizabeth in Hatfield House in der Grafschaft Herefordshire zu dienen. Das hatte freilich letztlich der König angewiesen, ebenso wie die Verfügungen über seine ehemalige Königin Katharina, nun mit dem Titel «Prinzessin-Witwe von Wales» versehen, die ihre Tochter nicht sehen durfte, nicht einmal, als diese ernsthaft erkrankte, und die in wechselnden Landhäusern untergebracht war, deren Qualität zunehmend schlechter wurde – gewissermaßen eine Wiederholung von Katharinas prekärer Situation in England nach dem Tod Arthurs unter dem Regiment ihres Schwiegervaters. Aber Anne gab den Vorgängen immer noch einmal eine besondere Pikanterie, wenn sie Mary zur Dienerin ihrer wenige Wochen alten Halbschwester und erklärten Thronerbin machte oder Hatfield persönlich einen Besuch abstattete und Mary die «Gunst» gewährte, ihr, der Königin, ihre Referenz zu erweisen. Sie kenne keine andere Königin in England als ihre Mutter, hat Mary geantwortet. Mutter und Tochter, Mary und Katharina, legten einen ungebrochenen Widerstand an den Tag, mussten sich den Anordnungen aber äußerlich fügen. Niemals würde sie den Titel: «Prinzessin-Witwe von Wales» annehmen, so Katharina. Sie sei die rechtmäßige Gattin des Königs und Mutter der Thronerbin. Cranmers Urteil hat sie bis zum Schluss nicht akzeptiert. Mit Mary, wie Henrys Höflinge feststellen mussten, war es auch nicht einfacher, denn sie ließ sich nach wie vor von ihrer Dienerschaft als «Prinzessin» anreden und weigerte sich, an den Mahlzeiten in Hatfield House teilzunehmen, wo Elizabeths Haushaltung das Regiment führte. Königin Anne ließ verlautbaren, sie werde den verdammten Bastard Mary persönlich ohrfeigen, wenn sie die Regelungen nicht akzeptiere. Rührenderweise entwickelte Mary in dieser für sie so schweren Zeit eine liebevolle Beziehung zur kleinen Elizabeth, die sie ja täglich um sich hatte, während Anne, wie es üblich war, nur zu gelegentlichen Besuchen in Hatfield erschien.

Nicht nur der kaiserliche Gesandte vertrat die Meinung, Henry stehe bei Anne unterm Pantoffel, und das könne nicht mehr so weitergehen. Fatalerweise maßregelte sie den König auch in der Öffentlichkeit, und ihren Wortgefechten war er sehr oft nicht gewachsen. Zu gegebener Stunde verwies er sie aber dann, wie er meinte, an ihren Platz. Der erste Streit ist kurz vor Elizabeths Geburt bezeugt. Da hatte Henry eine Liaison, die nicht namentlich überliefert ist, und als Anne ihn deswegen mit Vorwürfen überschüttete, donnerte er, sie solle die Augen schließen, wie es Bessere vor ihr getan hätten. Außerdem solle sie wissen, dass er sie so schnell wieder erniedrigen könne, wie er sie erhoben habe. Das war unmissverständlich. Aber auch das hat der kaiserliche Gesandte berichtet. Es waren Nachrichten in seinem Sinn. Lebensgeschichtlich bedingt, besaß Anne eine frankreichfreundliche Einstellung. Ihr und Henrys Plan, Elizabeth mit dem Dauphin zu verloben, erfuhr allerdings eine empfindliche Zurückweisung, als François im November 1534 seinen Sondergesandten Philippe Chabon de Brion nach England schickte. Königin Anne gab ein Bankett zu seinen Ehren, doch der Sondergesandte erschien nicht und gab sich auch sonst frostig zurückhaltend in ihrer Gegenwart. Er kompromittierte die Königin. Als er dann auch noch eine Eheschließung zwischen Mary und dem Dauphin vorschlug, Elizabeth also rundheraus ignorierte und außerdem wissen ließ, andernfalls würde François seinen Sohn mit einer Tochter des Kaisers verheiraten, zeigten sich Frankreichs Haltung und die neuen europäischen Orientierungen überaus deutlich. Von der katholischen Welt wurde Elizabeth als Bastard betrachtet, worauf sie für den europäischen Heiratsmarkt auch ganz wertlos war, wenn diese Sichtweise sich nicht korrigieren ließ. Rom hatte übrigens am 23. März Henrys Eheverbindung mit Katharina rückwirkend als rechtsgültig bestätigt. Für Katharina war das allerdings leider zu spät.

Seine Heirat mit Anne hatte Henry und hatte England international isoliert. Auf die Dauer, das wurde in den kommenden Jahren zunehmend deutlich, blieb Henry, blieb England kaum etwas anderes übrig, als sich den protestantischen Fürsten Europas zu nähern. Seit 1529 sprach man vom «Protestantismus», Bezug nehmend auf die Protestation der evangelischen Stände auf dem 2. Reichstag zu Speyer. Henry aber wollte mit alledem nach wie vor nichts zu tun haben. Er hat lange damit gehadert, seine letzten, allerletzten Hoffnungen auf ein Einlenken Roms, vielleicht unter einem neuen, vom Kaiser unabhängigeren Papst beziehungsweise neuen politischen Konstellationen, endgültig zu Grabe zu tragen. Alle Väter, auch der Heilige Vater in Rom, hatten sich als Enttäuschung erwiesen – vielleicht ist das auch ein tiefer angelegter Beweggrund für Henrys Lösung von Rom. Da der Fortbestand seiner Dynastie und damit die Sicherheit seines Reiches gefährdet war, hatte er, meinte Henry, überhaupt keine Wahl. Eine Reformation durchzuführen ohne einen reformationsfreudigen König war nun allerdings mit zahlreichen Schwierigkeiten verbunden.

Cranmers Amtsantritt ein Jahr zuvor ist ein ziemlich anschauliches Beispiel dafür. Zwanzig Jahre später, als er unter Henrys erzkatholischer Tochter Mary des Hochverrats und der Ketzerei angeklagt wurde, erklärte Cranmer: «*Ich beschwöre vor Euch allen, dass es wohl nie einen Mann gegeben hat, der widerwilliger zu einem Bischofssitz kam als ich damals. Und zwar so sehr, dass ich, als der König nach mir sandte und mich nach England zurückbat, meine Reise um mindestens sieben Wochen verlängerte, in der Hoffnung, er würde mich zwischenzeitlich vergessen.»* Und das glaubt man ihm gern, hält man sich seine Lage vor Augen: Als designierter Erzbischof von Canterbury sollte er, der reformierte Mann, in feierlichen Schwüren die Autorität des Papstes anerkennen, um seinem scheidungswilligen König, dessen heimliche Königin schwanger war, Genüge zu tun. Das war eine Mischung von Meineid und Heuchelei – von seiner, Cranmers, Ehefrau abgesehen, die er natürlich vor dem König geheim halten musste, denn Henry blieb bis zum Schluss gegen die Priesterehe eingestellt, während er keinerlei Probleme gehabt hatte mit Wolseys Mätresse. Leider hat ihm Henry aber nicht den Gefallen getan, ihn zu vergessen, im Gegenteil. Als er nicht erschien, schickte er Cromwell los, um Cranmer auf dem Kontinent entgegenzukommen und ihn nach England zu eskortieren, bei schlimmstem Frostwetter Anfang Dezember, und als Cromwell ihn endlich fand, unweit von Lyon, dauerte es tatsächlich noch sieben Wochen, bis sich der begehrte Mann endlich in Greenwich einfand. Auch im Angesicht seines Königs brachte Cranmer seine Bedenken vor. Er habe Gewissensskrupel. Er könne keinen Eid auf den Papst leisten. Vielleicht hat Henry da seinen Arm um Cranmers Nacken gelegt, wie er es immer tat, wenn er bei Männern, die er sich wirklich gewogen wünschte, auf die ihm eigene joviale Art etwas erreichen wollte. Das sei gar kein Problem, meinte er. Er würde ihm ein Expertenteam zur Verfügung stellen, das eine geeignete Formulierung für diesen Papsteid entwarf. Und so geschah es dann auch.

Cranmer hatte überhaupt keine Wahl. Sinngemäß sagte er dann, er erkenne die päpstliche Autorität nur insoweit an, wie sie mit dem ausdrücklichen Wort Gottes korrespondiere. Ansonsten sei es für ihn jederzeit rechtmäßig, sich gegen den Papst auszusprechen und seine Irrtümer darzulegen, wenn Zeit und Gelegenheit dieses erforderten. Das war eigentlich die Quadratur des Kreises, aber Henry hatte wieder einmal auf verblüffende Weise seinen Willen bekommen. Im Folgejahr wurden er und sein Erzbischof dennoch exkommuniziert, doch es scheint, als habe er bis zuletzt eine Hintertür offen gelassen. Das war

THOMAS CRANMER, ERZBISCHOF VON CANTERBURY.
Gerlach Flicke, 1545/46

jetzt vorbei, endgültig. Der Bruch mit Rom war vollzogen, alle Zahlungen nach Rom wurden eingestellt. Zur Eindämmung aller Widerstände im Innern wurden darauf im Lande die Hochverratsgesetze verschärft. Als Hochverrat galt es fortan, den königlichen Supremat und die neue Sukzessionsakte nicht anzuerkennen und sich in irgendeiner Weise dagegen zu äußern. Mehr noch: Cromwell definierte es als Hochverrat, «*böse Wünsche und Absichten zu formulieren, in Wort und Schrift oder in Bildern, die dem König, der Königin und den gegenwärtigen Thronerben gelten*», des weiteren, «*ihre Würde, ihren Titel, ihren Namen und königlichen Stand anzugreifen*», «*auf verleumderische Weise zur Verbreitung zu bringen, dass der König, unser Souverän, ein Häretiker, ein Schismatiker, ein Tyrann, ein Ungläubiger oder ein Usurpator ist.*» Da wurde tatsächlich an alles gedacht.

Von den Geistlichen weigerte sich unter anderem John Fisher, Bischof von Rochester, den Suprematseid zu leisten. Er wurde am 13. April 1534 verhaftet, ebenso Thomas More. Es liegt wohl auch an seiner wissenschaftlichen und literarischen Reputation und an seinem humanistischen Sprachwitz, dass More, der am 6. Juli 1535 nach einem aufsehenerregenden Prozess, in dem er das alles ein letztes Mal unter Beweis stellen konnte, auf dem Towerhill exekutiert wurde, ebenso wie Fisher zwei Wochen vorher, zum katholischen Märtyrer wurde und nicht sein weniger humanistisch renommierter Kollege, der seit Jahren offen und engagiert gegen Henrys Politik opponiert hatte. In einem verzweifelten Versuch, Fisher zu retten, verlieh Papst Paul III., der Nachfolger des im September 1534 verstorbenen Medici-Papstes, dem Bischof im Mai noch die Kardinalswürde, was Henry als Provokation wertete. Er schickte die Worte nach Rom, Fisher werde den Kardinalshut wohl leider auf seinen Schultern tragen müssen, dann wurde Fisher am 22. Juni enthauptet. Man hatte den über Siebzigjährigen, gezeichnet durch monatelange Towerhaft, in einem Rollstuhl zum Schafott fahren müssen.

Im gleichen Maße verstörend für die zeitgenössische Außenwelt waren die Hinrichtungen vierer, ebenfalls eidwiderständiger Kartäusermönche und zweier Priester wenige Wochen zuvor, deren Todesart durch ihren geringeren Stand deutlich grausamer war. Chapuys berichtet: «*Nachdem man sie unter den Galgen geschleift hatte, ließ man die Verurteilten einen nach dem anderen auf einen Karren steigen, der unter ihnen weggezogen wurde, so dass sie hingen. Danach wurde sofort der Strick durchgeschnitten, und man richtete sie auf und stellte sie an einer dafür hergerichteten Stelle auf, um sie stehend zu erhalten und ihnen die Schamteile abzuschneiden, die ins Feuer geworfen wurden. Man schnitt sie auf und riss ihnen die Eingeweide heraus, dann wurde ihnen der Kopf abgeschlagen und ihre Körper gevierteilt. Zuvor hatte man ihnen das Herz ausgerissen und ihnen damit den Mund und das Gesicht eingerieben.*» Nahezu gleichzeitig wurden daneben in England nach wie vor Ketzer verbrannt, so vierzehn niederländische Wiedertäufer im Mai selbigen Jahres. Ohne Frage trägt Heinrichs Regierungszeit eine äußerst persönliche Handschrift.

Im Sommer 1534 hatte Königin Anne aller Wahrscheinlichkeit nach eine Fehlgeburt. Als im November der französische Botschafter kam, der die Königin so offenkundig desavouierte, lud Henry ihn zu einem Fest mit lauter hübschen Damen ein, unter denen auch Henrys seinerzeitige Mätresse gewesen sein soll (der Name auch dieser Dame ist leider unbekannt geblieben). Bei anderer Gelegenheit von Anne wegen seiner Untreue zur Rede gestellt, antwortete er, sie tue gut daran, zu bedenken, woher sie gekommen sei und was er für sie getan habe. Heute würde er das, vor die Wahl gestellt, nicht mehr tun. Sein wüster Ruf auf sexuellem Gebiet stammt vielleicht aus dieser Zeit. Es sind nicht nur die Überlieferungen seiner politischen Gegner und der katholischen Geistlichkeit, die ihn begründen, sondern auch Geschichten aus der Mitte des Volkes. In seinem Lieblingspalast Palace of Greenwich stand der König einmal an einem Fenster und sah einen Gentleman in Begleitung einer sehr schönen Dame vorbeireiten. Er ließ, so heißt es, die Lady zu sich bringen, um sie auf königliche Art zu genießen. Da der Gentleman selbst, dem die Geschichte nicht zur Ehre gereicht, sie überliefert, ist die Wahrscheinlichkeit wohl auch relativ groß, dass sie stimmt. Wenn sie stimmt, dürfte sie dann auch kein Einzelfall sein.

Aber Henry schien sich in dieser Zeit auch etwas beweisen zu müssen. «*Bin ich kein Mann wie jeder andere?!*», rief er einmal in einem Gespräch mit Chapuys, dem er sich aufgrund seiner außenpolitischen Isolation freundschaftlich annähern musste und der ihn veranlassen wollte, eine weibliche Thronfolge in Erwägung zu ziehen (wobei Chapuys natürlich an Mary gedacht hat). «*Bin ich es nicht?!*» Er haderte mehr denn je damit, dass Gott ihm keine männliche Nachfolge gewährte. Was ihn in seinem Hadern und seiner Stimmung wohl noch bestärkte, war der Gesundheitszustand seines außerehelichen Sohns

Henry Fitzroy, Herzog von Richmond. Er starb am 22. Juli 1536 an Tuberkulose.

Thomas Cromwell, der dem König versprochen haben soll, er mache ihn reicher und mächtiger als jeden englischen König zuvor, kalkulierte sehr wohl und sehr richtig, dass Englands Weg aus der Isolation heraus über den Kaiser verlief, und er erkannte im Laufe der Zeit, dass es auf diesem Weg vor allem *ein* Hindernis gab, das er beseitigen musste. Es war Anne Boleyn.

KÖNIGLICHES EHEKARUSSELL

oder: England in Isolation

(1536–1540)

Thomas Cromwell wurde um 1485 im Londoner Vorort Putney geboren. Es waren instabile Verhältnisse, und der Junge machte frühe Erfahrungen körperlicher Gewalt. Sein Vater war Schmied und Bierbrauer, ein streitsüchtiger und gewaltbereiter Zeitgenosse, der sich mit Nachbarn und Obrigkeit im Konflikt befand und zu Zeiten wohl selbst sein bester Kunde war, was die Erzeugnisse seiner Braukunst betrifft. Er schlug quasi bei jeder Gelegenheit zu, auch den Sohn. Etwa hundertfünfzig Jahre vor Thomas' Geburt hatte ein mutmaßlicher Vorfahre seiner väterlichen Familie, der 3. Baron Cromwell aus Nottinghamshire, das Amt des Großschatzmeisters am Königshof innegehabt, doch das war lange her in den Tagen des Walter «Smith» Cromwell aus Putney bei London, wenn es denn so war. Immerhin war Thomas' Onkel Koch bei William Warham, Erzbischof von Canterbury. Thomas hatte noch zwei ältere Schwestern, die aber der väterlichen Willkür frühzeitig durch Heirat entkamen. Auch die Mutter verlor er anscheinend früh. Laut Cromwells Aussage hatte sie Thomas mit 52 Jahren zur Welt gebracht. Diese Spätgeburt war aber noch das am wenigsten aufsehenerregende Detail seiner Vita, die er selbst gerne ins Abenteuerliche hob. Jedenfalls würzte er seinen einschlägigen Ruf und die Gerüchte, die es um ihn gab, nachdem er an Heinrichs Hof angelangt war (jemand, der aus dem Nichts kam, jedenfalls von ganz unten, von noch weiter unten als Wolsey sogar), teils mit beredsamem Schweigen und teils mit weiteren, dunkel gehaltenen Einzelheiten, um das Bild abzurunden, das man sich von ihm schuf und das er mitschuf: vom Globetrotter und Selfmademan, der die Welt kannte, und zwar alles an ihr, eingeschlossen ihre verrufensten Winkel, da er auch hier das Überleben gelernt hatte. Er kokettierte damit – was blieb ihm auch anderes übrig in einer Welt, die so sehr von Rang und Abkunft bestimmt war? Laut Chapuys, dem kaiserlichen Botschafter, hatte er sich bereits im Jugendalter diverser Straftaten schuldig gemacht und musste nach einer Haftstrafe das Land verlassen. Er selbst sagte rückblickend, er würde aus gegenwärtiger Sicht auch nicht mehr gerne mit sich zu tun haben wollen, so, wie er damals war.

Etwa mit 15 Jahren kehrte er dem väterlichen Despoten den Rücken und heuerte auf einem Schiff an in Richtung Kontinent. Er verdingte sich dann als Söldner des Königs von Frankreich und kämpfte gegen die spanische Armee – leider die falsche Seite. Am 28. Dezember 1503 kesselten die spanischen Streitkräfte ihre Feinde in der Nähe von Cassino am Garigliano-Fluss ein und vernichteten sie mit einem einzigen großen Schlag, der ihnen die Kontrolle über Süditalien einbrachte. Zusammen mit seinen anderen überlebenden Kameraden fand sich der junge Cromwell, ausgezehrt und dem Hungertod nahe, auf dem Schlachtfeld, ein Schlachtfeld des Grauens, wie alle Schlachtfelder. Er war jetzt etwa 18 Jahre alt.

Beim Thema Krieg brachte er später in Henrys Dunstkreis eine andere Sicht auf die Dinge mit als seine Umgebung, nämlich die Perspektive von unten, auch hier. Henrys Sehnsucht nach militärischem Ruhm, die Glorifizierung von Azincourt, der sein gesamter Adel anhing, die Erinnerungen an Thérouanne und Tournai und dass Suffolk 60 Meilen vor Paris gestanden hatte – Cromwell konnte dieser Sichtweise aus eigener Vorstellungskraft und der Erfahrung des kleinen Soldaten andernorts plastisch hinzufügen, was 60 Meilen bedeuteten für eine ausgehungerte, von Krankheiten und Kälte geschwächte Armee, auf schließlich durch Tauwetter aufgeweichtem Boden, wo Munitions- und Versorgungskarren im Schlamm stecken blieben. Auch Wolsey hatte Henrys Kriegslust gedrosselt und ihn seiner Friedenspolitik zugänglich gemacht, da er Kriege für eine Verschwendung von Ressourcen hielt und alles auf eine geschickte Diplomatie setzte. Aber er hatte bei allem doch Henrys Eitelkeiten gedient und ihn seine Schlachten am Ende schlagen lassen. Das alles hatte unendlich viel Geld gekostet – die Militäraktionen in Spanien im Bündnis mit Ferdinand, der erste und der zweite französische Invasionsversuch, die schottischen Kriege, das

Spektakel des Güldenen Feldes und andere große Gipfeltreffen, Henrys Aktivitäten im Dienste der Heiligen Liga ... (von Henrys Bauwahn und anderen persönlichen Vorlieben und Ausgaben gar nicht zu sprechen). Thomas Cromwell, der sich, einmal in Henrys innerem Kreis angelangt, zielgerecht die Finanzen unter den Nagel riss, ein Metier, in dem er über herausragende Fähigkeiten verfügte, dürfte um 1530, der Zeit seines Aufstiegs, vor allem eines realisiert haben (und wer weiß, wer außer ihm noch, denn Henry selbst schien das gar nicht wahrhaben zu wollen, und er ließ vielleicht auch seine Verhältnisse damals bewusst verschleiern): dass Henrys Staatskasse leer war. Allein die Steuerbewilligungen des Parlaments für die Invasionsarmeen in Nordfrankreich hatten 1523, um ein Beispiel zu nennen, 800 000 Pfund betragen, also umgerechnet etwa 160 Millionen. Das war ausgereizt, stand aber auch im Augenblick, allein durch die politische Konstellation, außer Frage. Cromwell verkörperte den Pragmatismus in Reinform. Unter seinen Händen entstand unter anderem eine der weitreichendsten Rechts-, Steuer- und Verwaltungsreformen, die England erlebt hat, sowie durch die systematische Enteignung des Klerus ein Geldscheffel in gewaltigen Ausmaßen, vergleichbar in diesem Aspekt mit der Finanzpolitik Henry Tudor des Älteren.

Für die Tudor-Monarchen lag der Vorteil ihrer hocheffizienten Upstarts, denen sie so viel verdankten, der Empsons, der Dudleys, der Cromwells, der Cecils, vor allem auch darin, dass sie für sich standen im Gegensatz zu den angestammten Fraktionen am Hof, dass sie nichts mitbrachten an Verbindlichkeiten und völlig abhängig waren von der Gunst des Monarchen. Unter Heinrich VIII. kamen sie aber letztlich gerade durch die angestammten Hofcliquen zu Fall. Das war bei Wolsey so, und das wurde auch so bei Cromwell. Henry hat seine effizienten Aufsteiger verschlissen, nachdem sie ihre Aufgabe erfüllt hatten. Da er selbst eigentlich kein Pragmatiker war wie sein Vater und seine Tochter, sondern ein romantischer Idealist, hielt seine Bindung an sie nur so lange vor, wie er sich einreden konnte, dass sie mit seinen höheren Zielen konform gehe. Wie manipulierbar er war, wie man ihn gleichsam durch Einflüsterungen, die seinem momentanen Befinden Tribut zollten, zu Richtungswechseln veranlassen konnte, deren Kollateralschäden und geopferte Menschenleben der Monarch recht bedenkenlos hinnahm, ist höchst verwunderlich und auch erschreckend bei einem so intelligenten, doch auch sehr selbstverliebten und folglich naiven Mann wie Henry Tudor.

Cromwells Globetrotter-Werdegang nach den Grauen des Schlachtfeldes bei Cassino nahm zunächst seinen Fortgang. Er zog durch Europa: Bologna, Rom, Antwerpen, Calais sind die wichtigsten seiner Stationen. Er lernte einen Florentiner Bankier kennen, der ihn ins Geldgeschäft einwies. Später arbeitete er für englische Tuchhändler in Antwerpen, die ihre Waren nach Gent und Brügge verkauften. Irgendwie lernte er auf diese Weise die Dinge im Fluge: Italienisch, Französisch, Latein, Geldwesen, Geschäfte und Handel, später sogar noch Griechisch. Die Sparte des Geldverleihs wurde seine besondere Spezialität. Er schloss Freundschaft mit italienischen Kaufleuten, weilte im Dunstkreis des Vatikans, hat vielleicht auch den Papst gesehen. Ob der Rom-Trip für Cromwell eine ähnliche Bekehrungsinitiation war wie für den Mönch Martin Luther, ist fraglich, wenn er auch auf seinen Reisen mit reformatorischem Gedankengut in Kontakt kam und auf dieser Linie blieb. Über Glaubensfragen, innere Überzeugungen ist bei Cromwell recht wenig bekannt. Er wurde wahrscheinlich auch Protestant aus Pragmatismus – und es passte ja schließlich auch alles sehr gut: Der «wind of change» war es, auf dessen Basis seine Innovationen am Hofe des englischen Königs Fuß fassen konnten. Er entwickelte ein großes Geschick für Netzwerke und besaß eine extrem scharfe Beobachtungsgabe. All die Weltkenntnis würde ihm nützlich sein an Henrys Hof. Cromwell hat keine Universität besucht und auch, soweit man weiß, keine der Rechtsschulen, nachdem er mit Ende zwanzig wieder nach England zurückgekehrt war. Dennoch lernte er vor allem auch das: die Rechtslehre. Darauf würde seine persönliche englische Reformation aufgebaut sein.

1512 heiratete er die Witwe Elizabeth Wykes, deren Vater ein begüterter Schafscherer war – in Putney, Cromwells Geburtsgegend, in die er erstaunlicherweise zurückging; Walter, sein Vater, war wohl inzwischen gestorben. Mit seiner Frau ließ er sich aber dann in der Londoner City nieder, während er das Geschäft seines Schwiegervaters ausbaute, ein wenig als Tuchhändler tätig war und zugleich im großen Stil ein geschäftliches Netzwerk aufbaute, das ihm auch später nützliche

Dienste erwies. Einflussreiche Kontakte waren der Schlüssel zum Fortkommen, damals wie heute. Ein Stadtrat aus der reichen Hafenstadt Boston in Lincolnshire (die dem amerikanischen Boston in Massachusetts den Namen gab) veranlasste ihn schließlich sogar, seine junge Familie und sein wieder erworbenes Vaterland 1517 für einige Zeit zu verlassen, denn er reiste für den Ratsherrn persönlich nach Rom, um eine Lockerung der Fastenregeln für die Gilde Unserer Heiligen Frau, die der St. Botolph's Church angeschlossen war, beim Papst zu erwirken. Wenn die Geschichte stimmt, auf welche Weise er die üblicherweise endlose Wartezeit auf eine Papst-Audienz zu verkürzen verstand, spricht sie Bände für Cromwells Begabung, der Welt seinen Stempel aufzudrücken und die Dinge, notfalls auf unkonventionelle Weise, ins Laufen zu bringen. Leo X., der anscheinend ein Leckermaul war, fing er auf einem seiner Jagdausflüge außerhalb Roms ab und kredenzte ihm in seinem Pavillon ein besonders schmackhaftes Gelee-Dessert, das, erläuterte er, in seiner englischen Heimat ausschließlich für Könige und Fürsten bereitet werde. Der Papst war begeistert von der raffinierten Gelee-Speise, und Cromwell erhielt, heißt es, ohne weiteres seinen Fasten-Dispens für die Gilde in Lincolnshire. Wer konnte bei solchen Delikatessen ans Fasten denken, dachte vielleicht auch der Papst. Die Geschichte passt jedoch auch zur Mythenbildung von Abenteurern, die aus dem Nichts kommen und zu Kometen werden (um dann wieder wie ein Komet zu verschwinden). Also, die Reise nach Rom hatte sich anscheinend gelohnt. Für einen Mann, der den König von England zum Papst machte und Englands Klöster enteignete, so oder so ein interessantes Prélude. Auf der Rückreise nach England hat Cromwell, so heißt es, das Neue Testament in der Übersetzung des Erasmus auswendig gelernt. Der Mann verfügte offenkundig über ein vollendetes Zeitmanagement.

Zur Zeit von Buckinghams Hinrichtung, bei der einiges abfiel vom konfiszierten Besitz des Gestürzten, für die hungrigen Wölfe und auch für Thomas Cromwell, hatte er bereits hervorragende Kontakte im Umfeld des Hofes. Etwa seit 1522 arbeitete er für Kardinal Wolsey. Es war eine enge und freundschaftliche Zusammenarbeit, und sie gab Cromwell den letzten Schliff, um hinterher in den Dienst seines Königs zu treten. Er bekam das nahtlos hin, ohne unter dem Sturz seines bisherigen Gönners zu leiden. Auch das ist wundersam. Offenbar verließ er beizeiten das sinkende Schiff. Vorher aber erlitt Cromwell noch eine persönliche Tragik, denn seine Frau und seine zwei kleinen Töchter Anne und Grace erlagen 1528 oder auch 1527 dem Schweißfieber. Die Invasionstruppen des ersten Tudor hatten diese periodisch grassierende Krankheit, an der vielleicht sogar Henrys Bruder Arthur gestorben ist, 1485 auf die Insel gebracht. Sie wütete schrecklich und erbarmungslos schnell. Man sagte, am Morgen sei einer noch ganz vergnügt und gesund und abends eine Zehrung fürs Grab, und so erging es wahrscheinlich auch Cromwells Familie. Cromwell hat nicht mehr geheiratet, und über sein Liebesleben seither ist nichts weiter bekannt. Er hatte aber noch seinen Sohn Gregory, der sein Augapfel wurde. Der zärtlich liebende Vater gab ein Vermögen für Gregorys Schulbildung aus und bezahlte einen habgierigen Privatlehrer, der ständig in Begleitung seines Schützlings aus der Ferne neue astronomisch hohe Rechnungen schickte, aber sonst wenig genug zu verzeichnen hatte. Gregory machte überhaupt keine Fortschritte. Im Umfeld des Königs, der sich verzehrte nach einem Sohn, gab es so viele Söhne, die den Erwartungen nicht entsprachen und sich kümmerlich blass ausnahmen neben ihren genialen Vätern. Auch Mores einziger Sohn war das unspektakulärste seiner sämtlichen Kinder. Er hieß John, und er machte noch zu Lebzeiten Mores eine gute Partie. Wolseys Sohn reiste dereinst als eleganter Herr in Europa herum und verprasste vor allem das Geld seines Vaters. Cromwell wusste auch nicht so recht, was er mit Gregory anfangen sollte. Weil er hübsch und angenehm war, machte aber auch Gregory am Ende eine gute Partie: Er heiratete 1538 Elizabeth Seymour, die Schwester der nächsten Königin Jane.

Thomas Cromwell machte alles auf seine Art. Er sagte auch unbequeme Wahrheiten, selbst im Angesicht seines Königs. Wenn man so will, brachte ihn das in die Nähe von Thomas More – ansonsten sind die beiden mehr oder weniger Gegenmodelle –, und beide Männer sind ein Beweis dafür, dass Henry sich bei aller Schmeichelanfälligkeit nicht mit offenkundigen Speichelleckern umgab. Er wollte wenigstens stets das Gefühl haben, dass er den Gegenwind aushalten konnte. 1523, am Beginn seiner Karriere am Hof, hatte Cromwell sogar, ähnlich wie More in seinen eigenen Anfängen, etwas äußerst Karriereunförderliches getan, indem er als Unterhausabgeordneter gegen Henrys französischen Krieg argumentierte. Er sei zu teuer, meinte er, und zu riskant. Als wesentlich vielversprechender betrachtete er damals eine schottische Invasion und im Anschluss daran die Vereinigung Schottlands mit England. Wenn der Handel blüht, so Thomas Cromwell, könne man auch mit der Zustimmung der Bevölkerung höhere Steuern erheben und dann etwa auch sinnvolle militärische Aktionen bezahlen. Diese Reihenfolge empfand Cromwell als grundlegend. Da Henry ein gutes Gedächtnis hatte, konnte er sich nach dem Sturz Wolseys, als Cromwell ihm seine Dienste anbot und in unsicheren Zeiten in ein Vakuum stieß, noch sehr gut an den frechen Widerspruch dieses Unterhaus-Abgeordneten von 1523 erinnern. Dass Cromwell dann so rasant aufstieg, obwohl der König ihn persönlich nicht einmal mochte, den unsentimentalen Praktiker mit seinen unblumigen Taten und Wahrheiten, hatte damit zu tun, was er ihm am Ende versprach: Er versprach ihm Reichtum, er versprach ihm Macht, und er versprach ihm Anne Boleyn – alles mit gutem Erfolg. Von Anfang an machte er dem König aber, ob sie diesem nun genehm waren oder nicht, und das war situationsabhängig, seine Standpunkte klar: Dass Kriege nichts bringen. Dass die Klöster unrentabel sind und der Klerus korrupt. Dass der Papst de origine kein Hoheitsrecht über die englische Rechtsprechung hat. Dass das Staatswesen effizient sein muss.

Alle Tudors hatten ein scharfes Auge für den richtigen Mann zur richtigen Zeit am richtigen Ort. 1532 wurde Cromwell Aufseher mehrerer Finanzbehörden, im April 1533 Schatzkanzler, ein Jahr später königlicher Sekretär und im Oktober desselben Jahres Master of the Rolls. Cromwells Basisarbeit legislativer Art beschränkte sich indes nicht auf trockene Paragraphen und Buchstabenreihen. Die Imposanz, deren Henry bedurfte, enthielt Cromwell ihm keineswegs vor. Vollmundiger als die Formulierungen in der Präambel seiner Gesetzesvorlage von 1533 konnte es sich ein Monarch gar nicht wünschen. «*Dieses Königreich England*», so hieß es da, (und das gehe aus verschiedenen historischen Quellen authentischerweise hervor) «*ist ein Empire.*» Ein Empire, «*regiert von einem Oberhaupt und König, der die Würde und das königliche Erbe der Kaiserkrone («imperial crown») dieses Reiches besitzt, dessen «politischem (Staats-)Körper» («body politic») die Ge-*

samtheit des Volkes, aufgefächert, wie es auch sein mag in irdischer und spiritueller Hinsicht, zu natürlichem und demütigem Gehorsam verpflichtet ist.» Ein Empire, das als solches jede externe Autorität kategorisch zurückweist. Nach dieser Maßgabe war der Papst nur noch Bischof von Rom. Der König war äußerst angetan von diesen Titeln und Ausdehnungen seiner Macht, und so gab er dem Mann, der ihm im legislativen Sinne die Kaiserkrone aufs Haupt gesetzt hat, einen Titel und Posten, den bis dato noch niemand in England oder auch sonstwo geführt hatte und seither wohl auch nie wieder führte: Cromwell wurde zu seinem «*Stellvertreter in spirituellen und kirchlichen Angelegenheiten*», also zu einer Art religiösem Berater des Königs und, mehr als das, Vizeregent. Dass er diesen Titel nicht Cranmer gab, auf den er von der Funktion her dann doch eher gepasst hätte – schließlich war er sein Erzbischof –, ist einigermaßen erhellend. Dass ihn ein Laie führte, ein vollständiger Autodidakt außerdem, dokumentierte die Überordnung der königlichen Autorität über die Kirche.

Und so machte sich Cromwell mit seiner neuen Kompetenz dann auch das ganze Jahr 1535 und darüber hinaus eifrig ans Werk. Er nahm sich das Mönchswesen vor, ließ die Klöster visitieren, und heraus kam eine Bestandsaufnahme einschlägiger Art. Allerlei delikate Details aus dem klösterlichen Alltag kamen dabei ans Licht: heimliche Mönchskinder und Konkubinen, die der Abt eines Klosters im Keller versteckt hielt, schwangere Nonnen, homosexuelle Praktiken, besonders potente Mönche, die acht bis zehn «Huren» unterhalten haben sollen (wohl eher männliches Wunschdenken), ein spielsüchtiger Abt, der sich hauptsächlich im Würfel- und Kartenspiel, in großen Banketten und in Gesellschaft hübscher Damen erging und niemals predigte, aber auch der kirchlich sanktionierte Missbrauch mit «*sinnlosen und gefälschten Reliquien*»: kopfschmerzlindernde Glocken, Bruchstücke des Heiligen Kreuzes, Milch der Jungfrau Maria, die Kohlen, auf denen angeblich der heilige Laurentius röstete, oder das Blut Christi, das sich als mit Safran gefärbter Honig herausstellte, ein augenrollendes und kopfnickendes «*Gnadenkruzifix*» in einem Kloster in Kent, das in Wirklichkeit eine Maschine aus altem Draht und verrotteten Stöcken war und irgendwie handbetrieben wurde hinter geheimen Kulissen. Cromwells Männer entlarvten das alles und hofften mit diesen Bloßstellungen auch, den mittelalterlichen Aberglauben in breiten Teilen der Bevölkerung ausrotten zu können – nur sehr bedingt mit Erfolg. Cromwells Maßnahmen, nachdem er im Frühjahr 1536 ein Gesetz im Unterhaus durchgebracht hatte, das alle Klöster mit einem Jahreseinkommen unter 200 Pfund auflösen ließ – mit den Jahren kam auch der Rest – führten im Oktober desselben Jahres nicht zuletzt aufgrund der Not von Abertausenden heimatlos gewordener Nonnen und Mönche zur «Pilgrimage of Grace» («Gnadenwallfahrt»), einem Aufstand der unteren Schichten, der zu Henrys größter Regierungskrise wurde und der sich am Ende auch und vorrangig gegen Cromwell richtete. Welchen Schaucharakter das Ganze hatte, zeigt auch die Tatsache, dass im Zuge der Cromwell'schen Maßnahmen unter anderem dem heiligen Thomas von Canterbury 400 Jahre nach seinem gewaltsamen Tod der Prozess gemacht wurde. Thomas Becket, Erzbischof von Canterbury, war gleichfalls ein ehemaliger Lordkanzler mit einst innigem Freundschaftsverhältnis zu seinem König; ob seiner eigenmächtigen Politik als engagierter Kleriker, der die Rechte der Kirche gegenüber dem König geltend machte, wurde er 1170 von den Rittern des Königs bestialisch ermordet. Nur wenige Jahre nach seinem Tod hat man ihn 1173 heiliggesprochen. Cromwells Männer also klagten den heiliggesprochenen Toten an, und da er vorgeladen wurde und nicht erschien, auch von niemandem vertreten wurde, lautete das Gerichtsurteil, er sei sozusagen nach Cromwell'schen Definitionen des Hochverrats schuldig. Niemals mehr dürfe er Märtyrer genannt werden, und da er während seines Lebens das Königreich in Unruhe gestürzt habe und seine Vergehen die Ursache seines Todes waren, sollten seine Gebeine weggenommen und öffentlich verbrannt werden und «*die Schätze seines Schreines zugunsten des Königs beschlagnahmt.*»

Seltsam, dass es Henry, der in der Vergangenheit auch regelmäßige Pilgerreisen gemacht hatte zum heiligen Schrein der Lady von Walsingham und der dem heiligen Thomas von Canterbury doch gewiss auch seinen Tribut gezollt hatte, nicht auffiel, dass alle seine wichtigen, von ihm selbst erhobenen und nicht vom Vater ererbten obersten Staatsmänner Thomas hießen: Thomas Wolsey, Thomas More, Thomas Cromwell und Thomas Cranmer. Alle vier starben letztendlich keines natürlichen Todes. Nur Cranmer überlebte immerhin Henrys

Regierungszeit. Cromwell, so, wie er sich gab, war jedenfalls nicht so aufdringlich und orthodox ketzerisch, dass er den König in Konflikt mit seinem Glauben gebracht hätte oder diesen ernsthaft herausforderte. Der clevere Mann definierte ihm aber seine weltliche und geistliche Machtfülle und präsentierte ihm die volle gesetzesmäßige Handhabe dazu. War es das, «*spiritueller Berater*» unter Heinrich VIII. zu sein? Spirituelle Angelegenheiten hin oder her, Cromwell dürfte seinen König auch darauf aufmerksam gemacht haben, dass er, der «body politic» der Gesamtheit des Volkes und zugleich Oberhaupt seiner eigenen Staatskirche, de jure auch ohne Parlament regieren kann, wenn er nur seinen Staatshaushalt unter Kontrolle hat und keine neuen Steuern erhebt, die das Parlament bewilligen muss. Die Sparsameren unter den grundsätzlich autokratischen Tudors beherzigten das auch aus eigenem Antrieb; sie brauchten jedenfalls keinen Cromwell dazu.

Henry, der in seiner aufwühlenden Ehe mit Anne Boleyn nicht das Glück und den Zukunftsgaranten gefunden hatte, wie einst erhofft, befand sich in immer größeren Rechtfertigungszwängen, und die Frage nach Gottes Wegen und Willen spielte da stets eine tragende Rolle. Er hatte allmählich das Gefühl, aus einem Wahn zu erwachen – ein Phänomen der «Entliebung» oder Desillusionierung, sofern es dem Betroffenen nicht gelingt, das Bild seiner Träume, womit die wonnigen Gefühle des Anfangs einhergingen, mit der Realität zu verbinden und die Alltagspersönlichkeit des geliebten Objekts darin einzubeziehen. Er konnte nicht zugeben, dass alles falsch war und dass er völlig umsonst sein Land umgestürzt hatte. Da er ja nun diese hohe Stellung besaß, als Stellvertreter Gottes auf Erden, musste er unschuldig sein und ein Opfer – ein Opfer der Hexerei. So lautete am Ende tatsächlich unter anderem seine Anklage gegen Anne, was seinen eigenen Anteil betraf, dass er sich diese Frau überhaupt ausgesucht hatte. Chapuys gegenüber soll er gesagt – und er soll dies auch seinem Beichtvater gestanden haben –, «*er sei durch Hexerei verführt worden, diese Ehe einzugehen, und daher betrachte er sie als null und nichtig. Und das sei auch ganz evident dadurch, dass Gott ihm keine männlichen Erben durch diese Ehe gewähre. Er glaube also, er sollte eine andere Ehe eingehen – und er ließ mich durchaus verstehen, dass er bereits den festen Wunsch dazu hege.*» Im Gegensatz zu der quälend langsamen Ent-

«ALTERSPORTRÄT» KATHARINAS VON ARAGÓN.
unbekannter Künstler

wicklung bei Henrys Wechsel von Katharina zu Anne ging jetzt alles sehr schnell.

Katharina war krebskrank. Ihr Leben neigte sich im Dezember 1535 dem Ende zu. Sowohl Anne als auch Henry nahmen das mit Erleichterung zur Kenntnis, schwand doch mit Katharinas irdischem Ende die

Invasionsgefahr Kaiser Karls; Anne wähnte sich außerdem in dem Glauben oder hegte zumindest die Hoffnung, dass mit Katharinas Tod ihre eigene Position sicherer werde. Dem war jedoch nicht so, und die weiteren Ereignisse konnten das nur bestätigen. Am 7. Januar starb Katharina in Kimbolton-Castle. Ihre Tochter hatte sie seit fünf Jahren nicht mehr gesehen. Die Angst, dass Mutter und Tochter sich zu gemeinsamen Komplotten gegen den König zusammenfinden würden, war der Grund für diese Zwangstrennung gewesen.

Katharina hatte Henry einen Abschiedsbrief geschrieben mit folgendem Wortlaut: *«Mein geliebter Herr, König und Gemahl, da die Stunde meines Todes naht, zwingt mich die zärtliche Liebe, die ich Euch schulde, dazu, mich zu erklären und Euch an das Heil Eurer Seele zu gemahnen, das Euch teurer sein sollte als alle weltlichen Dinge, auch der Sorge und der Verzärtelung Eures Körpers vorangehen sollte, um deretwillen Ihr mich solchem Elend ausgesetzt habt und Euch selbst solchem Ungemach. Was mich angeht, so verzeihe ich Euch alles, und ich bitte Gott flehentlich darum, dass auch er Euch vergebe. Ansonsten empfehle ich Euch unsere Tochter Mary, Euch demütig bittend, ihr ein guter Vater zu sein, wie ich es immer gewünscht habe. […] Zum Schluss leiste ich Euch diesen Schwur: dass mir Euer Wohl über allem anderen am Herzen liegt.»* Der katholische Propagandist Nicholas Sander berichtet, Henry habe, als er den Brief las, geweint. Das glaubt ihm die Nachwelt nicht, doch es ist denkbar, und es ist auch kein Widerspruch zu der Tatsache, dass Henry Erleichterung darüber empfand, dass dieses Kapitel seines Lebens endlich beendet war. Thomas Cromwell äußerte übrigens einmal in den letzten Lebensjahren Katharina von Aragóns, die Natur habe der verstoßenen Königin eine Ungunst erwiesen, dass sie sie nicht als Mann auf die Welt kommen ließ. *«Mit ihrer Tapferkeit hätte sie sämtliche Helden der Geschichte übertroffen».*

Am 24. Januar stürzte der König während eines Turniers in Greenwich vom Pferd, worauf er bewusstlos war, angeblich zwei Stunden lang. Königin Anne, die erneut schwanger war, befand sich zur Zeit des Geschehens in ihren Räumen, und da man um das Leben des Königs fürchtete, schickte man Norfolk zu ihr, um ihr die Nachricht zu unterbreiten; möglicherweise tat er das, wie man Norfolk kennt und wie er mittlerweile zu seiner Nichte gestellt war, nicht sehr sensibel.

Der Schock über diese Nachricht verstörte sie sehr, nicht zuletzt weil sie wusste, dass sie in einer ihr überwiegend feindlich gesonnenen Umgebung mit dem König ihren einzigen Schutz verlöre, und am 27. Januar, dem Tage von Katharinas Begräbnis, das Henry so glanzvoll veranstalten ließ, wie es sich für die Tochter der spanischen Könige Ferdinand und Isabella gehörte, erlitt Anne eine Fehlgeburt. Es war angeblich ein männlicher Fötus. Nun sehe er klar und deutlich, soll Henry gesagt haben, dass Gott ihm keine männlichen Erben gewähre. Jedenfalls, schien es, auch nicht von *dieser* Frau.

In der Tat war Henrys Auge bereits auf Annes Nachfolgerin gefallen, die den Gegentyp verkörperte oder ihn doch zumindest stark herausstellte. Man hat der unscheinbaren, blassblonden Jane Seymour, die in Königin Katharinas Diensten gestanden hatte und nun Hofdame bei Anne war, allgemein nicht viel Intelligenz zugesprochen – was allein schon bemerkenswert ist nach den Persönlichkeiten Katharinas und Annes. Sie hatte davon aber immerhin doch genug, um Henry einzunehmen auf eine, möglicherweise einstudierte, sicher aber bewusst eingesetzte Art, wie sie eher dem traditionellen Weiblichkeitsideal entsprach: den Blick schamhaft gesenkt, wenig redend, vor allem in männlicher Gegenwart, Anmut, Bescheidenheit, Dienstfertigkeit und häuslichen Frieden verheißend. Dies führte zum Erfolg, und zwar wesentlich schneller als bei ihrer Vorgängerin angesichts der Gegebenheiten, wie sie nun waren. Außerdem wurde sie höchstwahrscheinlich gebrieft – von den Boleyn-Gegnern, von denen es mittlerweile genügend gab an Henrys Hof. Diese gehörten zugleich der Fraktion an, die Prinzessin Mary in ihre Rechte zurückversetzt sehen und die den protestantischen Kurs der Regierung abwenden wollte. Jane Seymour war verlässlich katholisch, und sie spielte ihren Part mit Bravour. Der König war von ihr angetan, und er schickte ihr Anfang März 1536 eine mit wertvollen Münzen gefüllte Geldbörse in einem Briefumschlag. In Gegenwart des überbringenden Boten fiel Henrys Angebetete auf die Knie und küsste den Briefumschlag, gab ihn aber zurück mit der Erklärung, sie sei die tugendhafte Tochter ehrenvoller Eltern, und sie habe keine Reichtümer in dieser Welt als ihre Ehre, die sie um keinen Preis zu verletzen gedenke, und wenn der König ihr ein Geldgeschenk machen wolle, so bitte sie, es möge damit einhergehen, dass er ihr einen ehrbaren Gatten zuteil werden lasse. Das war deutlich genug, und Henry fiel tatsächlich ein zweites Mal auf die Masche herein. Er hatte keineswegs vor, Jane, die nur deshalb mit 28 Jahren noch unverheiratet war, weil die Seymours sich keine angemessene Mitgift für sie leisten konnten und weil sie dieses Manko durch äußere Reize nicht wettmachen konnte, einen Gatten zuteil werden zu lassen, sondern er wollte sie selbst heiraten.

Zuvor aber musste er sich seiner derzeitigen Gattin entledigen. Das war jetzt einfach, denn er musste nicht mehr den Papst dafür anrufen respektive die langsamen Mühlen der vatikanischen Justiz. Schon dafür also hatte sich seine transkonfessionelle Reformation wirklich gelohnt. Er musste lediglich seinen spirituellen Berater und Stellvertreter entsprechend beauftragen. Thomas Cromwell wusste bereits, in welche Richtung das königliche Begehren tendierte, und es befand sich seiner Meinung nach in Übereinstimmung mit den Notwendigkeiten der Politik. Cromwell strebte nach einem diplomatischen Bündnis mit Kaiser Karl. Königin Anne war indessen traditionell pro-französisch orientiert. Mit dieser Königin, glaubte jedenfalls Cromwell, würde es nicht gelingen, England wieder zum Verhandlungspartner auf Augenhöhe innerhalb der europäischen Staaten zu machen. Ihre Gegnerschaft, auch in den eigenen Reihen, war mittlerweile immens, und es kursierten Gerüchte, Anne habe Katharina vergiften lassen, und sie plane dasselbe bei Mary. Annes Angst, Henry würde sie genauso zur Seite räumen wie dereinst Katharina, war schon seit einiger Zeit virulent. Ihre einzige Sicherheit, die früher die mittlerweile verflogene Leidenschaft ihres Königs verbriefte, hätte in der Geburt eines Sohnes bestanden, doch seit dem jüngsten Ereignis schien der König das abgeschrieben zu haben, und Anne wurde zunehmend panisch, sicher nicht ohne Grund. Sie hatte Anwandlungen von Hysterie; das kam zu ihrem ohnehin heftigen Temperament noch hinzu.

Währenddessen lief Henrys neue Liebe Jane Seymour mit einem Medaillon um den Hals, das Henrys Bildnis trug, am Hofe herum. Henry gab sich nicht einmal die Mühe, in seinen Absichten diskret zu sein. Cromwell investierte in seine eigene und in die Zukunft des Landes und stellte seine Wohnräume zur Verfügung, damit der König seine Auserkorene zum ungestörten Rendezvous treffen konnte – aber keusch; Henry hielt sich auch hier an die Vorgaben seiner Angebeteten, und er konnte, vor allem im Vorfeld, wenn er um eine Frau warb, äußerst galant sein.

Was ganz entscheidend zu Annes Sturz beitrug, war sicher die Tatsache, dass sie sich in Gegenwart anderer über den König lustig machte: seine übertriebene Kleidung, sein Auftreten, seine Verse – und seine erotische Kompetenz. Laut ihrer Schwägerin Lady Jane Rochford, die höchstpersönliche Gründe hatte, Königin Anne zu denunzieren, soll Anne geäußert haben, der König besitze als Liebhaber weder Geschick noch hinreichend Manneskraft. Vielleicht war es dieser Satz, der Anne Boleyn im wörtlichen Sinn das Genick brach. Ende April schlug Cromwell zu. Er lud Mark Smeaton, einen jungen Musiker aus Annes Hofhaltung, zum Essen ein, um ihn dann in seinem Hause verhaften zu lassen. Der Vorwurf lautete: Ehebruch mit der Königin, den der Musiker nach langen Verhören und vermutlich unter der Folter gestand. Anfang Mai wurden zudem Sir Henry Norris, Sir Francis Weston, William Brereton sowie Lord Rochford, Annes Bruder George, mit demselben Vorwurf verhaftet und in den Tower gebracht. Am 2. Mai landete auch Königin Anne in der Festungshaft. Sie soll, als sie ankam, hysterisch gelacht haben. Insgesamt ist es doch eher unwahrscheinlich, dass die Ehebruchvorwürfe gegen Anne begründet waren. In einigen Fällen wurden sogar eklatante Unwahrscheinlichkeiten in Zeit und Raum bezüglich der angeblichen ehebrecherischen Aktionen festgestellt. William Brereton war ein Mann, den Anne allenfalls flüchtig gekannt hat, und der Inzestvorwurf mit ihrem Bruder, aufgebracht von der Gemahlin Lord Rochfords, war nahezu monströs. Lady Rochford fühlte sich von ihrem Gatten vernachlässigt, der seiner politischen Eheverbindung mit Jane Parker keine persönliche Komponente einräumte, und sie neidete ihm seine enge Vertrauensverbindung mit Anne, stand wohl auch politisch eher auf Seiten derer, die Anne zu Fall bringen wollten. Alle Angeklagten bis auf Mark Smeaton, die aufgrund ihres Rangs nicht gefoltert wurden, wiesen den Vorwurf zurück und plädierten bis zum Schluss auf *«nicht schuldig»*.

Zu bedenken bleibt lediglich, dass Anne in ihrer verzweifelten Situation möglicherweise wirklich alles tat, um den lebensrettenden Erben anderweitig als von ihrem mittlerweile sexuell an ihr desinteressierten Gemahl zu empfangen. Aber alles das bleibt Spekulation. Die Freizügigkeit, mit der Anne agierte, nicht zuletzt ihre Flirtbereitschaft, ließ Interpretationsspielräume offen, die brisant und gefährlich waren. Jeder Hauch eines Verdachts, der auf der Königin lag, stellte außerdem die Legitimität des geborenen und ungeborenen Nachwuchses in Frage. Schon ihre Äußerungen über den König waren aber letztlich Hochverrat. Sie musste keine Komplotte gegen ihn schmieden oder eine nachweisliche Ehebrecherin sein, um aus dem Wege geräumt werden zu können, wie es nun opportun war. Die Argumente, mit denen Cranmer die Ehe annullierte, bleiben indessen einigermaßen im Dunkeln – ob er dafür Henrys frühere Beziehung mit Annes Schwester Mary ins Feld führte oder den Hexerei-Vorwurf geltend machte oder was immer. Eine Annullierung ist, noch einmal, keine Scheidung. Sie erklärt eine Ehe für ungültig; nach göttlichem und menschlichem Recht hatte sie nach einer solchen Erklärung niemals Bestand. Demnach ist es absurd, eine Frau wegen Ehebruchs zu verurteilen, die nie eine rechtmäßige Ehefrau gewesen sein soll. Am 19. Mai wurde Königin Anne auf dem Tower-Gelände exekutiert. Der König hatte ihr einen letzten Liebesdienst erwiesen, als er aus Calais einen berühmten Henker anreisen ließ, der ihr mit dem Schwert kunstvoll den Kopf abschlug und nicht mit der Axt (mit der es manchmal nicht beim ersten Hieb klappte). Einen Tag später verlobte sich Henry mit Jane Seymour, die er zehn Tage später heimlich und weitere zehn Tage später offiziell heiratete. Cranmer hatte für diese neue Eheschließung einen Dispens erteilt, da Henry und Jane über Edward III. weitläufig verwandt waren; das Inzestproblem ließ Henry in seinen unterschiedlichen Ehen nicht los.

Katharinas und Annes Tod schienen eine neue Ära einzuleiten, und zwar auf mehreren Ebenen. Mary etwa konnte sich nun, nach dem Rat von Cromwell wie von Chapuys, zum Schluss überwinden, mit einer Unterwerfungsgeste wieder in Beziehung zu ihrem Vater zu treten und seine königlichen Verfügungen zu akzeptieren. Jane unterstützte das sehr, und es gab rührende Szenen am Hof, quasi-familiäre Begegnungen. Im Grunde hatten Henrys Töchter, Mary und die kleine Elizabeth, in all den Wechseln und verwirrenden Verhältnissen ihrer kommenden Jahre ziemlich viel Glück mit ihren diversen Stiefmüttern. Sie erlitten ein ähnliches Schicksal, die Halbschwestern mit dem erheblichen Altersunterschied von siebzehn Jahren und den so unterschiedlichen Müttern – beispielsweise blieben sie beide noch bis auf weiteres bastardisiert. Das mochte sie in sehr jungen Jahren noch einander annähern. Letztendlich aber vertieften sie, jede für sich, die Spuren, die ihre Mütter gezogen hatten, und allein das machte sie schon zu Konkurrentinnen und zu Gegnerinnen im Erwachsenenalter: Mary stand für den alten Glauben, für die Rückkehr nach Rom, Elizabeth wurde eine Hoffnungsträgerin der Protestanten. Doch das war lange nach Henrys Zeit.

Katharinas Tod und Annes Eliminierung hatten aber auch kontinentale Hoffnungen erstarken lassen, dass Henry wieder in den Schoß der römischen Kirche zurückkehren könnte. Kaiser und Papst dachten ernsthaft darüber nach, wie man ihm diesen Schritt schmackhaft machen konnte, und Henry ließ sich gerne umwerben und kokettierte auch damit – nach außen hin und vielleicht auch für sich, aber kaum ernsthaft, wie die Dinge jetzt standen. Unterdessen wurde er auch von den lutherischen Fürsten umworben, die ihm den Titel: «Verteidiger der evangelischen Liga» versprachen, wenn er sich ihrer Sache richtig anschließen wolle. Henry hatte bereits viel klangvollere Titel und reagierte verhalten, wie er es immer tat bei den Lutherischen. Das Glück schien ihm derzeit wirklich gewogen, nicht nur weil er so glücklich war mit seiner neuen Königin, sondern weil er, allen Unkenrufen zum Trotz, wieder in der alten, behaglichen Position war, dass die Mächte Europas, Papst, Kaiser und französischer König, um seine Gunst warben und dass er, als schließlich im Sommer 1536 der Krieg zwischen Karl und François ausbrach, davon ebenfalls profitierte, zumindest wieder eine Atempause gewann. Dass Karl übrigens all die Jahre nichts gegen ihn unternahm, auch nicht, als Reginald Pole sich gegen seinen König verschwor und vom Kontinent aus zur Invasion aufstachelte, auch nicht, als 1538 eine große Bilderstürmerei in Henrys Königreich stattfand, bei der die Statue der Lady von Walsingham öffentlich verbrannt wurde sowie die Gebeine des heiligen Thomas, was die katholische Welt gewaltig empörte – das hatte auch damit zu tun, dass Karl bereits anderweitig mehr als billig beansprucht war: Die Ketzerei in seinem eigenen Reich und die Türkengefahr waren ihm mehr als genug, und jetzt nahm ihn zusätzlich sein Krieg mit François in Beschlag. Er fürchtete außerdem ein Bündnis Henrys mit den protestantischen

Fürsten und verhielt sich allein deshalb schon vorsichtig, um ihn nicht definitiv in das andere Lager zu treiben.

Die Ruhe, die nun im königlichen Privatleben eingekehrt war, machte sich Henrys Umgebung derweil zunutze, und die Evangelischen wagten größere Vorstöße bei der Schaffung einer neuen Kirchendoktrin. Henry hatte im Herbst 1536 die Herausgabe und Verbreitung einer englischen Bibel gestattet – die Tyndale'sche, wenn auch ohne dessen kritische Kommentare, ungeachtet der einstigen Anfeindung und Verfolgung des armen Mannes –, und das war zunächst vielversprechend genug. Männer wie Cranmer, Cromwell oder Hugh Latimer, der neue Bischof von Worcester, versuchten, so viele Elemente der neuen Lehre wie irgend möglich in den neuen Satzungen unterzubringen. Das erste Ergebnis, die «Zehn Glaubensartikel», war nahezu lutheranisch und entsprach beinahe den Inhalten der Augsburgischen Konfession, von Philipp Melanchthon ausgearbeitet, von Luther gebilligt. Doch bis zur endgültigen Form floss noch viel Wasser die Themse hinunter. Das alles hatte etwas Experimentelles, und der König nahm lebhaften Anteil an den Disputen. In Henrys Geistlichkeit herrschte eine gewisse Heterogenität, da es neben den Reformern zahlreiche konservative Kräfte gab, und so ergaben sich geradezu eine Art Pluralismus der Meinungen in den theologischen Debatten sowie Lösungsversuche im Kompromiss.

Pech für die progressiven Kräfte im Land war: Der König las alles oder wenigstens vieles, und er machte oft tabula rasa mit ihren Satzungen. Er war nicht kompromiss- und reformbereit bei der Transsubstantiationslehre, in der Liturgie der Heiligen Messe, bei der Priesterehe und bei den Sakramenten, vor allem der Beibehaltung der Beichte. Die «Sechs Artikel», die 1539 erschienen und die jede Ableugnung schon des ersten Artikels unter Todesstrafe stellten, waren so konservativ, dass die Reformer sie als *«die Peitsche mit den sechs Saiten»* oder auch als *«Blutstatut»* bezeichneten. Ihrer Meinung nach war mit einem solchen Ergebnis nach den langen Debatten eigentlich alles umsonst gewesen. Abgeschafft wurden (außer dem Papst): Wallfahrten, Heiligenbilder, Reliquien und (à la longue) die Klöster, deren Preziosen und üppigen Landbesitz Henry nach und nach in Besitz nahm. Im Gegensatz zu Cromwells Radikalismus bevorzugte der König auch hier ein langsames Tempo. Er hätte es gerne gesehen, wenn alle die, die eine wirkliche Neigung zu einem klösterlichen Leben besaßen, dieses bis auf weiteres hätten fortsetzen können, und dass man nur die schlimmsten Missstände in den Klöstern beseitigte; eine Klosterreform, das war ursprünglich wohl Henrys Plan. Es kam aber dann alles anders. Durch die «Pilgrimage of Grace» wurden die Dinge politisch entschieden. Das war eine Revolte von unten, aber sie wurde unterstützt, wenn nicht getragen und organisiert von konservativen Adeligen und Klerikern in den nördlichen Grafschaften und wahrscheinlich auch von den Cromwell-Gegnern am Hof. Die einfachen Menschen waren von Angst erfasst, dass ihnen die Tröstungen der Religion, wie sie sie kannten, und letztlich die Mittel dafür genommen würden. Cromwells Inspektoren, Visitatoren und Steuereintreiber, die nicht nur in den Klöstern zur Tat schritten, sondern auch in den Gemeindekirchen, entfachten Hass, Angst und Abwehr.

Alles begann am 28. September 1536 in Hexham, Northumberland. Die zuständigen Kräfte, die im Auftrag des Königs die Abtei von Hexham auflösen wollten, wurden von bewaffneten Mönchen vertrieben. Am 1. Oktober wurden in Lincolnshire zwei Steuereintreiber Cromwells getötet. Gleichzeitig hielt ein Pfarrer in dieser Grafschaft aufwiegelnde Reden von der Kanzel herab. Innerhalb kürzester Zeit war Lincolnshire von bewaffneten Rebellen durchzogen. Der König entsandte ein Heer unter dem Oberbefehl des Herzogs von Suffolk. Das war eigentlich zunächst schnelle Arbeit; die Rebellentruppen Lincolnshires lösten sich auf. Aber der Aufstand hatte sich bereits wie ein Lauffeuer auf den gesamten Norden ausgedehnt. Sechs weitere Grafschaften waren betroffen. Die Aufständischen, die unter dem Banner der fünf Wunden Christi und unter dem Namen «Gnadenwallfahrt zum Wohle aller» aufmarschierten, waren hervorragend organisiert, und es war keine Kleinigkeit, die Sache unter Kontrolle zu bringen.

Im Wesentlichen hatten die Rebellen folgende Forderungen: Rückkehr zur römischen Kirche, Wiedereinsetzen der Prinzessin Mary als Thronerbin, Wiederinbetriebnahme der Klöster, die Eliminierung des neuen Steuer- und Landrechts (Aufhebung aller neuen Zahlungsforderungen zugunsten der Krone) und – last, but not least: Der König solle sich seiner Berater *«von niedrigem Stande»* entledigen, womit hauptsächlich Cromwell gemeint war. Besonders aus letzterem Punkt geht hervor, dass selbst diese schlimmste Revolte, die je ein Tudor-Herrscher erlebt hat, sich nicht eigentlich gegen den König richtete und dass man glaubte, er sei nur schlecht beraten, dass der Glaube an die Ordnung der Dinge, auch der Gesellschaftsklassen, im Volk fest verankert war, während der König sie doch zeitweise durchlässig machte, und dass die Tudor-Propaganda selbst in den größten Krisenzeiten noch funktionierte. Königin Jane, die ihrer Rolle, auf die man sie noch zu Annes Lebzeiten eingespielt hatte, durchweg gerecht wurde, versuchte ein einziges Mal, ihren König politisch zu beeinflussen, als sie in diesen Tagen vor ihm auf die Knie fiel und ihn anflehte, seine Klosterpolitik zu überdenken. Da fuhr er sie an, sie solle sich nicht in Dinge einmischen, die sie nichts angingen, und das Schicksal ihrer Vorgängerinnen im Sinn haben. Von politischen Frauen hatte er wirklich genug.

Der Löwe bäumte sich auf, und er hatte keineswegs vor, den Rebellen in irgendeiner Weise entgegenzukommen. Er hatte nach den neuen Aufständen den Herzog von Norfolk in die Rebellengebiete geschickt, um den Aufstand militärisch niederzuschlagen. Keine Konzessionen, so Henry, denen gegenüber, die «*gegen göttliches und menschliches Recht*» verstießen und ihrem Fürsten den Gehorsam verweigerten, ihn gar zu «*regieren*» begehrten. Aber Norfolk fand sich vor Ort mit der Situation konfrontiert, den etwa 40 000 Mann starken Truppen mit seiner Abwehrarmee nicht gewachsen zu sein. Er empfahl Verhandlungen als derzeit einzigen Weg; Henry stimmte dem unwillig zu. Möglicherweise hätte die Sache einen anderen Ausgang genommen, wäre Norfolk dem ersten Befehl seines Königs gefolgt. Er versprach den Rebellen Amnestie und das offene Ohr ihres Königs für ihre Forderungen, wenn sie ihre Erhebungen einstellten. Henry aber hatte eine gute Ausrede, sich an diese Versprechen nicht halten zu müssen, als Anfang 1537 ein Adeliger des Nordens den Aufstand wieder entfachte. Er hatte die Anführer der ersten «Pilgrimage», darunter den aus Yorkshire stammenden Juristen Robert Aske, der eine dominierende Rolle spielte, Lord Thomas Darcy und andere nach London befohlen – angeblich damit diese ihre Anliegen vorbringen konnten. Nun aber wurden sie ohne nachweislichen Bezug zu den neuerlichen Ereignissen im Norden des Hochverrats für schuldig befunden, verhaftet, in den Tower gebracht und schließlich im Sommer ohne vorherige Gerichtsverhandlung öffentlich hingerichtet. Auch andere Einzelheiten dieser Niederschlagung einer «Gnadenwallfahrt», der der König ohne Gnade begegnete, hatte Henry persönlich angeordnet: etwa dass Mönche, die bereits geschlossene Klöster eigenmächtig wieder in Betrieb genommen hatten, am Turm ihrer eigenen Kirche aufgehängt wurden. Henry erlebte nie wieder eine Revolte, und er ließ sich durch nichts mehr abbringen vom einmal eingeschlagenen Weg.

Der Aufstand, ein Angriff sondergleichen auf die monarchische Autorität und auf Henrys monarchisches Selbstgefühl, hatte eine dynamisierende Wirkung auf all die Maßnahmen seiner Reformation im Zuge der Umgestaltung des Landes, denen der König selbst ursprünglich doch eher zögerlich und gemäßigt begegnet war. Die Ordnung der Dinge jedenfalls war wiederhergestellt. Es genügte wahrscheinlich ein Wink – und die Bildersprache des Zeitalters, besonders anlässlich der bombastischen öffentlichen Szenarien königlicher Selbstrepräsentation, etwa in den bildgewaltigen und mythologisch angereicherten Maskenzügen, prägte dies der überwiegend nicht alphabetisierten Bevölkerung tiefer ein als Lektüre oder erzählte Geschichten – ein Wink, mit dem der König sein vergessliches Volk donnergrollend daran erinnerte, in welchem Chaos es sich vor lediglich einer Generation noch befunden hatte, und dass die Tudors mit Gottes Segen dieses Chaos beenden. Henry musste kaum noch explizit Bosworth Field oder den bösen Richard ins Feld führen. Das war Gemeingut wie die Tudor Rose, die Tudor-Farben Grün und Weiß, König Arthur oder der rote Drache von Wales. Durch das neue Selbstverständnis des Landes infolge der Lösung von Rom war gewissermaßen auch eine Kontinuität wiederhergestellt in der Geschichte Britanniens.

Die Anglikanische Kirche war ja nun auch keineswegs Henrys Erfindung. Durch die Lösung von Rom erhielt sie nur eine neuartige und autarke Präeminenz. Im Grunde hatte man auch etliche Hauptgedanken der lutherischen Bewegung schon über 150 Jahre früher auf der Insel gehabt, basierend auf der Lehre des Oxforder Theologen John Wyclif, der den weltlichen Machtanspruch des Papstes bestritt, die Kirche kritisierte, eine Rückbesinnung auf den Wortlaut der Bibel forderte, eine Gnadenlehre entwickelte und über die Könige und ihr Gottesgnadentum Dinge geäußert hatte, die Henry heute eigentlich sehr zupass kommen mussten, sieht man im Theologischen einmal davon ab, dass Wyclif die für Henry sakrosankte Transsubstantiationslehre ablehnte. Auch hatte Wyclif, auf dessen Lehre sich die Lollarden beriefen, bereits 1381 eine englische Bibel vollendet, kompiliert aus der Vulgata und aus anderen lateinischen Texten. Wyclif und die Lollarden hätten eigentlich eine Chance dargeboten, auf einen englischen Sonderweg zu verweisen, unter ausschließlicher Berufung auf Englands Geschichte und damit unter kompletter Umgehung des Luthertums. Ihrer Auffassung nach konnte man ebenso gut bei einem Baum in die Beichte gehen wie bei einem Priester, das Bildnis der Muttergottes war nicht heiliger als ein Stück Holz, und der Priester konnte so wenig Gott in der Messe realpräsent machen, wie ein Haus seinen Erbauer herstellen konnte. Doch die Lollarden wurden seit 150 Jahren verbrannt, und Henrys Ketzerverfolgungen gingen mit Unterbrechungen bis ans Ende seiner Regierungszeit weiter. In einer Proklamation gegen protestantische Schriften, die Henry 1539 erließ, kamen auch Wyclifs Bücher neben denen Luthers, Calvins, Tyndales (mit Ausnahme seiner englischen Bibel, da man eben keine andere hatte!) und anderen auf den Index. Sie wurden eingezogen, den Bischöfen übergeben und in einer großen Zeremonie öffentlich verbrannt. Dies und anderes veranlasst zu einem verhaltenen Umgang mit dem Begriff «Henrizianische Reformation».

Es ist insgesamt recht bemerkenswert, wie es den Tudors gelang, bei all den Umwälzungen, Denkrevolutionen und Hinterfragungen ihrer Epoche vor allem anderen ihren eigenen Mythos zur Untermauerung ihrer Autorität und, damit einhergehend, ein konservatives Weltbild zu pflegen, das allgemein akzeptiert wurde, auch als es längst durch Kopernikus abgelöst war: Die Erde befand sich im Zentrum des Universums, das selbst die Gestalt einer riesigen, in acht Sphären gegliederten Kugel besaß. Diesen Himmelssphären, die eine hierarchische Abstufung darstellten, entsprach ein Ordnungsmuster, eine «*Kette des Seins*», auf der Erde: Vom Mineral- und Pflanzenreich führte die Kette über das Tierreich zum Menschen, der Krone der Schöpfung. Entsprechend war in diesem Analogiedenken die Gesellschaft gegliedert: Von den Vagabunden und Bettlern ganz unten führte die Kette hinauf über die Tagelöhner, Bauern und Arbeiter, die besitzlosen Kleinbürger, das landbesitzende Großbürgertum, die Gentry, also den niederen Landadel, über den Hochadel bis hin zum Monarchen. Die Spitze der Seinskette in diesem christlichen Modell des ptolemäischen Weltbildes war aber nicht nur einfach der Herrscher als die Krone der Schöpfung, sondern geradezu gottgleich, der «body politic» (damit war er zugleich die Gesamtheit des Volkes). Die Ordnung zu hinterfragen, die dieser verbriefte und auch verkörperte, war eine Kardinalsünde und wurde mit drakonischen Mitteln bestraft. Der König also, er hatte auch im Falle der «Gnadenwallfahrt», die ja nun eine katholische Opposition war, gesprochen.

Am 12. Oktober 1537 erfüllte sich Henrys Traum. In einer außerordentlich schweren Geburt, einem Märtyrium, das zwei Tage und drei Nächte dauerte, brachte Jane per Kaiserschnitt einen Jungen zur Welt. Henry hatte seinen ersehnten Sohn. Am 15. Oktober wurde der kleine Prinz in Hampton Court auf den Namen Edward getauft. Prinzessin Mary war Patin, und die vierjährige Elizabeth hielt das Taufkleid des Täuflings, während sie bei der Zeremonie selbst von zwei Lords getragen wurde. Aber Henrys vollkommenes Glück währte nicht lange, denn Königin Jane starb am 24. Oktober im Kindbett. Die meisten der zahlreichen Kindbetttode jener Zeit gehen wahrscheinlich auf Infektionen infolge mangelnder Hygiene zurück. Henry war tief betrübt, ein wirklich tief trauernder Witwer. Da Jane ihm den ersehnten Erben geboren und da ihre kurze Verbindung in so reiner Harmonie gewährt hatte, ohne äußeres Ungemach, ohne Gewissenskonflikte oder politische Kalamitäten und ohne Renitenzen der Frau, würde er sie retrospektiv zu seiner Lieblingsgemahlin, ja zu seiner einzigen wirklichen Gattin vor Gott erklären und sogar wünschen, neben ihr bestattet zu werden.

Was ihn jetzt tröstete, war sein kleiner Prinz Edward. Er war von zarter Gesundheit und, wie sich zeigte, ebenso hervorragender Intelligenz wie seine Halbschwestern. Gewissermaßen vom ersten Lebenstag an wurde er auf die Thronfolge vorbereitet, eine immense Last für seine zarte Konstitution. Er wurde ein ernstes, frühreifes und überfordertes Kind, und auf ihn wartete eigentlich ein trauriges Schicksal: Mit neun Jahren bestieg er nach dem Tod seines Vaters den englischen Thron, wurde zerrieben vom Machtkampf der Protektoren, die für den minderjährigen König das Reich lenkten, und starb vor Vollendung seines sechzehnten Lebensjahres. Edward erhielt eine wirklich lupenreine protestantische Erziehung, wie auch immer man das am König vorbei manövrierte, und war in seinen Regierungsjahren von Orthodoxen umgeben. Hätte er länger gelebt, hätte die Anglikanische Staatskirche wohl ein eindeutiger protestantisches, vielleicht sogar puritanisches Antlitz bekommen. So aber kam es nach den aufwühlenden Intermezzi und dem Staatsstreich Northumberlands mit der *«Königin von neun Tagen»* Jane Grey zu Marys katholischer Reaktion und anschließend zu Elizabeths *«via media»*, einem gemäßigten und taktierenden Protestantismus. An Henry und seinen Kindern dokumentierte sich eine beachtliche religiöse Bandbreite, gewissermaßen das sechzehnte Jahrhundert en miniature.

Binnen weniger Tage nach dem Ableben seiner Gemahlin drängten Henrys Staatsräte ihren König, wieder auf Brautschau zu gehen. In diesem Fall musste sich Henry wohl wirklich erst dazu überwinden, denn er trauerte noch viel zu sehr. Aber dynastisch gesehen, war's seine Pflicht. Ein einziges Söhnchen von delikater Gesundheit war einfach zu wenig, um Englands Zukunft darauf zu bauen. Auch waren Allianzen mit kontinentalen Mächten in diesen unsicheren Zeiten notwendiger denn je. Dass er in seinen beiden vorangegangenen Ehen Engländerinnen geheiratet hatte, war fast schon Ausdruck einer königlichen Laune oder Marotte gewesen. Ein König konnte das tun – Edward IV. hatte es auch getan, als er entgegen allen Erwartungen Elizabeth Woodville, eine Bürgerliche, heiratete –, aber der traditionelle Königsweg war es nicht. Fürstenehen waren zur Bildung von Allianzen und zum Fortbestehen des Herrschergeschlechts vorgesehen; alles andere war dahinter eigentlich zweitrangig und kaum zu erwarten. Auch Cromwell drängte zu einer Auslandsehe. Eine Königin aus dem englischen Hochadel inklusive ihrer verzweigten Familie und Anhängerschaft war nicht zuletzt seiner eigenen Stellung eine potentielle Gefahr. Es kristallisierte sich folgerichtig sehr bald heraus, dass der König seine nächste Ehekandidatin in den Reihen des französischen Königs oder Kaiser Karls suchen würde. Beide hatten, wie zu erwarten war, auch bereits ihre Angebote zur Hand. Da Henry nur äußerst ungern allein, ohne Partnerin lebte, fand er schließlich um die Weihnachtszeit

HENRY IN SEINEN VIERZIGERN.
Hans Holbein der Jüngere, um 1536

allmählich Geschmack an der Vorstellung, sich wieder eine Frau suchen zu dürfen. Aber auch wenn er das Ganze nun politischer anging – Henry wollte in die Frau, die er heiratete, auch verliebt sein.

Noch immer hegte er eine wenig pragmatische Idee von der Ehe. Den Anfang machte wieder einmal eine Konkurrenzkonstellation. Von allen Damen, die François ihm empfahl, interessierte er sich über die Maßen für die älteste Tochter des Herzogs von Guise, Witwe des Herzogs von Longueville. Marie de Guise stand jedoch zu der Zeit schon mit Henrys Neffen, dem jungen König von Schottland, in Heiratsverhandlungen. Nachdem Henry sich aber kundig gemacht hatte, dass kein förmliches Eheversprechen zwischen James und Marie abgefasst worden war, was ja, vom theologischen Standpunkt betrachtet, wieder heikel gewesen wäre, forcierte er seine Werbung und ließ den französischen Botschafter wissen, er sei ein großer Mann und brauche dementsprechend auch eine große Frau (Marie de Guise war überdurchschnittlich groß). Die Sache ging anders aus – Pech für Henry. François wollte es nicht riskieren, James zu verärgern und damit sein eigenes schottisches Bündnis aufs Spiel zu setzen, zumal es seiner Meinung nach noch zahlreiche andere französische Bräute gab, auf die Henry zurückgreifen konnte. Aus der Ehe zwischen James V. von Schottland und Marie de Guise ging als einziges Kind die 1542 geborene Maria Stuart hervor, deren Geburt James aber nur um sechs Tage überlebte. Marie de Guise war eine außergewöhnliche Frau. Offenkundig scheint sie persönlich, bevor sie nach Schottland ging, den englischen König trotz seines angeschlagenen Rufes nach seinen bisherigen Ehen dem jüngeren James und seinem rauhen Land, in dem ihre Vorgängerin, François' Tochter Madeleine, wenige Tage nach ihrer Ankunft und Eheschließung an einer Erkältung gestorben war, vorgezogen zu haben. Es wäre ein interessantes Denkexperiment, wie sich diese Frau an Henrys Seite und auf dem Thron Englands gemacht hätte, ob es ihr gelungen wäre, den Löwen zu zähmen. Henry war mächtig beleidigt, dass der französische König ihm die Herzogin von Longueville vorenthielt, wollte aus diesem Grunde auch keine weitere französische Braut in Erwägung ziehen und machte schließlich den unmöglichen Vorschlag, man möge ihm die derzeitigen, von François vorgeschlagenen Damen – darunter zwei jüngere Schwestern Maries – nach Calais bringen, so dass er sich vor Ort eine aussuchen könne. So etwas empfand man als skandalös. François ließ verlautbaren, die Damen des französischen Hochadels seien keine Pferde, die man zu Markte trage, und Castillon, der französische Botschafter, fragte Henry von Angesicht zu Angesicht, ob er die Damen eventuell vorher ausprobieren wolle, bevor er sich für eine entscheide – worauf Henry errötete.

Die Angebote aus den Reihen des Kaisers begutachtend, richtete er dann sein Augenmerk auf Karls Nichte Christina von Dänemark, die verwitwete Herzogin von Milano – politisch wie auch in Bezug auf die sechzehnjährige Kandidatin eine überaus attraktive Partie (Henry war, zur Erinnerung, 46). Christina war ebenfalls hochgewachsen, wie man dem englischen König mehrfach versicherte. Sonderbar, dass er darauf plötzlich so großen Wert legte. Der Freier war großzügig und schickte Christina unter anderem ein herrliches Pferd, von dem sie begeistert war. Im Februar 1538 begannen die offiziellen Heiratsverhandlungen, die sich aber als schwierig erwiesen, zumal gleichzeitig über eine Eheschließung von Henrys Tochter Mary und Dom Luis von Portugal, Karls Verwandtem, verhandelt wurde.

Im Sommer 1538 geschah etwas, das England in hohe Alarmbereitschaft versetzte: Zwischen Karl und François wurde ein permanenter Waffenstillstand beschlossen. Die Feinde von einst befanden sich fortan im Bündnis, und England fand sich nun explizit in einer gefährlichen Isolation. Bis die Gefahr virulent wurde, der Papst im Dezember damit drohte – nicht zuletzt auch infolge des englischen «Bildersturms» –, seine 1535 verfasste, aber all die Zeit über eingefrorene Exkommunikationsbulle an Henry vollstrecken zu lassen, und Kardinal Pole den Kaiser und den französischen König dazu aufrief, einen Heiligen Krieg gegen den schismatischen englischen König zu führen, übernahm vorläufig Maria von Ungarn, die Regentin der Niederlande und Tante Christinas, die sie erzogen hatte, auf Karls Geheiß die liegengebliebenen englischen Heiratsverhandlungen. Maria hatte eine sehr schlechte Meinung von Henry und äußerte über ihn, es sei sehr zu hoffen (falls man überhaupt etwas von einem solchen Mann hoffen könne), dass er sich dieses Mal einen besseren Weg suchen würde, um seine Frau loszuwerden, nachdem er ihrer überdrüssig geworden sei. Ihrem Bruder, dem Kaiser, schrieb sie indessen, sie könne diese Verhandlungen nur mit einem äußersten Maß an Heuchelei weiterführen, und sie hoffe sehr, dass er es auch nicht mehr ernst damit meine. Sie wurde tatsächlich von ihrem unangenehmen diplomatischen Dienst erlöst, und das war nicht die Folge von Christinas angeblichem Bonmot, wenn sie zwei Köpfe hätte, dann überließe sie unter Umständen einen davon der Disposition des englischen Königs (für eine Sechzehnjährige eine beachtliche Schlagfertigkeit), sondern die Folge der zugespitzten politischen Lage.

Nach dem päpstlichen Aufruf war ein Angriffskrieg gegen England wahrscheinlicher denn je. Anfang Januar erhielt Henry die Kunde, sowohl der französische König als auch der Kaiser beriefen ihre diplomatischen Vertreter aus England zurück. England rüstete auf, und unter Henrys tatkräftiger Planung, Aufsicht und Führung wurden vor allem die nur sehr unzureichend abgesicherten Küsten in der gegebenen Eile verteidigungsbereit gemacht. Es war lange her, dass jemand versucht hatte, das Land einzunehmen. Die ganze erste Jahreshälfte 1539 befand sich England in einer Art Kriegspanik, flächendeckender Angst. Thomas Cromwell sah aber nun die Stunde für seine persönliche kontinentale Wunschbraut für seinen König gekommen. Er wollte ein festes Bündnis mit den lutherischen Fürsten in Deutschland und hatte in diesem Sinn schon im vergangenen Jahr Erkundigungen über eine Schwester des Herzogs von Kleve, eines kleinen Fürsten am Niederrhein, dessen wohlhabendes und bevölkerungsreiches Herrschaftsgebiet aber strategisch nicht unwichtig war, eingeholt, bevor Henry sich dann auf die Herzogin von Milano versteifte. Jetzt wurde sie also wieder massiv in Erwägung gezogen, die 22-jährige Anna von Kleve, geboren am 22. September 1515 in Düsseldorf, Tochter von Herzog Johann III., der jüngst gestorben war, und Schwägerin von Kurfürst Johann Friedrich von Sachsen, neben dem hessischen Landgrafen einem der Führer der Schmalkaldischen Liga.

Henry hatte jetzt offenbar keine Wahl. Während England die Invasion drohte, berieten seine Gesandten mit den protestantischen deutschen Fürsten über einen Beitritt Henrys zum Schmalkaldischen Bund. Spätestens als im April die erzkonservativen «Sechs Artikel» in England erschienen, mussten die Deutschen über dieses Beitrittsgesuch allerdings sehr irritiert sein, und sie fragten sich unter anderem, wo der englische König eigentlich religiös stand. Das war eine angemessene Frage, und es wurde nur allzu durchsichtig, dass Henry den Beistand der Liga im Wesentlichen nur suchte, weil es gerade bei ihm im Haus heftig brannte. Johann Friedrich von Sachsen, der anfangs die Heirat Henrys mit Anna von Kleve befürwortet hatte und der auch lange Jahre, wie andere aus dem protestantischen Lager, von Hoffnung erfüllt war, Henry werde sich schon noch zum richtigen Kurs durchringen, ließ jetzt jedenfalls wissen, seiner Meinung nach hätte Kleve wenig Freude und Vorteil von diesem Bund. Thomas Cromwell muss seinen ganzen diplomatischen Feuereifer ins Spiel gebracht haben, um die Fürsten zu überzeugen, dass sein König protestantischer und reformfreudiger war, als es schien. Die Deutschen waren nicht sonderlich davon überzeugt. Martin Luther schrieb seinem Kurfürsten am 23. Oktober 1539: «*Der König ist ein Versucher, und meinet nichts mit Ernst; das haben wir wohl erfahren von den Engelländern, so bei uns gewesen, da wir glauben mußten aus christlicher Liebe, es wäre Ernst, aber zuletzt, da wir uns müde, und mit großen Unkosten Eurer Churfürstl[ichen] Gn[aden] gedisputiret hatten, war es alles mit einer Bratwurst versiegelt, und stund alles bei des Königs Wohlgefallen; sagten selbst: Rex noster est inconstans.*» Sein gnädiger Fürst solle darüber aber nicht traurig sein, so Martin Luther, denn in Heinrich hätte er nur einen falschen Freund gehabt und sich außerdem noch mit seinen Sünden beladen müssen. «*Er trage seine unbußfertigen Sünden selbst, wir haben an den unsern genug.*» Schade dennoch für Engelland!

Erzbischof Cranmer hatte übrigens nach der Veröffentlichung der «Sechs Artikel», die ja auch unter Androhung der Todesstrafe die Priesterehe verboten, seine deutsche Ehefrau wieder nach Hause geschickt. Er war verzweifelt über die Wendung der Dinge, hatte sich aber auch etwas weit aus dem Fenster gelehnt, als er dem König Predigten hielt über die Bedeutung von Luthers Doktrin der Rechtfertigung allein durch den Glauben und ihm dann auch noch seine lateinische Grammatik verbesserte. Kleve selbst gehörte nicht zum Schmalkaldischen Bund, hatte aber gute Verbindungen zum Verteidigungsbündnis gegen die Religionspolitik Kaiser Karls. Außerdem befand sich das de facto unabhängige Herzogtum Kleve, mitten im Herrschaftsgebiet des römischen Kaisers gelegen, in einem Konkurrenzverhältnis mit Karl, besonders nachdem Annas Vater, der Herzog, Geldern geerbt hatte. Anna selbst war katholisch, wie übrigens auch ihr Bruder Wilhelm, der Herzog – das mochte Henry die bittere Pille versüßen.

England schickte nicht nur Gesandte nach Kleve, um den Heiratsbund zu verhandeln und Erkundigungen über die Braut einzuholen, sondern auch Henrys deutschen Hofmaler Hans Holbein, der bereits von vier anderen potentiellen Bräuten des englischen Königs Porträts angefertigt hatte, darunter auch von Christina von Dänemark. Holbeins Kunst, unumstritten wohl, spielte nun eine fatal wichtige Rolle bei einem Kapitel englischer Geschichte, das der possenhaften Elemente nicht mangelte. Wir haben das Glück, Henrys ersten Eindruck von seiner Zukünftigen über das Holbein-Porträt nachvollziehen zu können. Ihre Kleidung wirkt etwas schwer, plump, hausbacken, besonders der voluminöse Kopfschmuck mit seinen Troddeln und Zotteln und den aufwendigen Brokatornamenten. Das bestätigten auch die Gesandten, die Anna in der Anfangsphase der Werbung gesehen haben – gesehen und doch nicht gesehen, denn sie war, meinten sie, so eingehüllt und verdeckt von schweren Stoffen und einer Art Schleier, dass sie weder ihre Figur ausmachen konnten noch so recht ihr Gesicht. Keine gute Voraussetzung, wenn es denn stimmte, um einem König seine zukünftige Bettgenossin empfehlen zu können. Auf dem Holbein-Porträt hat Anna ein junges, eigentlich fehlerfreies Gesicht mit einem Ausdruck von Unbedarftheit und einem etwas verschlafenen Blick. Von offenkundigen Makeln, einer unreinen Haut, Pockennarben oder ähnlichem ist gar keine Spur. Henry war angetan von dem Bild und baute darauf eigentlich seine Entscheidung auf, Anna zu heiraten. Da das Ganze sich zu einem solchen Desaster entwickelte, muss man sich fragen, wie es zu dieser angeblichen Diskrepanz zwischen Informationen und Wirklichkeit kam, ob Holbein das Bildnis geschönt hat oder ob es denn sein kann, dass Henrys Unterhändler, alle, die Anna sahen, ihrem König, um ihn zu dieser Heirat zu bringen, ein so gänzlich an der Realität vorbeigehendes Bild von ihr vermittelten. Das ist unwahrscheinlich, und die Folgen mussten ihnen eigentlich klar sein. Es gibt ein zweites Porträt Annas unbekannten Datums und von einem unbekannten Maler gefertigt, und da hat sie geradezu makellose, klassische Züge, ist auch ganz auf einfache, klassische

Linie gekleidet – vielleicht entstand das Bild bereits in ihrer englischen Zeit.

Henry selbst dagegen war weit davon entfernt, der strahlende Held seiner Jugend zu sein, als man den athletischen jungen Mann noch zum schönsten Monarchen Europas gekürt hat. Seit seinem gravierenden Turnierunfall vor drei Jahren hatte er notgedrungen seine sportlichen Aktivitäten stark eingeschränkt und entsprechend an Gewicht zugelegt. Der 48-jährige Mann, der zeitlebens der Völlerei frönte bei Gelagen, die jeder modernen Vorstellungskraft spotten, war auf dem besten Wege zur Fettleibigkeit – auch das, so wie alles bei ihm, wurde maßlos und kolossal. 160 Kilogramm soll er am Ende gewogen haben. An seinen erhaltenen Rüstungen, die man im Tower of London und im Britischen Museum besichtigen kann, lässt sich sogar sein gewandelter Taillen- und Brustumfang zweifelsfrei nachvollziehen: 140 beziehungsweise 145 Zentimeter zum Schluss. Henry wurde außerdem allmählich kahlköpfig – Hüte und Kappen verdecken diesen Umstand in späterer Zeit auf allen Porträts – und hatte ein aufgeschwemmtes Gesicht. Eine Wunde am Bein, die er sich vor langen Jahren, ebenfalls beim Turnier, zugezogen hatte, heilte nicht mehr und sonderte unangenehme Gerüche ab. Henry war Diabetiker, was man natürlich damals nicht wusste. Da passen diverse Symptome ins Bild. Osteomyelitis, also Knochenmarkentzündung, lautet aber auch ein Diagnoseversuch jüngerer Zeit.

Anna war jünger als seine Tochter, und als sie im Oktober 1539 ihre Heimat verließ, um den berüchtigten englischen Blaubart in fortgeschrittenen Jahren zu heiraten, dürfte sich ihre Begeisterung in Grenzen gehalten haben, und vielleicht ließ sie sich tatsächlich auf der Reise schon etwas einfallen, um auch sich selbst nicht zu sehr anzuempfehlen. Anna hatte bisher am Niederrhein ein geruhsames Leben geführt. Meistens saß sie mit ihrer Mutter und ihrer Schwester Amelia in einer Stube und stickte. Von höherer Bildung war bei ihr gar keine Spur. Sie hatte aber einen ausgeprägten Realitätssinn und lernte schnell. Ihr Pragmatismus brachte sie unbeschadet durch diese Farce einer Ehe und schließlich zu einer glänzenden Scheidung, die ihr ein komfortables Leben in England sicherte, ohne noch einmal irgendjemanden heiraten zu müssen. Annas Mutter war übrigens eine geborene von Jülich-Berg, Erbin zweier Herzogtümer, die insgesamt größer waren als die linksrheinischen Gebiete ihres Gatten Kleve und Mark. Vereinigt, bildeten die vier Herrschaftsgebiete auf beiden Rheinseiten eine wichtige strategische Machtbasis. Annas Stammbaum war beeindruckend, denn sie besaß Vorfahren auf dem englischen und dem französischen Thron. Damit war aber auch wieder ein entferntes Verwandtschaftsverhältnis mit Henry gegeben, ein wirkliches, nicht nur theologisch durch angeheiratete Schwägerschaft. Das war so bei Henrys sämtlichen Frauen. Antonia Fraser hat das in ihrer Publikation von 1992 über Henrys sechs Frauen gleich eingangs in einem Stammbaum dokumentiert. Demnach gehen alle Verwandtschaftsverhältnisse am Ende auf Edward I. zurück.

Es ist auffallend, wie oft sich bei Henry die Dinge wiederholen oder er Reminiszenzen zu setzen scheint mit Beziehungen zur Geschichte und zu den Mythen des Landes. Die Braut aus der Ferne war endlich auf englischem Boden angekommen – nicht aus gar so weiter Ferne und in keinem Vergleich etwa mit Katharina von Aragóns Anreise aus dem südlichen Spanien. Aber der entflammte Bräutigam kann ihre Ankunft nicht abwarten und eilt ihr entgegen. Im Fall Katharinas war es 1501, Bräutigam Arthur im Schlepptau, der Schwiegervater gewesen, der sich in plumper Manier und noch in Reitstiefeln, den Staub der Straße auf seiner Kleidung, über die spanische Etikette hinwegsetzte und die Braut überrumpelte. Henry Tudor der Jüngere, entflammt von der Vorstellung, wieder einer neuen Dame seines Herzens seine Huldigungen darbringen zu können, machte es ganz auf romantische Art. Er näherte sich seiner Braut in Verkleidung, also inkognito, und in den Artus-Legenden ist es dann so, dass die Dame ihren Ausersehenen inmitten all der anderen Ritter untrüglich erkennt, da die Liebe sie zu ihm führt. Leider aber funktionierte das nicht bei Anna von Kleve, am Neujahrstag 1540 in Rochester, wo sie im Bischofspalast Station machte. Vielleicht hatte sie eine unzureichende Vorbildung in chevaleresquer Literatur, vielleicht keinen Instinkt, keinen Witz, keine Vorahnungen, keine Hellhörigkeit. Oder aber es sollte alles eben einfach nicht sein. Diesen Anschein erweckt es zum Schluss nach einem so schlechten Anfang. Eine königliche Burleske wurde gegeben mit einem König in der männlichen Hauptrolle. In einem phantastischen Kostüm war Henry von Greenwich aus losgeritten, um Anna zu überraschen (*«marmoriert»*, mehr erfahren wir nicht).

ANNA VON KLEVE.
Hans Holbein der Jüngere, 1539

ANNA VON KLEVE.
Unbekannter Künstler

Als er eintrat, um ihr «im Namen des Königs» ein Neujahrsgeschenk zu überreichen, stand sie am Fenster und schaute gelangweilt nach draußen, wo gerade zur allgemeinen Erbauung eine Bärenhatz gegeben wurde. Das brutale Spektakel schien sie ebenso wenig zu animieren wie die zahllosen Besucher in den vergangenen Tagen und Stunden – Ritter, Barone, Esquires, Lord Mountjoy und sogar Norfolk, Englands führender Peer – nach den prächtigen Empfängen und Geleitzügen in Deal, Dover und Canterbury, und so blickte sie fast nicht auf, als der phantastische Sendbote sich ihr mit der Ankündigung eines königlichen Geschenks näherte. Es war eben ein weiterer Fremder neben und nach unzähligen anderen. Laut Henrys Aussage im Nachhinein hatte bereits ihr erster Anblick auf ihn eine ernüchternde, schockähnliche Wirkung, vielleicht war es aber auch nur ihre vollkommene Teilnahmslosigkeit, die ihn unsanft aus seiner Ritterromantik herausriss. Wenn sie ihn nicht erkannte, ihren zugedachten Gemahl, dann stimmte offenbar etwas nicht. Also agierte er etwas deutlicher, trat auf sie zu, umarmte und küsste sie, und außer dass sie das abwehrte und weiter nach draußen sah, blieb sie weiterhin unbeteiligt, kam jedenfalls immer noch nicht auf den Gedanken, dass der König selbst vor ihr stand. Henry löste das Rätsel, indem er im Nebenzimmer seine Oberbekleidung wechselte und im königlichen Purpur zurückkam und nun schon durch die Referenz, die ihm seine Umgebung erwies, eindeutig erkennbar wurde als das, was er war. Besonders reaktionsschnell war Anna nicht. Aber alles war in diesen Tagen so fremd und neu für sie. Vielleicht war sie auch einfach nur müde in diesem Moment, dessen Bedeutung ihr nicht bewusst war. Nach dem königlichen Outing war sie einigermaßen verblüfft, und Henry war dérangiert, verstört, außer sich, so dass er fluchtartig den Raum und, sobald es die Wasserstände erlaubten, auch den Ort verließ. Er konnte sich nicht einmal überwinden, Anna das Präsent persönlich zu geben; das besorgte dann sein Kammerherr Anthony Browne. Im Boot Richtung Greenwich sagte Henry zu Browne: «*Ich sehe nichts von dem an dieser Frau, was man mir von ihr berichtet hat*» und ähnliches mehr, und dann schließlich: «*I like her not.*» «*Ich mag sie nicht.*»

Das würde leider so bleiben. Fortan sprach er gelegentlich von der «*flandrischen Mähre*», die man ihm angedreht hatte, beklagte das

Schicksal von Fürsten, die sich ihre Frau nicht selbst aussuchen dürften wie andere Männer, sondern nehmen müssten, was ihnen vorgesetzt werde, und verfluchte den Tag, da er sich überreden ließ, sich ihr zu versprechen, «*eingenommen von Lobpreisungen ihrer ausgezeichneten Schönheit und ihrer Tugenden*», wie er selbst schildert, außerdem, wie er auch nicht verschweigt, in Zweifeln und Angst in politisch bedrohlichen Zeiten, eingekesselt zwischen Kaiser, Frankreich und dem «Bischof von Rom». Hätte er aber gewusst, was er jetzt wisse, dann hätte er es verhindert, dass sie je einen Fuß auf englischen Boden setzte. Mysteriös bleibt es doch. Folgerichtig hätte Henry zum Beispiel seinen Hofmaler Holbein für sein unrealistisches Werk maßregeln und wegen der Schwere der Konsequenzen entsprechend abstrafen müssen. Doch nichts davon. Holbein befand sich zwar tatsächlich zwei Jahre lang in königlicher Ungnade und erhielt in der Zeit keine Aufträge mehr, das hatte aber wohl mehr mit Cromwells Sturz zu tun, da Cromwell ihn protegiert hatte. Holbein blieb weiter in England und beschenkte uns weiter mit eindrucks- und lebensvollen Porträts aus der Welt Heinrichs VIII.

Henrys Umgebung schien sein unvorteilhaftes Urteil von Anna nicht zu bestätigen – wobei es bei den Einheimischen schwierig gewesen sein dürfte, sich nicht aufs Glatteis zu begeben, denn dem Schönheitsurteil des Königs zu widersprechen, konnte einem vielleicht als Hochverrat ausgelegt werden, so wie hier gegenwärtig in der politischen Korrektheit der Tudor-Herrschaft die Grenzen gesteckt wurden. Marillac, der französische Botschafter, gab in einer Depesche nach Frankreich immerhin zu, Anna sehe deutlich älter aus, nämlich schon wie eine Dreißigerin. Sie sei groß und schlank, «*von mittelmäßiger Schönheit und einem sicheren und entschiedenen Ausdruck*». Cromwell, in die Enge getrieben, musste später vor seinem König zerknirscht zugeben, Anna habe «*eine bräunliche Gesichtsfarbe*» – 1540 in England kein Schönheitsideal, das war wohl wahr. Marillac gestand aber, dass Annas Hofdamen von außerordentlich unschönem Äußeren seien, zusätzlich entstellt durch eine plumpe und unvorteilhafte Garderobe – die schweren Stoffe, die man damals in Deutschland trug, wurden hier wieder erwähnt. In diesem Punkt waren sich allerdings alle einig: Anna war fürchterlich angezogen. Aber das ließ sich ja ändern.

Eines ist aber doch zu bedenken: Konnte es sein, dass es *Annas* entsetzter Blick war, als sie bei der missglückten ersten Begegnung endlich begriff, dass ihr Gemahl vor ihr stand, was Henry eigentlich zu Boden warf, und zwar so sehr, dass er es dann auf eigenes Missfallen zurückführte und projizierte? Henry war ein sensibler Mann und dürfte so etwas augenblicklich realisiert haben, wenn es denn so war. Das würde auf die Sache ein ganz anderes Licht werfen. Anna hatte aller Wahrscheinlichkeit nach mehr Grund, entsetzt zu sein beim ersten Anblick ihres künftigen Gatten, als umgekehrt. Aber bei solchen Fragen lässt sich nicht objektiv urteilen. Was immer es war, es war offenbar gegenseitig. Henry äußerte unter anderem, dass Anna schlecht rieche. Da war er empfindlich. Er betrieb eine für sein Zeitalter außergewöhnliche Körperhygiene (seine Tochter Elizabeth später übrigens auch, die mit Badewanne herumreiste und nur mit Riechfläschchen oder an die Nase gehaltenen Kräuterzweigen Audienzen gab), und so durfte die eiternde Wunde an seinem Bein für ihn selbst schlimmer gewesen sein als für seine Umgebung. Der König wurde alt, fettleibig, kahlköpfig, bewegungseingeschränkt. Die typische Flucht nach vorne in solchen Fällen ist die Fixierung auf blutjunge Frauen, um sich die Jugend auf diese Weise noch einmal vorzuspiegeln und sich in ihr wiederzusehen. Anna war jedenfalls nicht das, was Henry sich in seinen romantischen Träumen von einer neuen Ehefrau vorgestellt hatte.

Nach Greenwich zurückgekehrt, bekam Cromwell, der die Verbindung angebahnt und zu verantworten hatte, den vollen königlichen Zorn ab. Henry äußerte es entweder lapidar oder auch umständlich in diesen Tagen ein ums andere Mal: Nichts an dieser Frau sei so, wie von angeblich weisen Männern geschildert. Cromwell war betroffen. Das tue ihm leid. Aber Henry wollte in diesem Falle kein Mitgefühl, sondern ein wie auch immer geartetes Entrinnen aus diesem Joch. Eine Lösung also? Cromwell hatte sie, anders als sonst, diesmal nicht bei der Hand. Der Herzog von Kleve und die Schmalkaldischen wären brüskiert, wenn er diese Hochzeit jetzt absagen würde. Was, wenn sich Wilhelm nach einer solchen Brüskierung auf die kaiserliche Seite schlug? Cromwell hatte eine unmäßige Furcht vor einem kaiserlichen Invasionsunternehmen, hatte aber auch seine Quellen, die dazu berechtigten. Noch zu Jahresbeginn kam es allerdings zu einer Situation, die die Sache verschärfte und die Henry noch zornbebender machte, da es nun so aussah, als steige er ganz umsonst mit der *«flandrischen Mähre»* ins Joch, als habe die Cromwell'sche Politik den Karren komplett an die Wand gefahren: Der Kaiser war im Begriff, den Herzog von Kleve um seine Provinz Geldern zu bringen, und Wilhelm forderte englischen Beistand bei diesem bevorstehenden militärischen Angriff. Was, tobte Henry, das Bündnis war geschlossen worden, damit Wilhelm *ihm* beistand gegen ihren gemeinsamen Feind und nicht umgekehrt. Das war im Februar. Am 6. Januar hatte Henry seinen Kopf in die Schlinge gesteckt und Anna geehelicht. Cromwell hatte ihn infolge seltsamer logistischer Pannen, da unter anderem der Brautführer, der Earl of Essex, nicht erschien, zur Kapelle begleitet, und unterwegs hatte der König geäußert: *«Mylord, wenn es nicht dazu diente, die Welt und mein Reich zufriedenzustellen, um keinen Preis der Welt würde ich tun, was ich heute tun muss.»*

Dann kam die Hochzeitsnacht. Henry wollte es hinter sich bringen. Was Anna fühlte und dachte, bleibt Spekulation. Nicht allzu viele Überlegungen sind in der historischen Literatur dazu angestellt worden, was die unzähligen Bräute in der dynastischen Massenprostitution vieler Jahrhunderte fühlten und dachten, die blutjung und unbedarft in die Betten ältlicher, unangenehmer, übelriechender, zumindest nicht selbst ausgesuchter und sicher in den wenigsten Fällen begehrter Männer gesteckt wurden. Da Frauen in diesem Punkt empfindlicher sind und sexuell wählerischer, ist dieses Martyrium kaum zu hoch anzusetzen. Wie es üblich war, wurde das frisch vermählte Paar am Abend des 6. Januar in einer großen Zeremonie in sein Brautgemach geleitet. Die Dienerschaft zog sich zurück, einige standen Wache und – es geschah nichts, jedenfalls nicht das Erwartete. Da das Private im Fall eines Königs das Politische ist, sind wir umfangreich informiert, und zwar aus erster Hand: über die Unfähigkeit Henrys, seiner Frau beizuwohnen, dass er es mehrfach versuchte, aber nicht schaffte, keinerlei Neigung dazu verspürte, im Gegenteil, dass er dann, neben ihr liegend und die dicken Gewänder Annas beiseiteschiebend, mit der Hand ihren Körper abtastete und daraufhin noch abgestoßener war, denn, so Henry, dieser fühlte sich an, vor allem die Brüste, als ob sie keine Jungfrau mehr sei, sondern (so kann man ihn nur verstehen) bereits Kinder geboren habe (wie sollte man sonst an der Beschaffenheit der Brüste erkennen, ob eine Frau Jungfrau war oder nicht?). Das war sicher Unsinn, und Henry war, so wissen wir auch aus anderen Fällen, nicht gerade ein Experte auf dem Gebiet. Der unangenehme Geruch, der unter diesen Gewändern hervorquoll und den Henry auch erwähnt, klingt da doch glaubhafter, um seinen Widerwillen nachzuvollziehen. Vielleicht sollte man in diesem Kontext hinzufügen, dass diese frisch Angetrauten, nun allein in ihrem Gemach, zunächst nur über Dolmetscher kommunizieren konnten, denn Anna konnte vorerst kein Englisch, und die Lingua franca Latein, derer sich Katharina am Anfang mit Arthur bedienen konnte, fiel hier mangels Kenntnis der Braut leider weg. Beide waren vermutlich froh, als der Morgen dämmerte und es die Lärche war, nicht die Nachtigall, deren Lied erklang.

Thomas Cromwell, sicher verhalten genug, fragte den König am berühmten Morgen danach, wie es war, oder gewundener: wie ihm seine Frau gefallen habe. Aber Henry hatte genug von gewundenen Ausdrücken. Sie habe ihm von Anfang an nicht gefallen, schnaubte er, und so auch jetzt nicht. Und dann berichtete er von seinen manuellen Abtastungen und dass es ihn nicht danach gelüstete, die Expedition fortzusetzen und weiter ins Land vorzudringen. «*Ich habe sie*», sagte er, «*so gut als Jungfrau zurückgelassen, wie ich sie vorfand.*» Das erzählte er außerdem Sir Thomas Heneage und seinem Kammerherrn Anthony Denny, mit allen Einzelheiten. Es war eine Staatsangelegenheit, eine königliche Ehe nicht zu vollziehen, aus welchen Gründen auch immer. Und es war ein Problem. Henry konsultierte dann seine Ärzte, Dr. Chamber und Dr. Butts, und zwar bereits am Morgen nach seiner Hochzeit, und schilderte ihnen seine Kalamität. Sie meinten, er solle nichts forcieren, das mache es gewöhnlich nur schlimmer. Also handhabte Henry die Sache so, dass er nur jede zweite Nacht bei seiner Frau Anna verbrachte, aber auch das nützte nichts. Er vermochte es, meinte er, mit ihr einfach nicht. Dabei hatte er, spezifizierte er, in jüngster Zeit, offenbar sogar neben Anna im Bett liegend, mehrere nächtliche Pollutionen gehabt – er sagte es auf Lateinisch: «*pollutiones nocturnas in somno*». An seinem physischen Unvermögen könne es also nicht liegen. Die Schuld lag ganz zweifellos bei seiner Frau. Henry suchte nach verborgenen Gründen. Was anfangs nur eine strategische

Überlegung war, als er zwischen dem desaströsen Neujahrstag in Rochester und dem anberaumten Hochzeitstermin fünf Tage später verzweifelt nach einem Ausweg gesucht hatte aus seinem Dilemma, das wurde ihm jetzt zur fixen Idee. Die Sache war freilich geradezu bis zu den ersten Sondierungsgesprächen während der ganz frühen Verhandlungsphase mit Kleve zurückzuverfolgen, aber vielleicht hatten seine Leute, grübelte Henry, es damals versäumt, ihr auf den Grund zu gehen. Ihm schwante Unheimliches, wieder einmal.

Es ging um Annas eventuelles früheres Eheversprechen mit Franz von Lothringen. Heinrich Olisleger, der Vizekanzler von Kleve, hatte damals Henrys Delegierten versichert, dass Anna frei sei von jedem anderweitigen Heiratsversprechen, dass die Absprachen nur zwischen den Vätern, dem Herzog von Kleve und dem Herzog von Lothringen, getroffen worden seien, ohne Einverständnis und förmliches Verlöbnis der Kinder. Aber dann kam heraus, dass zwischen den beiden Herzogtümern doch entsprechende Gelder geflossen waren, und genauso rätselhaft war es, dass plötzlich Annas jüngere Schwester Amelia als Heiratskandidatin für Henry ins Spiel kam und dass die Gespräche verzögert wurden mit dem Argument, Wilhelm müsse sich darüber erst ausführlich mit dem sächsischen Kurfürsten bereden. Was, dachte Henry, wenn man ihm da etwas verheimlicht hatte, um die Heirat dann doch zügig zustandezubringen, da Wilhelm von Kleve plötzlich die politische Notwendigkeit sah? Offenbar, so Henry, war ja doch wieder etwas nicht in Ordnung mit seiner Ehe, und seine Impotenz mit Anna war dafür nur ein Symptom, quasi ein göttliches Zeichen. Falls Anna von Kleve wirklich mit Franz von Lothringen verlobt gewesen war, bevor sie den englischen König heiratete, verstieß seine Ehe mit ihr ebenso gegen göttliches Gesetz wie seine Ehe mit Katharina. Immerhin würde sich darauf dereinst das Scheidungsverfahren aufbauen lassen. Das dritte inzwischen. Henry entwickelte allmählich Routine.

Solange aber auch nur der Hauch einer Gefahr bestand, dass Kaiser Karl oder François bei ihm einfallen würden, musste er seine Eheprobleme und Zweifel in England lassen, möglichst im wirklich intimsten Kreis. Nichts davon durfte nach außen dringen, am wenigsten bis zu Wilhelm von Kleve. Henry behandelte seine ihm körperlich angeblich so abstoßend erscheinende Frau äußerst freundlich, und wenn sich

Anna nicht gar jeden Abend mit Rindertalg einschmierte, bevor sie sich mit dem König ins Bett legte, um so schlecht wie nur möglich zu riechen, war Henry zumindest so oder so ein leidlicher Schauspieler. Sie spielten im Übrigen beide vor der Welt ein ziemlich gelungenes Schauspiel, der König und seine Königin, die, wie alle sagten, eine souveräne und überzeugende Erscheinung als Königin war und die in England in gewissen Kreisen recht schnell beliebt wurde, da man irrtümlicherweise hoffte, sie würde den Protestantismus ins Land bringen. Bezeichnenderweise fanden auch in den wenigen Monaten ihrer Ehe keine Ketzerverfolgungen statt. Henry wollte sich die Schmalkaldischen warmhalten, das ganz gewiss. Man hat Anna immer für sexuell ahnungslos und sogar vollkommen einfältig gehalten, weil sie in ihrer Ehe mit Henry so gar nichts vermisste. Darüber von ihren englischen Ladies befragt, soll sie ihre Nächte mit dem König folgendermaßen beschrieben haben: «*Wenn er zu mir ins Bett kommt, dann küsst er mich, nimmt meine Hand und sagt: Gute Nacht, Sweetheart, und am Morgen küsst er mich wieder und sagt beim Gehen: Lebwohl, Darling. Ist das nicht genug?*» Nein, soll Lady Rutland gesagt haben. «*Da muss noch mehr sein*», worauf Anna ausrief: «*Gott bewahre!*», von Scham überwältigt. War sie wirklich so ahnungslos (und um Scham zu empfinden, muss man von dem beschämenden Gegenstand doch wenigstens eine Vorstellung haben)? Immerhin hätte sie, wenn der Dialog stimmt, in recht kurzer Zeit ziemlich gut Englisch gelernt.

Tatsache ist, dass Anna und Henry später gute Freunde wurden, sobald sie beide erleichtert gewahr wurden, dass sie nicht miteinander verheiratet bleiben mussten. Als sie vor ihrer Ankunft in England in Calais auf sanftere Winde für die Überfahrt wartete, hatte sich Anna erkundigt, womit der König gern seine Zeit verbringe, und als man ihr sagte: unter anderem mit Karten- und Würfelspielen, da ließ sie sich eines von Henrys bevorzugten und damals am englischen Hof sehr beliebten Kartenspielen beibringen, und sie spielte es auch gleich mit dem Grafen von Southhampton – mit Vergnügen und Anmut, wie dieser berichtete. In einem komödiantischen Spielfilm über das Liebesleben Heinrichs VIII., einer Persiflage mit Charles Laughton in der Hauptrolle des dicken Königs (Alexander Korda 1933), zockt Anna Henry in ihrer Hochzeitsnacht beim Kartenspiel ab, und die draußen gespannt lauschenden Höflinge missdeuten die hörbaren Zeichen von Ausgelassenheit im Brautgemach mit einigem Ausdruck von Irritation.

Auf keinen Fall wollte Henry im Herzogtum Kleve intervenieren. Was gingen ihn Gebietsstreitigkeiten am Niederrhein an? Ursprünglich hatte man auch über eine Eheschließung Prinzessin Marys mit Wilhelm von Kleve verhandelt, aber das hatte Henry jetzt auch vollkommen fallengelassen. Der politische Sinn dieses deutschen Bündnisses schien ihm ganz und gar obsolet geworden zu sein. Cromwell, der Urheber, wurde nervös. Ohne Zweifel, er hatte Feinde am Hof, die auf seinen Sturz warteten und auf eine Gelegenheit, diesen zu initiieren. Da war namentlich die alte Adelsfraktion, Norfolk vor allem. Er rückte im Falle Cromwells die Verhältnisse wieder zurecht, wie schon bei Wolsey. Stephen Gardiner, der zum konservativen Flügel des Klerus gehörte, wartete auf eine Gelegenheit, die Gunst seines Königs zurückzugewinnen, nachdem er einige Jahre auf dem Kontinent war, Botschafter in Frankreich, eine Art ehrenvolles Exil (und kein sehr erfolgreiches), infolge seiner gegnerischen Haltung zur Scheidung von Katharina von Aragón. Der konservative Mann sollte seine ganz große Zeit haben unter Queen Mary. Aber nun musste er mit dem Status quo leben und versuchen, den Dingen eine passende Wendung zu geben. Dass der Hochadel und der konservative Flügel in Henrys Klerus Cromwell und seine Politik loswerden wollten, ist klar, ebenso, dass ihnen dazu vermutlich fast jedes Mittel recht war. Und Henry? Hat er aus einer Laune heraus einen Mann vernichtet? In der Geschichte von Cromwells Sturz fehlen Zwischenglieder, nachvollziehbare Gründe und Schritte bis zum völligen Gunstverlust bei seinem König.

Allein an der missglückten Eheverbindung mit Anna von Kleve lag es sicher nicht, denn am 17. April, als Henry längst eifrig, wenn auch unter der Hand damit beschäftigt war, seinen Kopf aus der Schlinge dieser Ehe zu ziehen, erhob er Cromwell zum Lord Great Chamberlain und schließlich zum Grafen von Essex. Nachdem der letzte Essex sich bei einem waghalsigen Ritt mit einem temperamentvollen, noch nicht zugerittenen Pferd den Hals gebrochen hatte, war dieser Titel vakant geworden. Die Erhebung löste Empörung aus, denn der Titel repräsentierte uralten englischen Adel. Wieder verwies man auf den Aufsteiger, den niedrig Geborenen. Wie konnte es sein, dass ein solcher Emporkömmling die höchsten Staatsämter bekleidete und das unangefochtene Vertrauen seines Königs genoss? Oder war das Vertrauen längst brüchig geworden? Dass Henry hier diversen Einflüsterungen erlag – es ist wahrlich erschreckend, wie manipulierbar er war –, kam einfach zur richtigen Zeit, in einer haltlosen, verunsicherten Situation und Verfassung. Cromwell war aus seiner Sicht zugegebenermaßen nützlich gewesen. Aber jetzt war er eben nicht mehr nützlich, sondern schadete dem König und seinem Reich. Es bedurfte nur noch eines entscheidenden Auslösers, um Henry diesen Tatbestand erkennen zu lassen.

Norfolk setzte ganz auf Henrys Schwäche für holde Weiblichkeit und auf seine derzeit frustrierende eheliche Situation, seine angekratzte Würde als Mann und das Bedürfnis des alternden Königs, sich noch einmal mit einem Geschöpf der Jugend etwas beweisen zu können. Er führte ihm seine Nichte zu: Catherine Howard, 18 Jahre alt, Vollwaise. Ein süßer Männertraum. Allerdings auch ein kokettes Früchtchen mit Vorleben. Henry nannte sie seine «*Rose ohne Dornen*» – ihm war mittlerweile jeder gesunde Instinkt abhandengekommen. Ein törichtes kleines Mädchen, wenn man den Verlauf der Geschichte betrachtet. Aber der König tappte blind in die Falle. Nun wurde also die Scheidung von Anna ganz dringlich. Wäre er nur ein bißchen katholischer gewesen in seinem Liebesleben und hätte er nicht den Wahn gehabt, einen Stall voll gesunder Erben zeugen zu müssen – immerhin hatte er ja jetzt einen zweifelsfrei legitimen Sohn und zur Reserve zwei Töchter, wenn auch von nach wie vor unklarem Status –, dann wäre England wohl viel erspart geblieben. Cromwell stolperte über Catherine Howard, wie Wolsey über Anne Boleyn stolperte, denn selbstverständlich war Cromwell kaum daran interessiert, die mächtige Howard-Familie, die Familie des Herzogs von Norfolk, die ihm feindlich gesonnen war, auf diese Weise in die Nähe des Königs zu bringen. Cromwells Zögern in dieser Sache, während der König, neu entflammt, darauf brannte, seine «*Rose ohne Dornen*», die er sich wahrscheinlich längst ins Bett geholt hatte, auf legitime Art in seine Arme schließen zu können, war der Anfang seines unaufhaltsamen Endes.

Der Hauptvorwurf gegen ihn lautete: Ketzerei (als ob Henry das nicht schon lange gewusst hätte!). Cromwell habe häretischer Literatur zur Verbreitung verholfen, Lutheraner ins Land gelassen beziehungsweise geschützt, ihnen sogar die Predigtlizenz erteilt und – so berichtet der französische Botschafter die Argumentesammlung von Cromwells Verurteilung bis zur Anklageschrift –, nachdem er gewarnt worden sei, dass dies alles gegen die Überzeugungen des Königs und gegen die offiziellen Glaubensartikel verstoße, habe Cromwell geäußert, er werde die alten Prediger mundtot machen und nur noch die neuen zulassen, woran auch der König ihn mit all seiner Macht nicht hindern könne. Notfalls werde er sogar die Waffen ergreifen, um der neuen Lehre in England zum Sieg zu verhelfen. Das wäre nicht nur Hochverrat gewesen, sondern Aufruf zum bewaffneten Widerstand. Der immer kühl taktierende Cromwell wäre in der Tat wahnsinnig gewesen, so zu agieren, und so ist diese Anklage getrost als Lüge zu entlarven – zumal Cromwells religiöse Überzeugungen nicht prononciert waren; er hat stets vor allen Dingen politisch gehandelt. Die Ironie der Geschichte ist, dass Cromwell aufgrund der Gesetzeslage, die *er selbst* geschaffen hatte, mit der Anklage des Hochverrats ohne ordentliche Gerichtsverhandlung verurteilt und gerichtet werden konnte. Was Hochverrat war, bestimmte der König beziehungsweise sein verlängerter Arm, der die entsprechenden Statute geschaffen hatte, welche Hochverrat definierten. Am 28. Juli fiel Cromwells heller und wirkungsmächtiger Kopf durch das Beil eines nicht sonderlich befähigten Henkers. Er musste mehrmals zuschlagen, eine fürchterliche Aktion, die selbst den abgebrühtesten Zuschauer solcher öffentlichen Schau-Exekutionen nicht kalt gelassen haben dürfte. Dieser Kopf wurde dann, wie es üblich war, denn es war ein Verräterkopf, und vor Nachahmungen wurde gewarnt, auf der London Bridge aufgespießt.

Im Falle von Thomas More hatte Margaret Roper, Mores innig geliebte Tochter, die übrigens fast einen Ketzer geheiratet hatte, der aber glücklicherweise noch rechtzeitig bekehrt worden war (Thomas Mores schlimmster Gewissenskonflikt), den Rest dieses herrlichen Kopfes, der aber nur noch schwer zu erkennen war, da man ihn, um den Verwesungsprozess zu verhindern, zu heiß abgebrüht hatte, so dass er ganz schwarz wurde, mit nach Hause genommen, um ihm die entsprechende Pietät zukommen zu lassen, dem späteren Heiligen und katholischen Märtyrer, der bei seiner Hinrichtung geäußert hatte, er habe dem König gedient, zuerst aber Gott. Bei Henry Tudor dem Jüngeren, könnte man zynisch sagen, herrschte Religionsfreiheit, gleiches Recht für alle in Bezug auf den letztgültigen Strafvollzug durch ihren König.

Das zeigte sich zwei Tage nach Cromwells Exekution, als nämlich drei protestantische Prediger, Robert Barnes, William Jerome und Thomas Garrett, zusammen mit drei Papisten, Verrätern, die den Suprematseid verweigert hatten, in einer gemeinsamen Zeremonie auf jeweils spezifische Art hingerichtet wurden. Die Ketzer wurden verbrannt, die Papisten gehenkt, worauf man ihnen die Eingeweide herausriss. Ein besonderes Vorspiel wurde den Schaulustigen zusätzlich dadurch geboten, dass man die Verurteilten paarweise zur Hinrichtung führte – jeweils ein Ketzer und ein Papist angebunden auf einem Gitter, das durch die Straßen geschleift wurde, an der gaffenden Menge vorbei. Angeblich haben die Vertreter der verschiedenen Lager auf dem Weg zu ihrem sicheren Ende, angebunden auf ihren Gittern, noch theologische Debatten geführt und erbittert darüber gestritten, wer von ihnen für sich beanspruchen dürfe, als Märtyrer des Glaubens zu sterben. Eine Szene wie von Monty Python. Am Tage von Cromwells Hinrichtung hatte Henry übrigens, nachdem die Konvokation seine Ehe mit Anna von Kleve wegen Nichtvollzugs und eines früheren Eheversprechens mit dem Herzog von Lothringen annulliert hatte (er sei, so der König, von untreuen Staatsdienern in diese Ehe hineingedrängt worden und sei sie nie freiwillig eingegangen), die achtzehnjährige Catherine Howard heimlich geheiratet und sie einige Tage später der Öffentlichkeit als seine neue Königin vorgestellt. Auch übrigens eine Tatsache, die zu denken gibt, diese erst heimliche und dann offizielle Version bei fast allen Eheschließungen Henrys: Wollte er erst probieren, ob er's vermochte mit seiner Frau? Es wiederholte sich mehr oder weniger das Anne Boleyn-Drama, denn Henrys junge, naive Königin wurde im Folgejahr wegen Ehebruchs beziehungsweise vorehelichen Geschlechtsverkehrs exekutiert.

Der König hat sich nicht einmal die Mühe gemacht, diese Ehe annullieren zu lassen, bevor er 1543 ein letztes Mal heiratete: Catherine Parr, eine knapp über dreißigjährige Witwe, hochgebildet und eine entschiedene Anhängerin der neuen Lehre. Auch bei Henrys Ehefrauen war sozusagen eine gewisse Bandbreite der konfessionellen Positionen vertreten. Es ging gut mit ihr, warum auch immer. Der König war müde geworden. Er hat auch nach seiner Ehe mit Königin Jane, neben der er im Grab liegen wollte, da sie ihm den ersehnten Erben geboren hatte, keine weiteren Kinder mehr für Englands Zukunft gezeugt, dafür aber noch ziemlich viel Blut vergossen im eigenen Land.

Was war aus diesem Sonnenkönig geworden, aus dem Hoffnungsträger des Volkes und der gelehrten Welt? An mangelnder Frömmigkeit lag es nicht, dass dieser König nicht in schöner Manier dem Frieden, dem Wissen, der Sicherheit und dem Wohlstand des Reiches diente, wie es die Humanisten gehofft hatten. Henry hat immer mit seinem Gott kommuniziert, tat es auch bis zum Schluss. Aber offenbar gab es erhebliche Kommunikationsprobleme zwischen Henry und seinem Gott. Allein der Verlauf seiner Ehen, wo sein Gewissen besonders aktiv war, musste ihm das doch eigentlich dokumentieren. Auch dass er eine Reformation machen wollte, ohne dafür Protestant werden zu müssen, schien die Welt und Gott oder wer immer nicht zu verstehen. Martin Luther in Wittenberg war entsetzt, als er hören musste, dass der englische König den Dr. Barnes, der ihm in Deutschland ein so anregender und gelehrter Gesprächspartner gewesen war, in die Flammen geworfen hatte, ins irdische Purgatorium, und als er später das Glaubensbekenntnis des Dr. Barnes in deutscher Sprache herausgab, war dies ein weiterer Anlass für ihn, sich über die Taten des «*Junker Heinz*» zu mokieren – es war ihm aber wahrscheinlich eigentlich nicht zum Lachen zumute. Über sich selbst und Barnes, der in Wittenberg studiert hatte und 1536 sogar Luthers Hausgenosse war, schreibt er: «*Wir pflegten häufig zusammen zu diskutieren, wie der König den abscheulichen Titel annehmen konnte* [Oberhaupt der Kirche von England]. *Aber die Antwort war: «Sic volo sic jubeo etc.»* [Das, was ich will, tue ich auch.], *was deutlich zeigt, daß der Junker Heinz Gott sein und tun will, was ihn gelüstet. Der Grund jedoch, warum Barnes gemartert wurde, ist noch immer verborgen, weil Heinrich darüber beschämt sein muß. Aber es scheint so zu sein, wie viele gute Menschen sagen, nämlich, daß Barnes, wie Johannes der Täufer, die Tat des Königs, Anna von Kleve zu verstoßen, um eine andere zu nehmen, mißbilligte. Denn was Junker Heinz will, muß ein Glaubensartikel über Leben und Tod sein.*»

Wenigstens musste Henry jetzt keine Rücksicht mehr auf die deutschen Häretiker nehmen und hatte das auch durch die jüngsten brennenden Scheiterhaufen in Smithfield deutlich gemacht. Dass er seine Ex-Gattin Anna von Kleve in England so großzügig abfand, mit zwei Häusern und Dienerschaft und einem Jahressalär von 4000 Pfund, umgerechnet etwa 1.200 000, war unter anderem eine Sicherheitsmaßnahme, denn solange sie auf englischem Boden war, konnte niemand da drüben in kontinentalen und ketzerischen Gefilden auf den Gedanken kommen, sie rächen zu wollen. Das Fräulein vom Niederrhein, das Henry ein guter Freund wurde, hatte etwas geschafft, was zu dem Zeitpunkt ziemlich unglaublich war und was auch Anna zeitweise nicht für möglich gehalten hätte: Sie war lebend und wohlbehalten aus einer Ehe mit Heinrich VIII. hervorgegangen.

«DER ENGLISCHE NERO»

Henrys letzte Jahre und sein Vermächtnis

(1541–1547)

Wenn wir uns Heinrich VIII. vorstellen, dann sehen wir eines der berühmten Holbein-Porträts, meistens im Ganzkörper-Format: Henry in seinen letzten Jahren. Monarchische Selbstherrlichkeit, gepaart mit Kraftmeierei, Prunk, satte Farben, dem Lebensgefühl der Renaissance Ausdruck verleihend – und all das in geradezu quadratischen Ausmaßen.

Es gibt andere, weniger bekannte Porträts von ihm aus diesen Jahren, und diese vermitteln ein anderes Bild: Hinfälligkeit und Verfall, Perfidie, Grausamkeit. Da ist ein aufgeschwemmter Körper, der zur Untätigkeit verdammt ist, zusammengezogene Augen, aus denen die ganze Willkür der unkontrollierten Fürstenmacht spricht, ein zusammengekniffener Mund, der Todesurteile ausspricht, als wären sie nur eine Beiläufigkeit. Es ist ein Blick aus sicherem Abstand, der sich bei solchen Darstellungen Ausdruck verleiht. Er bezeugt Deformationen der Macht und den Niedergang eines Despoten. Wirkungsmächtiger und zugleich zeitloser wurden aber die Arbeiten von Hans Holbein dem Jüngeren, die den ganzen Glanz und die Macht der Tudor-Epoche repräsentieren. Henry steht sehr stabil auf seinen zwei Beinen, die er mit seinen herrlichen kräftigen Waden noch immer gern zeigt. Der König kaschiert keineswegs seine voluminöse Figur, sondern betont sie noch, und das wurde in der Männermode der Zeit mit den enormen Überwürfen über dem Wams, ausladend, bestehend aus gewaltigen Stoffbahnen, die beinahe so weit wie lang waren, mit riesigen Puffärmeln und Schulterpolstern versehen, geradezu zum System. Der körperliche Verfall aber erfolgte bei einem solchen Athleten und Vierschrot sehr viel dramatischer als bei jemandem mit durchschnittlicher

HEINRICH VIII.
Hans Holbein der Jüngere, 1540

DER ALTE KÖNIG HEINRICH VIII.
Stich von Cornelis Matsys, 1544

Statur oder Vitalität. Lange Jahre wollte sich Henry diesen Verfall keineswegs eingestehen. Er ließ sich von mehreren Männern aufs Pferd hieven, um weiterhin seinen geliebten Jagdausflügen zu frönen, wo er dann, von einem Unterstand aus, das zugetriebene Wild aus bequemerer Warte erlegte. 1544 zog er sogar noch ins Feld, in einen letzten Krieg gegen Frankreich. Doch der Verfall war unweigerlich. Zum Schluss trugen mehrere kräftige Männer den König in einer Sänfte von Zimmer zu Zimmer, und man wuchtete den schweren Körper mit Hilfe eines Flaschenzugs in sein Bett. Das war dann tatsächlich die Endphase.

Als er die junge Catherine Howard heiratete, wirkte Henry zunächst verjüngt und sichtlich glücklich. Catherines kindliche Freude an all dem Luxus, den er ihr bot, den Geschenken, den Juwelen, den Kleidern, missinterpretierte er vielleicht als Erwiderung seiner Gefühle. Man kann es dem jungen, lebenslustigen Mädchen mit den geheimnisvollen erotischen Fähigkeiten, die ihren König verjüngten, eigentlich nicht verargen, dass sie sich schadlos hielt und die Gegenwart ihrer Altersgenossen und früheren Kavaliere suchte, hauptsächlich die ihres attraktiven jungen Cousins Thomas Culpepper. Der Brief an Culpepper, der von ihr erhalten ist, klingt unschuldig genug, aber Catherine hatte ein Vorleben, und das allein, als es herauskam, genügte schon, um sie unmöglich zu machen. Zusätzlich trieb sie aber ein leichtsinniges Spiel mit heimlichen Rendezvous, für die sogar Lady Rochford Schmiere stand, einschlägigen Hintertreppen-Geschichten mit ein- und ausgeschmuggelten Kavalieren durch Seitenausgänge, geheimnisvoll abgeschlossenen Schlafzimmertüren, einmal sogar einem Rendezvous im Klosett, und als ein früherer Liebhaber durch die Königin eine Stellung bei Hofe zu erwirken verstand, gegen ihren Willen eigentlich, da ihr das zu brisant war, erwies sie sich als de facto bestechlich.

Es war Cranmer, der Catherine zu Fall brachte. Er wollte die Machtbasis der Norfolks und der konservativen Kräfte beenden und seinen reformerischen Ideen wieder mehr Einfluss verleihen, und so konfrontierte er schließlich den König in knapper schriftlicher Form mit den Ergebnissen seiner Recherchen: Catherines Beziehung zu einem jungen Mann namens Francis Dereham sowie zu ihrem Musiklehrer Henry Manox, als sie noch im Haus ihrer Stiefgroßmutter, der Dowager Duchess of Norfolk, lebte. Henry indes wollte es zunächst gar nicht glauben. Wo Catherine ihre erotischen Künste gelernt hatte, schien er sich nie gefragt zu haben. Konnte es sein, dass ihm das im Innersten eigentlich auch egal war und dass es am Ende immer nur um den Verrat im Hier und Jetzt ging, Verrat am König und seinem Reich, was von besonderer Brisanz war, wenn es darum ging, ob ein Kind, das die Königin empfing, nicht vom König war, aber eventuell den Thron Englands bestieg? Da er ein solches Faible hatte für den herausfordernden Frauentyp von Catherines Art, dem ja auch Anne Boleyn angehört hatte, konnte er kaum erwarten, dass eine solche Blüte vor seiner Zeit ein trauriges und keusches Blümlein am Wegesrand war.

Wohl oder übel ordnete er Untersuchungen an, und dann, aus dem Umfeld der Hausangestellten im offenbar ziemlich lose geführten Haushalt der Dowager Duchess, kam manches ans Licht, unter anderem die von Catherine organisierten mitternächtlichen Parties «*mit Wein, Erdbeeren, Äpfeln und anderen Dingen, die gute Laune machten*» sowie ausgesuchten jungen Gentlemen im gemeinsamen Schlafsaal mehrerer Mädchen des Hochadels, die bis zwei oder drei Uhr morgens dauerten und die die alte Herzogin von Norfolk nur damit kommentierte, wenn Catherine so weitermache, ruiniere sie damit vorzeitig ihre Schönheit (oder, wird man weiterführen können, ihre Heiratsaussichten). Sie brachte es ja vorläufig dennoch zu einer äußerst glänzenden Heirat! Mit Francis Dereham ging Catherine wahrscheinlich den ganzen Weg. Henry Manox, der ihr beibringen sollte, wie man die «Virginals» (also Spinett) spielte, kam nicht ganz zum Ziel, wie er aussagte, machte aber beim Verhör unzweideutige Aussagen, inwieweit er in Kenntnis des Körpers der jetzigen Königin war, und so obszön, wie er es sagte, gab es sicherlich keine Zukunft mehr für die Gemahlin des Königs von England: Ihre «*Möse*», so Manox, die er anderweitig erkundet habe, würde er unter Hunderten wiedererkennen. Wie es nun um das gegenwärtige Liebesleben Catherines bestellt war, ob es zum Beispiel mit Dereham, der es geschafft hatte, ein Mitglied ihres Haushalts zu werden, nach Catherines Eheschließung mit dem König weitergegangen war, war derzeit noch keineswegs klar. Um sich selbst vom Verdacht der Gegenwart auszunehmen, äußerte Dereham, er genieße gar nicht mehr die Gunst der Königin und sei in ihrer Zuneigung durch Culpepper ersetzt worden. Ein weiterer Name und noch mehr

Verdacht. Als man dem König die Ergebnisse der Untersuchungen unterbreitete, waren diese Bezüge zur Gegenwart noch gar nicht vorhanden. Dennoch brach Henry in Tränen aus. Ein weiterer schöner Traum war zerbrochen. Henry zog unmittelbar Konsequenzen.

Er verließ Hampton Court Richtung London, und Cranmer unterbreitete Catherine am 7. November die Anklage. Catherine war daraufhin in einem erbärmlichen Zustand, und Cranmer bekam Mitleid und so auch der König, der anfangs noch dazu neigte, Gnade walten zu lassen, da er das Vorleben seiner Rose, die leider doch Dornen hatte, auf die Defizite ihrer Erziehung zurückführte. Als aber immer mehr Details herauskamen, war das nicht mehr möglich. Am 1. Dezember wurden Dereham und Culpepper des Verrats angeklagt, und am 22. Dezember folgten ihnen sieben Frauen und zwei weitere Männer aus dem Haushalt der Herzoginwitwe sowie die Herzogin selbst, da sie Catherines Vorleben und die unsauberen Details ihres Privatlebens, ihren Verrat am König also, diesem nicht kenntlich gemacht hatten. Einige splendide Vertreter der stolzen Howard-Familie landeten damit in der Haft: die Herzoginwitwe, Norfolks Bruder Lord William Howard und seine Frau Margaret, Catherines Schwägerin Anne sowie die Gräfin von Bridgewater.

Norfolk, der auch für sich Schlimmstes befürchtete, schrieb im Vorfeld dieser Festnahmen am 12. Dezember an Henry, er distanziere sich aufs Äußerste von den Taten seiner ungehörigen Schwiegermutter, seiner unanständigen Schwester Bridgewater und seines unglücklichen Bruders. Über die Maßen peinlich seien ihm die abscheulichen Taten seiner zwei Nichten, Queen Anne und Queen Catherine (immerhin hatten es ja beide zu Königinnen gebracht), und so sei es ihm, Norfolk, eigentlich ganz verständlich, dass der König angesichts dieses kompletten Desasters auch *ihm* seine Gunst entziehe und ein Missvergnügen in seinem Herzen gegen ihn nähre. Er müsse aber doch darauf hinweisen, dass er, Norfolk, es war, der als erster den Zeigefinger des Verdachts auf die Herzoginwitwe gerichtet habe, die ihrer Sorgfaltspflicht bei der Erziehung ihrer Enkelin nur sehr unzureichend nachgekommen sei. Außerdem hätten ihm seine schamlosen Nichten nie sehr viel Freude bereitet und ihm «*wenig Liebe*» entgegengebracht. Schon gut, meinte Henry, der entsetzlich erschöpft war und unendlich traurig. Er ließ die Howards im kommenden Jahr nach und nach wieder frei. Norfolk selbst aber würde noch seine Chance zum nachruhmträchtigen Tod des Verräters bekommen, der für einen Vertreter der Hocharistokratie ehrenvoller war als sogar ein Tod auf dem Schlachtfeld oder wenn man gar unspektakulärerweise einfach in seinem Bett starb. Er schaffte es leider auch dann nicht, aber immerhin fast, um ein Haar. Vorerst jedoch war er davongekommen.

Andere, die nicht Howard hießen, waren es nicht. Francis Dereham, dessen einziges Verbrechen darin bestanden hatte, mit einem unverheirateten Mädchen zu schlafen – auch noch auf ihre Initiative hin, wie es scheint, und damals war sie auch noch nicht Königin von England und konnte kaum damit rechnen, es einmal zu werden –, wurde am 10. Dezember in Tyburn aufgehängt, dann (noch lebend) kastriert, dann nahm man ihm die Eingeweide heraus, enthauptete und vierteilte ihn. Culpepper wurde einfach enthauptet. Die Köpfe beider unglücklicher Liebhaber Catherine Howards verblieben noch mindestens vier Jahre aufgespießt auf den Spitzen der London Bridge. Catherine nahm ihr Recht auf Verteidigung nicht in Anspruch. Sie gestand, sich gegenüber dem gütigsten Fürsten und somit gegen Gott versündigt zu haben. Ihre Ehe mit Henry hatte lediglich ein gutes Jahr gedauert, 19 Monate, wenn man die Zeit ihrer Inhaftierung bis zur Hinrichtung einbezieht, als die Ehe ja eigentlich schon beendet war, wenn auch nicht formell. Henry hatte dieses Jahr wirklich kein schönes Weihnachten; er zog unruhig von einer Residenz in der Umgebung Londons zur anderen, vergaß darüber vielleicht sogar die Annullierung der Ehe, die nie erfolgte. Am 10. Februar 1542 brachte man Catherine auf dem Wasserwege zum Tower, und als man ihr zwei Tage später mitteilte, sie möge sich für ihre Hinrichtung am nächsten Morgen bereit machen, schrie und weinte sie wieder heftig. Aber sämtliche Ehefrauen Heinrichs beherrschten den großen Auftritt, wenn es wirklich drauf ankam. Catherine fasste sich und bat darum, ihr den Richtblock aufs Zimmer zu bringen, damit sie üben könne, wie sie am besten ihren Kopf hineinlege. Auch diese Königin Englands starb, wie es heißt, sehr gefasst. Lady Rochford, Anne Boleyns klatschsüchtige Schwägerin, die auch hier eine dubiose Rolle gespielt hatte, folgte ihr kurze Zeit später nach.

Was nun? Außer bei Jane bekundete Henry allgemein keine sichtbaren Sentimentalitäten nach dem Ausscheiden einer Ehefrau, und er suchte umgehend nach einer neuen. Anna von Kleve, die sich ja mit dem König so vortrefflich verstand, war erneut im Gespräch, auch über Kleve, der ein neues Angebot machte. Sie war beliebt in der Bevölkerung. Im königlichen Kreis legte man sie Henry nahe, der aber keine Anstalten machte, sie erneut in Erwägung zu ziehen. Sie hatte in Catherines Ära etwas Unglaubliches getan: Bei ihrem ersten offiziellen Empfang am Hof nach Henrys Eheschließung mit Catherine hatte sie sich erst protokollarisch korrekt, korrekter als notwendig wohl und sehr tief vor ihr verbeugt, sie dann aber bei der Hand genommen und fröhlich mit ihr getanzt, während Henry, vergnügt an der Tafel sitzend und hervorragend speisend, den Damen zusah. Sein Bein machte ihm wieder zu schaffen, und so zog er sich dann auch frühzeitig zurück. Catherine und Anna feierten derweil aufgeräumt weiter. Musik, Tanz und Mode – alles Dinge, die sie am Niederrhein wenig gekannt hatte – waren ein Teil von Annas Leben in England geworden, und dank Henrys großzügiger Ausstattung ging es ihr hier wirklich hervorragend. Allerdings hatte sie wenig Sicherheit, wie dauerhaft und verlässlich ihr Status quo war. Formal gesehen, wäre ihre Abschiebung vor nicht langer Zeit eine Beleidigung für das Herzogtum Kleve gewesen, auch wenn Anna sie in diesem speziellen Fall nicht als solche empfunden hätte. Henry konnte es immer noch nicht so recht glauben, dass sie sich damals so anstandslos und so zustimmend in sein Arrangement gefügt hatte. Wenn auch sie jetzt eine erneute Eheschließung mit Henry befürwortete, dann vielleicht aufgebaut auf der Erfahrung, dass Henry ja offenbar keinen Wert darauf legte, Ehegattenpflichten bei ihr einzufordern.

Vielleicht hatte er die Nachwuchszeugung auch mittlerweile gänzlich aufgegeben. Wenigstens stand sie nicht mehr im Vordergrund, wie die Wahl seiner sechsten und letzten Ehefrau zeigt, die kinderlos aus zwei Ehen hervorgegangen, also ihrerseits keine Garantie für neuen Nachwuchs war. Leider gab es keinen Stellvertreter für Edward, keinen Zweitgeborenen, keinen Herzog von York. Vollmundig hatte Henry bei seiner vorletzten Brautwerbung noch verkündet, welche Herzogtümer er seinen zu erwartenden jüngeren Söhnen zuteilen würde: York, Gloucester, Somerset ... Das tat er jetzt nicht mehr.

Währenddessen stellte sich der kaiserliche Gesandte Chapuys die lakonische Frage, wer nach der jüngsten Rechtsprechung im Falle der letzten verurteilten Königin, die wegen ihres Vorlebens verurteilt worden war beziehungsweise dafür, dass sie dem König davon nicht berichtet hatte, wer da also jetzt noch in Frage komme. Der Kreis der Kandidatinnen, so Chapuys, wurde bedenklich klein. Aber Henry ist dann doch fündig geworden – da diese Rechtsprechung in Bezug auf eine königliche Gemahlin sich immerhin nicht auf Verkehr in einer vorhergehenden Ehe ausdehnte. Seine sechste Frau, wie seine zweite, hat er sich ganz allein ausgesucht, und die Wahl löste Erstaunen aus. Catherine Parr war eine formidable Wahl und wiederum – auch dieser Rhythmus ist denkwürdig – ein Gegenmodell zu ihrer Vorgängerin. Sie war duldsam und klug, eine gefestigte Persönlichkeit, glaubensfest und prinzipientreu, eine Frau zum Anlehnen, die sich, wenn es denn sein musste, auch völlig zurücknehmen konnte. Genau das, was Henry, so wollte er es, die letzten Jahre versüßte. Ein friedliches Ausklangs-Idyll nach den Stürmen: den beiden griechischen Tragödien nach einmal romantischen und einmal tosenden Anfängen, dem sanften Melodram, der Burleske, dem erotischen Thriller und letzten Rendezvous mit der Jugend und dem Ende mit Schrecken, das dennoch erträglicher schien als der Schrecken ohne Ende in dem enervierenden Scheidungsverfahren mit Katharina von Arágon – vor einem Menschenleben, wie es ihm scheinen musste. Henry hatte alle Spielarten durch. Jetzt wollte er Frieden finden. Seine Zeit-, Geschlechts- und Standesgenossen hätten ihm vorwerfen können, dass er die Ehe viel, viel zu ernst nahm.

Catherine Parr war die Tochter eines mächtigen Magnaten des Nordens und einer gesellschaftsbewussten, geschäftstüchtigen Mutter mit großem Landbesitz in Northhamptonshire. Über die Parrs war sie entfernt mit den Plantagenets und mit den Tudors verwandt. Ihr Vater hatte 1513 mit Henry in der «Sporenschlacht» gegen die Franzosen gekämpft, ihre Mutter war dereinst Hofdame von Katharina von Arágon. Sie wurde 1511 oder 1512 in Kendal Castle geboren, im heutigen Cumbria im Nordwesten von England. Doch Thomas Parr zog es an den Hof, und somit wuchs auch Catherine in London auf. Als sie siebzehn war, wurde sie erstmals verheiratet, und zwar mit Sir Edward Burgh, der aber schon nach vierjähriger Ehe starb. Im Alter von einundzwanzig heiratete Catherine zum zweiten Mal. John Neville, Lord Latimer, ihr Gemahl, ebenfalls sehr vermögend, war zwanzig Jahre älter als sie und zweifach verwitwet. Catherine lebte mit ihm auf seinem herrlichen Landsitz Shape Castle in Yorkshire und kümmerte sich auch um ihre Stiefkinder Margaret und John. Latimer war ein Anhänger der Pilgrimage of Grace, ein Aktivist. Dass er dennoch nachher der königlichen Ungnade entkam und überlebte, lag einerseits an seinem geschickten Taktieren – er bestach Cromwell mit Geldzuwendungen, überließ ihm zwei seiner Häuser und gab sich nach dem niedergeschlagenen Aufstand ganz als geläuterter, loyaler Untertan –, aber auch, so wird angenommen, an dem zunehmenden politischen Einfluss der Familie seiner Frau. Die Parrs waren geborene Hofleute, und wie immer man Henrys letzte Ehefrau darstellte, eine Betschwester war sie nicht, auch wenn sie sehr fromm war. Von der Pike auf hatte sie höfische Qualitäten gelernt: eine leichte und fließende Konversation, Etikette und Stilsicherheit, Musik, Tanz und Lautenspiel. Darüber hinaus hatte jedoch ihre Mutter Maud Green akademischen Ehrgeiz gehabt und sich den Ruf einer Bildungsvermittlerin erworben, vor allem in der Praxis der französischen Sprache. Aristokraten schickten ihre heranwachsenden Söhne in ihren privaten Studienzirkel, in dem auch Catherine heranwuchs. Catherine knüpfte an diese mütterliche Prägung zeitlebens an. Auch sie gründete Lese- und Disputationszirkel, besonders als Henrys Königin. Im Mittelpunkt dieser Zirkel stand aber die neue Lehre, nicht programmatisch und offensiv, aber doch durchscheinend genug – wahrlich ein Spiel mit dem Feuer an Henrys Hof. Wann protestantisches Gedankengut Einfluss auf Catherine zu nehmen begann, ist nicht sicher, aber höchstwahrscheinlich bereits während ihrer Ehe mit Latimer. Sie scheint keine Sympathisantin der «Gnadenwallfahrt» gewesen zu sein wie ihr Mann. Das war eine katholische Rebellion. Möglicherweise war Lady Latimer zu der Zeit bereits anderweitig orientiert.

Anfang März 1543 starb Latimer, und Catherine war zum zweiten Mal Witwe. Bevor allerdings der König in ihr Leben intervenierte, hatte sie einen aufregenden Flirt, der damals schon zu einer Heirat geführt hätte, wäre Henry nicht unerwartet dazwischengetreten. Ihr Erwählter, den sie vermutlich schon als Lady Latimer kennengelernt hatte, wobei sie die Sache aber mit der ihr eigenen Klugheit und Diskretion behandelt hatte, war der jüngere Bruder der verstorbenen Königin Jane: Thomas Seymour, ein äußerst verführerischer Mann, ein Herzensbrecher, wie er im Buche stand. Nach Jahren der Pflichterfüllung als Tochter und Ehefrau mit zwei arrangierten Ehen hätte Catherine eine nur zu verständliche Sehnsucht danach gehabt, zum ersten Mal ihren eigenen Wünschen zu folgen. Sie war erst knapp über dreißig, noch immer attraktiv und mit einem durch Geburtsstrapazen noch gänzlich unbelasteten Körper, innerlich gefestigt, aber auch emotional unverbraucht, unerschlossen. Doch es sollte nicht sein. Sie äußerte später, Gott habe ihr die Pflicht aufgetragen, den König zu heiraten. Wie ein Ruf sei das gewesen – Gott und König zusammengenommen *«von höherer Macht»*. Das klingt nicht gerade sehr schmeichelhaft für einen Partner, der immer auch als Kavalier um seiner selbst willen ins Rennen gehen wollte, aber für eine Ehe mit Heinrich VIII. war es vermutlich eine passende Einstellung. Catherine beugte sich dieser Pflicht (und was blieb ihr auch anderes übrig?). In seinem Testament würde Henry diese letzte seiner sechs Frauen für ihre Demut, ihren Gehorsam, ihre Keuschheit und ihre Weisheit preisen. Diese Aneinanderreihung von Eigenschaften zeugen in erster Linie von Henrys Prioritäten in seinen letzten Lebensjahren, wohl aber auch von Catherines gelassener Anpassungsfähigkeit.

Auch die ehrgeizigeren Mitglieder ihrer Familie besaßen diese Fähigkeit, und anders als die de la Poles, die Howards, die Boleyns und später nach Henrys Ära die Seymours, die Dudleys strebten sie nie über das hinaus, was der König bereit war, ihnen von sich aus zu geben. Das waren Eigenschaften des Überlebens in Henrys Ära. Catherines Bruder William wurde im März 1543 Mitglied des Geheimen Staatsrats (Privy Council) und im folgenden Monat zum Ritter des Hosenbandordens erhoben. Später, als Henrys Schwager, wurde er Earl of Essex – der Titel war ja nach Cromwells Enthauptung wieder einmal vakant geworden. Henrys Interesse an Catherine dürfte aber im Vorfeld angeheizt worden sein durch die Tatsache, dass er die zarten Bande zwischen ihr und Thomas Seymour entdeckte. Wieder also eine Konkurrenzsituation. Der schöne Tom Seymour wurde im Mai zu einer diplomatischen Mission nach Brüssel entsendet und dann zu einem Militärinsatz in die Niederlande. So war er für Catherine bis auf weiteres aus den Augen und vielleicht auch aus dem Sinn.

Am 12. Juli 1543 wurden Henry und Catherine Parr von Bischof Gardiner in Hampton Court getraut. Es gab kein großes öffentliches Fest, keinen festlichen Einzug der Königin in die City of London, von einer Krönung überhaupt nicht zu reden. Ob dies aus finanziellen Gründen ausgespart wurde oder weil sich die Prozedur in der Vita des Königs nun schon so oft wiederholt hatte, weiß man nicht. Aber Henrys sämtliche Heiraten liefen verhältnismäßig dezent ab. Die große öffentliche Festlichkeit im Nachhinein oder um das Ereignis herum war davon meistens losgelöst. Nicht nur, dass die neue Königin einen ganz unübersehbar positiven Einfluss auf Henry hatte. Catherine hat alle drei Kinder Henrys, die siebenundzwanzigjährige Mary, die zehnjährige Elizabeth und den sechsjährigen Edward, so oft wie möglich zusammengebracht, einbezogen in ihr gemeinsames Leben mit Henry, und damit auch so etwas wie ein Familienleben im Patchwork-Stil etabliert. Ihre Vorgängerinnen haben sich ebenfalls um diese mutterlosen Kinder bemüht: Jane Seymour vor allem um Mary, die damals bereits junge Erwachsene, für deren Thronrechte sie sich intensiv einsetzte, Anna von Kleve im besonderen Maß um Elizabeth, die ihr ans Herz gewachsen war in ihrer kurzen Zeit als Henrys Königin und deren gelegentliche Besuche sie als einzige Bedingung für ihr Scheidungsabkommen mit Henry ins Spiel brachte, und auch die jugendliche Catherine Howard, die für Elizabeth eine Art Spielkameradin war, eine ältere Schwester, hat ihre Stiefkinder einbezogen und schließlich auch ein gutes Verhältnis zu Mary gehabt, die älter war als sie selbst. Edward, Prince of Wales, der sowieso überversorgt war, blieb immer ein wenig abseits, weil der König das so verfügte.

Catherine Parr aber konnte aufgrund ihrer Persönlichkeit und der gewandelten Situation erstmals eine Kontinuität aufbauen und auch erhalten, die allen Beteiligten viel Sicherheit gab. Ihre Mütterlichkeit ohne biologische Mutterschaft, die sie ja schon an den Kindern ihres zweiten Gemahls praktiziert hatte, setzte zum Ausklang von Henrys Lebensgeschichte ein engagiertes Zeichen dadurch, dass es hier nicht um die Kinder ging, die aus irgendwelchen Gründen von Status, Erbfolge, Konventionen und Tradition gezeugt und geboren werden mussten, wie immer es dann um ihr Schicksal bestellt war und um die Flurschäden in der Peripherie, sondern um die Kinder, die bereits da waren, ein Teil der Flurschäden im Zentrum, wenn man so will, und denen sie etwas geben konnte, das diese vermissten. Von daher war die letzte Frau Heinrichs VIII. sicher so etwas wie eine Heilerin in einem dynastischen Trauma, vergleichbar mit Henrys Mutter Elizabeth of York, wenn auch in anderen Bezügen, da Letztere das Ende eines Krieges und dynastischen Kampfes personifizierte.

Nur Mary, die den König gelegentlich bei offiziellen Anlässen vertrat, hatte bereits Räume in diversen königlichen Palästen. Alle drei Kinder lebten eigentlich in eigenen Haushalten: der Thronfolger auf häufig wechselnden Landsitzen und meist fern vom Hof, da der König übergroße Angst um sein körperliches Wohlergehen hatte und alle Gefahrenherde ausschalten wollte, vor allem ansteckende Krankheiten, Elizabeth überwiegend in Hatfield, Hertfordshire. In den Glanztagen von Anne Boleyn hatte Mary hier mit ihr gelebt und, zurückgesetzt und gedemütigt, in ihren Diensten gestanden. Im Gegensatz zu Elizabeth, die ihre Mutter kaum gekannt hatte und zum Zeitpunkt ihres Todes viel zu jung gewesen war, um sich mit dem Schicksal ihrer Mutter zu identifizieren, tat Mary das lebenslang. Sie trug das Kreuz der Katharina von Aragón, und ihre Unterwerfung unter den Vater war in gewisser Hinsicht, bei allem Respekt, aller Liebe, nur eine formale Demonstration. Elizabeth dagegen zeigte die Reaktion vieler Mädchen mit ganz oder überwiegend abwesenden Vätern: Sie verherrlichte den im physischen und weltlichen Sinne tatsächlich überlebensgroßen königlichen Vater, der sich in ihren Kindertagen und mit seiner charismatischen Art als prächtige Vaterfigur präsentierte, wenn er sie einmal sah, seine «Bessy», die seine Farben trug: die roten Haare, die weiße Haut, und die er vergnügt in die Luft warf und seinen Höflingen zeigte. Als Elizabeth aber heranwuchs, wurde ihm seine Tochter regelrecht unheimlich. Sie erinnerte ihn an Anne, ihre Mutter, die große Schattenfigur seines Lebens und seine große Passion.

Wann hat Elizabeth realisiert, was mit ihrer Mutter geschah? Darüber kann man nur spekulieren. Elizabeth selbst hat niemals darüber gesprochen. Sie war frühreif und hochintelligent. Als sie vier Jahre alt war, stellte sich die Kleine vor ihren Hofmeister, erstaunt über den offenkundigen Prestigeverlust nach dem Sturz ihrer Mutter und der Geburt ihres Halbbruders, um ihn zu fragen: «*Wie kommt es, Hofmeister:*

Gestern noch My Lady Princess und heute nur noch Lady Elizabeth?» Dann wurde sie in Hatfield zeitweise regelrecht vergessen. Sie wuchs schnell aus ihren Kleidern heraus, hatte nichts anzuziehen, und ihre Erzieherin, Lady Bryan, wandte sich verzweifelt an Cromwell wegen grundsätzlicher Fragen zu Elizabeths Status und wie sie sie ansprechen sollte, über Verfügungen und die Mittel zu ihrer Versorgung. Lady Bryan wurde dann für den Thronfolger abgezogen, da dieser natürlich wichtiger war als die Bastardtochter aus Henrys Ehedesaster mit Anne. Aber Elizabeth bekam eine neue Erzieherin, und mit dieser unterhielt sie eine lebenslange, innige Freundschaftsbeziehung: Katherine («Kat») Champernowne beziehungsweise Ashley nach ihrer Heirat. Henrys mutterlosen Kindern hatte es auch bislang nicht an weiblichen Bezugspersonen gefehlt.

Besonderen Anteil nahm Catherine an der humanistischen Erziehung der Kinder und ihrem Training in den klassischen Sprachen. Sie selbst sprach fließend Französisch und Italienisch und hatte Latein- und Griechischkenntnisse, wenn auch nicht ganz klar ist, von welcher Profundität. Elizabeth war in ihren Studien bereits fortgeschritten, als sie, wahrscheinlich auf Catherines Einfluss hin, den renommierten Philologen William Grindal für die klassischen Sprachen zum Lehrer erhielt. Sie machte ihrer Stiefmutter 1544 ein beeindruckendes Neujahrsgeschenk: eine 117 Seiten umfassende Übersetzung der Versdichtung «Spiegel einer sündigen Seele» der Margarete von Navarra aus dem Französischen in englische Prosa. Elizabeths Textwahl ist schon deshalb interessant, weil die Autorin, Marguerite d'Angoulême (durch Heirat Königin von Navarra), die hochgebildete Schwester des französischen Königs und Herrin eines brillianten literarischen Zirkels, zu dem auch Rabelais gehörte, eine glühende Verfechterin der Reformation wurde und einst mit Elizabeths Mutter befreundet war, mit Anne Boleyn. Möglicherweise hatte diese auch von ihr prä-reformatorisches Gedankengut aufgeschnappt. Weihnachten 1545 fertigte die inzwischen immerhin zwölfjährige Elizabeth Übersetzungen von Gebeten und Meditationen an, die Königin Catherine herausgegeben hatte: ins Lateinische, Französische und Italienische. Meistens machte sie von diesen zur Übung dann noch einmal Rückübersetzungen. Sie war eine kleine Gelehrte und schrieb auch entsprechend altkluge Briefe.

Ihr kleiner Bruder Edward war aber in dieser Hinsicht noch schlimmer. 1546 ließ der knapp Achtjährige huldvoll verlautbaren, seine Stiefmutter mache sehr lobenswerte Fortschritte in der «*latina lingua*» und in den «*bonae literae*». Seinem Vater, dem König, schrieb Edward zur gleichen Zeit, er gelobe, sich allen sichtbaren Zeichen der Schande aussetzen zu wollen, «*sollte ich durch Nachlässigkeit auch nur den kleinsten Teil meiner Pflichten versäumen.*» Diese Kinder brauchten, so scheint es, eher ein bißchen Auflockerung als noch mehr Zucht und Pflichten. An intrinsischer Motivation herrschte bei ihnen zumindest kein Mangel und gewiss auch kein Mangel an Anregungen. Was Edwards akademische Erziehung angeht, bei der natürlich nur das Beste gut genug war, so ist es eine Tatsache und eine Erklärung für seine frühzeitige Adaption lutherischer Ideen, Keimen, die später Blüten und Früchte trieben, dass die Gelehrten von Englands Universitäten, vornehmlich aus Cambridge, nahezu alle mehr oder weniger im Verborgenen zur neuen Lehre tendierten und diese Sympathien auch offen kundtaten, sobald es in England nur sicher genug dazu war.

Henry, der selbst in der erasmischen Tradition groß geworden war und diese bei seinem Sohn gerne fortsetzen wollte, auf Vermittlung der renommiertesten Humanisten, die das Land zu bieten hatte, konnte das eine vom anderen letztlich kaum trennen, und es scheint auch ein wenig, dass er das mit der Zeit indirekt und unausgesprochen, gewissermaßen resignierend und kapitulierend hinnahm und damit im Sinne von «Nach mir die Sintflut» auch absegnete, also die Entwicklung der Dinge auf einer gewissen Ebene und sofern sie nicht seine königliche Autorität unterminierte, auch nicht mehr hintertrieb. Man konnte die Uhr einfach nicht mehr zurückdrehen, das spürte Henry wahrscheinlich mehr unbewusst, als dass er es feststellte. Er hat seinen Nachfolgern eine unausgegorene Reformation vor die Füße geworfen, eine einzige Halbheit, widersprüchlich in ihrem Erscheinungsbild. Mochten die Kräfte, die er da losgetreten hatte, von anderen umgesetzt werden! Etwas von dieser Haltung scheint sich durch Henrys letzte Lebensjahre zu ziehen. Verschiedene Entscheidungen und Verhaltensweisen, durchaus auch die Wahl seiner Ehefrau und sein Umgang mit ihr, sind sonst nicht zu erklären.

Bischof Gardiner machte zwei Versuche, Cranmer zu stürzen, aber Henry stellte sich hinter Cranmer – eine unverständliche Reaktion, wenn man seine eigenen konservativen Überzeugungen ins Feld führt oder die Anklage gegen Cromwell. Zum Ende hin praktizierte Henry ein äußerst bewusstes und ausgeklügeltes «Power-Balancing» in seinen Reihen, das Elizabeth, deren religiöse Überzeugungen allerdings fortschrittlicher und zugleich flexibler, in gewissem Sinn indifferenter sein würden als die ihres Vaters, später zur Perfektion ausbauen sollte, da sie auf ihrem Weg der Mitte mit Puritanern von links zeitweise mehr Ärger hatte als mit den Konservativen und Oppositionellen, die wieder zu Rom zurück wollten.

Vielleicht weil er es in übler Erinnerung hatte, wie es war, seinem Privatlehrer ganz allein ausgeliefert zu sein, etablierte Henry ein wahres Pilotprojekt: eine Art Palast-Schule, so dass Prinz Edward zusammen mit einigen ausgesuchten, etwa gleichaltrigen Söhnen des englischen Hochadels unterrichtet wurde, darunter Suffolks Sohn Henry Brandon, Surreys Sohn Thomas Howard, der junge Lord Hastings, der junge Lord Mountjoy und Robert, der Sohn von John Dudley, Lord Lisle. Man hat im Nachhinein spekuliert, dass Elizabeth diesem Gruppenunterricht zeitweise ebenfalls beiwohnte und dass sie dort in den Kinderjahren Robert Dudley zum erstenmal traf. Ebenfalls nicht gesichert, aber möglich ist es, dass auch Lady Jane Grey mit dabei war, ein schmales, blasses und äußerst lernbegieriges Mädchen, das später den Machtspielen nach Henrys Ableben zum Opfer fiel, die unglückliche *«Königin von neun Tagen»*. Auch sie endete schließlich auf dem Schafott. Es wimmelte jedenfalls in diesem Schulumfeld Henrys jüngerer Kinder nur so von Vertretern der neuen Lehre. Jean Belmaine, Edwards und Elizabeths Französischlehrer, war Calvinist. Edwards Griechisch-Professor John Cheke war ein Lutheraner der ersten Stunde. Am St. John's College in Cambridge hatte er in den Jahren von Kardinal Wolsey mit zahlreichen anderen enthusiastisch die Werke Luthers studiert. Elizabeths Erzieherin Katherine Champernowne-Ashley, die ihren Schützling die ersten Jahre auch unterrichtet hatte, entstammte einer ebenfalls einschlägig orientierten, an neuer Gelehrsamkeit ambitionierten Familie, und Chekes Schüler, der Latinist und Gräzist Roger Ascham, den sich Elizabeth später nach Henrys und

Grindales Tod als Tutor selbst aussuchte, hatte wie Cheke das St. John's College besucht und stand zum Beispiel im Briefwechsel mit dem Straßburger Protestanten Jakob Sturm. Hinzu kamen das Umfeld der Königin und ihre eigenen Präferenzen.

Sie tat etwas für ihre Zeit äußerst Ungewöhnliches: Sie publizierte eigene Werke. In Buchform und unter ihrem eigenen Namen war das in England zu ihrer Zeit, wie Janel Mueller, die Herausgeberin der 2011 erschienenen Ausgabe ihrer Werke und Korrespondenzen,[6] feststellt, für eine Frau bis auf weiteres eine Erst- und Einmaligkeit. Vieles erschien erst nach Henrys Tod, und Catherine wusste, warum. Die Gebete, Psalmen und Meditationen, die sie verfasste, gehören zwar zur Tradition christlicher Erbauungsliteratur, in der der Abgrund zwischen der sündhaften Natur des Menschen und seiner Sehnsucht nach göttlicher Teilhabe thematisiert wird, sind aber durchzogen von lutherischem Gedankengut – «sola fide» vor allem und einer einschlägigen Auffassung der für Henry heiligen und völlig undiskutierbaren Eucharistie. Catherine bewegte sich ohnehin nahe am Feuer. Tatsache ist, dass die Königin in ihrem neu aufgestellten Haushalt nach ihrer Eheschließung mit Henry von Lutheranern umgeben war, glühenden Lutheranern zum Teil. Unter ihren Hofdamen waren sie besonders vertreten, etwa Brandons zweite Frau Katherine Willoughby, Herzogin von Suffolk, sodann Lady Elizabeth Hoby, Lord Lisles Gattin Jane Dudley oder Lady Margaret Butts. Reformierte Prediger wie Nicholas Shaxton, Hugh Latimer und Nicholas Ridley gingen in den Räumen der Königin ein und aus, hielten Lesungen und gestalteten Andachtsstunden mit reichlich Raum für Gespräche im Anschluss daran. War der Ruf Gottes, den Catherine vernommen hatte, als sie sich entschied, sich seinem Willen zu unterwerfen und Henrys Frau zu werden, ihrer Meinung nach ein Dienst an England, um das Land zum rechten Glauben zu führen? Eine Mission?

Die Aufgabe war mindestens so gewaltig und todesmutig, wie einen Samson zu zähmen. Da Henry ja eine solche Freude hatte an theologischen Debatten und durch seine körperlichen Einschränkungen von seiner sportlichen Freizeitgestaltung abgehalten war, mehr Muße hatte und notgedrungen mehr Zeit im Zimmer verbrachte als früher, nutzte Catherine das aus, las mit ihm und stieß diverse Debatten an. Das waren subtile Unterweisungen, unter der Vorgabe, in den Gesprächen von Henrys großartigen theologischen Kenntnissen profitieren zu wollen. Bei seiner Eitelkeit war Henry letztlich immer zu packen. Das Geschehen nimmt dennoch sehr wunder, denn es ist ganz undenkbar, dass Henry nicht wusste, was in den Räumen seiner Frau vor sich ging. Besonders eifrig ging Henry mit seinen erzkonservativen Helfern noch immer gegen die «*Sakramentierer*» zu Werke (eine Wortschöpfung Henrys), also die, die nicht an die Realpräsenz Christi in der Eucharistie glaubten. Bischof Gardiner, der gegenwärtig in den Räumen der Königin karikiert wurde, da Catherines Hofdame, die Herzogin von Suffolk, ihrem Schoßhund den Namen «Gardiner» gegeben hatte und sich köstlich amüsierte, wenn der Spaniel auf ihren scharfen Ruf hin angerannt kam, wies Henry immer wieder auf die Gefahrenherde hin, zum Beispiel die, die seiner Meinung nach von all den Bibelkreisen, Lese- und Diskussionszirkeln ausgingen, die nur entstehen konnten, weil man eine englische Bibel herausgebracht hatte. Gardiner hätte die Sache mit der englischen Bibel am liebsten rückgängig gemacht, doch dazu war es zu spät. Auch Henry schien es wohl manchmal, als ob er die Geister nicht mehr meistern könne, die er gerufen hatte. Seine Meinung zur englischen Bibelausgabe, die er aus philologischen Gründen befürwortete, während er zugleich immer der Meinung war, dass die Lektüre und die Verbreitung des Wortes Gottes einer privilegierten Schicht vorbehalten sein sollte, was nun auch in einem neuen Gesetzesakt verankert wurde, war von Anfang an ambivalent. In seiner letzten Parlamentsrede würde Henry unter anderem darüber klagen, dass «*das allerkostbarste Juwel, das Wort Gottes, jetzt in jeder Taverne, in jeder Bierkneipe disputiert, gereimt, gesungen und ausgepoltert wird*». Die Bibel selbst lesen hieß: selbst denken, hieß: Dinge in Frage stellen. Das war der Anfang vom Ende. Subversiv war das, der Keim zum Aufruhr.

Während er sich eine nicht ganz waschechte Olympierpose gab, über den Lagern thronend in unangefochtener und zugleich aufgeklärter Majestät, um an das Bild seiner frühen Jahre anzuknüpfen, als man in ihm einen «Augustus» gesehen hatte, zeigte Henry eine Willkür in seinen Verfügungen und eine Unberechenbarkeit, die geradezu System hatte. Nur wenige Monate vor seiner Eheschließung mit Catherine hatten Gardiner und Wriothesley, der Thomas Audley 1544 als Lordkanzler folgte, im königlichen Haushalt ein Ketzernest ausgehoben, bei den Musikern der St. George-Kapelle in Windsor. Da war unter anderem ein Organist namens John Marbeck, bei dem man ketzerische Schriften gefunden hatte, und so wurde er zum Tod durch Verbrennen am Pfahl verurteilt. Das überlegte sich der König dann aber kurzfristig anders, weil er das Orgelspiel des Mannes so schätzte und es nicht missen wollte. Solche Umschwünge und plötzlichen Begnadigungen, Ausdruck fürstlicher Willkür und Selbstherrlichkeit, dienten der nachhaltigen Machtdemonstration. Das hatte mitunter auch Showcharakter, und zwar traditionell. Je nach Todesart war der Verurteilte bereits am Pfahl angebunden, hatte den Kopf auf den Block gelegt oder den Hals in der Schlinge, als der Monarch aufsprang, dazwischenging und Gnade gewährte, im letzten Moment. Doch man wusste es vorher nie. Diese Unberechenbarkeit war despotisches Arsenal, und dieses setzte Henry auch ein, um mit den politischen Lagern in seinen Reihen umzugehen.

Als Gardiner ihm im April 1543 genügend Material vorgelegt hatte, um Cranmer der Ketzerei anzuklagen, lud Henry seinen Erzbischof zu einer Bootsfahrt auf der Themse ein. Er war gut gelaunt und bemerkte wie nebenbei: «*Ah, mein Kaplan, ich habe Neuigkeiten für Euch. Ich weiß jetzt, wer der größte Ketzer in Kent ist.*» Vielleicht folgte daraufhin Henrys berühmte martialische Lache. Cranmer war jedenfalls zu Tode erschrocken. Darauf bemerkte Henry (konspirativ, blinzelnd, sein Gegenüber jovial in die Rippen stoßend?), er wisse im Übrigen auch, dass sein Erzbischof beweibt sei. Am Ende der schönen Themsebootsfahrt gab er ihm einen Ring, einen Ring als Pfand seiner Gunst, der ihn schützen sollte vor den Machenschaften seiner Feinde am Hof. Auch Wolsey hatte einst einen solchen Ring von ihm bekommen. Dieser ominöse Ring wird immer wieder gern eingesetzt als effektvolles Leitmotiv in dramatischen Werken, Erzählungen, Filmen, wenn es um Henry geht und um Kardinal Wolsey. Aber er hatte dem Kardinal nichts genützt. Auch Cromwell, der keinen Ring bekommen hatte, aber aus der Haft an seinen König schrieb: «*Allergnädigster Fürst, ich schreie um Gnade, Gnade, Gnade!*», wurde von seinem gnädigsten Fürsten nicht erhört. Bei Cranmer ging es gut, vielleicht weil Cranmer ein nachgiebiger Charakter war, am Ende immer zu einer Geste der Unterwerfung unter seinen König bereit (wie auch Königin Catherine, allerdings weniger aus Nachgiebigkeit als dank ihrer respektvollen, gottesfürchtigen Natur). Henry rettete Cranmer ein zweites und ein drittes Mal vor seinen Feinden und ließ schließlich sogar Mrs. Cranmer nach England zurückkehren. Dagegen landete Gardiners Neffe und Sekretär 1544 mit der Begründung, er unterstütze die päpstliche Suprematie, nach einem Gegenschlag Cranmers auf dem Schafott.

Henrys absolute Macht erledigte all diese Hader und Aufsplitterungen mit einem Wink, und diese Winke entschieden leichthin über Leben und Tod. Nirgends findet das stärkeren Ausdruck als in dem Kupferstich des Antwerpener Künstlers Cornelis Matsys von Henry, 1544 entstanden: ein Sinnbild entarteter Macht. Die schmalen Augen des alten Königs sind zu bedrohlichen Schlitzen verengt, die Kinnbacken aufgebläht. Da Matsys vielleicht nie in England war und er seine Darstellung nicht am lebenden Objekt ausrichten konnte, ist vieles von der allgemeinen Vorstellung darin enthalten, die längst Verbreitung gefunden hatte, aus sicherem kontinentalen Abstand, wenn etwa Philipp Melanchthon Henry den *«englischen Nero»* nannte. Die Atmosphäre an Henrys Hof war eine Atmosphäre der Angst. Robert Hutchinson fasst diese Angst in seiner 2005 erschienenen Untersuchung der Intrigen, Konspirationen und Machtkämpfe an Henrys Hof in seinen letzten Jahren und Tagen ins Bild: *«Die Furcht vor plötzlichem Gunstverlust hatte jede Ecke dieser prächtigen Paläste und Häuser wie eine allgegenwärtige, aber unsichtbare Ansteckung durchdrungen. In einem Moment konnte man sich in hoher königlicher Gunst sonnen, im nächsten wurde man, des Hochverrats oder der Ketzerei angeklagt, vom Wachhauptmann abgeführt, begleitet von einer Reihe von Hellebardieren. Leben oder Tod, Armut oder Reichtum hingen nur an der jähzornigen Laune eines Königs, der von Schmerzen geplagt war sowie frustriert von seiner Immobilität und den Einschränkungen des Alters und seiner verschiedenen Leiden – oder aber an den heimtückischen Intrigen der politisch-religiösen Parteien an seinem Hof, die ihrem eigenen Streben nach Macht und Einfluss nachgingen.»*

Tückisch war, dass Henry manchmal auch jemandem Freundlichkeit vorspielte, um ihn kurz darauf zu vernichten. Ein Zug von angeborener Grausamkeit? Man hat ihm das im Rückblick gern attestiert. Psychopathische Züge hatte das Verhalten des Königs, vor allem im

Alter, gewiss, zumal seine destruktiven Anwandlungen manchmal wie aus dem Nichts kamen. Völlig irrationale Einschätzungen oder Entscheidungen konnten daraus hervorgehen, etwa wenn der König tobte und alle seine Räte als treulos bezeichnete, was man daran erkennen könne – ein Jahr nach Cromwells Hinrichtung –, dass man ihm unter Vorwänden und falschen Beschuldigungen den treuesten Diener genommen habe, den er je hatte, nämlich Thomas Cromwell. Auch das allgegenwärtige Misstrauen, wenn man will, ein Charakteristikum der Dynastie, entwickelte schließlich bei ihm eine manische Form, etwas Paranoides, und hier wurde Henry seinem Vater im Alter immer ähnlicher. Wo aber der Vater seine Untertanen lediglich finanziell geschröpft hatte, nahm Henry der Jüngere ihnen das Leben, und zwar in einem Ausmaß, das auch für sein Zeitalter über alle Grenzen ging. Man spricht von etwa siebzigtausend Hinrichtungen in Henrys Regierungszeit, und wenn in dieser Zahl auch zahllose Ahndungen von Bagatelldelikten enthalten sind, da das Strafrecht ridige war, was sich aber nicht wesentlich unterschied von den Ländern des Kontinents (wir erinnern uns an die gesellschaftskritischen Diskurse über Diebstahl und Todesstrafe in Morus' «Utopia»), wenn also kaum von nur politischen Todesurteilen gesprochen werden kann, so handelt es sich dennoch um eine überwältigende Größenordnung.

Warum so viel Blutvergießen? Reine Grausamkeit? Ausdruck der Deformationen eines enttäuschten Romantikers? Kindheitsbeschädigungen? Ein geistiger Grenzzustand am Lebensende? Ein Selbstläufer historischer Kausalitäten? Oder die Folgen eines Systems, dessen Versuchungen Henry blindlings erlag? Von alledem wird etwas zutreffen. Ist Henrys ungeheure Popularität daher nur eine Sicht aus der Retrospektive? Kaum, denn dieser charismatische Mann schaffte es wie kein anderer englischer König – dank seiner physischen Präsenz, seiner *«englischen Farben»*, seiner Ausstrahlung und seines Wirkungsbewusstseins, seines unbestreitbar «starken» Königtums, auch dessen, was haften blieb als Ergebnis seiner Regierungszeit, nämlich die Lösung von Rom, aus der sich die Umrisse der Nation herauskristallisierten, die sie bis heute ist, und seiner herrlichen Propaganda – sich dem englischen Volk einzuprägen als «sein» König, mit dem es sich identifizierte wie mit keinem zuvor. Da war man offensichtlich bereit, ihm viel zu verzeihen: die hohen Kriegssteuern, die vielen Hinrichtungen, dass er das einstmals so reiche Land, das ihm sein Vater übergeben hatte, durch seine Maßlosigkeit und seine Kriegsunternehmungen finanziell aushöhlte, die Perfidie und die Unberechenbarkeiten, die Glaubensverfolgungen nach beiden Seiten, die Miseren mit seinen Frauen ... Henry war und blieb eine nationale Identifikationsfigur, was immer er auch tat, und eine leichte Verschiebung der Wirklichkeit nahm man da zu seinen Lebzeiten und auch posthum ohne weiteres hin: Henry, der England den Protestantismus gebracht hat etcetera. Für die Coverdale-Bibel von 1535 hatte Hans Holbein die üppige Bildgestaltung der Titelseite geschaffen. Szenen aus dem Alten und Neuen Testament rahmen die Titelschrift ein. In der Mitte aber prangt der König im vollen Ornat, und während Apostel Petrus, der erste Bischof von Rom, die Pfingstpredigt hält und Moses die Gesetzestafeln entgegennimmt, ist es der König, das Haupt von Kirche und Staat, der seinem Volk das Wort Gottes schenkt, nämlich in seiner eigenen Sprache. Das «Gesetz zur Förderung der Wahren Religion» von 1543 machte diese schöne Volksgabe eigentlich hinfällig oder beschränkte sie auf die obersten fünf Prozent in der Seinskette. Nur Aristokraten, Gentlemen und Kaufleuten wurde es neben den Gelehrten (und natürlich dem König) gestattet, in der Bibel zu lesen, und das auch nur im Stillen, nicht öffentlich, nicht in Gemeinschaft. Frauen und Lehrlingen, der gesamten arbeitenden Bevölkerung, sofern sie alphabetisiert war, wurde die Bibellektüre gesetzlich verboten. In Henrys England musste es manchem scheinen, als ob der König auch durch die Gedanken der Menschen spaziere. Die Darstellung auf Holbeins Holzschnitt hat sich dennoch recht hartnäckig eingeprägt und Henry zu einem Heilsbringer gemacht. Erstaunlich genug.

Henry machte sich allmählich daran, sein Haus zu bestellen. Für seinen Sohn Edward und für die Zukunft des Landes hatte er einen besonderen Plan: England und Schottland unter der Herrschaft der Tudors vereinigt, indem er die kleine Maria Stuart, Königin von Schottland von ihrem sechsten Lebenstag an, mit Edward verheiratete. Eine durchaus vernünftige und sogar visionäre Idee, bedeutete sie doch ein Ende des Blutvergießens, der unablässigen Kriege zwischen Schottland und England. Aber den Stuarts passten die Bedingungen nicht, und das ist gut nachzuvollziehen. Denn Marie de Guise, die Mutter der kleinen Königin, hatte durchaus das Kleingedruckte gelesen und wollte ihr Kind außerdem nicht den Ketzern in Henrys Reihen nach dessen Ableben überlassen. Das Kleingedruckte beinhaltete, dass das Königreich Schottland so oder so an Henry und seine Nachkommen fiel, auch im Falle des vorzeitigen Ablebens der kleinen Königin, die man ihm, so will er es, nach Abfassung des Heiratsvertrags umgehend aushändigen soll. Letztendlich wurde die kleine Stuart, die Henrys Tochter Elizabeth noch ziemlich viel Kopfzerbrechen bereiten sollte, in einer Nacht- und Nebelaktion nach Frankreich geschmuggelt und dort mit dem rachitischen Dauphin verlobt. Das war aber erst nach Henrys Zeit. Es blieb bei der schottisch-französischen Allianz und bei der schottisch-englischen Feindschaft, und zwar bis auf weiteres.

Henrys letzte Jahre verzeichnen auch hier einen traurigen Höhepunkt. Immer wieder hatte es bis dato Scharmützel an der englisch-schottischen Grenze gegeben. Im Herbst 1542 wollte Henry das Problem Schottland einer finalen Lösung zuführen, und so schickte er Norfolk mit einer gigantischen Armee über die Grenze, die Städte und Dörfer niederbrennen ließ und ein Zeichen setzte. Einen Monat später, am 24. November, erfolgte der Gegenschlag, die Schlacht von Solway Moss, bei der 18 000 schottische Soldaten auf eine Einheit von nur 3000 Mann trafen, von dieser aber in die Flucht geschlagen wurden. James V. hatte von einem Hügel aus die erschütternde Niederlage seiner Armee mitangesehen. Als er nur drei Wochen später als Dreißigjähriger starb, nachdem seine Gemahlin Marie de Guise – eine weitere Enttäuschung für James – ein Mädchen geboren hatte, hinterließ er seiner sechs Tage alten Tochter die Krone und seiner hochherzigen Gattin, die fast Henrys Frau geworden wäre, Sorge und Kampf um ein bald nahezu ausgeblutetes Land. Henry begann darauf sofort mit seinen Vorstößen bezüglich einer Heirat zwischen Mary und Edward. Am 1. Juli wurde sogar ein Heiratsvertrag abgefasst, doch das Projekt stieß auch bei der schottischen Bevölkerung auf heftigen Widerstand. Nach weiteren Unruhen in den Grenzregionen wurde der Vertrag im September von den Schotten gelöst.

Henry startete nun einen Kriegszug nach Schottland mit vollem Einsatz. Am 7. und 8. Mai 1544 brannten englische Truppen Edinburgh nieder, und etwa zur gleichen Zeit schickte sich der englische König an, Schottlands Verbündeten Frankreich im Bündnis mit Kaiser Karl einen endgültigen Stoß zu versetzen. Er plante zum vierten und letzten Mal eine Invasion Frankreichs, und diese Kriegszüge, allesamt fremdfinanziert, gaben Henrys Staatskasse buchstäblich den Rest. Es gibt Historiker, die vermuten, Henrys Herrschaft habe in so hohen Schulden geendet, wie sie einmal im Reichtum begann. Zum Entsetzen seiner Ärzte und seiner Staatsräte, wahrscheinlich auch von Königin Catherine, wollte Henry seine Armee selbst anführen, obwohl er zu dem Zeitpunkt schon so hinfällig war, dass er sich kaum noch bewegen konnte. Unmittelbar vor der geplanten Abreise wurde er dann auch wieder von Fieberschüben gepackt und infolge der chronischen Infektion seiner Beine wochenlang lahmgelegt. Die Ursachen dafür können vielfältig sein: ein «offenes Bein» als Begleitsymptom von Diabetes, offene Krampfadern, nicht zuletzt auch hervorgerufen, wie ein Autor vermutet, von der Schnürung des unterhalb seines Knies getragenen Strumpfbands, das der König als Ritter des Hosenbandordens und aus modischen Gründen, um seine Waden zu betonen, so gerne trug, eine möglicherweise tiefer liegende Venenthrombose, was eine frühere Krankheitsperiode erklären würde, oder eine Knochenmarkentzündung als Folge seines Turnierunfalls vor vielen Jahren.

Wie auch immer, die Medizin seiner Zeit konnte dem Problem letztlich nicht beikommen. Im Wesentlichen aufgebaut auf der antiken Säftelehre, muten die Behandlungsmethoden der Zeit und gewisse medizinische Überzeugungen nicht gerade gesundheitsfördernd an, allein schon die Auffassungen über gesunde Ernährung. Unverarbeitetes Obst galt als verpönt. Es wurde zwar dargereicht bei den großen Banketten, aber das war mehr für die Damen oder als spielerischer Happen für zwischendurch. Ansonsten glaubte man, dass man davon Durchfall und Fieber bekomme und dass es dem Säftehaushalt nicht diene, ebensowenig grünes Gemüse, Rüben oder Karotten, denn davon wurde man angeblich melancholisch. Was blieb, war vor allem Fleisch, Fleisch, Fleisch, in jedweder Form und in durchaus raffinierter Verarbeitung. Henry litt an Obstipation, wie man weiß – kaum verwunderlich. Ein Autor vermutet bei ihm sogar Skorbut infolge chronischen Vitaminmangels. Gegen Gefräßigkeit und siebzig Kilo Übergewicht kann indessen auch die heutige Medizin wenig ausrichten, es sei denn mit erzwungenen Abspeckmaßnahmen. Die Folgeerkrankungen sind jedenfalls häufig irreversibel. Es zeugt von einem gigantischen Willen, dass Henry sich unter solchen Voraussetzungen zu diesem Kriegszug auf den Kontinent aufmachte, wenn es auch etwas Groteskes und in mehrfacher Hinsicht Vergebliches hat. Es bedurfte unendlicher Anstrengung, den König in seiner herrlichen, neu angefertigten Rüstung aufs Pferd zu bekommen, und es ist fraglich, wie lange er sich dort hätte halten können, von einer Kampfsituation gar nicht zu sprechen.

Auf dem Kontinent angekommen, richtete der König sein Hauptquartier in Calais ein und entsandte zwei Heere gegen seinen alten Rivalen François. Der König der Franzosen hatte die Syphilis; auch sein Leben neigte sich allmählich dem Ende zu. Im September nahm Henry unter Suffolk Boulogne ein, dann fiel Montreuil. Die Belagerung von Montreuil unter Norfolk musste allerdings abgebrochen werden, weil Henry wieder einmal von seinem Bündnispartner betrogen wurde, da Kaiser Karl im September mit dem französischen König einen Separatfrieden schloss und ein französisches Entsatzheer, gegen das Norfolks Heer machtlos gewesen wäre, immer näher rückte. Am 30. September trat Henry die Rückreise an, und es war eine Heimkehr im Triumph, so mager seine Ausbeute auch war. Der französische Krieg setzte sich noch die nächsten zwei Jahre fort, infolgedessen begegnete der englische König der Invasionsgefahr durch die Franzosen mit massiven Vorkehrungsmaßnahmen (Absicherungen der Küsten, Ausbau der Kriegsflotte). Aber das Ende des Krieges wurde schließlich durch Henrys finanzielle Erschöpfung herbeigeführt. Bei den letzten Einsätzen noch von Bankiers aus Antwerpen gedeckt, musste ihm Lordkanzler Wriothesley im April 1546 achselzuckend mitteilen: «*Die Mine ist ausgeschöpft (trockengelegt).*» Der Versuch, ein weiteres Darlehen über die Fugger zu bekommen, war daran gescheitert, dass die Fugger ohne Sicherheiten nicht bereit dazu waren. Sie forderten eine Absicherung per Parlamentsbeschluss, dass die Rückzahlung gewährleistet sei, und so tief wollte Henry nicht fallen. Anders ausgedrückt: Englands König war nicht mehr kreditwürdig.

Zurückgekehrt von seinem letzten kriegerischen Unternehmen in Frankreich, ging es mit Henrys Kräften und seinem Gesamtbefinden rapide bergab, vor allem im kommenden Frühjahr, als er eine fast dreimonatige Krankheitsperiode mit Fieberausbrüchen durchmachte. Angeblich litt Henry auch an Malaria, was die Fieberanfälle erklären würde, und zwar nicht nur infolge der Beininfektion. Chapuys, der bald aus Altersgründen seinen Botschafterposten verlassen sollte und seine Abreise plante, berichtet, Henry habe depressiv und gebrechlich gewirkt, als er ihn zum letzten Mal sah, und geäußert, er habe sich zehnmal besser im Felde gefühlt als seit seiner Rückkehr. Manchmal saß er stundenlang melancholisch auf einem Stuhl und ließ sich nur ankleiden, um die Messe zu hören. Königin Catherine, die schon hinreichend Erfahrungen hatte mit siechen Ehemännern, machte mit diesem Ehemann Nummer Drei, zu dem Gott sie berufen hatte, ihrem persönlichen Motto alle Ehre, das da lautete: «*In allem, was ich tue, nützlich zu sein.*» Henry hatte sie für die Zeit seiner Abwesenheit während des französischen Feldzugs zur Regentin erklärt, und wie früher Katharina von Aragón, Henrys erste Frau, hatte Henrys sechste Frau in den wenigen Monaten der Kampagne die Regierungsgeschäfte in England geführt, freilich unter permanenter Korrespondenz mit dem König und mit seiner Absegnung jeder kleinsten Entscheidung. Wie ihre Vorgängerin hatte auch sie Geschmack am Regieren gefunden. David Starkey vermutet, dass Königin Catherine für Elizabeth, die in dieser Zeit mit ihrer Stiefmutter in Chelsea zusammenlebte, ein erstes Rollenmodell für eine regierende Königin war. Dass es also überhaupt möglich war. Ein kleiner Blick vielleicht in ihre eigene Zukunft.

Vor seiner Abreise hatte Henry sein Testament gemacht und die Erbfolge geregelt, und das war durchaus eine kleine Sensation, implizierte diese doch auch eine weibliche Thronfolge. Die Reihenfolge sah vor: Edward und seine Nachkommen aus einer rechtmäßigen Ehe, Mary und ihre Nachkommen aus einer rechtmäßigen Ehe sowie Elizabeth und ihre Nachkommen aus einer rechtmäßigen Ehe. Über den Status dieser Töchter infolge ihrer Bastardisierungen schweigt sich das Testament allerdings aus. Weiter ginge es dann mit den Nachkommen von Henrys jüngerer Schwester Mary aus ihrer Ehe mit Suffolk. Die Nachkommen seiner älteren Schwester Margaret ließ Henry ganz außer Acht, da er nicht vorhatte, England und Schottland unter der Herrschaft der Stuarts zu vereinigen. So wie es aber nun um ihn stand, musste sich Henry eigentlich allmählich bewusst machen, dass er seinen Sohn Edward nicht mehr heranwachsen sehen würde, um das Zepter einem erwachsenen Mann übergeben zu können. Diese Gedanken machte er sich aber vermutlich nicht bewusst, da er sich weigerte, seine Hinfälligkeit zu akzeptieren und bis wenige Monate vor seinem Tod noch an die Regeneration seiner Vitalkräfte glaubte. Seine Umgebung befand sich deswegen aber in beträchtlicher Sorge. Zu Catherines Enttäuschung würde Henry sie nicht als Regentin anstelle seines unmündigen Sohnes einsetzen – teilweise nachzuvollziehen, da sie ja nicht seine leibliche Mutter war. Alle drei Kinder Henrys liebten ihre Stiefmutter, und Henry war stolz auf seine Frau, förderte sogar ihre noch zu seinen Lebzeiten auf den Weg gebrachten Publikationen. Normalerweise hielt sich die letzte von Henrys Königinnen an ihre vorgegebenen Grenzen. Sie zeigte Demut und die äußere Gefügigkeit der untergebenen Gattin. In ihrer Schrift «The Lamentations of a Sinner» («Wehklagen einer sündigen Seele») preist sie Henry, *«meinen höchsten Herrn und König»,* posthum als Erlöser des englischen Volkes, und sie vergleicht ihn mit Moses, der sein Volk aus der Gefangenschaft führte und es befreite, dort aus der Knechtschaft des Pharaos, hier aus der Tyrannei des Bischofs von Rom.

Aber ihr Vorgehen war eine Gratwanderung. Henrys letzte Frau überlebte nur um Haaresbreite, denn dieser König, auch der liebende Gatte, war in seiner Endphase komplett unberechenbar, und das Intrigengespinst seines Hofstaates war in seiner Wahrnehmung so virulent geworden, dass es nur eines Anstoßes bedurfte, um die Vernichtungsmaschinerie in eine Richtung in Gang zu setzen, die man dem König als Gefahrenherd für den inneren Frieden, für seine verordnete Religion und für das Staatswesen darstellte. Den Bericht von Catherines Geschichte und Beinahe-Sturz haben wir nur aus der Feder des Humanisten John Foxe, der sich zur Lehre Calvins bekannte und unter Elizabeth eine Geschichte protestantischer Märtyrer schrieb. Es ist also sicher eine parteiische Sicht mit tendenziösen Akzenten, doch an der Authentizität dieser Quelle wird in der Forschung eigentlich nicht gezweifelt. Die Geschichte hat etwas von der Widerspenstigen Zähmung, wie es ja auch ein unerwünschter Nebeneffekt war, dass in dieser Zeit des Bildungsbooms für Frauen der oberen Gesellschaftsschicht, der seine

Wurzeln im Humanismus hat, die belesenen und von der neuen Lehre zum Denken inspirierten Frauen im einen oder anderen Fall eigene Wege gingen und ihren Männern nicht mehr gehorchten. Das, was Henry (zu Recht) für sein Staatswesen befürchtete, das galt eben auch für die Ordnung im familiären Bereich: Sobald man die eine Autorität, nämlich die des Papstes, in Frage stellte, folgten möglicherweise andere nach.

Da war der beeindruckende, tragische Fall der Anne Askew, einer jungen Frau mit zahlreichen Beziehungen an den Hof, wahrscheinlich auch zur Königin, die am 24. Mai 1546 wegen Ketzerei inhaftiert wurde. Man hatte sie bereits im Vorjahr ins Kreuzverhör genommen, doch sie hatte sich mit Argumenten und einer unschlagbaren Eloquenz vorläufig retten können. Ihr Mann hatte sie, heißt es, wegen ihrer extremen religiösen Ansichten verstoßen, nachdem sie sich zu Hause in Lincolnshire mit der lokalen Priesterschaft angelegt hatte. Das konnte aber durchaus auch umgekehrt sein. Eine Frau, die der königlichen Justiz die Stirn bot, mit einem Todesmut, der sich noch zeigen würde, war auch imstande, ihren Mann zu verlassen. Beispielsweise weigerte sie sich, den Namen ihres Mannes zu tragen und trug weiterhin ihren Geburtsnamen Askew. Im Tower wurde Anne Askew dann endlos verhört, unter anderem über ihre Kontakte zu den Hofdamen der Königin, die Kanzler Wriothesley und Gardiner schon lange suspekt waren. Über ihre religiösen Ansichten befragt und schließlich, obwohl dies für eine Frau ihres Standes gar nicht legal war, grässlich gefoltert, machte sie keinerlei Zugeständnisse oder Anstalten zum Widerruf. Bezüglich der Realpräsenz Christi während der Messe antwortete sie: «*Ich habe gelesen: Gott schuf den Menschen, aber dass ein Mensch Gott schaffen kann, habe ich nirgendwo gelesen und werde ich vermutlich auch niemals irgendwo lesen.*» Was ihre Hofkontakte anging, so hielt sich die Angeklagte ziemlich bedeckt, so erreichten ihre Peiniger auch hier nicht ihr Ziel. Grauenhaft zugerichtet, verkrüppelt durch die Folterungen im Tower, da sie am Ende weder laufen noch stehen konnte, wurde Anne Askew schließlich am 16. Juli in Smithfield verbrannt.

Noch im Verlauf des Verfahrens gingen die Traditionalisten in Henrys Reihen jedoch noch viel weiter: Sie wollten die Königin mit ihren Sympathien für Häretiker zu Fall bringen. Anne Askew war dazu gewissermaßen nur ein Präludium. Bischof Gardiner nutzte in diesen sommerlichen Wochen, als Henry die unerhörten Folterungen Anne Askews zu Ohren kamen, gegen die er aber nichts unternahm, einen günstigen Moment, um seinem König einzuflüstern, er nähre mit seiner Königin «*eine Schlange an seinem Busen*». Nach einem religiösen Disput mit seiner Frau soll Henry Gardiner gegenüber geäußert haben, das seien ja herrliche Zustände, dass die Frauen sich zu Gelehrten entwickelten, und wie es ihm Verdruss bereite, sich auf seine alten Tage von seiner Frau belehren zu lassen, worauf Gardiner, hocherfreut über diese Gelegenheit, ihn zur Seite nahm und ihm bedeutete, er habe möglicherweise noch sehr viel mehr Anlass zum Verdruss. Es besteht eigentlich gar kein Zweifel daran, dass Henry daraufhin alle formalen Schritte in die Wege leitete, um Catherine verhaften zu lassen. Mit welchem Hintergedanken er aber dies und schließlich das Gegenteil tat, bleibt einigermaßen spekulativ. Wollte er seine Leute auflaufen lassen, um wieder die über allen stehende königliche Autorität zu bekunden, eine Seite gegen die andere ausspielen, sehen, wie weit er gehen konnte, Aufklärung über die Loyalität seiner Ehefrau erlangen oder Catherine einfach nur warnen?

So oder so ist das Spiel, das er trieb, äußerst perfide. Ein Machtspiel mit sadistischen Zügen und ein weiteres Zeichen dafür, dass dieser König an der Grenze der Zurechnungsfähigkeit war, aber durchaus in der Lage, komplex und strategisch zu planen. Wie zufällig, so vertraute er es einem seiner Geistlichen, Dr. Wendy, an, wurde eine Abschrift der Anklage im Korridor der Wohnräume Catherines fallen gelassen, worauf die Königin informiert war und – verständlicherweise – in Panik geriet. Sie suchte umgehend den König auf, in nackter Angst, außer sich, und fand ihren Ehemann in der Stimmung, weitere theologische Dispute mit ihr vom Zaun brechen zu wollen, um sie zu testen. Catherine nun war nicht in dieser Stimmung, sondern warf sich ihrem König und Gemahl vor die Füße. Sie sei nur eine törichte Frau, schluchzte sie – so schildert es Foxe –, mit allen Unvollkommenheiten und Schwächen ihres Geschlechts ausgestattet, und so würde sie es sich auch niemals anmaßen, ihre eigene Urteilskraft über die Weisheit seiner göttlichen Majestät zu stellen, da er ja der Höchste auf Erden sei, gleich nach Gott. Henry sagte: «*Du bist ein Doktor geworden, Kate, um Uns zu unterweisen, wie Wir es verstehen und nicht, um von Uns unterwiesen zu werden.*» Darauf insistierte sie nur noch mehr, um ihr Leben kämpfend, wie es ihr scheinen musste: «*Wenn ich mir anmaßte, mit Eurer Hoheit in Fragen der Religion auseinanderzugehen, so diente das teilweise dazu, meine eigenen Zweifel in verschiedenen Punkten auszuräumen.*» Niemals dürfe eine Ehefrau ihren Mann belehren, der ihr Haupt sei, ihr Herr. Auch habe sie ihn, ihren Herrn, mit den Gesprächen von den Schmerzen in seinem Bein ablenken wollen und habe nebenbei von seinem theologischen Wissen immens profitiert. Der König nahm sie gerührt in den Arm und sagte: «*Ist das so, Sweetheart? Dann sind wir wieder vollkommene Freunde.*» So John Foxe, der Sammler und Chronist protestantischer Märtyrer. Zweifellos authentisch ist die folgende Szene am folgenden Nachmittag im königlichen Privatgarten, hatte sie doch mindestens vierundvierzig überlebende Zeugen: König und Königin saßen mit drei von Catherines Ladies im Garten, als Kanzler Wriothesley sich näherte, begleitet von vierzig Wachsoldaten, um zur vereinbarten Zeit die Verhaftung der Königin vorzunehmen. Henry, der davon nichts mehr wissen wollte, die Verhaftung aber zweifellos angeordnet hatte, schrie Wriothesley an: «*Schurke! Bestie! Narr!*» und: «*Aus den Augen!*», worauf Wriothesley sich demütig zurückzog und einmal mehr über die Unberechenbarkeit seines Königs belehrt wurde. Catherines Position war darauf stärker denn je, und die Traditionalisten verloren sehr merklich an Macht.

Bei aller Perfidie, aller Berechnung, allen Parteihadern, die hier eine Rolle gespielt haben mochten: Henry hatte offenbar keine Kraft mehr, eine weitere Ehefrau aufs Schafott zu befördern. Wahrscheinlich wusste er auch, dass er keine Zeit mehr haben würde, sich eine neue zu suchen. Auf der anderen Seite des Ärmelkanals saß sein alter Rivale, der König von Frankreich, und dieser hatte eine Mätresse, die eine glühende Lutheranerin war: die Herzogin von d'Etampes. Wie es der englische Botschafter schildert, versicherte sie ihrem Herrn aber unentwegt, dass er ein Gott auf Erden sei, dass niemand ihm etwas anhaben könne und diejenigen, die seine Göttlichkeit leugneten, dies nur aus Selbstsucht täten und aus Verblendung. Das war die Sprache, die man mit königlichen Ehemännern oder Liebhabern anwenden musste, und diese waren damit anscheinend völlig zufrieden.

Einen französischen Invasionsversuch hatte Henry im Vorjahr zurückgeschlagen. Dabei hatte Henry vor Ort, in Southhampton, sein herrliches Kriegsschiff, die «Mary Rose», sinken gesehen. Das war ein Schockerlebnis auf seine alten Tage, ebenso wie die Belehrung durch seine Frau. Zum Friedensschluss von Camp zwischen Frankreich und England ritt Prinz Edward, der Thronfolger, am 23. August den französischen Delegierten bis Hounslow in Middlesex entgegen, um sie anstelle seines Vaters, der nicht mehr in der Lage dazu war, offiziell zu empfangen. Edward war erst acht Jahre alt, aber er beeindruckte ungemein mit seiner frühreifen Intelligenz, seiner Würde und Sicherheit.

Bei einem Festbankett in Hampton Court wurde Henry von Cranmer und Admiral d'Annebaut gestützt. Aber er provozierte an diesem Abend nicht nur die französischen Staatsgäste, sondern auch seine Hofleute, wenigstens die Traditionalisten, und noch so einige mehr, dazu auch die Nachwelt, die sich bis heute in Rätseln ergeht, ob der König nicht am Ende doch richtig «evangelisch» geworden ist. Man solle endlich die «*wahre Religion*», so Henry, in England und Frankreich einführen und die Heilige Messe in eine Kommunionsfeier umwandeln. Auch Kaiser Karl solle das tun. Zunächst müsse das freilich bedeuten, den Supremat des Papstes zurückzuweisen. Alle in Europa, meinte also Henry, sollten das tun. Alle Könige, sämtliche Herrscher sollten den Supremat des Papstes zurückweisen.

Zum Schluss neigte sich das Pendel seiner Fraktionen am Hof in die reformatorische Richtung, was eindeutig damit zu tun hatte, dass diese sein königliches Supremat immer verteidigt hatten – und damit hatte schließlich alles angefangen. Cranmer blieb bis zum Schluss in Henrys Gunst und gab dem sterbenden König die Letzte Ölung (!). Aber Gardiner wurde gestürzt, und die Howards wurden gestürzt, also die weltlichen und geistlichen Führer der katholischen, konservativen Fraktion. Gardiner hatte einem Austausch bischöflicher Ländereien nicht zugestimmt; wenigstens war das der Vorwand für seinen Gunstverlust. Er wurde später nicht einmal im königlichen Testament erwähnt, worauf einer seiner Anhänger an Henrys Sterbebett kam, um den König an die treuen Dienste des Bischofs von Winchester zu erinnern. Sicher sei es ein Versehen, dass Gardiner nicht erwähnt worden sei. Schwach, wie er war, antwortete Henry: «*Ich habe ihn gut genug in Erinnerung und habe ihn mit Absicht ausgelassen. Denn eines ist sicher: Er würde euch alle in die Tasche stecken, und ihr würdet niemals mit ihm fertig wer-*

den.» In Wirklichkeit waren es andere, die alles an sich rissen. Henrys Verfügung, dass ein Regentschaftsrat, bestehend aus sechzehn Männern, England regieren solle, solange Edward noch minderjährig war, wurde rundheraus übergangen. Edwards gleichnamiger Onkel, der Bruder seiner Mutter Jane Seymour, ließ sich nämlich zum «Reichsprotektor» mit den Befugnissen eines Vizekönigs ernennen. Das war der Anfang erbitterter Machtkämpfe, unter anderem auch mit dem Bruder des Lordprotektors, neuerdings «Thomas Seymour of Sudeley», den Henrys Witwe in nahezu unanständiger Hast heiratete, sobald der König unter der Erde lag. Sie wurde umgehend schwanger und starb an den Folgen der Geburt ihres Kindes. Thomas Seymour selbst stolperte über eine gefährliche Liaison mit Henrys dreizehnjähriger Tochter Elizabeth, die Catherine in den gemeinsamen Haushalt aufgenommen hatte, sowie über damit verbundene Staatsstreiche. Während der Regentschaft seines Bruders verlor der schöne Tom seinen Kopf und Elizabeth ihre Unschuld, mindestens auf einer seelischen Ebene.

Was die Howards angeht, so wurde Norfolks Sohn, der Graf von Surrey, etwa sieben Wochen vor Henrys Tod inhaftiert, weil er das Wappen Edwards des Bekenners in seinem Familienwappen trug, ein Privileg, «*das nur dem König und seinem Reiche gebührt*». In Wirklichkeit war es wohl der spätere Lordprotektor, der ihn zu Fall brachte und sich auf diese Weise schon seine Demarkationslinie absteckte. Die «Upstarts» gegen den alten Adel, das alte Spiel. Die Anklage gegen Surrey lautete: Hochverrat, und verhaftet wurde im Zuge dessen auch Surreys Vater, der Herzog von Norfolk. Norfolk unterschrieb am 12. Januar 1547 im Tower folgendes Schuldgeständnis: «*Ich, Thomas, Herzog von Norfolk, bekenne, den König beleidigt zu haben, indem ich verschiedentlich Personen in seinen Geheimen Rat einweihte, die für den König und seine Angelegenheiten eine Gefahr darstellten. Außerdem habe ich den Hochverrat meines Sohnes gedeckt, indem ich seine verwerfliche Handlung, das Wappen Edwards des Bekenners zu nutzen, das nur dem König dieses Reiches zusteht und auf das genannter Graf keinerlei Anspruch erheben kann, verheimlicht habe. Ich selbst habe zudem, ohne dazu autorisiert worden zu sein, seit dem Tod meines Vaters im ersten und hauptsächlichen Geviert meines Wappens das Wappen von England getragen, mit dem Unterschied von drei Silberemblemen, welches ei-*

gentlich das Wappen meines fürstlichen Herrn ist. Ich gestehe mein Verbrechen, das nicht weniger als Hochverrat ist, und obwohl ich es nicht verdiene, bitte ich Seine Hoheit untertänigst um Gnade und Mitleid. Ich werde täglich zu Gott beten für den Erhalt seiner noblen Nachfolge.» Norfolk entging dem Todesurteil, weil sein gnädiger Fürst vor der Vollstreckung ins Koma fiel. Seinen Sohn Surrey aber hatte man am 19. Januar hingerichtet. Er hatte auf «nicht schuldig» plädiert. Surreys Anklage war aufgebaut auf einer schönen Präambel, die da lautete: «*Wer immer mit Worten, Schriften, Drucken oder anderen Handlungen irgendetwas zum Schaden der Person des Königs begeht oder Gelegenheit gibt, wodurch der König und seine Nachfolger in ihrem Besitz der Krone gefährdet werden, wird des Verrats angeklagt.*» Die Howards waren im nächsten Regime sowieso ausgeschaltet, aber der alte Norfolk blieb die nächsten sechs Jahre im Tower und wurde erst unter Königin Mary wieder befreit. Er starb mit 82 Jahren – in seinem Bett.

Der Tod des Königs in den frühen Morgenstunden des 28. Januar ist von einigen Dunkelheiten umhüllt, denn nur wenige Leute hatten in diesen letzten Tagen und Wochen noch Zugang zu ihm, auch die Königin nicht, die Henry schon Weihnachten in eine andere Residenz, nach Greenwich geschickt hatte, was wohl nicht zuletzt damit zusammenhängt, dass er ihren Einfluss auf die Regentschaft nach seinem Ableben im Vorfeld verhindern wollte. Er änderte sein Testament, doch unterschrieb es nicht. Bis heute ist nicht vollständig klar, welche Version zu guter Letzt eingesetzt wurde. Die Stuarts bauten später ihre Argumentationen in ihren bekundeten Ansprüchen auf den Thron Englands darauf auf, dass die vorliegende Version von Henrys Testament, die ihre Linie ausließ, nur mit einem Stempel versehen war und somit nicht dem eigentlichen letzten Willen des Königs entsprach. Der Stempel in zweierlei Form war jedoch in den letzten Regierungsjahren des Königs eine bequeme und vollkommen rechtsgültige Praxis geworden, die ihm das lästige Unterschreiben ersparte. Da niemand den Tod des Königs voraussagen durfte, denn das galt als Hochverrat und wurde entsprechend geahndet, traute sich niemand, von seinem möglichen Ende zu sprechen. Henry war bis einen Tag vor seinem Tod bei Bewusstsein und nahm immer noch Anteil an seiner Umgebung. Aufgetürmt auf seinen Kissen, besprach er am 27. Januar sogar noch einige Staatsange-

HENRYS TOCHTER ELIZABETH IM ALTER VON 13 JAHREN.
Anonymes zeitgenössisches Gemälde, 1542–47

legenheiten mit seinen Räten. Am 19. Januar hätte eigentlich Edwards Investitur zum «Prince of Wales» stattfinden sollen, und Henry glaubte, dass er das nur verschiebe. Anthony Denny, sein erster Kammerherr und «*Groom of the Stool*» (das ist wörtlich zu verstehen und heißt: «*Toiletten-Assistent*», ein äußerst einflussreicher Posten, verantwortete er doch zugleich den gesamten Privatbereich des Königs sowie den Zugang zu ihm), fasste sich schließlich ein Herz und sprach das Unaussprechliche aus: Nach menschlichem Ermessen werde der König nicht mehr lange leben, so Denny. Ob er die Beichte ablegen wolle und seine Sünden bekennen. Henry murmelte, die Gnade von Jesus Christus sei imstande, ihm alle seine Sünden zu vergeben, wenn sie auch größer seien als bei anderen. Ob er einen Geistlichen sehen wolle. Er wolle den Dr. Cranmer, so Henry, aber erst wolle er ein bisschen schlafen. «*Und dann, wenn mir danach ist, werde ich Euch darüber benachrichtigen.*» Das waren die letzten Worte des Königs. Als Cranmer kam, war er bereits nicht mehr ansprechbar. John Foxe, der Chronist, schreibt bezeichnenderweise kein Wort von der Letzten Ölung, die Cranmer ihm spendete. Henry glaubte inbrünstig ans Fegefeuer, war aber wohl sicher, dass er davon nicht betroffen sei. Der hinscheidende König starb jedenfalls gewiss in dem Bewusstsein, ein guter Katholik und Diener Gottes gewesen zu sein. Wenig Demut und Sündenbewusstsein sind in den persönlichen und spirituellen Ausführungen seines Letzten Willens zu finden. Die Heilige Jungfrau und alle himmlischen Heerscharen sollen für seine Seele beten, meint er, auf dass der Übergang zum ewigen Leben so bald als möglich erfolge.

Der neunjährige Edward, ein großgewachsener, schlanker und blonder Junge, ein Kindkönig in einer unzumutbaren Rolle, hatte nur noch sechs Jahre vor sich, und Mary würde sich in den lediglich fünf Jahren ihrer Regentschaft den Beinamen «die Blutige» erwerben. Unter anderen Umständen und mit einer anderen Vorgeschichte hätte auch sie aller Wahrscheinlichkeit nach ihre hervorragenden Anlagen günstig entfalten können. Und dann kamen die 44 Jahre unter Elizabeth, die ohne Nachfolge blieb, krönender Abschluss der Tudors, deren Herrschaft in der Schlacht bei Bosworth mit Elizabeths Großvater Henry Tudor begonnen hatte. Neville Williams vergleicht den Sieg in Bosworth, durch den die Tudors an die Macht kamen, hinsichtlich seiner Bedeutung mit der Krönung Karls des Großen für das kontinentale Europa oder mit der Französischen Revolution.

Das Beste, was Henry gemacht hat, war vielleicht seine Tochter Elizabeth. Aber diese, als das, was sie war, nämlich ein Mädchen,

EDWARD VI.
HENRYS SOHN EDWARD AUS SEINER EHE
MIT JANE SEYMOUR.
William Scrots, 1546

MARY I., HENRYS ÄLTESTE TOCHTER.
Master John, 1544

außerdem ja auch zu fünfzig Prozent ein Produkt ihrer Mutter, war gar nicht beabsichtigt, ganz und gar war sie das nicht. Sie war genauso wenig beabsichtigt wie Henrys sonderbare Reformation.

ZEITTAFEL

1485: Henry Tudor, Graf Richmond, besiegt in der Schlacht bei Bosworth Richard III.
Am 30. Oktober wird er als Heinrich VII. zum König von England gekrönt. Beginn der Tudor-Ära.

1486: 18. Januar: Henry heiratet Elizabeth of York, die eigentlich rechtmäßige Thronerbin nach dem mysteriösen Verschwinden ihrer beiden Brüder, der «Prinzen im Tower». Die «Tudor-Rose» steht für die friedliche Vereinigung der bis dato rivalisierenden Häuser Lancaster und York (rote und weiße Rose) und bezeichnet das formelle Ende der «Rosenkriege».
September: Geburt des Kronprinzen Arthur, Prinz von Wales.

1491: 28. Juni: Geburt Henrys, nach Arthur der zweite Sohn und das dritte Kind des Königspaares, in Greenwich bei London. Zwei Schwestern, Margaret und Mary, erreichen mit Henry das Erwachsenenalter.

1494: Der dreijährige Henry wird Herzog von York, Schutzherr der schottischen Grenzmarken und 1495 Ritter des Hosenbandordens.

1499: Thomas More, Lord Mountjoy und Erasmus von Rotterdam treffen den achtjährigen Prinzen Henry mit seinen königlichen Geschwistern in Eltham Palace. Der aufgeweckte Prinz fordert die Gelehrten zu spontaner literarischer Produktion ihm zu Ehren auf.

1501: 14./15. November: Kronprinz Arthur heiratet in London Katharina von Aragón.

1502: 2. April: Tod des erst fünfzehnjährigen Prinzen Arthur.

1503: Henry, nun der Erste in der Thronfolge, wird Prinz von Wales.
23. Juni: Ferdinand von Spanien und Henry VII. schließen einen Heiratsvertrag zwischen Henry und Katharina, der verwitweten Prinzessin von Wales.
26. Dezember: Päpstlicher Dispens für die Heirat der ehemals verschwägerten Brautleute.

1505: Das Verhältnis der Brautväter Henry und Ferdinand verschlechtert sich zusehends, so dass Henry seinen 14-jährigen Sohn öffentlich Einspruch gegen den Heiratsvertrag mit Katharina erheben lässt. Katharina lebt unter immer schlechteren Bedingungen und mit ungewissen Aussichten weiter in England.

1505/06: Erasmus in England.

1509: 21. April: Tod Heinrichs VII. Sohn Henry wird König von England.
11. Juni: Der noch nicht 18-jährige Henry heiratet die 24-jährige Katharina von Aragón und wird zwei Wochen später mit seiner Königin feierlich als Heinrich VIII. in London gekrönt.
Enthusiastische Begrüßung des jungen Königs, nicht zuletzt durch die humanistischen Gelehrten in England, in Erwartung eines neuen Goldenen Zeitalters.
Auf Einladung des jungen Königs trifft Erasmus erneut in England ein. Er bleibt diesmal fünf Jahre. Im Hause Thomas Mores entsteht kurz nach seiner Ankunft in England das «Lob der Torheit», eine Schrift, die 1511 in Paris publiziert wird.
Erste Schwangerschaft Königin Katharinas wohl in diesem Herbst.

1510: 31. Januar: erste Fehlgeburt Katharinas.
Mai: zweite Schwangerschaft.

1511: 1. Januar: Henrys Sohn Henry wird geboren, und der König macht aus Dankbarkeit eine Wallfahrt zum Schrein der Heiligen Jungfrau nach Walsingham.
März: Tod des kleinen Kronprinzen. Henry ist untröstlich.
November: Gründung der «Heiligen Liga» in erweiterter Form: England, Spanien, Venedig und Kaiser Maximilian im Bund mit dem Papst gegen Frankreich und seine Italienpolitik.

1512: Beginn des Aufstiegs von Thomas Wolsey.
April bis November: Auf Betreiben seines Schwiegervaters, des Königs von Spanien, sendet Henry Truppen nach San Sebastian und in das Grenzstädtchen Fuenterrabia in spanischer Sache. Die Intervention erweist sich als unheilvoll, ebenso wie eine militärische Aktion in Südspanien ein Jahr zuvor. Erheblicher Vertrauensverlust in Henrys Bündnispartner, den spanischen König.

1513: Henrys französische Invasionspläne werden realisiert.
30. Juni: Henry verlässt England und lässt Königin Katharina mit allen Vollmachten als Regentin zurück.
16. August: «Sporenschlacht».
21. August: Einnahme der Stadt Thérouanne durch die Engländer.
In der Zwischenzeit hat Schottland, Frankreichs Verbündeter, England den Krieg erklärt. Parallel zu den französischen Kampfhandlungen wirkt Katharina von englischem Boden aus als Befehlshaberin im schottisch-englischen Krieg.
9. September: Sieg englischer Truppen über die Schotten bei Flodden. James IV. von Schottland fällt.
Giovanni di Medici besteigt als Papst Leo X. den Heiligen Stuhl.

1514: April: König Ferdinand schließt einen separaten Waffenstillstand mit Frankreich. Weiterer Vertrauensverlust bei Henry.
Juli: Henry unterzeichnet einen Friedensvertrag mit dem französischen König Louis XII.

13. August: Zur Besiegelung dieses Vertrages heiratet Henrys 17-jährige Schwester Mary den ältlichen französischen König.

1515: 1. Januar: Louis XII. stirbt, und Mary kehrt in Begleitung von Henrys Jugendfreund Charles Brandon, seit den französischen Siegen Herzog von Suffolk, nach England zurück.
Februar: heimliche Heirat Marys mit dem Herzog von Suffolk, die Henry nachträglich absegnet.
Louis' Nachfolger auf dem französischen Thron wird François d'Angoulême.
13./14. September: Sieg François' I. über die Eidgenossen in der Schlacht bei Marignano. Das Herzogtum Mailand wird französisch.
In den kommenden Jahren: großer Macht- und Prestigewettbewerb zwischen den jungen Königen Frankreichs und Englands.
September: Wolsey, seit 1514 Erzbischof von York, wird Kardinal und Lordkanzler von England.
Henry unterstützt Maximilian I. in seinem Kampf gegen Frankreich um den Besitz der italienischen Halbinsel.

1516: Januar: Ferdinand von Spanien stirbt. Nachfolger wird sein Enkel Karl, Sohn Joanas von Kastilien («Johanna der Wahnsinnigen») und Philipps des Schönen.
18. Februar: Henrys Tochter Mary wird geboren, sein einziges überlebendes Kind von Katharina.
Die «Utopia» des Thomas Morus erscheint.
Außerdem: das Neue Testament des Erasmus von Rotterdam.
August: Karl von Spanien und der französische König schließen einen Freundschaftsvertrag, den Vertrag von Nyon.

1517: Thomas More tritt ganz in den Dienst des Königs von England und wird Mitglied des Königlichen Rates. Er hat zuvor eine wichtige Rolle in den Maiunruhen, ausländerfeindlichen Unruhen in London, bekannt geworden als «Bloody May Day», gespielt.
31. Oktober: Luthers Thesenanschlag in Wittenberg

1518: Morus beendet seine «Geschichte Richards des Dritten».
Oktober: Abschluss eines europäischen Friedensabkommens («Vertrag von London») zwischen England, Frankreich, Spanien und dem Kaiser, das im Wesentlichen Wolseys Verdienst ist.
Oktober: Henrys Tochter Prinzessin Mary wird mit Kaiser Karl verlobt.
Papst Leo X. ernennt Wolsey zum Päpstlichen Legaten mit sehr weitreichenden Vollmachten und einem Jahresgehalt von 7.500 Dukaten.

1519: Kaiser Maximilian I. stirbt. Nach einem durch Fugger-Darlehen begünstigten Wahlsieg gegen François I. und Henry von England wird der junge Karl, König von Spanien, als Karl V. Kaiser des Heiligen Römischen Reichs und damit der Erbe eines Riesenreichs, «*in dem die Sonne nicht untergeht*».
November: Königin Katharina wird von einem toten Mädchen entbunden. Es war ihre letzte Schwangerschaft.

Im selben Jahr: Geburt von Henrys unehelichem Sohn Henry «Fitzroy» von seiner Geliebten Elizabeth Blount.

1520: 27.–29. Mai: Gipfeltreffen zwischen Henry und Kaiser Karl in Dover und Canterbury sowie vom 10. bis 13. Juli in Gravelines.
7.–23. Juni: Legendäres Gipfeltreffen zwischen Henry und dem König von Frankreich auf dem «Güldenen Feld» («Field-of-Cloth-of-Gold») nahe Ardres. Prächtiges und äußerst kostenträchtiges Großspektakel mit zur Schau gestelltem Frieden zwischen beiden Nationen, der aber nicht lange vorhält.
Luthers reformatorische Hauptschriften «An den christlichen Adel deutscher Nation», «Von der babylonischen Gefangenschaft der Kirche» und «Von der Freiheit eines Christenmenschen» entstehen.

1521: Der Herzog von Buckingham äußert sich verräterisch über die königliche Nachfolgesituation und setzt sich als potentielle Alternative in Szene.
Am 17. Mai wird der Herzog wegen Hochverrats hingerichtet. Erste Risse im Glanzbild des «Sonnenkönigs» Heinrich VIII.
Zahlreiche kritische Stimmen im Land – vonseiten des Adels, persifliert von Dichtern und Intellektuellen, aber auch spürbar in der Bevölkerung – gegen die Alleinherrschaft Wolseys als «*ipse rex*».
17./18. April: Luther vor dem Reichstag in Worms.
Im Frühjahr und Frühsommer verfasst Henry eine Verteidigungsschrift der sieben Sakramente gegen die Thesen Luthers. Im Oktober wird sein Buch mit dem Titel «Assertio Septem Sacramentorum» in Rom feierlich dem Papst überreicht. Henry erhält dafür vom Heiligen Vater den Titel «Defensor Fidei» («Verteidiger des Glaubens»).
Seit Mai: Luther auf der Wartburg bei Eisenach (bis März 1522).
Nachdem Henry den Papst verteidigt hat und Luther sich selbst, beteiligt sich Thomas More an der Auseinandersetzung mit einer an Fäkalsprache reichlich gesättigten Schrift gegen Luther.

1522: Januar: Der aus Utrecht gebürtige Adriaan Floriszzon Boeyens wird Papst (Hadrian VI.), stirbt aber bereits im Folgejahr.
29. Mai: Kaiser Karl macht auf seiner Reise nach Spanien in England Station und wird glanzvoll empfangen. Während er noch in England weilt, erklärt England Frankreich den Krieg.

1523: Englische Invasionsarmeen in Nordfrankreich. Das englische Heer unter dem Herzog von Suffolk dringt bis 60 Meilen vor Paris vor. Ein Frosteinbruch Mitte November macht dem Unternehmen jedoch ein jähes Ende. Ein schottischer Invasionsversuch wird derweil unter dem Befehl Surreys abgewendet. Grauenhafte Verluste in der schottischen Armee und in der Bevölkerung in der Kampfregion. Margaret Tudor, die Witwe James IV. von Schottland und Mutter des zehnjährigen Königs, hat vergeblich interveniert, um den Krieg zu verhindern.
September: Nach dem überraschenden Tod Hadrians VI. bemüht sich Kardinal Wolsey, von Henry und vermeintlich dem Kaiser begünstigt, um den Heiligen Stuhl.
November: Clemens VII., wieder ein Medici, wird Papst.

1524: Erasmus verfasst seine Schrift: «Vom freien Willen», die gegen Luther argumentiert.
Louise d'Angoulême, Königinmutter von Frankreich und Regentin, während der französische König in Italien im Felde ist, sondiert Friedensgespräche mit Henry.

1525: Alleingänge von Henrys Bündnispartner, dem Kaiser. Unter dem Befehl des Herzogs von Bourbon besiegen die kaiserlichen Truppen in Italien die Franzosen und nehmen den französischen König gefangen (Sieg bei Pavia am 14. Februar). Henry realisiert, dass er kein Nutznießer dieses Sieges sein wird und dass Karl ihm nicht, wie vereinbart, zur französischen Krone verhilft.
30. April: Englisch-französischer Friedensvertrag. Hohe Entschädigungssummen an England, aber keinerlei Abtretung von Territorium. Seinen Traum von der Wiedereroberung der französischen Krone muss Henry begraben.
Sommer: Henry legitimiert seinen Bastardsohn Henry Fitzroy und erhebt ihn zum Grafen von Richmond und Somerset.

1526: Januar: Der französische König wird aus der Gefangenschaft entlassen und schließt mit dem Kaiser den Friedensvertrag von Madrid.
Beunruhigende Siege des Türkenheeres in Ungarn. Henry, «Fidei defensor», kämpft noch immer auf päpstlicher Seite in der Heiligen Liga, jedoch, anders als in der Konstellation von 1511, mit den italienischen Staaten gegen den Kaiser und seinen Herrschaftsanspruch in Italien.

1527: Februar: Eine französische Delegation reist an und verhandelt mit Henry über einen «Vertrag des ewigen Friedens» und über eine Heirat der Prinzessin Mary mit François' Sohn, dem Herzog von Orléans.
6. Mai: «Sacco di Roma» – Plünderung Roms durch die kaiserlichen Truppen. Gefangennahme des Papstes durch den Kaiser in seiner Festung Sant'Angelo.
17. Mai: In Wolseys Stadtpalast York Place leitet Henry in geheimen Verhandlungen sein Scheidungsverfahren gegen Katharina von Aragón ein. Wolsey in seiner Eigenschaft als päpstlicher Legat lädt den König vor ein Gericht und beschuldigt ihn, in gesetzeswidriger Ehe mit der Frau seines Bruders zu leben. Belegstellen für die königlichen Gewissensskrupel sind 3. Mose 18.16 sowie 20.21.
Henrys Sorge um die Thronfolge und um den Fortbestand seiner Dynastie. Etwa seit 1526 ist er leidenschaftlich verliebt in Anne Boleyn.
3. Juli: Wolsey reist auf den Kontinent, um zwischen dem französischen König und Kaiser Karl zu vermitteln. Nicht umsonst gibt sich Wolsey den Nimbus eines Friedensstifters auf europäischer Ebene. Er bittet den Papst für die Dauer seiner Gefangenschaft um quasi-päpstliche Autorität, um in seinem Namen zu handeln (auch im Sinne von Henrys Annullierungsgesuch).
Währenddessen wird Henry unabhängig von Wolsey in seiner Sache aktiv.
18. August: Bündnisvertrag zwischen Frankreich und England (Vertrag von Amiens).

1528: Kardinal Campeggio, päpstlicher Sondergesandter in Henrys Scheidungssache, trifft in England ein. Zögerliches Vorgehen Campeggios, mit der auch vom Papst gehegten Absicht, die Eheannullierung zu verhindern und für eine Versöhnung des Königspaares zu arbeiten.

1529: 31. Mai: Unter der Leitung Wolseys und Campeggios tritt das «Scheidungsgericht» im Blackfriars Konvent in London zusammen. Imposanter Auftritt von Königin Katharina, die sich weigert, Henrys Richter anzuerkennen und sich ihrer Jurisdiktion zu unterwerfen.
Sommer: Im Zusammenhang einer Äbtisinnenwahl in einem Kloster in Wilton zieht sich Wolsey die Ungnade des Königs zu. Henrys allmählicher Vertrauensverlust in die Fähigkeit Wolseys, seine Scheidung zu einem günstigen Abschluss zu bringen.
23. Juli: Die Verhandlung von Blackfriars wird vertagt. Henrys Annullierungsgesuch wird zum Triumph Katharinas zurück nach Rom überwiesen.
5. August: Der «Friede von Cambrai» zwischen dem Kaiser und Frankreich, ausgehandelt von Margarete von Österreich, Statthalterin der Niederlande, und Louise d'Angoulême («Damenfriede» von Cambrai).
9. Oktober: Wolsey wird aller seiner Ämter enthoben. Anklage wegen des Verstoßes gegen die Praemunire-Gesetze.
Thomas More wird Lordkanzler. Intensive Ketzerverfolgungen, die Henry sanktioniert.
John Fisher, Bischof von Rochester, zeigt und erweist sich über die Jahre als standhafter Gegner von Henrys Scheidungsverfahren und arbeitet für Königin Katharina.

1530: Die «Collectanea satis copiosa», eine Manuskriptkompilation, um die königliche Autorität, ausgedehnt auch auf die Kirche von England, historisch zu untermauern, wird dem König im Sommer von seinen Gelehrten präsentiert.
4. November: Wolsey wird des Hochverrats bezichtigt und auf der Reise in seine Diözese York gefangen genommen. Auf der Rückreise nach London stirbt Wolsey am 29. November eines natürlichen Todes.

1531: Januar: Henry klagt die Geistlichkeit seines Landes des Praemunire an und verlangt Bußgeldzahlungen in Höhe von 100 000 Pfund für die südliche Konvokation bzw. 18 840 Pfund für die nördliche. Beide erkennen schlussendlich den König als «Oberhaupt der Kirche von England» an – mit dem Beisatz: «*soweit das Gesetz Christi dies erlaubt*».
30. März: Lordkanzler More legt dem Parlament die auf Betreiben Dr. Thomas Cranmers erbrachten Gutachten ausländischer Universitäten zu Henrys Scheidungsfall vor. Die «Determinations of the Universities» werden in einer großen Öffentlichkeitskampagne publiziert.
11. Juli: Henry trennt sich von Katharina von Aragón.

1532: Jahresbeginn: Thomas Cromwell veranlasst eine Forderung des Unterhauses, unrechtmäßige Ketzerprozesse und andere Unregelmäßigkeiten im Kirchenrecht jüngerer Zeit untersuchen zu lassen und stellt die «Supplication against the Ordinaries» zusammen. Darauf aufbauend, reicht das Unterhaus eine Petition gegen den Klerus ein. Zur gleichen Zeit (März): Henrys Annatengesetze.

Oppositionelle Stimmen im Klerus, die die königliche Suprematie in Frage stellen, beantwortet der König mit Drohungen und einer donnernden Rede.
15. Mai: Unterwerfung des englischen Klerus. Thomas More tritt tags darauf von seinem Amt als Lordkanzler zurück.
24. August: William Warham, Erzbischof von Canterbury, stirbt.
14. Oktober: Henry reist zu einem 2. großen Gipfeltreffen mit dem französischen König nach Frankreich, um ihn für seine Heirat mit Anne einzunehmen. An seiner Seite ist Anne Boleyn.
14. November: Rückkehr Henrys und Annes nach England.
15. November: Evtl. erste heimliche Heirat Henrys und Annes.

1533: 25. Januar: (Zweite?) heimliche Heiratszeremonie Henrys mit Anne Boleyn. Thomas Cranmer, zuletzt Henrys Botschafter auf dem Kontinent, befindet sich auf königliches Geheiß auf der Rückreise nach England, um Erzbischof von Canterbury zu werden.
21. Februar: Papst Clemens VII. ernennt Cranmer zum Erzbischof von Canterbury kraft einer päpstlichen Bulle.
30. März: Cranmer wird zum Erzbischof von Canterbury geweiht.
23. Mai: Cranmer erklärt Henrys Ehe mit Katharina von Aragón für ungültig.
28. Mai: Bestätigung von Henrys Ehe mit Anne Boleyn durch Thomas Cranmer, Erzbischof von Canterbury.
1. Juni: Anne wird feierlich zur Königin gekrönt. Sie ist im sechsten Monat schwanger. Verhaltener Jubel in London.
7.September: Anne bringt in Greenwich ein Mädchen zur Welt: Elizabeth (später: Elizabeth I.)
Königin Katharina und ihre Tochter Mary begegnen ihrer Degradierung mit ungebrochenem Widerstand.
Zahlreiche Unmutsäußerungen in der Bevölkerung über den Aufstieg der Königin.
Spannungen zwischen Henry und Königin Anne.

1534: 23. März: Rückwirkend bestätigt Rom Henrys Eheverbindung mit Katharina von Aragón – für Katharina zu spät.
März: Henry erlässt eine Sukzessionsakte. Fortan muss auch ein Eid auf die Thronfolge geleistet werden, wie auf den Supremat.
13. April: Thomas More und John Fisher, Bischof von Rochester, werden wegen Eidverweigerung verhaftet.
September: Papst Clemens VII. stirbt. Nachfolger wird Paul III.
November: Verschärfung der Hochverratsgesetze durch Thomas Cromwell.

1535: 29. April: Grausame öffentliche Hinrichtungen vierer eidwiderständiger Kartäusermönche und zweier Priester. Nahezu gleichzeitig (Anfang Mai) Ketzerverbrennungen. 23 niederländische Wiedertäufer werden in London verurteilt und den Flammen übergeben.
20. Mai: Papst Paul III. verleiht dem in Haft befindlichen Fisher, Bischof von Rochester, die Kardinalswürde.
17. Juni: Prozess gegen den Bischof von Rochester.

22. Juni: John Fisher wird hingerichtet.
1. Juli: Prozess gegen Sir Thomas More.
6. Juli: Thomas More wird hingerichtet.

1536: 8. Januar: Katharina von Aragón stirbt in Kimbolton und wird am 29. Januar in der Abbey von Peterborough bestattet. Selbigen Tages hat Königin Anne eine Fehlgeburt.
Februar: Thomas Cromwell beginnt mit der Auflösung der Klöster.
ab 30. April: Prozess gegen Königin Anne.
19. Mai: Hinrichtung Anne Boleyns.
20. Mai: Henry heiratet Jane Seymour (30. Mai: offizielle Heirat)
Juni: Mary Tudor tritt mit einer Unterwerfungsgeste wieder in Beziehung mit ihrem Vater.
Sommer: Kriegsausbruch zwischen dem König von Frankreich und Kaiser Karl.
22. Juli: Henrys natürlicher Sohn, der Herzog von Richmond, stirbt an Tuberkulose.
Herbst: Herausgabe und Verbreitung der ersten englischen Bibel in England. Die progressiven Kräfte unter Henrys Theologen erstellen die «Zehn Glaubensartikel», die der Augsburgischen Konfession ziemlich nahekommen (später von Henry und seinen konservativen Reihen nahezu vollständig eliminiert).
Oktober: «Pilgrimage of Grace» («Gnadenwallfahrt»). Katholische Rebellion in den nördlichen Grafschaften.

1537: Januar bis Juli: Niederschlagung der Aufstände und Hinrichtung ihrer Anführer.
12. Oktober: Henrys Sohn Edward wird geboren (der spätere Edward VI.).
24. Oktober: Königin Jane stirbt am Kindbettfieber.
Jahresende: Beginn neuer Heiratsverhandlungen für den verwitweten König mit Blick auf die europäischen Herrscherhäuser.

1538: Juni: Der König von Frankreich und Kaiser Karl schließen Frieden.

1539: Januar: Der französische König und Kaiser Karl ziehen ihre diplomatischen Vertreter aus England zurück.
April: England rüstet auf und bereitet sich auf eine drohende Invasion vor. Die Heiratsverhandlungen zwischen Henry und Anna von Kleve werden forciert.
Juni: Die «Sechs Glaubensartikel» erscheinen, eine von reformerischen Elementen nahezu gänzlich entkleidete Fassung.
Dezember: Anna von Kleve tritt ihre Reise nach England an.

1540: Neujahrstag: Erste Begegnung Henrys mit seiner Braut Anna von Kleve im Bischofspalast von Rochester.
6. Januar: Henry heiratet (unwillig) Anna von Kleve.
17. April: Thomas Cromwell wird zum Grafen von Essex erhoben.
9. Juli: Annullierung von Henrys Ehe mit Anna von Kleve.

28. Juli: Thomas Cromwell wird wegen Ketzerei hingerichtet. Selbigen Tages heiratet Henry die achtzehnjährige Catherine Howard.
30. Juli: Drei protestantische Prediger, Robert Barnes, William Jerome und Thomas Garrett, werden hingerichtet, zusammen mit drei Papisten, die den Suprematseid verweigerten.

1541: 7. November: Anklage gegen Königin Catherine wegen Ehebruchs und Hochverrats.

1542: 13. Februar: Catherine Howard wird hingerichtet.
24. November: Die Schlacht bei Solway Moss. Entscheidender Sieg der Engländer über die Schotten.
14. Dezember: James V. von Schottland stirbt und hinterlässt seiner sechs Tage alten Tochter Maria Stuart die Krone.

1543: 1. Juli: Heiratsvertrag zwischen Prinz Edward und Maria Stuart.
12. Juli: Henry heiratet seine sechste Ehefrau, die zweifach verwitwete Catherine Parr.
«Gesetz zur Förderung der Wahren Religion», mit dem die Bibellektüre in England auf bestimmte Kreise beschränkt wird.
September: Die Schotten brechen den Heiratsvertrag zwischen Edward und Maria Stuart.

1544: 7. und 8. Mai: Englische Truppen brennen Edinburgh nieder.
Henry bereitet im Bündnis mit Kaiser Karl einen letzten Invasionsversuch in Frankreich vor.
Juli: Beginn von Henrys Kriegszug in Frankreich.
September: Einnahme von Boulogne. Karl V. schließt mittlerweile einen Separatfrieden mit Frankreich. Rückkehr von Henrys Truppen nach England.

1545: Sommer: Drohende Invasion der Franzosen.
19. Juli: Untergang der «Mary Rose».

1546: Juni: England und Frankreich schließen einen Friedensvertrag: den Frieden von Camp.
16. Juli: Verbrennung der Ketzerin Anne Askew und nahezu gleichzeitig drohendes Verfahren wegen Ketzerei gegen Englands Königin Catherine.
12. Dezember: Der Herzog von Norfolk und sein Sohn, Graf Surrey, werden wegen Hochverrats inhaftiert.

1547: 19. Januar: Hinrichtung von Graf Surrey.
28. Januar: Henry stirbt in seinem 56. Lebensjahr.

ANMERKUNGEN

1 Alison Weir, Michael Hicks, David Starkey
2 «Umrechnungskurs» nach neueren Publikationen (Alison Weir 2008, Robert Hutchinson 2005:1:300)
3 Eigene Übersetzung
4 Eigene Hervorhebung
5 Alle Zitate aus Henrys «Assertio»: eigene Übersetzung aus dem Englischen
6 Janel Mueller, editor: Katherine Parr. Complete works and correspondence, University of Chicago Press 2011

ABBILDUNGEN

zit. n. National Portrait Gallery. Tudor & Jacobean Portraits, hrsg. v. Roy Strong, London: Her Majesty's Stationery Office 1969, Volume 2: Seite 11, 19, 32 o. re., 54, 74, 104, 176, 214, 228, 242, 297, 299, 300
zit. n. Henry VIII. Man & Monarch, hrsg. v. David Starkey, London 2009: Seite 32 o. li., 37, 112, 127, 148, 205, 266
zit. n. Emozioni in terracotta, hrsg. v. Antonio Begarelli, Modena 2009: Seite 32 u. li.
zit. n. Die Liebesbriefe Heinrichs VIII. an Anne Boleyn, hrsg. v. Theo Stemmler, Zürich 1988: Seite 93, 188, 250 o., 265
zit. n. Norton, Elizabeth: Anne of Cleves. Henry VIII's Discarded Bride, Chalford 2010: Seite 250 u.

LITERATURVERZEICHNIS

Werke und Briefausgaben:

- Miscellaneous Writings of Henry the Eighth, King of England, France & Ireland, in which are included Assertion of the Seven Sacraments, love letters to Anne Boleyn, Songs, Letter to the Emperor, Two Proclamations, Will; edited by Francis Mcnamara, London 1924
- Dudley, Edmund: The Tree of Common Wealth. A Treatise by Edmonde Dudlay, Esq., Barrister-at-Law, written by him while in the Tower in the years 1509 and 1510 and under sentence of death for high treason (Originalmanuskript). Now first printed from a copy of his manuscript for the Brotherhood of the Rosy Cross, Manchester 1859
- Erasmus von Rotterdam: Ausgewählte Schriften in acht Bänden, Lateinisch und Deutsch, Werner Welzig (Hrsg.), Darmstadt 1967–1980
- Erasmus von Rotterdam: Briefe, hrsg. von Walther Köhler, Bremen 1956
- Erasmus von Rotterdam: Das Lob der Torheit (Encomium Moriae), Anton J. Gail (Hrsg.), Stuttgart 1992 (1949)
- Luther, Martin: [Sämtliche Schriften], Dr. Martin Luthers sämtliche Schriften, hrsg. von Joh. Georg Walch, Nachdruck der 2. überarb. Aufl., St. Louis, Missouri, 1880–1910, Groß-Oesingen 1986
- Luther, Martin: Briefe von der Wartburg 1521/22, Jena 1991
- Luther deutsch. Die Werke Martin Luthers in neuer Auswahl für die Gegenwart, hrsg. von Kurt Aland, Bd. 2: M. L.: Der Reformator, Göttingen 1981
- The Complete Works of St. Thomas More, Yale University Press, New Haven/ London 1997
- Morus: Utopia, hrsg. v. Horst Günther, Frankfurt a. M. 1992
- The Complete Works of William Shakespeare, The Cambridge Text by John Dover Wilson, Glasgow 1984
- The Works of Shakespeare, edited for the syndics of the Cambridge University Press by John Dover Wilson, 1961
- Stemmler, Theo: Die Liebesbriefe Heinrichs VIII. an Anna Boleyn, Zürich 1988

Quellen und Hilfsmittel:

- Evangelisches Lexikon für Theologie und Gemeinde, hrsg. v. Helmut Burkhardt und Uwe Swarat, Wuppertal/ Zürich 1992
- Hall's Chronicle (Original title: The union of the two noble and illustre famelies of Lancastre & York, London 1548), Nachdruck: London 1809
- Letters and papers, foreign and domestic, of the reign of Henry VIII., preserved in the Public Record Office, the British Museum and elsewhere in England, arranged by J. S. Brewer, London 1862–1910

- Lexikon für Theologie und Kirche, dritte, völlig neu bearbeitete Auflage, Freiburg/Basel/Rom/Wien 1993 ff
- Routh, C. R. N. (ed.): Who's Who in Tudor England?, London 1964
- Schabert, Ina (Hrsg.): Shakespeare-Handbuch, Stuttgart 1978

Kulturgeschichte und Biographien:

- Ashe, Geoffrey: Kelten, Druiden und König Arthur. Mythologie der Britischen Inseln, dt.: Solothurn/Düsseldorf 1993
- Bacon, Francis: The History of the Reign of King Henry VII., edited by F. J. Levy, New York 1972
- Bainton, Roland H.: Erasmus. Reformer zwischen den Fronten, dt.: Göttingen 1972
- Baumer, Franz: König Artus und sein Zauberreich. Eine Reise zu den Ursprüngen, München 1993
- Baumann, Uwe: Artus-Stoff und Arturische Motive in der Geschichte, Kultur und Literatur Englands der Tudor- und Stuart-Zeit, in: Stefan Zimmer (Hrsg.), König Artus lebt! Eine Ringvorlesung des Mittelalterzentrums Bonn, 2005, S. 273–296
- Baumann, Uwe: Heinrich VIII., Reinbek bei Hamburg 2006
- Bowle, John: Henry VIII. A biography, London 1964
- Brodie, D. M.: Edmund Dudley: Minister of Henry VIII., in: Transactions of the Royal Historical Society. Fourth Series, Vol. 15 (1932), p. 133–161
- Carley, James P.: Italic Ambitions. The works of Henry VIII's last queen and the problem of identifying exactly what Katherine wrote, in: TLS, No. 5644, June 2011
- Clayton, Hugh: Royal Faces. 900 years of British Monarchy, printed for Her Majesty's Stationery Office, Leicester/London 1980
- Einstein, Lewis: Tudor-Ideals, New York 1962
- Elton, Geoffrey: Thomas Cromwell, in: Tudor History, 6: 8 (1956; Aug.), p. 528–535
- Everett, Michael: The Rise of Thomas Cromwell. Power and Politics in the Reign of Henry VIII, 1485–1534, New Haven 2015
- Foss, Michael: Tudor Portraits. Success and Failure of an Age, London 1973
- Fox, Alistair: Thomas More. History & Providence, Oxford 1982
- Froude, James Antony: History of England from the fall of Wolsey to the death of Elizabeth, New York 1969
- Hackett, Francis: Henry the Eighth, New York 1929
- Halkin, Léon-E.: Erasmus. A Critical Biography, Oxford/UK, Cambridge/Massachusetts 1993
- Harvey, Nacy Lenz: Elizabeth of York. Tudor Queen, New York/London 1973
- Hipshon, David: Richard III., London/New York 2011
- Hörisch, Jochen: Brot und Wein. Die Poesie des Abendmahls, Frankfurt a.M. 1992
- Huizinga, Johan: Europäischer Humanismus: Erasmus, Hamburg 1958
- Hurstfield, Joel: The Historian as a Moralist. Reflections on the Study of Tudor England, London 1975
- Hutchinson, Robert: The Last Days of Henry VIII.: conspiracy, treason and heresy at the court of the dying tyrant, London 2005
- Hutchinson, Robert: Thomas Cromwell. The rise and fall of Henry VIII's most notorious minister, London 2008

- Hutton, Ronald: Henry VIII.: Majesty with Menace, in: www.bbc.co.uk/history/british/Tudors/majesty_menace_01.shtml, 2011 (last updated: 2011–02–17)
- Kendall, Paul Murray: Richard III., London 1955
- Ladero Quesada, Miguel Angel: Los Reyes Cathólicos: La Corona y la Unidad de España, Associación Francisco Lopez de Gomara 1989
- Levine, Mortimer: Tudor Dynastic Problems, London/New York 1973
- Liss, Peggy: Isabel I. de Castilla, Reina de Espana, in: Isabel la Católica, Reina de Castilla, Edición a cargo de: Pedro Navascues Palacio Lunweg editores, Barcelona/Madrid 2002, p. 15–38
- Marius, Richard: Thomas Morus, dt.: Zürich 1987
- Mc Entegart, Rory: Henry VIII., the League of Schmalkalden and the English Reformation, Woodbridge 2002
- Menn, Inga: Richard II. – der Wolf im Schafspelz oder das Lamm unter Wölfen? Ein Porträt des letzten Plantagenet, Diss. Berlin 2011
- Myers, A. R.: Richard III. and historical tradition (1968), in: Joel Hurstfield (ed.): The Historical Association Book of The Tudors, London 1973
- Norton, Elizabeth: Anne Boleyn. Henry VIII.'s obsession, Stroud 2009
- Norton, Elizabeth: Anne of Cleves. Henry VIII.'s discarded bride, Stroud 2010
- Palacio, Pedro Navascués: Isabel la Católica, Reina de Castilla, Lunweg editores, Barcelona/ Madrid 2002
- Philips, Charles: Kings & Queens of Britain, London 2006
- Read, Conyers: The Tudors. Personalities and Practical Politics in Sixteenth-Century England, New York 1936, renewed 1964
- Rex, Richard: Die Tudors. Englands Aufbruch in die Neuzeit 1485–1603, dt.: Essen 2006
- Ridley, Jasper: Heinrich VIII., dt.: München 1990
- Ridley, Jasper: Statesman and Saint. Cardinal Wolsey, Sir Thomas More and the politics of Henry VIII., New York 1983 (originally in GB 1982)
- Russell, Conrad: The Crisis of Parliaments, Oxford 1971
- Scarisbrick, J. J.: Henry VIII., London 1968
- Seeber, Hans Ulrich (Hrsg.): Englische Literaturgeschichte. Die Frühe Neuzeit: von Morus bis Milton (S. 41–148), Stuttgart [5]2012
- Starkey, David/ Clarke, Andrea/ Doran, Susan (ed.): Henry VIII. Man and Monarch. On the occasion of the exhibition at The British Library 2009, London 2009
- Starkey, David: Crown and Country. A history of England through the Monarchy, London 2010
- Starkey, David: Henry, Virtuous Prince, London 2008
- Starkey, David: Six Wives. The Queens of Henry VIII, London 2003
- Starkey, David: The Reign of Henry VIII. Personalities and politics, London 2002
- Stemmler, Theo: Heinrich VIII. Ansichten eines Königs, Frankfurt a.M./Leipzig 1991
- Tremlett, Giles: Catherine of Aragon. Henry's Spanish queen, London 2010
- Van Cleave Alexander, Michael: The First of the Tudors. A study of Henry VII. and his reign, London 1981
- Weiland, Jan Sperna (Hrsg.): Erasmus von Rotterdam: Die Aktualität seines Denkens, dt.: Hamburg 1988
- Weir, Alison: Henry VIII. King and Court, London 2008
- Weir, Alison: The Wars of the Roses, London 1995
- Williams, Neville: The Life and Times of Henry VII., London 1973

PERSONENREGISTER